Praxishandbuch Bildungscontrolling

USP Publishing

Europa
USA

http://www.usp-publishing.com

Mario Gust / Reinhold Weiß

Praxishandbuch Bildungscontrolling

Bildungscontrolling für
exzellente Personalarbeit

Konzepte – Methoden – Instrumente - Unternehmenspraxis

Mario Gust
R.-Breitscheid-Str. 69 A
14532 Kleinmachnow
Deutschland
Mgust.abf@t-online.de

Prof. Dr. Reinhold Weiß
Ahlendung 48
51515 Kürten
Deutschland
Reinhold.Weiss@gmx.net

ISBN 3-937461-09-4 USP Publishing 2005

Alle Rechte vorbehalten

Das Werk einschließlich aller seiner Teile ist urheberrechtlich geschützt. Jede Verwertung außerhalb der engen Grenzen des Urheberrechtsgesetzes ist ohne Zustimmung des Verlages unzulässig und strafbar. Das gilt insbesondere für Vervielfältigungen, Übersetzungen, Mikroverfilmungen und die Einspeicherung und Verarbeitung in elektronischen Systemen.

Die Wiedergabe von Gebrauchsnamen, Handelsnamen, Warenbezeichnungen usw. in diesem Werk berechtigt auch ohne besondere Kennzeichnung nicht zu der Annahme, dass solche Namen im Sinne der Warenzeichen- und Markenschutz-Gesetzgebung als frei zu betrachten wären und daher von jedermann benutzt werden dürften.

Umschlagsgestaltung: Visus GmbH, Wien/Österreich
Printed in Germany

Vorwort

Die betriebliche Weiterbildung scheint gegenwärtig in eine neue Phase der Professionalisierung einzutreten. Bildungsarbeit und Personalentwicklung werden an den Geschäftsprozessen ausgerichtet und konsequenterweise auch daran gemessen, welchen Beitrag sie für die Wertschöpfung des Unternehmens erbringen. Bildungscontrolling ist auf die Steuerung, Koordination und Kontrolle betrieblicher Bildungsprozesse gerichtet. Es ist jedoch keineswegs ein fester Standard oder Algorithmus, der in allen Branchen und Unternehmen in gleicher Weise angewendet werden kann.

Für viele Unternehmen ist eine einfache Erfassung der Kostenelemente und einfache Statistiken über die Nutznießer der Bildungsmaßnahmen eines Unternehmens nicht länger ausreichend. Bildungscontrolling entwickelt sich mehr und mehr zu einem Methodenkanon, der vor allen Dingen die strategischen Ziele eines Unternehmens und die notwendige Kompetenzentwicklung der Mitarbeiter und Führungskräfte abbildet und unterstützt. Es dient – richtig verstanden und angewendet – mehr der zukünftigen Ergebnissicherung statt einer nachträglichen Rechtfertigung von Bildungsinvestitionen.

Dadurch ist Bildungscontrolling in den letzten Jahren auch mehr und mehr zu einem Synonym für systematische strategische Personalentwicklung geworden. Einheitskonzepte kommen hierbei kaum noch vor. Gefragt sind Controllingkonzepte, die den individuellen Zielsetzungen von Unternehmen gerecht werden.

Dieser Entwicklung will das vorliegende Handbuch Rechnung tragen. Statt einer unkommentierten Aufbereitung von der Bedarfsanalyse bis zur Ergebnissicherung haben die Herausgeber Wert darauf gelegt, die Vielfalt unterschiedlicher Fragestellungen und deren Lösungsansätze herauszustellen. Bildungscontrolling wird von den Herausgebern einerseits als ein umfassendes Methodenset verstanden, das aus einer Vielzahl unterschiedlicher konzeptioneller Quellen gespeist wird. Anderseits stellt Bildungscontrolling auch eine bestimmte „Denke", eine intelligente und kreative Art des Eingehens auf die Anforderungen der

Kunden dar. Es setzt voraus, die jeweilig spezifische Aufgabenstellung angemessen zu verstehen und zu „controllen".

Ausgangspunkt sind einige grundsätzliche Ausführungen zum Thema „Feedback" als konzeptionelle Basis für das generelle Verständnis von Bildungscontrolling. Nach einer anschließenden theoretisch-konzeptionellen und einer praktisch-konzeptionellen Darstellung durch die Herausgeber, die eine grundsätzliche Orientierung vermitteln sollen, folgt eine Darstellung unterschiedlicher Vorgehensweisen. Die Gliederung folgt nicht dem klassischen Verständnis und der Darstellung eines gleichförmigen Prozesses des Bildungscontrollings, sondern zeigt in narrativer Form Beispiele für unterschiedliche konzeptionelle Ansätze, für die Entwicklung von Methoden und Instrumenten zu unterschiedlichen Anlässen und eine Fülle von bewährten Praxisbeispielen.

Unser Dank gilt allen Autoren und Beitragenden, dem Team von USP Publishing und vor allem Prof. Bruno Seebacher und Dr. Uwe G. Seebacher.

Mario Gust	Prof. Dr. Reinhold Weiß
Kleinmachnow bei Berlin	Köln
Juli 2005	Juli 2005

Inhaltsverzeichnis

Vorwort 5

Inhaltsverzeichnis 7

Abbildungsverzeichnis 13

**Feedback als Voraussetzung für die Organisation
erfolgreicher Lernprozesse** 17
Prof. Dr. Sabine Remdisch

    Die Bedeutung von Feedback 18
    Die vier Funktionen von Feedback 19
    Lernpsychologische Theorien mit Schwerpunkt auf motivationalem Feedback 22
    Handlungstheorien mit Schwerpunkt auf informatorischem Feedback 24
    Die Feedbackinterverntionstheorie 26

Bildungscontrolling: Messung des Messbaren 31
Prof. Dr. Reinhold Weiß

    Bildungsinvestitionen rechnen sich! 31
    Erfolg und Erfolgsnachweis 32
    Charakteristik des Bildungscontrollings 35
    Anforderungen an die Erfolgsmessung 37
    Zugänge zur Erfolgsmessung 39
    Weiterbildung und Unternehmenserfolg 41
    Abschätzung des Return on Investment 45
    Kalkulation von Opportunitätskosten 46
    Kein Nachweis ursächlicher Zusammenhänge 47

**Resultatsorientiertes Bildungscontrolling und Werkzeuge
eines strategischen Wissensmanagements** 53
Mario Gust

    IST-Situation „Bildungscontrolling" 53
    Benchmarking Bildungscontrolling 55

Resultatsorientiertes Bildungscontrolling 55
Zielbildung durch strategisches Wissensmanagement 56
Rep-Tests und Grid-Interviews 57
Workshop „Strategisches Wissensmanagement" 58
Zielvereinbarung als Basis für resultatsorientiertes Bildungscontrolling 63
Resultatsorientiertes Bildungscontrolling 65
Maßnahmeplanung und Korrektur 69

Bildungscontrolling auf Messersschneide 73
Prof. Dr. Herbert J. Kellner

Den Return-on-Investment und den Value-of-Investment gut ausbalancieren 73
Die Forderung nach Bildungscontrolling 75
Praxis-Szenario 1 78
Praxis-Szenario 2 79

Value-in-Focus – Kundenorientierung durch resultatsorientierte Bildungsbedarfsanalyse 81
Mario Gust

Zukünftige Trends als Gegenstand der Weiterbildung 81
„Klassische" Wettbewerbsbedingungen 82
Zielsetzung 83
Workshop „Value-in-Focus" 90

Der Einfluss von individuellen und organisatorischen Faktoren auf den wahrgenommenen Weiterbildungserfolg 93
Dr. Stephan Buchhester

Grundlagen und wirtschaftliche Ursachen des Bildungscontrollings 93
Zentrale Fragen im Bildungscontrolling 95
Einflussgrößen eines proaktiven Bildungscontrollings 97
Prozessuale Wirkungsweise der Einflussgrößen 100
Ergebnisse und Konsequenzen fürs Bildungscontrolling 101

Nutzerorientiertes Evaluationskonzept von Online-Lernen 109
Dr. Michaela Reißfelder-Zessin

Aspekte von Online-Lernen im Unternehmen 109
Analyse der Arbeit- und Lernsituation 113
Zielsetzung und Methoden 117
Skizzierte Erfahrungsergebnisse 120
Zukünftige Evaluationen 121

Humatics: Quantitative Grundlagen einer Wissensbilanzierung in Bildungscontrolling und Wissensmanagement 125
Hans-Diedrich Kreft

Was ist das Besondere an der Humatics? 126
Die zwei Schritte zur Erstellung von Wissensfunktionen 127
Projektanforderung und verfügbares Mitarbeiterwissen 131

Wissen und Bilanzierung ... 132
Perspektivenwechsel in Wissensfunktionen ... 134
Zu praktischen Beispielen aus Betrieben ... 136
Anmerkungen zur Balanced Score Card (BSC) ... 137

Kosten-Nutzen-Rechnung von Bildungscontrolling mit mobilen Abfragesystemen ... 141
Prof. Dr. med. Edgar Heinen

Kosten von Bildungscontrolling ... 141
Nutzen des Bildungscontrollings ... 143

Evaluation von Outdoor-Trainings ... 147
Dr. Thomas Eberle

Ziele und erwartete Wirkungen von Outdoor-Trainings ... 147
Erfahrungslernen als Grundlage von Outdoor-Trainings ... 148
Wirkungen von Outdoor-Trainings - Forschungsstand ... 149
Bedeutung und Kriterien der Evaluation ... 150
Vergleich mit theoretischen Faktoren ... 154
Evaluation von Trainings mit ähnlichem Konzept – ausgewählte Ergebnisse ... 155

„Passgenaue Bildung" – Die Praxis des prozessorientierten Ausbildungsassessments ... 161
Daniela Söhner, Prof. Dr. Michael Nagy

Quantität oder Qualität? – Die berufliche Ausbildung in Deutschland ... 162
Das prozessorientierte Ausbildungsassessment nach
'Ideas for Systems' in der Praxis ... 164
Das Ausbildungsassessment als Prozesstool ... 168
Vorgehen beim Ausbildungsassessment ... 169
Nutzen eines Bildungsassessments ... 171

PAS 1037 – Innovationen für Qualitätsmanagement mit ganzheitlichem Bildungscontrolling ... 175
Walter Brückner, Dr. Gabriele Girke

Betriebswirtschaftliche und berufspädagogische Kriterien ... 176
Bildungscontrolling und Qualitätsmanagement ... 177
Das QM STUFEN-MODELL® - GPS für ganzheitliches Bildungscontrolling ... 179
QM Competence Center als virtuelles Unterstützungssystem ... 184

360 Grad Feedback als Instrument des Bildungscontrollings ... 187
Prof. Dr. Joachim Freimuth

Hintergründe ... 188
Bildungscontrolling ... 189
Vorgehensweise ... 192
Erfolgsfaktoren ... 193
Ausblick ... 194

M.E.N.T.A.L. - Den Erfolg vorhersagen 195
Dr. Stephan Buchhester, Mario Gust

    Aktuelle Forderungen an die betriebliche Bildungsarbeit 195
    Die Zukunft des Bildungscontrollings 195
    Der M.E.N.T.A.L.-Test: Voraussetzungen und Ziele klären 199
    Konsequenzen für die Bildungspraxis 200
    M.E.N.T.A.L. als Instrument zur Optimierung von Transformationsprozessen 201
    Perspektivenwechsel im Bildungscontrolling: Resultatsorientierung statt Kostenminimierung 202

Erfolgsfaktoren für den Lerntransfer: Das standardisierte Lern-Transfer-Inventar (LTSI) 203
Dr. Simone Kauffeld

    Das Lerntransfer-System-Inventar 205
    Der Nutzen des LTSI 205
    Vorgehensweise zum LTSI 207
    Maßnahmen zur Optimierung des Transfers 207

300.000 Euro Rendite durch ein dreitägiges Training? 211
Dr. Tobias Büser, Dr. Barbara Gülpen

    Was Bildungscontrolling leisten muss 212
    Der Nutzen von Personalentwicklung 214
    Hinweise und Empfehlungen zur Anwendung von Bildungscontrolling auf Unternehmenserfolgsebene 219

Strategische Personalvermögensentwicklung: Ein 2-Ebenen-Bildungscontrolling-Ansatz 221
Dr. Elmar Witten

    Personalwirtschaftlicher Ansatz 221
    Personalvermögen statt Humankapital 223
    Fehlende Erfolgsbewertung von Bildung in der Praxis 225
    Optimierung in der betrieblichen Praxis 226
    Die Nutzwertanalyse 227
    Eine pragmatische Handlungsempfehlung 228

Bildungscontrolling und theoriebasierte Evaluation zur Verbesserung von Bildungskonzepten 231
Jan Hense, Dr. Willy Christian Kriz

    Aktuelle Trends in Bildungscontrolling und Evaluation 231
    Theoriebasierte Evaluation 232
    Zusammenfassung 239

Bildungscontrolling durch vergleichende Tests 243
Alfred Töpper

    Bildungstests 244
    Bedarf an Tests in der beruflichen Weiterbildung bzw. Erwachsenenbildung 245

Machbarkeit von Bildungstests ... 246
Wirkungen von Bildungstests ... 247
Verfahren und Vorgehensweise ... 248
Das konkrete Vorgehen anhand zweier Beispiele ... 249
Erfahrungen der Abteilung Weiterbildungstests ... 253

Spielräume und Hemmnisse des Lernens im Arbeitsprozess ... 257
Dr. Heike Bernard und Debora Bigalk

Das Projekt Lernförderlichkeitsindex ... 257
Technologiebestimmte Arbeitsorganisation – Irrglaube oder Fakt? ... 258
Sind Mitarbeiter an lernförderlichen Arbeitsplätzen kompetenter? ... 261
Zusammenfassung ... 263
Ausblick ... 264

Die Einführung von Transfercontrolling bei der KKH ... 267
Katja Dietrichkeit

Ziel des Prozesses ... 267
Ansatzpunkte des Prozesses ... 268
Prozess für das Transfercontrolling ... 270
Einführung des Prozesses ... 281

**Das Referenzmodell der PAS 1032-1 für das
Bildungscontrolling in der Praxis ... 283**
Christian Stracke, Sinje J. Teschler, Dr. Jan M. Pawlowski

Das Controlling von Bildung ... 283
PAS 1032-1: Referenzmodell für Qualitätsmanagement und Qualitätssicherung ... 285
Das Prozessmodell ... 286
Integration und Anwendungsgebiete der PAS 1032-1 ... 290
PAS 1032-1 – Einsatzmöglichkeit in der Praxis ... 293
Praxisbeispiel ... 295
Fazit / Ausblick ... 298

Bildungscontrolling bei der Nordland Papier GmbH ... 301
Wiebke Albers

Bildungsbedarfsermittlung ... 301
Kostencontrolling ... 304
Transfersicherung ... 305
Einführung der Transfersicherung bei Nordland Papier ... 307

**Learning Scorecard: Bildungscontrolling für zukunftsweisende
Lernarchitekturen ... 311**
Erwin Ihm, Dr. Jörg Sander, Dr. Andreas Närmann

Zukünftige Anforderungen an die Weiterbildung ... 311
Bildungscontrolling mit der Learning Scorecard ... 314
Die Konzeption der Learning Scorecard ... 315
Die Praxis der Learning Scorecard ... 317

Praxisbericht Vodafone D2: Die konsequente Ausrichtung der Personalentwicklung als kundenorientierte Business Unit 321
Dr. Bernd Juckel

    „Bildungscontrolling" vom Kopf auf die Füße stellen 321
    Personalentwicklung bei Vodafone D2 322
    Mehrwert und Kundennutzen im Fokus 325
    Beispiel „Traineeprogramm für neue Call Center-Mitarbeiter" 327
    Beispiel „Einführung des Portals Vodafone live!" 328
    Beispiel „Teamentwicklung" 329
    Personalentwicklung – ein strategisches Investment 330
    Mehr Leistung bei geringeren Kosten 332
    Qualität sichern und Nutzen überprüfen 333

Der Stellenwert von Bildungsmanagement und -controlling in mittelständischen Unternehmen 335
Sandra Godau

    Das Verständnis des Gesamtprozesses ist wichtig! 335
    Der rote Faden zur Implementierung 336
    Situation in mittelständischen Unternehmen 338
    Bildungsmanagement im Mittelstand 339
    Bildungsmanagement-Optimierung im Mittelstand 340
    Fazit 341

Bildungscontrolling im öffentlichen Dienst 343
Dr. Reimund Scheuermann

    Besonderheiten des öffentlichen Dienstes 344
    Bildung im öffentlichen Dienst 345
    Fortbildung 347
    Elemente von Bildungscontrolling 347
    Ziele der Fortbildung 347
    Pflicht zur Fortbildung 348
    Leistungsverwaltung 349
    Image der Verwaltung als Maßstab 351
    Konzepte und Ansätze im öffentlichen Dienst 351

Autorenverzeichnis 355

Index 363

Abbildungsverzeichnis

Abb. 1: Bewertungsmaßstäbe 33
Abb. 2: Outputorientierte Kennzahlen zum Unternehmenserfolg 43
Abb. 3: Elemente eines resultatsorientierten Bildungscontrollings 56
Abb. 4: Workshop-Struktur „Strategisches Wissensmanagement" 59
Abb. 5: Kompetenz-Reflexions-Inventar im Überblick 61
Abb. 6: Kompetenzportfolio 62
Abb. 7: Operable Wissensfunktionen und Humanpotential der Mitarbeiter im Vergleich 63
Abb. 8: Die Struktur der Workshops „Zielvereinbarung" 64
Abb. 9: Die Zeitstruktur der Workshops 65
Abb. 10: Zusammenhang zwischen Lernerfolg und Transferleistung als Voraussetzung für den unternehmerischen Nutzen 67
Abb. 11: Beispiele für erfolgsorientierte Kennziffern (Weiß, 2000). 68
Abb. 12: Die sechs Stufen der Evaluierung 74
Abb. 13: Die Phasen des VOI-Sytems 78
Abb. 14: Unterschied zwischen den beiden Positionen (nach Kim, 2004) 83
Abb. 15: Ausprägung von Wert- bzw. Nutzenmerkmalen 84
Abb. 16: Wertinnovation durch Frauenfitnessstudio 87
Abb. 17: Die moderne Personalentwicklung ist Grundlage eines Bildungscontrollings 94
Abb. 18: Anteil der Fach- und Verhaltensanforderungen in Weiterbildungen an Abhängigkeit vom Ausbildungsstatus 95
Abb. 19: Unterschiedliche Zielräume des Unternehmens und des Mitarbeiters 99
Abb. 20: Wirkungskreislauf der Faktoren auf die Erfolgsebenen 101
Abb. 21: Bedeutung und Einfluss der Faktoren auf die Erfolgsebene Verhalten 102
Abb. 22: Bedeutung und Einfluss der Faktoren auf die Erfolgsebene Transfer .. 102
Abb. 23: 10x10 Gitter zur Ermittlung der Einstellungsdifferenz zwischen dem Mitarbeiter und seinem Vorgesetzten 104
Abb. 24: Phasen der Qualitätssicherung, nach Reinmann-Rothmeier, Mandl & Prenzel, 1994 117
Abb. 25: Phasen der Qualitätssicherung von Lernsoftware (Reimann-Rothmeier, 2000) 118
Abb. 26: Evaluationsdesign 119

Abb. 27: Zusammenstellung operable Wissenseigenschaften...................126
Abb. 28: Die zweistufige Umsatzaufteilung zur Erzeugung von
    Wissensfunktionen 127
Abb. 29: Screen Shot agiplan GmbH, Mülheim zur computergestützten............128
Abb. 30: Screen Shot agiplan, Q-Distribution eines
    anonymisierten Mitarbeiters..129
Abb. 31: Wissensfunktionen und Firmenstruktur..130
Abb. 32: Wissensharmonisierung von zwei Wissensfunktionen.......................130
Abb. 33: Projektanforderung und Mitarbeiterwissen 131
Abb. 34: Mitarbeiterwechsel dargestellt in der Wissensmatrix.........................133
Abb. 35: Perspektivenwechsel in Wissensfunktionen......................................134
Abb. 36: Ergebnisse aus der Anwendung operabler Wissenseigenschaften,
    System Data AG..136
Abb. 37: Vorgehensweise bei agiplan 137
Abb. 38: Balanced Score Card (BSC) im Überblick 138
Abb. 39: Analyse der Qualifikation der Mitarbeiter, Evaluation von
    betrieblichen Weiterbildungsmaßnahmen 144
Abb. 40: Fähigkeiten und Qualifikation der Mitarbeiter lassen sich durch
    Weiterbildungsmaßnahmen steigern. 146
Abb. 41: Experiential Learning Cycle (Kolb 1984, 21) 148
Abb. 42: Empirische Einflussfaktoren des Trainingserfolgs 152
Abb. 43: Bewertung evaluierter Trainings 155
Abb. 44: Schematische Eingliederung 163
Abb. 45: Arbeitslose bzw. nicht erwerbstätige Absolventen betrieblicher
    Ausbildungen 167
Abb. 46: RKW-Sicht auf Entwicklungen 175
Abb. 47: QM-Stufenmodell – ein integrierter Ansatz 180
Abb. 48: RKW – Praxisstandards..182
Abb. 49: Schematische Darstellung zu Hilfestellungen für neue QM-Praxis.....183
Abb. 50: Darstellung zum QM-Online Forum 184
Abb. 51: Einflussfaktoren und Effektebenen im Bildungscontrolling................196
Abb. 52: Die Bedeutung der internen Kontrollüberzeugung 198
Abb. 53: Größe des Einflusses der Faktoren auf die Verhaltensebene...............198
Abb. 54: Die Testeinführung..199
Abb. 55: 10x10 Graid zur Ermittlung der Erwartungsdifferenz.........................200
Abb. 56: Die vier Hürden in Transformationsprozessen 202
Abb. 57: Aufbau und Skalen des Lerntransfer-System-Inventars (LTSI) 206
Abb. 58: Beispiel für die tabellarische Darstellung von Barrieren für den
    Transfererfolg (Anmerkung: grau hinterlegt sind starke Barrieren)...207
Abb. 59: Optimierung des Transfers für die generellen Erfolgsfaktoren 208
Abb. 60: Ideen zur Optimierung des Transfers für die spezifischen
    Erfolgsfaktoren...209
Abb. 61: Schaubild zu umfassendem Anspruch an Bildungscontrolling 212
Abb. 62: Sensitivitätsanalyse 218
Abb. 63: Das logische Modell des Projekts Simgame......................................236

Abb. 64: Lernmöglichkeiten an einfachen gewerblichen Arbeitsplätzen (Anlerntätigkeiten) aus 18 Betrieben der Faltschachtel-Industrie; Prozentuale Abweichungen vom Mittelwert 259
Abb. 65: Lernförderlichkeit an Arbeitsplätzen von Werkern in der Automobilzulieferindustrie nach Betrieben (8 Betriebe, 234 Arbeitsplätze) 261
Abb. 66: Zusammenhang der Kriterien der Lernförderlichkeit mit der Einstellung zum Arbeitsplatz und der Bindung an das Unternehmen 262
Abb. 67: Zusammenhang zwischen den sieben Lernförderlichkeits-Merkmalen und den unterschiedlichen Kompetenzfacetten der Mitarbeiter sowie deren Kontrollüberzeugung 262
Abb. 68: Inhalt der Vorgespräche zwischen Führungskräften und Mitarbeitern 270
Abb. 69: Qualität der Nachgespräche zwischen Führungskräften und Mitarbeitern 270
Abb. 70: Zeitpunkt und Inhalt der Phasen für das Transfercontrolling 271
Abb. 71: Seminarbeurteilung - Seite 1/2 274
Abb. 72: Seminarbeurteilung - Seite 2/2 275
Abb. 73: Transfer-Fragebogen - Seite 1/3 278
Abb. 74: Transfer-Fragebogen - Seite 2/3 279
Abb. 75: Transfer-Fragebogen - Seite 3/3 280
Abb. 76: Zeitpunkt, Inhalt, Beteiligte und Instrumente zum Transfercontrolling 281
Abb. 77: Das Beschreibungsmodell der PAS 1032-1 287
Abb. 78: Das Prozessmodell der PAS 1032-1 290
Abb. 79: Beschreibung des Prozess Zieldefinition in der PAS 1032-1 292
Abb. 80: Abbildung der Bildungscontrolling-Komponenten auf die Prozesskategorien 293
Abb. 81: Exemplarische Spezifizierung des Prozess Aktivitäten 297
Abb. 82: Template Budgetplanung 303
Abb. 83: Schematische Prozessdarstellung 305
Abb. 84: Auswertungsdarstellung von Nordland Papier 308
Abb. 85: Bedarfs- und Zielzuordnung der Maßnahmen bei Nordland Papier 309
Abb. 86: Trends und Folgen für Qualifizierung 312
Abb. 87: Lernarchitektur - Trends, veränderte Anforderungen und Bausteine ... 314
Abb. 88: Beispiel für Ziele und Kennzahlen der Learning Scorecard 317
Abb. 89: Beispiel einer Learning Scorecard 318
Abb. 90: Hauptkunden der Personalentwicklung 322
Abb. 91: Klärung der Kundenbeziehung 323
Abb. 92: Nutzen im Vordergrund 326
Abb. 93: Praxisbeispiel CallCenter - Traineeprogramm für Neueinsteiger 328
Abb. 94: Gesamtkosten von Trainingsmaßnahmen 331
Abb. 95: Fixe und variable Kosten 332
Abb. 96: Standardisierter Projektauftrag (Ausschnitt) 333
Abb. 97: Klassischer Bildungsmanagementprozess 337

Feedback als Voraussetzung für die Organisation erfolgreicher Lernprozesse

Prof. Dr. Sabine Remdisch

Lern- und Weiterbildungsprozesse haben sowohl auf individueller Mitarbeiterebene als auch auf organisationaler Ebene in den letzten Jahren eine kontinuierlich wachsende Bedeutung erfahren und werden auch zukünftig im Fokus der strategischen Entwicklung stehen. Unternehmen kommunizieren und agieren heute weltweit und auf Distanz. Sie müssen immer schneller auf technische Neuerungen reagieren, in Rekordzeit Antworten auf Probleme finden, Prozesse weltweit koordinieren und Interkulturalität managen.

Wissen ist daher seit Jahren ein strategischer Wettbewerbsfaktor und die ‚lernende Organisation' festes Leitbild der strategischen Unternehmensentwicklung. Im modernen Unternehmen ist die kontinuierliche Weiterentwicklung der Mitarbeiterkompetenzen sowie des gesamten organisationalen Know-hows gefragt. Nur ein Unternehmen, das seine Mitarbeiter ständig weiterqualifiziert und sich selbst kontinuierlich transformiert, kann auf die Wissensexplosion optimal reagieren. Für die Mitarbeiter heißt das Schlüsselwort – insbesondere auch vor dem Hintergrund des demografischen Wandels - ‚lebenslanges Lernen', wenn sie auf dem Arbeitsmarkt mithalten und die eigenen Arbeitschancen im Sinne der ‚Employability' optimieren wollen.

Angesichts dieser Entwicklungen lautet heute die zentrale, oftmals wettbewerbsentscheidende Frage: wie kann ein Unternehmen das kontinuierliche Lernen und die Weiterqualifizierung seiner Mitarbeiter optimal gestalten? Lernprozesse müssen möglichst zielführend und effizient ausgerichtet werden. Es wächst das Interesse am Nachweis der Wirtschaftlichkeit und Effektivität der Bildungsarbeit.

Um Lernprozesse zu steuern, ist *Feedback* ein ganz entscheidender Einflussfaktor. Feedback muss auf zwei Ebenen ansetzen: auf der individuellen Ebene, hier sind Rückmeldungen gemeint, die ein Mitarbeiter bei der Bearbeitung einer Aufgabe oder im Rahmen von Lernprozessen erhält, sowie auf der organisationalen Ebene, wo mit Hilfe von systematischen Feedback- und Evaluationsinstrumenten Informationen über die Effizienz von Bildungsprozessen erfasst werden können (Bildungscontrolling). Im folgenden Beitrag wird der Fokus auf Feedbackprozesse auf der individuellen Ebene gelegt. Es wird die allgemeine Bedeutung von Feedback im Rahmen von Lernprozessen herausgestellt und verschiedene Theorien zur Erklärung der Wirkweise von Feedback erläutert.[1]

Die Bedeutung von Feedback

Egal was wir tun, wir erhalten auf jede unserer Handlungen in irgendeiner Form eine Rückmeldung oder Reaktion aus der Umwelt. Dies geschieht bewusst oder unbewusst, ob wir wollen oder nicht: Im Auto gibt der Tachometer Rückmeldung über die gefahrene Geschwindigkeit. Bei der Arbeit am Computer meldet ein Pop-up-Fenster zurück, dass man eine falsche Taste gedrückt hat. Im Theater erhalten die Schauspieler durch die Intensität des Applauses Rückmeldung, wie ihre Vorstellung beim Publikum angekommen ist. Am Ende eines Seminars geben die Teilnehmer dem Lehrenden mit Hilfe eines Evaluationsbogens Feedback über ihre Zufriedenheit mit dem Seminar. Ein Abschlusstest gibt Feedback über ihren Lernerfolg. Ein Vorgesetzter gibt dem Mitarbeiter Rückmeldung, inwieweit sein Lösungsansatz für die übertragene Aufgabe in die richtige Richtung geht.

Wir brauchen Feedback dringend, um voranzukommen. Ohne Feedback finden kein Lernen und keine Entwicklung statt – weder im Alltag noch in betrieblichen Lernprozessen.

Im Arbeitskontext bezeichnet Feedback zunächst im weiteren Sinne alle Reaktionen des „Arbeitsumfeldes", die sich auf eine erfolgte Aufgabenausführung beziehen und einen Mitarbeiter darüber informieren, wie weit er von der Erreichung seines Zieles entfernt ist. Solche Informationen sind für die Verfolgung von Arbeitszielen sowie das Erlernen, Ausführen und Optimieren von Arbeitsaufgaben unverzichtbar.

Betriebliches Feedback im engeren Sinne erfolgt in Form einer persönlichen, mündlichen Rückmeldung durch den Vorgesetzten oder einen Kollegen, die gezielt zur Information über die eigene Leistung gegeben wird. Eine solche Leistungsrückmeldung kann grundsätzlich sowohl spontan in informellen „Flurgesprächen" vermittelt werden, oder aber Gegenstand offizieller und vorgeschriebener Feedbackgespräche sein, die in festgelegten Abständen durchgeführt werden.

---

[1] Bei den folgenden Ausführungen handelt es sich um eine Kurzzusammenfassung des Teil 1 des Buches Remdisch, S. (im Druck). *Erfolgsfaktor Feedback: Feedback im Rahmen von personalen und organisationalen Entwicklungsprozessen. In E. Bamberg, G. Mohr & M. Rummel (Hrsg.). Praxis der Arbeits- und Organisationspsychologie. Bern: Hans Huber Verlag.*

Auch wenn die bisherigen Ausführungen sehr positiv klingen und generell viel Gutes über den Gegenstand Feedback gesagt wurde, darf dies aber nicht den automatischen Schluss nach sich ziehen, Feedback habe *immer* positive Folgen und führe immer zu einer Verbesserung der Handlung, einem Lernfortschritt oder zu einer Steigerung der Leistung. Dies wäre ein Fehler, der laut Kluger und DeNisi (1996) in der Feedbackliteratur und auch in der Praxis viel zu lange gemacht worden ist. Feedback ist wichtig – doch mindestens ebenso wichtig ist, dass beim Feedbackgeben *der richtige Ton* getroffen wird. Andernfalls nützt die beste Absicht leider nichts oder erreicht sogar das Gegenteil, nämlich eine Zurückweisung des Feedbacks und ein Nachlassen der Leistung. Es kommt stark auf die Begleitumstände sowie auf die Art und Weise der Feedbackvermittlung an, ob sich das positive Potenzial, dass im Feedback steckt, entfalten kann oder nicht.

Die vier Funktionen von Feedback

Übergeordnet können vier verschiedene Mechanismen unterschieden werden, durch die Feedback „funktioniert":

1. Motivationsfunktion
Insbesondere positives Feedback hat ein direktes und motivierendes Potenzial, das zu höherer Leistung anspornt. Klassische Lerntheorien betonen bei der Erklärung der Wirkweise von positivem Feedback den Mechanismus der Verstärkung. Dieser geht davon aus, dass Menschen durch positive Verhaltenskonsequenzen (z.B. ein Lob) dazu gebracht werden, ihr Verhalten in Zukunft wiederholt zu zeigen - ein Lernprozess, der weitgehend unbewusst abläuft. Mehr kognitiv orientierte Theorien nehmen dagegen an, dass bewusste Gedanken mit im Spiel sein müssen, wenn Menschen durch positives Feedback motiviert werden, ihr Verhalten zu verändern. Bandura (1997) geht zum Beispiel davon aus, dass positive Erfolgserlebnisse die Selbstwahrnehmung der eigenen Fähigkeiten – die so genannte Selbstwirksamkeit – erhöhen. Diese Sichtweise ermutigt eine Person dann, das erfolgreiche Verhalten in ähnlichen Situationen erneut zu zeigen.

2. Informationsfunktion
Zusätzlich zur motivationalen Wirkung hat Feedback immer gleichzeitig auch eine informatorische Wirkung. Feedback informiert über den Zielerreichungsprozess. Es zeigt an, wie nah man dem gesetzten Ziel mittlerweile gekommen ist, ob man auf dem richtigen Weg ist, es schon erreicht oder gar verfehlt hat. (Entsprechend wird im Englischen synonym auch häufig der Begriff *„Knowledge of Results"* verwendet.) Natürlich ist insbesondere die Information, das Ziel erreicht zu haben, die in positivem Feedback steckt, eine sehr erwünschte und wie gesehen motivierende. Informationstechnisch gesehen steckt aber mehr in negativem Feedback. Denn die Nachricht „Ziel erreicht - Auto steht in der engen Parklücke!" (positives Feedback) sagt lediglich, dass der Autofahrer wohl alles richtig gemacht hat. Der Meldung „Du stehst zu schräg, weil Du zu stark eingelenkt hast!"

(negatives Feedback) kann er für die Zukunft mehr entnehmen: Er erhält Hinweise, wie er sein Verhalten künftig anpassen muss, um im Lernprozess einen Schritt weiterzukommen.

3. Lernfunktion
Wenn Feedback durch die Informationen, die in ihm stecken – z.B. „Schlag das Lenkrad beim nächsten Mal nicht so stark ein!" – zu einer Modifizierung oder gar Verbesserung einer Handlung führt, dann sprechen wir von der Lernfunktion des Feedbacks.

4. Veränderung des Selbstbildes
Neben den oben genannten Funktionen hat Feedback aber auch fast immer eine Auswirkung auf das Selbstbild. Es führt zu einer Angleichung zwischen dem Bild, das wir von uns selbst haben (Selbstbild) und dem, wie andere uns sehen (Fremdbild). Durch Feedback in Form von Anerkennung guter Leistungen kann das positive Selbstbild einer Person gefördert und Selbstvertrauen entwickelt werden. Ebenso kann eine destruktive Form negativen Feedbacks den Selbstwert einer Person negativ beeinflussen und sie zum Nachdenken über die eigene Person bringen.

Positives vs. Negatives Feedback

Feedback kann positiv oder negativ sein. Man spricht deshalb vom *Vorzeichen* des Feedbacks. Diese Einteilung entspricht allerdings nicht der umgangssprachlichen Auslegung dieser Begriffsgegensätze im Sinne von „Lob" oder „Kritik". Denn dies impliziert vorschnell, bei negativem Feedback handele es sich um eine gänzlich unerwünschte Information und positives Feedback sei in jedem Fall erwünscht.

Mit *negativem Feedback* ist zunächst einfach die neutral-nüchterne Information gemeint, dass ein bestimmtes *Ziel bzw. ein bestimmter Zustand noch nicht erreicht* wurde. Das ist für die betreffende Person im ersten Moment zwar unangenehm, muss aber nicht schlecht sein, da es Handlungsalternativen aufzeigt. *Positives Feedback* dagegen informiert über das *Erreichen* eines bestimmten Zustandes. Ebenso wie negatives Feedback nützlich sein kann und deshalb nicht unbedingt unerwünscht sein muss, ist positives Feedback keineswegs stets erwünscht. Carver und Scheier (1983) betonen, dass es von der Art des Zieles abhängt, ob positives oder negatives Feedback als erwünscht oder unerwünscht erlebt wird. Wenn eine Person die *Erreichung* eines bestimmten Zieles oder Zustandes anstrebt, wird sie positives Feedback als angenehm und negatives Feedback, z.B. in Form von Kritik, als unangenehm erleben – wenngleich es ihr wie gesagt auch sehr nützliche Informationen vermitteln kann.

Verschiedene psychologische Schulen haben durchaus unterschiedliche Auffassungen darüber, ob negatives oder positives Feedback für unser Handeln und Lernen wichtiger ist.

Intrinsisches vs. Extrinsisches Feedback

Feedback lässt sich danach unterscheiden, welcher Quelle es entspringt, worauf Semmer und Pfäfflin bereits 1978 aufmerksam machten. Ergibt sich die Feedbackinformation direkt aus der Ausführung einer Aufgabe selbst, d.h. ohne äußeren Einfluss von anderen Personen, sprechen Semmer und Pfäfflin (1978) von *intrinsischem Feedback*. So braucht man keine Erklärungen des Fahrlehrers, um zu bemerken, wann man beim Autofahren einen falschen Gang oder anstatt der Bremse das Gaspedal erwischt hat. Die sich aus unserer Fehlhandlung ganz von selbst ergebenden Konsequenzen (krachendes Geräusch oder plötzlicher Geschwindigkeitsschub) sind sehr deutliche Feedbacksignale. Nahezu jede Handlung enthält solche Feedbacksignale, die es zu kennen oder zu lernen gilt. Intrinsisches Feedback hat übrigens viel zu tun mit dem Lernen durch „Versuch und Irrtum" bzw. dem Lernen aus Fehlern. Denn Fehler sind eine spezielle Form des negativen, informatorischen Feedbacks.

Extrinsisches Feedback dagegen wird gezielt zu Trainingszwecken „von außen" gegeben. Kluger und DeNisi (1996) bezeichnen es deshalb auch als *Feedbackinterventionen* und definieren es als „Handlungen einer anderen Person zur Vermittlung von Informationen bezüglich bestimmter Aspekte der aufgabenbezogenen Leistung". Die Kommentare des Fahrlehrers, der seinen Schüler mit Rückmeldungen über seine Fahrweise versorgt („Das war zu wenig Gas!"; „Hier war übrigens ‚rechts vor links'!" usw.) wären ein Beispiel für extrinsisches Feedback.

Der richtige Zeitpunkt des Feedbacks

Wann ist der richtige Zeitpunkt für Feedbackinterventionen? – Semmer und Pfäfflin (1978) unterscheiden zeitlich zwischen begleitendem und abschließendem Feedback: *Begleitendes Feedback* erfolgt beständig parallel zur Ausführung einer Handlung, so dass man laufend über die Entfernung zum Ziel informiert ist. *Abschließendes Feedback* ist eine Rückmeldung am Ende einer ausgeführten Gesamthandlung. Die Autoren raten, für einen schnellen Lernfortschritt zunächst Feedback möglichst handlungsbegleitend zu geben. Zunehmend sollte der Lernende dann aber lernen, eine Handlung auch ohne parallele Rückmeldung auszuführen und erst am Ende informiert werden, ob das Ziel erreicht wurde oder nicht.

Wenn Feedback abschließend auf eine Handlung gegeben wird, kann es außerdem *unmittelbar* nach der Handlung erfolgen oder aber *verzögert* nach einer gewissen Wartezeit. Laut Semmer & Pfäfflin (1978) ist bei unmittelbarem Feedback mit den größten Lernerfolgen bzw. Leistungssteigerungen zu rechnen.

Diverse psychologische Lern- und Handlungstheorien unternehmen Erklärungsversuche, wie Menschen neue Dinge lernen, welche Mechanismen beim Lernen ablaufen und wie menschliches Handeln gesteuert wird. Alle heben Feedback dabei als einen sehr wichtigen Faktor hervor.

Lernpsychologische Theorien mit Schwerpunkt auf motivationalem Feedback

Das *Gesetz des Effektes* entstammt dem Behaviorismus und die *Soziale Lerntheorie* eher der kognitiv orientierten Psychologie. Doch trotz ihrer unterschiedlichen „ideologischen Herkunft" akzentuieren beide Theorien in ihren Erklärungen den Faktor Feedback in der Weise, dass Feedback durch seine verstärkende, d.h. motivierende Wirkung auf das Verhalten zum Lernprozess beiträgt. Doch beide Theorien haben im Detail auch durchaus unterschiedliche Vorstellungen von der Rolle, die Feedback für das Lernen spielt.

a) *Das Gesetz des Effektes*
Das *Gesetz des Effektes* von Thorndike (1913) befasst sich mit den Auswirkungen von Belohnung und Bestrafung auf Lernen und Verhalten. Die Kernaussage dieser behavioristischen Theorie lautet: Die Wahrscheinlichkeit, mit der jemand eine bestimmte Verhaltensweise zeigt, steigt drastisch, wenn diese durch Lob, Geld oder andere Mittel belohnt wird. Man spricht hier von *Verstärkung*, in der Sprache der Lerntheorien auch von *operanter Konditionierung*. Schon bei kleinen Kindern setzen Eltern dieses Mittel ein, um gewünschte Verhaltensweisen zu fördern: Hat die kleine Tochter z.B. ein Bild gemalt, so erhält sie ein Lob dafür – damit sie dieses Verhalten auch zukünftig wiederholt. Umgekehrt führt eine Bestrafung eines Verhaltens, wie beispielsweise der „Klaps" für ein ungezogenes Verhalten beim Kind dazu, dass dieses zukünftig seltener das ungezogene Verhalten zeigen wird.

Die Erhöhung der Wahrscheinlichkeit eines Verhaltens durch Verstärkung ist für die Behavioristen bereits der wichtigste Mechanismus eines jeden Lernprozesses. Behavioristische Theorien gehen gewissermaßen davon aus, dass neues Verhalten – so also auch Arbeitsverhalten – *gelernt* wird, indem es durch Lob gefördert wird. So sollte ein Kind, welches gerade schreiben lernt, schneller zu einem Erfolg kommen, wenn es immer wieder für richtige Sätze gelobt und dadurch angespornt wird. Der Ansatz ist, das gewünschte Verhalten durch fortlaufende Verstärkung Schritt für Schritt an das Zielverhalten heranzuführen. Dieser Prozess wird von Behavioristen als *Shaping* bezeichnet. Nach dieser Theorie sind für das Shaping bzw. schrittweise Lernen komplexer Verhaltensweisen *keine kognitiven* Vorgänge notwendig. Die Annahme gedanklicher Prozesse war für Behavioristen ein „Tabu". Feedback ist nach Thorndike's Theorie *das* zentrale Element eines jeden Lernvorgangs und es wird angenommen, dass Feedback grundsätzlich positive Effekte hat; egal ob Feedback positiv (Verstärkung) oder negativ (Bestrafung) ist – es fördert immer das Lernen.

In dem behavioristischen Erklärungsansatz des Lernens und der Leistungserhöhung durch Belohnung und Bestrafung steht eher der *motivationale* Aspekt des Feedbacks im Vordergrund. Feedback fördert Lernen *reflexartig*, weil es anspornt oder „bremst" – nicht, weil es *informiert* und einen gedanklichen Prozess in Gang setzt. Diese Sichtweise ist allerdings in ihrer Aussage zu einfach und zu breit angelegt, um auch komplexe Feedbackeffekte und höhere Lernprozesse erklären zu können. So ist z.B. fraglich, ob eine Kritik vom Lehrer, die den Klavierschüler zwar vielleicht motivieren wird, noch mehr zu üben – ihn tatsächlich voranbringt, denn er benötigt auch *Informationen*, *was* genau er besser machen muss. Er muss das Feedback bewusst verarbeiten und *überlegen*, was zu verändern ist.

b) Die soziale Lerntheorie

Seit der kognitiven Wende in der Psychologie ist man der Ansicht, dass rein behavioristische Verstärkungstheorien das Erlernen komplexerer Verhaltensmuster nicht ausreichend erklären können. Heute geht man davon aus, dass beim Lernen komplexer Zusammenhänge das zu Lernende auch intern abgebildet wird und Regeln *kognitiv*, d.h. in einem gedanklichen Verständnisprozess, erworben werden. Lernen ist kein passiver Prozess der stückweisen Verstärkung von außen, sondern verlangt eine bewusste gedankliche (kognitive) Auseinandersetzung mit dem Lerngegenstand.

Mit seinem Konzept des Modelllernens integriert Bandura (1976) kognitive Elemente. Kernpunkt seiner Theorie ist, dass neues Verhalten allein dadurch gelernt werden kann, dass es bei einem Modell „abgeschaut" wird. Genauer gesagt wird es bei einem Modell beobachtet, dann im Gedächtnis gespeichert und dadurch gelernt. Verstärkung von außen, also Feedback, ist zum Lernen nach Bandura somit nicht nötig. Eine bestimmte Drehbewegung beim Tanzen kann demnach gelernt werden, indem man diese Figur bei einem Lehrer *beobachtet*, im Gedächtnis speichert und dann selbst ausführt. Im Einzelnen besteht der Lernprozess nach Bandura aus drei Phasen:

1. In der **Phase der Aufmerksamkeit** muss diese auf das Modell gerichtet werden. Bestimmte Eigenschaften des Modells sind dabei dem Lernprozess förderlich. So ist der Lerneffekt größer, wenn das Modell u.a. dem Lernenden sympathisch und ähnlich ist, wenn es einen hohen Status besitzt und wenn es glaubwürdig ist.
2. In der **Gedächtnisphase** muss das am Modell beobachtete Verhalten intern abgebildet (also im Gedächtnis gespeichert) und mental (also im inneren Dialog) geübt werden. Äußere Verstärkung bzw. Feedback spielen hier für den eigentlichen (rein kognitiven) Lernprozess – im Gegensatz zu den klassischen Lerntheorien – keine Rolle.
3. Um das gelernte Verhalten in der Praxis besser ausführen zu können, schließt sich nach Bandura noch eine aktive Übungsphase (**motorische Reproduktionsphase**) an.

Lernen nach der sozialen Lerntheorie ist also ein kognitiver Vorgang. Doch welche Rolle spielt nun hier Feedback? Feedback ist bei Bandura ein Bestandteil der eben erwähnten aktiven Übungsphase (3.). Die aktive Übung eines durch Beobachtung gelernten Verhaltens ist nämlich die Grundlage für einen Verstärkungsmechanismus, der sich der Lernphase anschließt: Unabhängig vom vorangegangenen Lernprozess hängt die Wahrscheinlichkeit, mit der eine erlernte Verhaltensweise tatsächlich gezeigt wird, davon ab, ob sie von der Umwelt verstärkt wird oder nicht. Feedback hat in der sozialen Lerntheorie einen motivationalen Einfluss darauf, wie häufig ein bereits vorher erlerntes Verhalten zukünftig auftritt. Dieses Element der Verstärkung hat Banduras Theorie also von den behavioristischen Lerntheorien übernommen.

Gemeinsam ist der ursprünglichen Theorie Banduras und der Thorndikes die Ansicht, *welche Art* von Feedback im gesamten Prozess einen Einfluss hat: Ausschließlich *motivationales* Feedback ist in beiden Theorien von Bedeutung. Das wichtige an Feedback ist hier sein antreibendes Potenzial, d.h. seine „Fähigkeit", Verhaltenswahrscheinlichkeiten durch Lob oder Bestrafung zu erhöhen oder zu senken. Beide Theorien vernachlässigen allerdings die Bedeutung des informatorischen Feedbacks bzw. der kognitiven Verarbeitung dieser Feedbackinformationen.

Doch Bandura (1997) selbst hat später seine soziale Lerntheorie durch eine zusätzliche Komponente erweitert, in der sowohl Kognitionen als auch aktives Handeln eine Rolle spielen. Die Wahrscheinlichkeit, so Bandura, mit der ein gelerntes Verhalten zukünftig gezeigt wird, hängt zusätzlich zu Verstärkungsmechanismen auch von der so genannten Selbstwirksamkeit einer Person ab, also vom eigenen Glauben, eine bestimmte Handlung auch tatsächlich ausführen zu können. Und die Selbstwirksamkeit hängt ab von den Ergebnissen vorangegangener Handlungen, d.h. dem Feedback, welches durch die Handlungen ausgelöst wurde. Wenn man eine schwierige Handlung bereits einmal ausgeführt hat und dabei erfolgreich war – das heisst, man hat positives Feedback darauf erhalten – dann steigt die Selbstwirksamkeit bezüglich dieser Aufgabe. Umgekehrt führt wiederholtes negatives Feedback zur Verringerung der Selbstwirksamkeit.

Handlungstheorien mit Schwerpunkt auf informatorischem Feedback

Im Vergleich zu den Lerntheorien verfolgen die Handlungstheorien einen wesentlich aktiveren Erklärungsansatz: Verhalten wird erworben und aufrechterhalten durch aktive Handlung und bewusste Feedbackverarbeitung. Zu den Handlungstheorien gehören Konzeptionen wie die Control-Theorie von Carver & Scheier (1981; 1999), die TOTE-Unit von Miller, Galanter & Pribram (1960) oder die Goalsetting-Theorie von Locke & Latham (1991). Im deutschen Sprachraum ist die Handlungstheorie von Hacker (1973) die weit verbreitetste. Sie soll daher an dieser Stelle exemplarisch dargestellt werden.

Handlungstheorie nach Hacker

Die Handlungstheorie (Hacker, 1973; Frese & Zapf, 1994; Semmer & Pfäfflin, 1978) beschreibt und erklärt, wie Menschen ihre alltäglichen Handlungen steuern und koordinieren – und letztlich auch, wie Menschen *durch aktive Handlung lernen*. Sie verknüpft dazu sowohl kognitive, behaviorale als auch informationsverarbeitungsbezogene Aspekte. Sie betont, dass das Feedback, das auf eine Handlung folgt, auch „denkend" verarbeitet wird und nicht nur eine motivierende Funktion hat. Die Aufnahme und Verarbeitung von Feedbackinformationen geschieht ihr zufolge bewusst und gezielt. Die Handlungstheorie betont damit die *informatorische* Funktion insbesondere des *negativen Feedbacks*.

Eine Handlung ist nach Hacker (1973) die kleinste psychologische Einheit „der willensmäßig gesteuerten Tätigkeit". Mit anderen Worten: Bei einer beliebigen Tätigkeit reiht sich eine kleine Handlung an die nächste und es entsteht so eine sinnvolle „Handlungskette". Der Verhaltensfluss setzt sich aus einzelnen elementaren Teil-Handlungen zusammen. Jede einzelne (Teil-)Handlung wird nach Hacker eindeutig gekennzeichnet durch ein ihr zugehöriges *Ziel*. Das Ziel ist – ebenso wie das Feedback – eines der wichtigsten Konzepte der Handlungstheorie. Ausgehend vom Begriff des Zieles beschreibt sie ausführlich, wie menschliche Handlungen typischerweise *zeitlich* ablaufen, d.h. wie aus einem Ziel zunächst ein Plan und schließlich eine sichtbare Handlung wird. Nach Frese & Zapf (1994) besteht ein typischer Handlungsprozess aus folgenden Phasen: Zielsetzung, Orientierung auf Situations- und Umgebungsbedingungen, Gestaltung von Handlungsplänen, Entscheidung für einen bestimmten Plan, Ausführen der Handlung und *Feedback*.
Ziele stehen am Anfang eines jeden Handlungsprozesses und haben nach der Handlungstheorie sowohl eine kognitive als auch eine motivationale Funktion. In *kognitiver* Hinsicht dienen Ziele der gedanklichen Vorwegnahme zukünftiger Zustände und geben der weiteren Handlungsausführung dadurch eine Struktur. Eine *motivationale* Wirkung hat ein Ziel, weil die handelnde Person beim Gedanken an das Ziel bereits den positiven „Gefühlszustand", der beim Erreichen des Ziels eintreten wird, vorwegnimmt und dadurch anspornt.

In der Phase der *Planerzeugung* wird ein dem Ziel entsprechender Plan entwickelt oder ein bereits fertiger Plan aus einem im Gedächtnis gespeicherten „Plansortiment" ausgewählt. Ein Plan muss dabei nicht unbedingt detailliert ausgearbeitet sein. Auch eine grobe Festlegung von Handlungsschritten und selbst die automatische und unbewusste Ausführung von geübten Aktionen entsprechen der Plandefinition der Handlungstheorie.

Nach der Entscheidung für einen konkreten Plan beginnt die handelnde Person mit der Umsetzung, d.h. der *Handlungsausführung*. Dabei können durchaus Pausen eintreten, denn nicht immer kann man im Alltag stringent an der „Abarbeitung" eines Plans arbeiten. Eine Planverfolgung kann sich u.a. in ihrer Flexibilität in

Bezug auf den Umgang mit Schwierigkeiten und in ihrer Geschwindigkeit unterscheiden.

Mit der Handlungsausführung ist der nach außen sichtbare Teil einer Handlung beendet. Doch nicht so der Handlungsprozess im Sinne der Handlungstheorie. Jetzt entscheidet sich nämlich, was die Handlungsausführung gebracht hat und wie die handelnde Person mit den Ergebnissen umgeht – ob sie aus der Handlung bzw. der Rückmeldung die richtigen Schlüsse zieht und *lernt*. Für die Weiterentwicklung einer Person und ihres Verhaltensrepertoires ist das, was *nach* der sichtbaren Handlung kommt, immens wichtig: Handlungen bewirken in der Regel eine Veränderung in der Umwelt und führen zu einer Reaktion der Umwelt, d.h. zu *Feedback*. Dieses ist gewissermaßen die „Antwort" oder das Gegenstück zum anfänglichen Ziel. Es zeigt an, ob das Ziel erreicht wurde oder was noch zu seiner Erreichung fehlt.

Feedback ist die notwendige Voraussetzung dafür, dass wir unsere Handlungen verbessern können, lernen und uns weiterentwickeln können.

Es wurde betont, dass Feedback so wichtig für das Handeln ist, weil es über den Grad der Zielerreichung *informiert*. Die Information, dass das Ziel noch nicht erreicht wurde, ist der „Startschuss" für einen hypothesenbildenden Prozess („Woran kann es gelegen haben?"). Ein Kernpunkt der Handlungstheorie ist damit *negatives, informatorisches Feedback*. Dies schließt allerdings nicht aus, dass Feedback gleichzeitig auch eine *motivierende* Funktion haben kann. Denn die Information „Ziel noch nicht erreicht" wird nicht nur sachlich ausgewertet, sondern sie spornt die handelnde Person auch an, durch erhöhte Anstrengung das Ziel doch noch zu erreichen – oder eben durch Überlegung einen anderen Weg zu finden. Das besondere an der Handlungstheorie im Vergleich zu den bisher besprochenen Theorien ist, dass sie *beide* Feedbackaspekte – informatorisches *und* motivationales – berücksichtigt.

Die Feedbackinterverntionstheorie

Die bislang dargestellten Theorien erklären relativ *allgemein*, wie menschliches Verhalten und Lernen gesteuert wird und heben Feedback dabei jeweils als einen sehr wichtigen Baustein der beschriebenen Steuerungsmechanismen hervor. Allerdings fehlen *spezifische* Aussagen zur tatsächlichen Effektivität von Feedback in konkreten Bereichen und unter verschiedenen Bedingungen. In einer Metaanalyse haben Kluger und DeNisi (1996) gezeigt, dass Feedback durchaus nicht immer positive Auswirkungen hat. Feedback durch andere Personen hat im Durchschnitt zwar (gemäßigt) positive Effekte ($d = .41$) auf die Leistung, in 38% der untersuchten Fälle werden aber auch negative Auswirkungen berichtet.

Wenn Feedback *nicht* in jedem Fall positiv aufgenommen wird, dann stellt sich zwangsläufig die Frage, unter welchen *Bedingungen* es denn leistungsfördernd und wann eher leistungshemmend wirkt. Welche *Merkmale* sollte eine Feedbackmaßnahme idealerweise besitzen, um die Motivation und die Leistung bei Mitarbeitern zu fördern? Und welche persönlichen Eigenschaften von Menschen beeinflussen, ob ein Feedback akzeptiert oder abgelehnt wird. Die Feedbackinterventionstheorie von Kluger und DeNisi (1996, 1998) beschreibt diese Zusammenhänge (vgl. Remdisch im Druck).

Damit Feedback akzeptiert werden und leistungs- sowie motivationsförderlich wirken kann, müssen nach Kluger & DeNisi (1996) verschiedene Bedingungen erfüllt sein. (1) *Art und Weise der Feedbackvermittlung*. Bei einer mündlichen Feedbackübermittlung durch Vorgesetzte oder Kollegen ist nicht nur entscheidend, *was* jemand sagt, sondern auch *wie* er es sagt. Denn die äußere Form, in die das Feedback „verpackt" ist, hat einen starken Einfluss darauf, ob und welche *Emotionen* beim Mitarbeiter ausgelöst werden und womit er sich gedanklich beschäftigt. Beides hat einen Einfluss auf seine Leistungsfähigkeit. Eine destruktive Form des Feedbacks zum Beispiel (z.B. Anschreien oder Zynismus), ein Vergleich mit besseren Kollegen oder Feedback in der Öffentlichkeit u.v.m. lösen beim betroffenen Mitarbeiter *negative* Gefühle aus und stellen für ihn eine Bedrohung seines Selbstwertgefühls dar. Dies lenkt seine Aufmerksamkeit vom Feedbackinhalt auf das eigene Selbst, auf Möglichkeiten einer Bedrohungsabwehr und auf die Bewältigung seiner unangenehmen Gefühle. Eine Umsetzung des Feedbackinhalts und eine Leistungsverbesserung sind dann nicht mehr möglich und seine Leistungsmotivation sinkt. Ebenso kann aber auch positives Feedback, das zu stark auf die Person fokussiert ist und *positive* Gefühle evoziert (z.B. bei einem starken Lob der *Person* des Mitarbeiters anstatt einer sachbezogenen Äußerung), von der eigentlichen Aufgabe ablenken.

Beim Feedbackgeben ist grundsätzlich zu beachten, dass Menschen an ihrem Arbeitsplatz selbst für kleine Nuancen in der Vermittlung der Feedbackbotschaft sensibel sind und emotional darauf reagieren. In Bezug auf den Lerneffekt von Feedback ist von Bedeutung, ob es zusätzlich zur reinen Ergebnisrückmeldung ergänzende Lernhinweise enthält oder nicht, wobei die Sachlage hier zwiespältig ist: Konkrete Verbesserungsvorschläge (Prozessfeedback, s.o.) führen zwar zu einer schnellen, dafür aber nur kurzfristigen Handlungsverbesserung. Langfristige positive Effekte entstehen dagegen eher dann, wenn Lernhinweise sparsam gegeben werden und der Mitarbeiter beim Erlernen einer neuen Aufgabe die Gelegenheit hat, explorativ vorzugehen und aus eigenen →Fehlern zu lernen. (2) *Kontextfaktoren*: Damit Feedback zu einer Leistungsverbesserung führen kann, muss nicht nur das Feedback selbst, sondern bereits die Arbeitsaufgabe bzw. das Arbeitsziel klar definiert sein. Andernfalls kann Feedback nicht verstanden und eingeordnet werden. Weiterhin beeinflusst z.B. die Glaubwürdigkeit der Feedbackquelle die Reaktion auf eine Rückmeldung, wie Steelman & Rutkowski (2004) feststellten. (3) *Persönlichkeitseinfluss*: Personen mit niedrigem *Selbstwertgefühl* haben das grundsätzliche Ziel, negative Informationen über sich selbst zu vermeiden. Bei einem Mitarbeiter mit niedrigem Selbstbewusstsein stößt negatives Feedback deshalb schneller als bei anderen selbstwertrelevante Überlegungen an, die von der Aufgabe ablenken und einen Motivationsverlust bewirken.

Aus den bisherigen Überlegungen lässt sich zum Schluss zusammenfassend ableiten, wie Feedback idealerweise gegeben werden sollte, um eine Leistungssteigerung bei den Mitarbeitern zu erreichen. Im Folgenden sind Merkmale einer guten Feedbackintervention dargestellt (vgl. Kasten 1 und 2, zitiert nach Remdisch im Druck a).

Motivierendes Feedback

- Geben Sie **negatives *und* positives Feedback**: Negatives aus informatorischen und positives aus motivationalen Gründen. Bedenken Sie, dass informatorisches Feedback auch motivationale Konsequenzen haben kann und umgekehrt.
- Geben Sie Feedback **aufgabenbezogen, beschreibend** und **verhaltensnah**.
- Lenken Sie die **Aufmerksamkeit auf Aufgabenaspekte** und die Feedback-Standard-Diskrepanz und **nicht auf die Person und den Selbstwert** des Mitarbeiters. Feedback darf keine Bedrohung für das Selbstwertgefühl darstellen.
- Geben Sie Feedback, das **positiv wertschätzend** ist und die **Persönlichkeit des Gegenübers unabhängig vom Feedbackinhalt respektiert**.
- Aufgabenbezug bedeutet im einzelnen:
    - **Konstruktives Feedback**; d.h. nicht ironisch oder „vernichtend"
    - **Kein Vergleich mit Besseren**
    - Feedback unter vier Augen; **kein öffentliches Feedback** vor anderen
    - Fehler aber auch **nicht zu stark „abpuffern"** durch zu ausführliche Begründung und Rechtfertigung, Banalisieren des Problems und Entlastung von Verantwortung („Das hätten Sie eh nicht schaffen können.")
- Loben Sie, aber beziehen Sie auch das Lob nicht zu stark auf die Person. **Loben Sie die Leistung, nicht die Person**.
- **Fördern Sie aktive Feedbacksuche** durch einen ermutigenden, wertschätzenden Führungsstil und eine positive Kommunikationsatmosphäre.
- Geben Sie **regelmäßig Feedback**, damit sich zwischenzeitlich nicht zu viele Kritikpunkte ansammeln können. Kritik in kleinen Dosen ist besser zu akzeptieren und weniger bedrohlich für das Selbstwertgefühl.
- Machen Sie sich klar, wie das **Selbstwertgefühl eines jeden Mitarbeiters** ausgeprägt ist. Passen Sie Ihr Feedback dementsprechend an, d.h. gehen Sie bei sensibleren Mitarbeitern auch behutsamer vor.
- **Schaffen Sie eine Vertrauensbasis**, indem Sie nur fundiertes Feedback geben, d.h. die Arbeitssituation der Mitarbeiter gut kennen und auch eine gründliche

Leistungsbeobachtung zugrunde legen. Vermitteln Sie den Eindruck, dass Sie Feedback zur Förderung der Mitarbeiter geben und nicht zur Demonstration der eigenen Bestrafungsmacht.

Lernförderliches Feedback

- Definieren Sie **Aufgaben als Lern- und nicht als Leistungsaufgaben**.
- Geben Sie Feedback **einfach und verständlich**, damit keine Missverständnisse entstehen.
- Ergänzen Sie Ihre Rückmeldungen durch **Hinweise zu möglichen Lösungsstrategien**. Machen Sie gleichzeitig auf intrinsisches Feedback (also Feedbacksignale aus der Ausgabenausführung selbst) aufmerksam, damit nicht nur oberflächliches Lernen stattfindet. Feedback soll nämlich auch später genutzt werden können, wenn die Übungssituation mit externen Hilfen beendet ist. Der Feedbackempfänger soll schon in der Übungssituation (On-the-Job, im Training oder Coaching) lernen, intrinsisches Feedback selbst zu erkennen und zu nutzen.
- Geben Sie lernorientiertes Feedback anfänglich häufiger und dann zunehmend weniger, damit die Mitarbeiter lernen, selbst Lösungen für Probleme zu erarbeiten.
- Gestalten Sie die Arbeit und die Lernumgebung so, dass **exploratives Lernen**, dies bedeutet Lernen aus Fehlern, möglich ist.
- Ergänzen Sie negatives Feedback bzw. Hinweise auf Fehler durch **ermutigende Äußerungen zur Wichtigkeit von Fehlern** für Lernprozesse.
- Geben Sie Feedback **anfänglich häufiger zu kleineren Verhaltenseinheiten** – später dann seltener und bezogen auf größere Verhaltenseinheiten.
- Geben Sie Feedback anfänglich zu einzelnen Aspekten des Verhaltens. Wenn der Übende gelernt hat, einzelne Verhaltensaspekte mit einem übergeordneten Begriff zu verbinden, reicht auch eine Nennung dieses „Superzeichens" aus. So reicht es einem geübten Sportler aus, wenn der Trainer ihm nur noch den Namen einer bestimmten Figur oder Bewegung nennt, die er ausführen soll, anstatt detaillierte Verhaltensanweisungen zu geben.
- **Verknüpfen Sie Feedback-Interventionen mit Goal-Setting**. Dass heißt es sollten nie Ziele aufgestellt werden ohne daraufhin Feedbackinformationen zu geben und nie Feedback gegeben werden, ohne einen Bezug zum Ziel herzustellen oder neue Ziele zu definieren.
- **Aktuelle Ziele müssen immer klar und transparent sein**.
- Geben Sie bei schwierigen Arbeitsaufgaben ausführlicheres Feedback mit detaillierteren Erklärungen – bei leichten Aufgaben eher motivierendes.

Literatur

Bandura (1976). Lernen am Modell – Ansätze zu einer social-kognitiven Lerntheorie. Stuttgart: Klett.
Bandura, A. (1997). Self-efficacy: The exercise of control. New York: W.H. Freeman.
Carver, C.S. & Scheier, M.F. (1999). Themes and issues in the self-regulation of behavior. In: R.S. Wyer (Hrsg.), Perspectives on behavioral self-regulation: Advances in social cognition, Vol. XII. New York: Lawrence Erlbaum Associates.
Frese, M. & Zapf, D. (1994). Action as the core of work psychology: A German approach. In: H.C. Triandis, M.D. Dunnette & L.M. Hough (Eds.), Handbook of industrial and

organizational psychology (2nd ed., Vol.4, pp. 271-340). Palo Alto, CA: Consulting Psychologists Press.

Hacker, W. (1973). Allgemeine Arbeits- und Ingenieurspsychologie. Berlin: Deutscher Verlag der Wissenschaften.

Hacker, W. (1982). Beanspruchungskomponenten von geistigen Routinetätigkeiten. Zeitschrift für Psychologie, 190(3), 233-258.

Hacker, W. (1986). Arbeitspsychologie. Bern: Huber.

Kluger, A.N. & DeNisi, A. (1996). The effects of feedback interventions on performance: a historical review, a meta analysis and a preliminary feedback intervention theory. Psychological Bulletin, 119 (2), 254-286.

Kluger, A.N. & DeNisi, A. (1998). Feedback Interventions: Toward the Understanding of a Double-Edged Sword. Current Directions in Psychological Science, 7, 67-72.

Miller, G.A., Galanter, E. & Pribram, K.H. (1960). Plans and the structure of behavior. Oxford: Holt.

Remdisch, S. (im Druck a). Erfolgsfaktor Feedback: Feedback im Rahmen von personalen und organisationalen Entwicklungsprozessen. In E. Bamberg, G. Mohr & M. Rummel (Hrsg.). Praxis der Arbeits- und Organisationspsychologie. Bern: Hans Huber Verlag.

Remdisch (im Druck b), Feedback. In C. Scholz (Hrsg.). Vahlens Großes Personallexikon.

Semmer, N. & Pfäfflin, M. (1978). Interaktionstraining. Weinheim: Beltz.

Steelman, L.A. & Rutkowski, K.A. (2004). Moderators of Employee Reactions to Negative Feedback. Journal of Managerial Psychology, 19(1), 6-18.

Thorndike, E.L. (1913). Educational psychology. Volume I: The original nature of man. New York: Columbia University, Teachers College.

Bildungscontrolling: Messung des Messbaren

Prof. Dr. Reinhold Weiß

Bildungsinvestitionen rechnen sich!

Bildung und Humankapital gelten, das ist fast schon eine Binsenweisheit, als zentrale Wachstums- und Wettbewerbsfaktoren. Die Bildungsökonomie wie auch die moderne Wachstumstheorie liefern dafür zahlreiche Argumente. Bildung wird nicht mehr nur als Restposten, sondern als eigenständige Variable zur Erklärung des wirtschaftlichen Wachstums herangezogen (Schettkat, 2002, 617 ff.). Auch an empirischen Belegen dafür, dass Investitionen in Bildung sich auszahlen, mangelt es nicht. So zeichnen sich Volkswirtschaften mit einem hohen Qualifikationsniveau der Bevölkerung durchweg durch ein hohes Niveau des Sozialprodukts und eine positive Wachstumsdynamik aus. Der durch ein zusätzliches Bildungsjahr erzeugte langfristige Outputzuwachs pro Kopf wird von der OECD mit 4 bis 7 Prozent veranschlagt (OECD, 2000, 162). Die Rechnung der Volkswirte ist meist recht simpel: Investitionen in Bildung werden in Form von absolvierten Bildungsjahren und erzielten Abschlüssen erfasst. Seltener, weil empirisch schwierig messbar und vergleichbar, werden die erzielten Kompetenzen zugrunde gelegt. Empirische Ergebnisse weisen indessen darauf hin, dass sie einen weitaus besseren Prädiktor für das längerfristige wirtschaftliche Wachstum darstellen (Coulombe / Tremblay / Marchand, 2004, 39).

Auch betriebswirtschaftlich macht sich Bildung bezahlt. So gibt es eine Reihe von Hinweisen darauf, dass betriebliche Bildungsinvestitionen mit Produktivitätsgewinnen einhergehen (Zwick, 2002). Ebenso gibt es eine Koinzidenz zwischen der Professionalität der Personalarbeit oder dem Umfang von Bildungsinvestitionen und dem unternehmerischen Erfolg (Watson / Wyatt, 2001; Bassi / Benson / van Buren / Bugarin, 1997). Erfolgreiche Unternehmen zeichnen sich mit anderen Worten durch eine professionellere Personalarbeit, eine intensivere Weiterbildung und höhere Weiterbildungsaufwendungen aus.

Auch für das Individuum zahlen sich Bildungsinvestitionen aus. Bildungsinvestitionen führen im Laufe des Erwerbslebens zu Einkommenszuwächsen und schlagen sich in einem verminderten Risiko von Arbeitslosigkeit nieder. Werden Aufwendungen für Bildung und das Lebenseinkommen gegenübergestellt, ergeben sich Bildungsrenditen, die den Vergleich mit Investitionen in Kapitalanlagen nicht scheuen müssen. Steiner / Lauer (2001, 13) errechneten für den Zeitraum von 1984 bis 1997 für Absolventen einer Berufsausbildung Renditen von 8,0 Prozent bei Männern und von 10,4 Prozent bei Frauen. Für Männer mit Fachhochschulabschluss ergibt sich eine Rendite von 8,8 Prozent, weibliche Fachhochschulabsolventen kommen sogar auf einen Wert von 9,9 Prozent.

So instruktiv diese Daten auch sind, so stellen sie doch nichts weiter als statistische Artefakte dar. Die Frage nach den Ursachen und Wirkungen lässt sich damit nicht hinreichend beantworten. War die Bildung ursächlich verantwortlich für die wirtschaftliche Prosperität (investive Argumentation) oder können sich wirtschaftlich erfolgreiche Unternehmen und Volkswirtschaften umgekehrt ein höheres Niveau an Bildung leisten (konsumtive Argumentation)? Beide Interpretationen sind zulässig, allerdings nicht im Sinne eines Entweder-oder, sondern vielmehr im Sinne eines Sowohl-als-auch.

Erfolg und Erfolgsnachweis

Bildungs- und Personalarbeit sind kein Selbstzweck, sondern müssen einen Beitrag zur Realisierung betrieblicher Ziele leisten. Dies ist eigentlich nichts Neues, doch kommt dieser Anforderung heute eine sehr viel größere Bedeutung bei. Eine bloße Erfolgsbehauptung oder der Anspruch einer innovativen, qualitativ anspruchsvollen Weiterbildung reichen längst nicht mehr aus. Verlangt wird vom Management ein konkreter Erfolgsnachweis. Die Bildungsverantwortlichen müssen mit anderen Worten deutlich machen, welchen Beitrag sie für die Geschäftsprozesse geleistet haben und inwieweit durch Weiterbildung ein Mehrwert entstanden ist.

Angesichts begrenzter finanzieller und personeller Ressourcen auf der einen und einem weiterhin hohen Weiterbildungsbedarf auf der anderen Seite gilt es nach Möglichkeiten zu suchen, Weiterbildung und Personalentwicklung so zu organisieren, dass die Weiterbildung bedarfsspezifisch, just-in-time, qualitativ hochwertig, kostengünstig und zugleich hoch wirksam ist.

Der Erfolg von Weiterbildung und Personalentwicklung kann an verschiedenen Indikatoren abgelesen werden. Weiterbildung soll strategisch ausgerichtet und folglich relevant für das Erreichen dieser Ziele sein. Weiterbildung soll wirtschaftlich effektiv und effizient durchgeführt werden und sich letztlich auch im Erfolg des Unternehmens niederschlagen. Es ist offenkundig, dass diese unterschiedlichen Definitionen von Erfolg unterschiedliche Instrumente und

Herangehensweisen erforderlich machen. Hinzu kommt, dass die verschiedenen Indikatoren für die jeweiligen Akteure im Unternehmen im unterschiedlichen Maße steuer- und beeinflussbar sind.

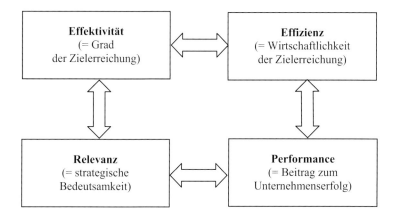

Abb. 1: Bewertungsmaßstäbe

Relevanz

Grundlegend ist zu prüfen, ob die angestrebten Ziele der Weiterbildung / Personalentwicklung für das Unternehmen bedeutsam sind, ob sie also mit den strategischen, taktischen und operativen Zielen in Einklang stehen. Darüber kann letztlich nicht abstrakt im Wege eines Ableitungsmechanismus, sondern nur konkret aufgrund von Gesprächen mit den Entscheidern und im Wege von Verhandlungen mit den internen Kunden entschieden werden. Die Bildungsverantwortlichen müssen daher in engem Kontakt mit den Entscheidungsträgern stehen und möglichst frühzeitig in strategische Planungen einbezogen werden. Die Erfahrung lehrt, dass dies oftmals nicht gewährleistet ist und die Bildungsplanung relativ losgelöst von den strategischen Entscheidungen abläuft.

Effektivität

Erfolg von Weiterbildung meint sodann, dass die intendierten Lernziele oder Ziele von Maßnahmen und Programmen auch erreicht werden. Die Effektivität beschreibt, in welchem Ausmaß dies gelungen ist. Dies setzt Klarheit darüber voraus, was eigentlich durch Weiterbildung erreicht werden soll. Die Effektivität von Weiterbildung kann daher vor allem durch die Überprüfung des Lern- und Transfererfolgs gemessen werden. Dies ist vor allem ein Gegenstand der pädagogischen Evaluation. Sie widmet sich nach Götz (1993, 83 ff.) der Analyse und Planung von Bildungsmaßnahmen, dem Lernprozess, dem Lernerfolg, dem Lerntransfer sowie der Ebene der Organisationsentwicklung.

Effizienz

Ziele können in der Regel auf unterschiedlichem Wege und durch unterschiedliche Maßnahmen oder organisatorische Arrangements erreicht werden. Unterschiedliche Maßnahmen unterscheiden sich sowohl in ihrer Wirkung wie auch im erforderlichen Ressourceneinsatz. Unter Effizienzgesichtspunkten ist daher die Ziel-Mittel-Relation entscheidend. Zu prüfen ist, ob der Mitteleinsatz wirtschaftlich zu rechtfertigen ist, ob es alternative Möglichkeiten der Zielerreichung gibt und mit welchen Konsequenzen diese Alternativen im Hinblick auf die Zielerreichung und den Mitteleinsatz verbunden sind. Dies findet seinen Ausdruck in Vergleichsrechnungen für unterschiedliche Modelle.

Performanz

Für das Management ist demgegenüber vor allem entscheidungsrelevant, inwieweit die Maßnahmen der Weiterbildung / Personalentwicklung dazu beigetragen haben, die Leistungsfähigkeit und / oder Wettbewerbsfähigkeit des Unternehmens zu verbessern. Dies erfordert das Herstellen von Bezügen zwischen den eingeleiteten Maßnahmen und Programmen, dem Verbrauch an Ressourcen sowie den dadurch erzielten Unternehmensergebnissen.

Bei der Messung in diesen vier Feldern besteht allerdings ein grundlegendes Dilemma: Ziele, die relativ leicht zu überprüfen sind, nämlich die Zufriedenheit der Teilnehmer oder auch der Lernerfolg, sind für die Entscheider in den Unternehmen von eher geringer Bedeutung. Wichtig für sie wären ökonomische Indikatoren, die belegen, dass Weiterbildung sich für das Unternehmen rechnet, das heißt mit entsprechenden Produktivitätsvorteilen, Qualitätsgewinnen oder der Erschließung von Marktpotenzialen verbunden ist. Angesichts der Komplexität von internen und externen Prozessen und Einflussfaktoren erscheint dies als eine fast unlösbare Aufgabe. Bildungsleute tun sich regelmäßig schwer damit, weil sich die Sinnhaftigkeit und die Qualität von Bildungsarbeit nicht allein nach ihrem Beitrag zum (kurzfristigen) Unternehmenserfolg bemessen lassen. Die Wirklichkeit ist jedoch längst darüber hinweggegangen und verlangt nach überzeugenden Erfolgsnachweisen.

Charakteristik des Bildungscontrollings

Ein Erfolgsnachweis wird vom Einsatz des Controllings erwartet. Darunter kann allgemein ein funktionsübergreifendes Steuerungssystem verstanden werden, das den unternehmerischen Entscheidungs- und Steuerungsprozess durch zielgerichtete Informationen unterstützt. Angewandt auf die Personalarbeit versteht Wunderer (1991, 272) Personalcontrolling als ein „planungsorientiertes, integriertes Evaluationsinstrument zur Optimierung des Nutzens der Personalarbeit". Entsprechend kann Bildungscontrolling mit Baldin (1993, 240) als ein „kundenorientiertes, ganzheitliches Planungs-, Analyse- und Steuerungssystem für Bildungsinvestitionen" verstanden werden. Es dient der Erzielung strategischer Wettbewerbsvorteile durch optimal entwickelte Human-Ressourcen.

Bildungscontrolling bezieht alle Planungsschritte mit ein, angefangen von der Bedarfsanalyse über die Realisierung von Maßnahmen bis zur Erfolgskontrolle und Transfersicherung (Becker, 1995, 65). Es wäre deshalb falsch, Bildungscontrolling auf die Erfolgskontrolle oder die Nutzenmessung zu verengen. Fehler, die bereits in frühen Planungsphasen, beispielsweise bei der Ursachenanalyse, gemacht worden sind, lassen sich durch noch so aufwändige Messverfahren des Bildungserfolgs nicht mehr wettmachen.

Bildungscontrolling erscheint in der betrieblichen Praxis oftmals als Druckmittel und Drohkulisse, um einen vermeintlich unproduktiven Bereich neu zu strukturieren, auszugliedern oder zu verkleinern. Es erscheint jedoch als zu vordergründig, darin vor allem ein Instrument zu sehen, um Kosten zu senken oder Mittelkürzungen in Bildungsbudgets zu rechtfertigen. Die Chance eines Bildungscontrollings besteht vielmehr darin, die Bildungsarbeit mittel- und längerfristig zu positionieren, eine Ausrichtung auf strategische und operative Ziele zu unterstützen und die Wirtschaftlichkeit zu erhöhen.

Bildungscontrolling versucht zwar, soweit dies möglich und ökonomisch vertretbar ist, Bildungsprozesse quantitativ zu erfassen. Es müssen daneben aber mindestens gleichgewichtig qualitative Faktoren, Bewertungen, Prozesse und Strukturen in den Blick genommen werden. Denn nicht alles, was ökonomisch relevant ist, lässt sich in Zahlen und Statistiken ausdrücken. Wie sollen beispielsweise eine bessere Zusammenarbeit, ein besseres Betriebsklima oder eine verbesserte Kommunikation ökonomisch bewertet werden? Werden derartige Faktoren außer Acht gelassen, leistet Controlling einem Zahlenfetischismus Vorschub.

Bildungscontrolling ist daher nicht allein ein ökonomisches Instrument, sondern bezieht Sichtweisen und Instrumente anderer Disziplinen mit ein (von Landsberg, 1995, 21 ff.). Das pädagogisch-psychologische und das ökonomische Denken müssen miteinander verbunden werden, desgleichen das Denken in Prozessen und das Denken in Ergebnissen, die quantitative wie auch die qualitative Analyse.

Bildungsleute, Personaler und Controller müssen ihre jeweils spezifische Sichtweise einbringen und gemeinsam nach Lösungen suchen. Man könnte es auf folgende Formel bringen: Evaluation ohne ökonomische Fundierung findet keine Akzeptanz; Controlling ohne pädagogische Kompetenz und personalwirtschaftliche Perspektive gerät allzu leicht zum blinden Aktionismus.

Bildungscontrolling darf nicht auf die Fremdsteuerung durch die Vorgabe von Zielgrößen und Messverfahren verkürzt werden. In dem Maße, in dem Entscheidungskompetenzen auf dezentrale Ebenen verlagert werden, können Kennziffern nicht mehr nur zentral vorgegeben und kontrolliert werden. Stattdessen geht es nunmehr darum, Kennziffern als Instrument sich selbst steuernder Organisationseinheiten zu entwickeln und einzusetzen. Zu diesem Zweck müssen die zentralen Unternehmensziele kaskadenförmig auf die Ebene der Organisationseinheiten heruntergebrochen und mit den betreffenden Mitarbeitern als Ziel vereinbart werden. Sie werden damit zu einer Grundlage für dezentrale Entscheidungsprozesse, zugleich aber auch ein Maßstab für die Leistungsbewertung. Dies gelingt nur, wenn die Ziele von den Mitarbeitern als legitim und wichtig, als beeinflussbar und erreichbar eingeschätzt werden (Werth-Rosarius, 1998). Außerdem kommt es darauf an, die Mitarbeiter in die Lage zu versetzen, diejenigen Daten, die sie zur Steuerung ihrer Arbeitsabläufe benötigen, auch zu erhalten oder selbst aufzubereiten.

Bildungscontrolling ist schließlich kein einmalig einzusetzendes Instrument im Sinne einer Schwachstellen- oder Fehleranalyse, sondern muss als eine permanente Aufgabe der Analyse und Bewertung von Bildungsprozessen verstanden werden. Dies erfordert ein systematisches Herangehen, einen langen Atem und eine entsprechende Mittelausstattung. Denn Wirkungen von Bildungsprogrammen zeigen sich in der Regel erst mittel- und längerfristig. Bildungsinvestitionen haben mit anderen Worten eine lange Ausreifungszeit. Wer im Bildungscontrolling daher ein leicht handhabbares und schnell wirksames Instrument erwartet, wird enttäuscht werden. Wer hingegen Bildungscontrolling als ein Instrument und reflexives Verfahren handhabt, um eine nachhaltige Verbesserung von Qualität, Output, Ergebnis und Akzeptanz zu erzielen, für den hält das Bildungscontrolling einiges bereit.

Bildungscontrolling erfordert eine Professionalisierung der Prozesse und Instrumente. Dennoch wäre es verfehlt, darin lediglich eine zu delegierende Stabsfunktion zu sehen. Bildungscontrolling ist vielmehr eine Aufgabe aller Akteure, die an der Weiterbildung und Personalentwicklung beteiligt sind. Dazu gehören die Mitarbeiter und Teilnehmer an Weiterbildungsmaßnahmen ebenso wie die Vorgesetzten und Führungskräfte, die Trainer, Berater und PE-Spezialisten, die internen Kunden wie auch die Controller. Bildungscontrolling ist somit viel mehr eine „Querschnittsfunktion" (Wunderer, 1991, 273) als die Aufgabe eines oder weniger Spezialisten.

Ein Bildungscontrolling ist letztlich auch nicht zum Null-Tarif zu haben. Es erfordert vielmehr einen zusätzlichen Einsatz an zeitlichen, finanziellen und personellen Ressourcen. Es muss deshalb sehr genau analysiert werden, ob sich der Einsatz von Controlling-Instrumenten lohnt und inwieweit die Intensität durch die erwarteten Resultate gerechtfertigt ist. Ein intensiveres Ausleuchten der Wirkungen ist vor allem dort angebracht, wo es um strategisch wichtige Programme oder besonders kostenintensive Maßnahmen geht.

Anforderungen an die Erfolgsmessung

Um Weiterbildung erfolgreich zu steuern und im Unternehmen zu verankern, benötigen die Unternehmen ein Instrumentarium, das Prozesse datenmäßig abbildet, Informationen quantifizierbar und systematisierbar macht und möglichst auch Zusammenhänge erkennen lässt. Bildungscontrolling kann deshalb auch als Versuch verstanden werden, betriebliche Bildungsprozesse, soweit möglich und ökonomisch sinnvoll, mit Hilfe von Daten und Kennziffern transparent und damit steuerbar zu machen. Dies setzt ein Messen von Vorgängen, Rahmenbedingungen und Ergebnissen voraus. Dies kann auf unterschiedlichen Datenniveaus erfolgen.

- Die einfachste Form ist die Messung auf nominalem Niveau. Festgestellt wird lediglich, ob ein Ziel erreicht worden ist oder nicht.
- Auf ordinalem Niveau wird zusätzlich erfasst, in welchem Umfang das Ziel erreicht worden ist. Die Messung erfolgt jedoch auf einem relativ einfachen, wenig anspruchsvollen Niveau im Sinne eines Mehr oder Weniger, ohne die Unterschiede im Einzelnen zu quantifizieren.
- Intervallskaliert ist eine Messskala dann, wenn auch die Unterschiede grob differenziert werden können. Ein Beispiel hierfür sind die Schulnoten.
- Die genaueste, aber auch anspruchsvollste Messung ist die auf metrischem Niveau. In Euro und Cent, Prozentwerten oder Stückzahlen wird das erzielte Ergebnis auf das Komma genau festgestellt.

Es ist offenkundig, dass nicht jede Messung auf metrischem Niveau erfolgen kann und muss. Häufig reicht ein weniger anspruchsvolles und damit auch leichter zu erhebendes Datenniveau vollkommen aus. Ein systematisches Messen erfordert jedoch die Beachtung bestimmter Verfahrensschritte. Mindestens sieben verschiedene Aspekte sind zu unterscheiden.

- Bildungscontrolling überprüft, inwieweit Ziele erreicht worden sind. Zunächst müssen Weiterbildungsziele aus strategischen Zielen abgeleitet werden. Wo dies nicht stringent möglich ist, muss zumindest eine Prüfung auf Kompatibilität erfolgen.
- Sodann müssen Weiterbildungsziele – soweit wie möglich – operationalisiert, das heißt in Form beobachtbarer Verhaltensweisen oder zu ermittelnder Ergebnisse beschrieben werden. Sie sind die Grundlage für die anschließende Erfolgsmessung und -bewertung.

- Es müssen Sollgrößen oder Schwellenwerte festgelegt werden, die angeben, welcher Grad der Zielerreichung mindestens erreicht werden soll. So könnte beispielsweise festgelegt werden, dass in den Fragebögen zur Ermittlung der Zufriedenheit mit einem Seminar mindestens ein Wert von „2 = gut" erreicht werden soll.
- Auf jeden Fall notwendig ist eine Entscheidung darüber, wie die benötigten Daten gewonnen werden und wer dafür verantwortlich ist. Dazu muss festgelegt werden, auf welche betrieblichen Daten zurückgegriffen werden kann, wer sie bereitstellt oder ob spezifische Daten zusätzlich erhoben werden sollen. Hierfür sind entsprechende Ressourcen von Anfang an einzuplanen.
- Die Daten sind nach klaren und einheitlichen Kriterien und Verfahren zu erheben. Dazu sind genaue definitorische Abgrenzungen und Verfahrensanweisungen erforderlich.
- Schließlich muss klar sein, wer für die Interpretation von Daten zuständig ist. Dies kann weder allein eine Aufgabe der Weiterbildner noch von Controllern oder nur der internen Kunden sein. Es ist vielmehr eine Aufgabe, die nur gemeinsam angegangen werden kann. Dies ist vor allem auch deshalb wichtig, weil die Bildungsverantwortlichen üblicherweise nur einen sehr begrenzten Zugang zu Daten aus den Geschäfts- und Arbeitsprozessen haben.
- Im Sinne eines Controlling-Zyklus muss letztlich auch darüber entschieden werden, inwieweit aus den Ergebnissen Konsequenzen für die Neuausrichtung von Programmen oder die Ausgestaltung von Bildungsmaßnahmen gezogen werden sollen.

Versteht man Bildungscontrolling als ein systematisches und rationales Vorgehen, um Bildungsprozesse erfolgswirksam zu steuern, müssen die eingesetzten Methoden und Instrumente den Standards sozialwissenschaftlicher Forschung gerecht werden. Messungen müssen mit anderen Worten objektiv, also unabhängig vom Durchführenden sein; sie sollen valide sein und das messen, was sie vorgeben zu messen; und sie sollen reliabel sein, das heißt bei wiederholten Messungen zum gleichen Ergebnis führen. Nimmt man diese Maßstäbe ernst, wird man bei manchen betrieblichen oder von Unternehmensberatern propagierten Verfahren größte Vorsicht walten lassen. Dies gilt umso mehr, als Verfahren und Ergebnisse des Bildungscontrollings in der Realität auch als Macht- und Legitimationsinstrument eingesetzt werden.

Aus wissenschaftlicher Sicht wäre beispielsweise auch die Bildung von Vergleichsgruppen erforderlich. Bereits unter den Bedingungen wissenschaftlicher Verfahren stellt dies aber ein erhebliches methodisches Problem dar. Unter den realen Bedingungen eines Unternehmens ist die Bildung von Vergleichsgruppen ungleich schwieriger. Sofern es möglich ist, stellt der Vergleich von Teilnehmern mit Nicht-Teilnehmern oder von Abteilungen, die an bestimmten PE-Programmen partizipieren und solchen, die darauf verzichten, ein aufschlussreiches Instrument der Erfolgsmessung dar.

Um Ergebnisse einordnen und bewerten zu können, ist ein Vergleichsmaßstab erforderlich. Dies können bestimmte Zielmarken sein, um Soll- und Istwerte miteinander zu vergleichen. Es können zum anderen Daten der Vorperiode oder ganz einfach Messdaten sein, die zu verschiedenen Zeitpunkten (vorher-nachher) gewonnen wurden. Vergleichsdaten können darüber hinaus aus anderen Unternehmensteilen oder anderen Unternehmen herangezogen werden. Ein derartiges Benchmarking kann als ein Prozess verstanden werden, bei dem Produkte, Dienstleistungen und insbesondere Prozesse und Methoden betrieblicher Funktionen über mehrere Unternehmen hinweg verglichen werden (Horváth / Herter, 1992, 5). Während beim internen Vergleich eine Vergleichbarkeit der Daten im Normalfall gewährleistet ist, ergeben sich beim Vergleich von Daten zwischen verschiedenen Betriebsteilen oder Unternehmen zum Teil erhebliche Probleme aufgrund unterschiedlicher Abgrenzungen und Erhebungsmethoden. Dies ist einer der wesentlichen Gründe, weshalb sich ein zwischenbetriebliches Benchmarking nicht auf den bloßen Vergleich von Daten beschränken sollte.

Zugänge zur Erfolgsmessung

Eine gängige und weithin akzeptierte Systematik der Erfolgsmessung stammt von Kirkpatrick (1998). Er unterscheidet zwischen vier verschiedenen Ebenen: Zufriedenheit der Teilnehmer („Reaction"), Lernerfolg („Learning"), Transfererfolg („Behavior") und Unternehmenserfolg („Results"). Der Ansatz Kirkpatricks zeichnet sich durch eine klare Systematik aus. Außerdem lassen sich Instrumente einer Erfolgsmessung leicht den vier Erfolgsebenen zuordnen. Er weist außerdem auf die Komplexität der Erfolgsmessung und Wirkungsanalyse hin. So führt ein hoher Zufriedenheitserfolg und selbst ein hoher Transfererfolg nicht zwangsläufig auch zu einem entsprechenden Unternehmenserfolg. Allerdings liefert die Systematik Kirkpatricks keine wirklich neuen Instrumente. Auch sagt der Ansatz nichts über Ursachen und Wirkungen.

Messung der Zufriedenheit

Das übliche Instrument zur Messung der Teilnehmerzufriedenheit ist ein zum Seminarabschluss eingesetzter Fragebogen. Da die Angaben unter dem unmittelbaren Eindruck und unter Umständen aufgrund von Gruppennormen oftmals positiv verzerrt sind, führen eine Reihe von Unternehmen die Befragung alternativ oder zusätzlich mit einem zeitlichen Abstand von zwei, vier oder acht Wochen durch. Neben dem Abschluss-Fragebogen werden oftmals auch Punktbewertungen an Metaplan-Wänden, Gruppendiskussionen oder Einzelgespräche als Feedback-Instrumente eingesetzt.

Teilnehmer-Fragebögen sind weit verbreitet und ein Standardinstrument zur Evaluation und Qualitätssicherung. Ihr Vorteil besteht darin, dass sie leicht einzusetzen und auszuwerten sind. Sie liefern eine erste Einschätzung zur

Bewertung eines Seminars, vor allem auch der Relevanz der Inhalte, der Professionalität der Trainer und der Abläufe. Eine positive Rückmeldung der Teilnehmer sagt zwar noch nichts über den Lernerfolg aus. Eine negative Rückmeldung muss jedoch Anlass für ein Nachfassen, eine Ursachenanalyse und gegebenenfalls ein Stopp des Programms, ein Auswechseln des Trainers oder Weiterbildungsanbieters sein.

Die oftmals und leichthin vorgebrachte Kritik an diesem Instrument erscheint unangemessen. Dies gilt vor allem dann, wenn der Fragebogen differenziert gestaltet ist und beispielsweise auch Aussagen zur Transferfähigkeit enthält, systematisch ausgewertet wird und als Grundlage von Feedback-Gesprächen dient.

Messung des Lernerfolgs

Der Lernerfolg beschreibt, inwiefern die Teilnehmer einer Maßnahme oder eines Programms die angestrebten Lernziele erreichen, also Wissen, Kompetenzen oder Einstellungen erworben haben. Zur Messung des Lernerfolgs gibt es seit langem bewährte Instrumente (Jagenlauf, 1989), nämlich mündlich, schriftlich oder elektronisch durchgeführte Tests oder Prüfungen, Anwendungsaufgaben oder Projektarbeiten. Die in der Regel nur kurze Dauer der meisten Weiterbildungsmaßnahmen setzt einer systematischen Erfolgsmessung indessen enge organisatorische Grenzen (Weiß, 2003). Abgesehen davon schrecken Weiterbildner oftmals auch mit Blick auf Widerstände bei den Teilnehmern oder wegen möglicher Konflikte mit dem Betriebsrat davor zurück, den Lernerfolg systematisch abzuprüfen.

Messung des Transfererfolgs

Transfer besteht darin, dass ein erworbenes Wissen auf neue Aufgaben oder Situationen übertragen wird. In der Weiterbildung bezeichnet dies die selbstständige Übertragung des Gelernten aus einem Lernfeld, z.B. einem Seminar, in ein Funktionsfeld, in der Regel also dem Arbeitsplatz (Ruschel, 1995, 302). Eine Messung des Transfererfolgs ist grundsätzlich möglich durch eine

- Einschätzung des Trainingsnutzens für die konkrete Arbeit (z.B. durch eine Befragung der Teilnehmer oder der Vorgesetzten, Mitarbeitergespräche, Assessment Center) oder eine
- Messung von Arbeitsergebnissen (z.B. durch Arbeitsanalysen, die Erfassung und Auswertung von Arbeitsleistungen oder auch durch Kundenbefragungen).

Daten, die zur Beurteilung des Transfererfolgs geeignet wären, fallen im Rahmen informeller Gespräche, aufgrund einer systematischen Mitarbeiterbeurteilung oder auch im Rahmen von Mitarbeitergesprächen im Arbeitsalltag laufend an. Sie haben in der Regel aber andere Funktionen und werden eher selten zur Einschätzung des Transfererfolgs herangezogen. Auch eine explizite Überprüfung des Transfererfolgs erfolgt nur in wenigen Unternehmen (Beicht / Krekel, 1999, 50). Damit werden Chancen, auf diesem Wege Aufschluss über die Effektivität einer Maßnahme oder eines Trainingsprogramms zu erhalten, kaum genutzt.

Messung des Unternehmenserfolgs

Das eigentliche Ziel von Trainingsmaßnahmen ist ein positiver Einfluss auf den Unternehmenserfolg. Weiterbildung muss mit anderen Worten einen konkreten Beitrag zur Lösung betrieblicher Herausforderungen leisten. Dies müsste sich beispielsweise in einer verbesserten Qualität, intensiveren Kundenbeziehungen, höheren Innovationen, sinkenden Kosten oder höheren Umsätzen und Gewinnen niederschlagen.

Die Messung der Arbeitsleistung und deren Bewertung in Geldeinheiten bereitet so lange keine großen Probleme, wie die Leistung des einzelnen Mitarbeiters oder der Mitarbeitergruppe eindeutig definiert und mengenmäßig erfasst werden kann. Dies ist schon bei Fachkräften mit komplexen Aufgaben eine nicht leicht zu bewältigende Aufgabe. Umso schwieriger wird dies bei Führungskräften. Konsequenterweise urteilt Kirkpatrick (1998, 23 f.), es sei schwierig, wenn nicht gar unmöglich, die Ergebnisse von Programmen zu messen, in denen es um Führung, Kommunikation, Motivation oder Organisationsentwicklung geht. Dessen ungeachtet besteht ein Interesse der Unternehmensleitung an eben diesen Daten. Auch wenn ein direkter Zusammenhang in der Regel nicht ableitbar ist, bedeutet das keineswegs das Ende einer Messung des Unternehmenserfolgs. Hilfsweise kann versucht werden, den Zusammenhang argumentativ zu fundieren. Bedeutsam für die betriebliche Praxis sind vor allem die Analyse von Kennzahlen, eine ROI-Abschätzung sowie die Kalkulation von Opportunitätskosten.

Weiterbildung und Unternehmenserfolg

Analyse von Kennzahlen

Eine relativ einfache und in den Betrieben weit verbreitete Methode, um Prozesse zu steuern und ökonomische Erfolge zu ermitteln, besteht in der Ermittlung und Analyse von Kennzahlen. Ihre Relevanz leitet sich aus dem Bezug zu einem konkreten Erkenntnisziel ab. Kennzahlen sollten deshalb aus den Unternehmenszielen abgeleitet sowie aufeinander und zwischen den Organisationseinheiten abgestimmt sein. Anders als im klassischen Berichtswesen geht es unter Controlling-Aspekten nicht mehr darum, Daten zu sammeln und Vorgänge statistisch aufzubereiten. Neben dieser Dokumentationsfunktion hat die Steuerungsfunktion an Bedeutung gewonnen. Das heißt: Prozesse müssen über

Daten abgebildet werden und möglichst zeitnah zur Verfügung stehen, um Entscheidungsprozesse zu unterstützen.

Dies macht es erforderlich, strategisch relevante Erfolgsgrößen (z.B. Umsätze, Deckungsbeiträge, Produktivität) in Beziehung zu Kennziffern der Weiterbildung zu setzen. Auch wenn daraus keine unmittelbaren Ursache-Wirkungs-Beziehungen abgeleitet werden können, lassen sich aus der Analyse von Zahlenreihen sehr wohl Anhaltspunkte für einen Beitrag zur ökonomischen Performance des Unternehmens gewinnen. Dies gilt umso mehr, je spezifischer die Kennzahlen aufbereitet werden und je stringenter der Zusammenhang zwischen den Weiterbildungsmaßnahmen und den Indikatoren für den Unternehmenserfolg ist.

Entscheidend für die Kennzahlenanalyse ist die Herstellung eines begründeten Zusammenhangs zwischen den durchgeführten Bildungs- oder Personalentwicklungsmaßnahmen und ausgewählten Kennzahlen. So könnte ein Programm zum Personalmarketing beispielsweise daran gemessen werden, wie viele „high potentials" sich bei dem Unternehmen bewerben, welches Image ein Unternehmen als Arbeitgeber bei der relevanten Zielgruppe von Hochschulabsolventen genießt und inwieweit es gelungen ist, diese Zielgruppe dauerhaft an das Unternehmen zu binden. Programme zur Verbesserung der internen Kommunikation könnten beispielsweise danach bewertet werden, inwieweit es gelungen ist, den Anteil der Fördergespräche zu erhöhen, das Betriebsklima zu verbessern oder die Bewertungen im Rahmen eines 360-Grad-Feedbacks zu verbessern.

Grundsätzlich gibt es eine Vielzahl möglicher Kennzahlen (Weiß, 2003). Wucknitz hat insgesamt über 1000 personalwirtschaftliche Kennzahlen, Deskriptoren und Indikatoren identifiziert, ohne damit bereits den Anspruch erheben zu können, damit alles über Kennziffern Abbildbare auch abzubilden (Wucknitz, 2002, 215 ff.). Eine grobe Systematisierung unterscheidet zwischen Kennzahlen des Inputs und des Outputs bzw. der erzielten Ergebnisse. Üblicherweise werden im Rahmen des internen Berichtswesens und der Statistik vor allem inputorientierte Daten und Kennziffern generiert. Hierbei kann zwischen finanziellen, personellen und zeitlichen Ressourcen unterschieden werden, die sich beispielsweise durch folgende Kennzahlen beschreiben lassen:

- Finanzielle Inputfaktoren beziehen sich u.a. auf Angaben über das Weiterbildungsbudget, Aufwendungen je Mitarbeiter, Aufwendungen je Teilnehmer oder Aufwendungen in Prozent der Bruttolohn- und Gehaltssumme.
- Personelle Inputfaktoren beinhalten u.a. Angaben über die Teilnehmerzahlen, die Teilnehmerzahl je 100 Beschäftigte oder den Anteil interner / externer Dozenten.
- Zeitliche Inputfaktoren werden u.a. abgebildet durch die durchschnittliche Dauer der Weiterbildung pro Mitarbeiter oder Teilnehmer, den Anteil der

Weiterbildung innerhalb / außerhalb der Arbeitszeit oder auch die Anzahl der Teilnehmertage.

Daten zu Inputfaktoren werden regelmäßig im Rahmen verschiedener Weiterbildungserhebungen als Grundlage für ein Benchmarking bereitgestellt (Weiß, 2003; Grünewald / Moraal / Schönfeld, 2003). Durch die Gegenüberstellung verschiedener inputorientierter Kennziffern lassen sich erste Aussagen über die Effizienz der Weiterbildung ableiten. Auch outputorientierte Kennzahlen können in vielfältiger Form gebildet werden. Über die klassischen Kennzahlen zur Abbildung der Produktivität und der Umsatz- und Ertragsentwicklung hinaus sind zunehmend Kennzahlen von Interesse, die die Qualität der Prozesse sowie der Beziehungen zu Kunden und Mitarbeitern zum Ausdruck bringen (siehe Schaubild). Sie sind eine gute Basis, um die Wirkung personalwirtschaftlicher Maßnahmen zu überprüfen. Wenn, um ein Beispiel zu nehmen, das strategische Ziel darin besteht, die Mitarbeiterbindung zu erhöhen, könnte über die Indikatoren „Fehlzeiten", „Krankenstand" und „Fluktuationsrate" überprüft werden, inwieweit die eingeleiteten Maßnahmen und Programme sich in diesen Indikatoren positiv niedergeschlagen haben.

Zielgröße	Operationalisierungsbeispiele
Produktivität	Arbeitsstunden Output pro Zeiteinheit Materialverbrauch
Wirtschaftlichkeit	Cash flow Deckungsbeitrag Return on investment
Qualität	Ausschussquote Leistungsumfang Wartungsaufwand
Schnelligkeit	Entwicklungszeit Durchlaufzeit Lagerumschlag Stillstandzeit
Umsatzentwicklung	Verkaufszahlen Neukundengewinnung Marktanteil
Kundenzufriedenheit	Kunden-Feedback Reklamationsquote Stornoquote
Mitarbeiterzufriedenheit	Fehlzeiten Krankenstand Fluktuationsrate
Innovation	Patentanmeldungen Verbesserungsvorschläge FuE-Investitionen

Abb. 2: Outputorientierte Kennzahlen zum Unternehmenserfolg

Ebenso möglich ist eine Differenzierung zwischen monetären und nicht-monetären Kennzahlen. Zum Teil ist es möglich, nicht-monetäre Kennzahlen durch eine Bewertung in Geldeinheiten in monetäre Kennzahlen zu verwandeln.

- Monetäre Kennzahlen (z.B. Personalkosten, Kosten der Personalabteilung, Kosten der Personalbeschaffung, Kosten der Fluktuation, Bildungsbudget),
- Nicht-monetäre Kennzahlen aufgrund von Leistungsdaten (z.B. Arbeitsstunden, Fluktuationsrate, Bewerberanzahl pro Stellenausschreibung, Anzahl der Verbesserungsvorschläge, Qualifikationsstruktur der Mitarbeiter, Dauer der Betriebszugehörigkeit) und
- Nicht-monetäre Kennzahlen aufgrund von Einschätzungen (z.B. Mitarbeiterbeurteilung, Personal-Portfolio, Betriebszufriedenheit).

Notwendig ist daher eine Grundsatzentscheidung, welche Kennzahlen erhoben und als Grundlage einer Erfolgsbewertung herangezogen werden sollen. Es empfiehlt sich hierbei, zwischen solchen Kennzahlen zu unterscheiden, die für das gesamte Unternehmen gelten und solchen, die nur projektbezogen eingesetzt werden. Der ersten Gruppe kommt eine unternehmensstrategische Bedeutung zu. Sie muss daher sehr sorgfältig ausgewählt, intern kommuniziert und möglichst als Grundlage für die Unternehmenssteuerung festgelegt werden. Infrage kommt hierbei nur eine relativ beschränkte Zahl von Kennzahlen. Davon zu unterscheiden sind operativ bedeutsame Kennzahlen, die jeweils projektspezifisch zwischen den internen Kunden und der Personalabteilung als Erfolgsindikatoren vereinbart werden. Je nach dem angestrebten Ziel kommt grundsätzlich eine große Zahl möglicher Kennzahlen in Betracht.

Die Notwendigkeit zu einer verbesserten Transparenz der personalwirtschaftlichen Leistungen ergibt sich auch aus den Anforderungen des Rating-Verfahrens im Rahmen des Basel-II-Abkommens (Wucknitz, 2002, 129 f.) oder aufgrund der neuen internationalen IFRS-Bilanzierungsstandards (KPMG, 2004). Empfohlen wird danach eine Erfassung von Indikatoren des Humankapitals. So sollen Angaben zur Fluktuation, zur Mitarbeiterqualifikation, den Weiterbildungsaufwendungen oder auch dem Entlohnungssystem künftig systematisch erfasst und in Bezug zu den Geschäftsprozessen und Strategien des Unternehmens gesetzt werden. Dadurch soll letztlich das Human- oder Wissenskapital des Unternehmens in Form von Wissensbilanzen aufbereitet werden (BMWA, 2004). Auch wenn es dabei im Wesentlichen nur um deskriptive Daten zu Inputfaktoren und Strukturen geht, bedeutet dies für viele Unternehmen erhöhte Anforderungen an das Berichtswesen, an die Transparenz interner Prozesse und die Systematik der Kennzahlen.

Personalwirtschaftliche Daten und Kennziffern haben von daher eine größere Bedeutung und zugleich einen veränderten Stellenwert für die Weiterbildung und Personalentwicklung erhalten. Die in der Vergangenheit eher isoliert aufbereiteten Daten werden zunehmend zu einem Gesamtsystem verknüpft. Beispielhaft hierfür ist die „balanced scorecard", die neben den klassischen betriebs- und finanzwirtschaftlichen Indikatoren auch die Kundenperspektive, interne Geschäftsprozesse sowie die Lern- und Entwicklungsperspektive abbildet und aufeinander zu beziehen versucht (Kaplan / Norton, 1997). Damit wird der Anspruch erhoben, strategische Ziele operationalisierbar zu machen und aus einem bloßen Kennzahlensystem ein Führungsinstrument zu entwickeln. Entscheidend sind jedoch nicht allein die Kennziffern, sondern der Kommunikationsprozess im Zusammenhang mit ihrer Identifikation und Überprüfung.

Abschätzung des Return on Investment

Immer wieder reizvoll ist der Versuch, die Wirtschaftlichkeit von Weiterbildung durch die Ermittlung von Nutzwerten, die Berechnung von Renditen oder die Abschätzung des Return on Investment (ROI) zahlenmäßig nachzuweisen. Dabei wird das investierte Kapital in Relation zum erzielten Gewinn ermittelt. Bezogen auf den Bildungsbereich werden die mit einer bestimmten Maßnahme oder einem Programm verbundenen Aufwendungen den dadurch zusätzlich erzielten Erträgen gegenübergestellt. In der einfachsten Form wird bei der Ermittlung einer „Weiterbildungsrendite" folgende Formel angewandt:

$$W = \frac{D - K}{K} \times 100$$

W = Weiterbildungsrendite
K = Kosten der Weiterbildung
D = Deckungsbeiträge aufgrund von Weiterbildung

In der Literatur (vgl. Bronner / Schröder, 1983, 69 ff.) gibt es eine Reihe von Beispielen, in denen auf dieser Basis zum Teil hohe Renditen ausgewiesen werden. Folgendes Beispiel macht dies deutlich: Als Folge eines intensiven Trainingsprogramms mit Seminaren und Coaching-Maßnahmen für 40 Verkäufer im Wert von 75.000 Euro steigen die Umsätze um 4,8 Prozent von 6,2 auf 6,5 Mio. Euro. Daraus ergibt sich ein Deckungsbeitrag auf der Stufe II in Höhe von 140.000 Euro. Daraus ergibt sich nach der obigen Formel eine Weiterbildungsrendite in Höhe von 86,7 Prozent.

Etwas aufwändiger ist die Anwendung der folgenden Berechnungsformel. Dabei wird der Nutzen auf der Grundlage der Leistungsdifferenz zwischen trainierten und untrainierten Mitarbeitern sowie der Dauer des Trainingseffekts berechnet.

Grundlage können Schätzungen von Teilnehmern oder Vorgesetzten bzw. internen Kunden sein. Im Ergebnis wird ein Nutzenvolumen in Geldeinheiten ausgewiesen.

$$N = D \times A \times \Delta L - K$$

N = Nutzen der Weiterbildung
D = Dauer des Trainingseffekts
A = Anzahl der Teilnehmer
ΔL = Leistungsdifferenz der Trainierten gegenüber den Untrainierten
K = Kosten der Weiterbildung

Derartige Berechnungen setzen voraus, dass sich die Leistungssteigerungen als Folge der Weiterbildung identifizieren lassen und zudem in Geldeinheiten bewertet werden können. Sie scheitern häufig an der Komplexität des Gegenstands, denn Veränderungen bei ökonomischen Indikatoren sind in der Regel nicht eindeutig einer Ursache oder Maßnahme allein zuzurechnen, sondern das Ergebnis komplexer Ursache-Wirkungs-Zusammenhänge. Hinzu kommt, dass die erforderlichen Daten entweder nicht vorliegen oder den für die Personalentwicklung zuständigen Mitarbeitern nicht zugänglich sind. Schließlich lassen sich nicht alle Wirkungen einer Bildungsmaßnahme auch in Geldeinheiten ausdrücken.

Nutzwert-Berechnungen liefern gleichwohl für das interne Marketing ein zusätzliches Argument. Sie machen deutlich, dass Bildungsverantwortliche sehr wohl in der Lage sind, in ökonomischen Kategorien zu argumentieren und den Kundennutzen in Geldeinheiten auszudrücken. Als Controlling-Instrument sind sie jedoch aufgrund einer mangelnden Validität in den allermeisten Fällen wenig geeignet, da eine unmittelbare und eindeutige Zuordnung von betrieblichen Leistungsergebnissen zur Teilnahme an Weiterbildungsmaßnahmen regelmäßig nicht gegeben ist.

Kalkulation von Opportunitätskosten

Jede betriebliche Entscheidung – oder Nichtentscheidung – hat ökonomische Konsequenzen. Die Kosten wie auch die Erträge lassen sich kalkulatorisch erfassen, zumindest aber abschätzen. In diesem Sinne beschreiben Opportunitätskosten den Nutzenentgang, der bei konkurrierenden Verwendungsmöglichkeiten knapper Ressourcen zwangsläufig eintritt. Die Opportunitätskosten einer Entscheidung für die Alternative A werden somit durch den Nutzenentgang im Falle einer Entscheidung für die Alternative B ausgedrückt – und umgekehrt.

Übertragen auf den Bereich Weiterbildung / Personalentwicklung würde die Frage folglich lauten: Welche Kosten wären dem Unternehmen entstanden, wenn bestimmte Entwicklungsmaßnahmen nicht durchgeführt worden wären? Dem Nutzen in Form eingesparter Aufwendungen wären die ökonomischen Folgewirkungen dieser Entscheidung gegenüberzustellen. Er kann entweder als entgangene Einsparung, nicht realisierter Produktivitätsgewinn, nicht ausgeschöpftes Wachstum oder in Form von Zusatzkosten berechnet werden, die als Folge eines Verzichts auf Weiterbildung entstehen. So könnte beispielsweise berechnet werden, was es bedeutet, wenn die Ausschussproduktion hoch bleibt oder sogar steigen würde, die Krankenstände oder die Fluktuation zunehmen oder nicht fallen, Verkaufszahlen oder die Kundenzufriedenheit sinken, die Fallbearbeitungsdauer nicht im erforderlichen Maße sinkt oder Probleme in der Zusammenarbeit weiterhin bestehen. All dies setzt die Aufbereitung betrieblicher Daten in Form von Kennzahlen voraus.

Ein Beispiel für die Argumentation mit Hilfe von Opportunitätskosten findet sich in der beruflichen Erstausbildung. Ein Verzicht auf eine duale Berufsausbildung würde beispielsweise für die Zukunft eine höhere Rekrutierung von Fachkräften über den Arbeitsmarkt bedeuten. Dies hat erhöhte Rekrutierungskosten, steigende Einarbeitungskosten und unter Umständen auch ein erhöhtes Lohnniveau als Folge des Abwerbens von Arbeitskräften aus anderen Unternehmen zur Folge. Auf der Basis betrieblicher Daten lassen sich diese Kosten mit Beträgen zwischen 5.300,- Euro bei gewerblichen Fachkräften und 6.300,- Euro bei kaufmännischen Fachkräften quantifizieren (Beicht / Walden / Herget, 2004, 205). Diese Beträge sind den Nettokosten der betrieblichen Berufsausbildung gegenüberzustellen.

Opportunitätskostenrechnungen bedeuten eine argumentative Beweisführung aufgrund von überschlägig kalkulierten Wertansätzen. Um innerbetrieblich akzeptiert zu werden, müssen die Kostenansätze nachvollziehbar, transparent und realistisch sein. Sie sollten mit betrieblichen Erfahrungswerten hinterlegt werden. Voraussetzung für die Wirksamkeit der Argumentation ist, dass die unterstellten Wirkungen nicht nur strategisch relevant sind, sondern auch mit einiger Wahrscheinlichkeit eintreten. Wenn diese Voraussetzungen nicht vorliegen, sollte besser auf eine derartige, auf fiktiven Werten fußende Argumentation verzichtet werden.

Kein Nachweis ursächlicher Zusammenhänge

Alle Verfahren und Instrumente zum Nachweis eines ökonomischen Nutzens stellen eine durchaus aussagefähige argumentative Hilfe dar, um Bildungsinvestitionen zu begründen. Als Beleg für ursächliche Zusammenhänge taugen sie hingegen nicht. Dies hat eine Reihe von Gründen. Sie sind in den komplexen Wirkungsmechanismen ebenso zu suchen wie in externen Effekten und Verzögerungseffekten.

Realistische Erfolgserwartungen

Bildung stellt nur einen von verschiedenen anderen Erfolgsfaktoren dar. Inwieweit ein messbarer ökonomischer Erfolg von Weiterbildung zum Ausdruck kommt, ist beispielsweise auch von der wirtschaftlichen Lage, der Positionierung des Unternehmens im Markt, der Unternehmenskultur sowie dem Führungsverhalten abhängig. Nur ein kleiner Teil dieser Faktoren ist durch unternehmerisches Handeln kurzfristig steuerbar.

Bedenkt man zudem die in der Regel kurze Dauer der Weiterbildung (Weiß, 2003) und die begrenzte Zahl von beteiligten Mitarbeitern, so müssen die Erfolgserwartungen von vornherein auf ein realistisches Maß zurückgeschraubt werden. Man muss nur die durchschnittliche Dauer der Weiterbildung von lediglich 20 bis 30 Stunden pro Teilnehmer den durchschnittlichen Arbeitsstunden von rund 1.600 Stunden pro Jahr gegenüberstellen, um die quantitativen Gewichte zu erkennen.

Hinzu kommt, dass die Qualifikationsstruktur, vor allem der Anteil höher qualifizierter Mitarbeiter, kurzfristig einen deutlich höheren Einfluss auf die Produktivität hat als organisierte Formen der Weiterbildung (Zwick, 2002, 24). Dies verweist zugleich darauf, dass Entscheidungen im Rahmen der Rekrutierung, Platzierung und Entwicklung von Mitarbeitern eine größere Bedeutung für den Unternehmenserfolg beikommt als die Teilnahme an Seminaren. Anders ausgedrückt: Der Kompetenzvorsprung von formal höher qualifizierten Mitarbeitern kann durch die in der Regel kurze und bedarfsorientierte Weiterbildung nicht ausgeglichen werden.

Externalisierung von Bildungserträgen

Bildungserträge fließen nicht allein denen zu, die unmittelbar an Bildungsmaßnahmen teilnehmen oder sie finanzieren, sondern sie kommen häufig auch zunächst unbeteiligten Dritten zugute. Die Bildungsökonomie spricht von einer Externalisierung von Erträgen. Infolgedessen kann der Investor nie die ganze Bildungsrendite für sich vereinnahmen, sondern muss gewärtig sein, einen mehr oder minder großen Anteil davon unentgeltlich und ungeplant an Dritte abzutreten. Eine unmittelbare Zurechnung von eigenem finanziellem oder zeitlichem Aufwand und eigenen Erträgen ist deshalb zwar möglich, aufgrund externer Effekte kann aber nur ein Teil der gesamten Erträge internalisiert werden. Eine Nutzenmessung, die sich auf die zurechenbaren Erträge konzentriert, erfasst somit nur einen Teil des betrieblichen Nutzens.

In der betrieblichen Praxis findet eine Externalisierung von Erträgen regelmäßig statt. Dies geschieht beispielsweise dadurch, dass Mitarbeiter ihr Wissen an Kollegen weitergeben, innerhalb eines Unternehmens wechseln oder der wirtschaftliche Erfolg eines Teilbereichs dem gesamten Unternehmen zugute kommt. Der Nutzen bleibt dabei – sofern der Mitarbeiter nicht zu einem anderen Unternehmen wechselt – im Unternehmen, er kommt jedoch auch jenen Bereichen und Abteilungen zugute, die diese Bildungsinvestitionen nicht getätigt haben. Dies ist kein Problem, solange sich die internen Aufwendungen und Erträge ausgleichen. Immer dann jedoch, wenn ein erheblicher Teil der erwarteten Erträge anderen Unternehmenseinheiten oder sogar anderen Unternehmen zugute kommt, weil die Mitarbeiter beispielsweise das Unternehmen verlassen, wird der investierende Bereich seine Humankapitalinvestitionen überprüfen und unter Umständen einschränken. Unternehmen versuchen sich deshalb gegen die Gefahr des Abwerbens und Abwanderns („Poaching") abzusichern, indem sie die betriebliche Weiterbildung auf firmenspezifische Kompetenzen beschränken oder mit den Mitarbeitern Rückzahlungsklauseln für den Fall vereinbaren, dass sie das Unternehmen verlassen (Alewell, 1998, 324 ff.).

Bildung als Spätindikator

Bildungsinvestitionen zahlen sich regelmäßig erst mittel- und längerfristig aus. Sie haben eine zum Teil längere Ausreifungszeit, die mit Übungseffekten, dem erforderlichen Transfer oder auch mit dem notwendigen Erfahrungserwerb erklärt werden können. Empirische Daten belegen dies sehr anschaulich (Zwick, 2002, 24). Danach ist der gemessene Produktivitätszuwachs vom Zeitpunkt der Messung abhängig. Während unmittelbar nach Abschluss von Weiterbildungsmaßnahmen nur eine vergleichsweise geringe Zunahme der Produktivität feststellbar ist, ergibt sich bei einem time-lag von einem Jahr ein deutlich größeres Wachstum.

Für die Erfolgsmessung bedeutet dies, dass eine Nutzenmessung nicht zu kurz nach Abschluss einer Maßnahme oder eines Programms erfolgen sollte. Im Interesse der Nachhaltigkeit sollten mehrere Monate, unter Umständen sogar ein ganzes Jahr abgewartet werden, weil sich dann erst die erhofften Wirkungen zeigen. Dies kollidiert jedoch mit den betrieblichen Fristen für die Leistungs- und Erfolgsmessung. Da die Arbeit der Führungskräfte oftmals danach beurteilt wird, welchen Beitrag sie mit ihrem Geschäftsbereich zum Quartalserfolg leisten, erwarten die internen Entscheider und Kunden in der Regel einen kurzfristigen Erfolgsausweis. Dies führt aber regelmäßig dazu, dass die positiven Wirkungen eher unterschätzt werden.

Bildungscontrolling als Aushandlungsprozess

Weiterbildungsbedarf stellt kein festes, vorgegebenes und sich allein aus Sachgesetzlichkeiten heraus ergebendes Datum dar. Er ist vielmehr das Ergebnis eines internen Planungs- und Entscheidungsprozesses, in den viele Wertungen und individuelle Prioritätensetzungen eingehen. Dementsprechend werden Bildungsmaßnahmen heute zu einem erheblichen Teil nicht mehr als festes Angebot vorgehalten, sondern kundenspezifisch auf die Bedürfnisse interner Kundengruppen ausgerichtet (Weiß, 2003, 38).

Geliefert wird das, was die internen Kunden wünschen und auch zu zahlen bereit sind. In diesem Sinne sind auch Leistungen im Rahmen eines Bildungscontrollings als ein zusätzliches Geschäftsfeld zu interpretieren. Das bedeutet, dass die Bildungsverantwortlichen ein Arsenal unterschiedlicher Instrumente zur Erfolgsmessung bereithalten und den Kunden offerieren sollten.

Die internen Kunden haben dann die Möglichkeit zu entscheiden, welche dieser Leistungen sie in Anspruch nehmen wollen, mit welchem Maß an Genauigkeit sie den Erfolg dokumentiert sehen wollen und welche Ressourcen sie gewillt sind, hierfür bereitzustellen. Dies bringt Bildungsverantwortliche aus der unangenehmen und letztlich kaum lösbaren Situation heraus, den Erfolg von Weiterbildung belegen zu müssen. Denn im Rahmen derartiger Leistungsvereinbarungen mit den internen Kunden müssen zunächst einmal die Auftraggeber abklären, was genau erreicht werden soll, welche Indikatoren und Messverfahren einzusetzen sind, wie die Daten zu erheben sind und wer sie bereitstellt. Darüber hinaus können in diesem Prozess auch Transferaufgaben der Mitarbeiter und Führungskräfte festgelegt werden.

Die Kehrseite derartiger Vereinbarungen ist allerdings auch klar: Werden die angestrebten Ziele nicht erreicht, wird dies unmittelbar offenkundig und transparent. Bildungs- und Personalleute sollten dies jedoch nicht scheuen. Auf Dauer können sie durch Offenheit und Transparenz nur gewinnen.

Literatur
Alewell, D.: Warum finanzieren Arbeitgeber transferierbare Weiterbildung? In: Schmalenbachs Zeitschrift für betriebswirtschaftliche Forschung, 50. Jg., 1998, Heft 4, Seite 315 – 335
Baldin, K. M.: Bildungscontrolling als Beitrag eines strategischen Bildungsmarketings. In: Bildungsmarketing, hrsg. von Harald Geissler, Frankfurt am Main 1993, Seite 221 – 257
Bassi L. J./ Benson G. S./ Buren, M. E. / Bugarin, M.: Human Performance Practises Report. American Society for Training and Development (ASTD), Alexandria 1997
Becker, M.: Bildungscontrolling. Möglichkeiten und Grenzen aus wissenschaftstheoretischer und bildungspraktischer Sicht. In: Bildungs-Controlling, hrsg. von Georg von Landsberg und Reinhold Weiß, 2. Auflage, Stuttgart 1995, Seite 57 – 80
Beicht, U. / Walden, G. / Herget, H.: Kosten und Nutzen der betrieblichen Berufsausbildung in Deutschland. Berichte zur beruflichen Bildung, Nr. 264, Bonn 2004
Beicht, U. / Krekel, E. M.: Betriebliches Bildungscontrolling in Theorie und Praxis: Begriffsabgrenzung und Forschungsstand. In: Bildungscontrolling – ein Konzept zur Optimierung der betrieblichen Weiterbildung, Berichte zur beruflichen Bildung, Nr. 233, Bonn 1999, Seite 35 – 53
BMWA – Bundesminister für Wirtschaft und Arbeit (Hrsg.): Wissensbilanz – Made in Germany. Leitfaden. Dokumentation Nr. 536, Berlin 2004

Bronner, R. / Schröder, W.: Weiterbildungserfolg. Modelle und Beispiele systematischer Erfolgssteuerung. München und Wien 1983

Coulombe, S. / Tremblay, J.-F. / Marchand, S.: International Adult Literacy Survey: Literacy scores, human capital and growth across fourteen OECD countries. Statistics Canada, Ottawa, Juni 2004

Götz, K: Zur Evaluierung beruflicher Weiterbildung. Band 1, Theoretische Grundlage, Weinheim 1993

Grünewald, U. / Moraal, D. / Schönfeld, G. (Hrsg.): Betriebliche Weiterbildung in Deutschland und Europa. Bielefeld 2003

Horváth, P. / Herter, R.: Benchmarking. Vergleich mit den Besten der Besten. In: Controlling, Heft 1, Januar / Februar 1992, Seite 4 – 11

Jagenlauf, M.: Erfolgskontrolle und Evaluation. In: Grundlagen der Weiterbildung – Praxishilfen, Loseblattsammlung (7.90.10), Dezember 1989

Landsberg, G.: Bildungs-Controlling: „What is likely to go wrong?" In: Bildungs-Controlling, hrsg. von Georg von Landsberg und Reinhold Weiß, 2. Auflage, Stuttgart 1995, Seite 11 – 33

Kaplan, R. S. / Norton, D. P.: Balanced Scorecard. Stuttgart 1997

Donald L. Kirkpatrick: Evaluating Training Programs. The Four Levels. Second Edition, San Francisco 1998

KPMG Deutsche Treuhand-Gesellschaft (Hrsg.): International Financial Reporting Standards. Einführung in die Rechnungslegung nach den Grundsätzen des IASB. Stuttgart 2004

OECD – Organisation for Economic Co-Operation and Development: OECD Wirtschaftsausblick, Nr. 68, Paris 2000

Ruschel, A.: Die Transferproblematik bei der Erfolgskontrolle betrieblicher Weiterbildung. In: Bildungs-Controlling, hrsg. von Georg von Landsberg und Reinhold Weiß, 2. Auflage, Stuttgart 1995, Seite 297 – 322

Schettkat, R.: Bildung und Wirtschaftswachstum. In: MittAB, 35. Jg., Heft 4, 2002, Seite 616 – 627

Steiner, V. / Lauer, C.: Private Erträge von Bildungsinvestitionen in Deutschland, ZEW-Discussion Paper 2000-18, Mannheim 2001

Wattson / Wyatt: Der Human Capital Index. Europäische Studienergebnisse 2000. Die Verbindung zwischen Human Resources und Shareholder Value. Düsseldorf, Januar 2001

Weiß, R.: Betriebliche Weiterbildung 2001 – Ergebnisse der Weiterbildungserhebung der Wirtschaft. In: IW-trends, Nr. 1, 2003, Seite 35 – 44

Weiß, R.: Kennzahlen der betrieblichen Weiterbildung. Bedeutung und empirische Fundierung. In: Personalwirtschaft in der Unternehmenstransformation. Stabilitas et Mutabilitas, hrsg. von Manfred Becker und Gabriele Rother, München und Mering 2003, Seite 331 – 344

Werth-Rosarius, S.: Mitarbeiter als Zielgruppe des Controllings im Rahmen der Gruppenarbeit. In: Prozessorganisation und Controlling. Vom Mitarbeiten zum Mitdenken, hrsg. von Ansgar Pieper und Maike Süthoff, Beiträge zur Gesellschafts- und Bildungspolitik Nr. 209, Institut der deutschen Wirtschaft Köln, Köln 1998, Seite 16 – 33

Wucknitz, U. D.: Handbuch Personalbewertung. Messgrößen, Anwendungsfelder, Fallstudien. Stuttgart 2002

Wunderer, R.: Personal-Controlling. In: Personal, 1991, Heft 9, Seite 272 – 275

Zwick, Th.: Continuous Training and Firm Productivity in Germany. In: Discussion Paper No. 02-50, hrsg. vom Zentrum für Europäische Wirtschaftsforschung (ZEW), Mannheim 2002

Resultatsorientiertes Bildungscontrolling und Werkzeuge eines strategischen Wissensmanagements

Mario Gust

„ ... the language of business is dollars, not correlation coefficients."
(Cascio, 1982)

Einleitung

Bildungscontrolling dient der Zielsetzung, der Planung, der Optimierung, der Durchführung, der Steuerung und Kontrolle von Bildungsmaßnahmen. Bildungscontrolling stellt einen ganzen Kanon von Konzepten, Methoden und Instrumenten aus unterschiedlichen wissenschaftlichen Disziplinen zur Verfügung. Häufig sind die gesuchten Lösungen nicht so offensichtlich, wie die Frage nach der Effektivität eines Verkaufstrainings für ein Unternehmen. Bildungscontrolling verlangt neben profunden methodischen Kenntnissen auch ein kreatives Vorgehen. Dies macht Bildungscontrolling für Praktiker oft schwer handhabbar.

Der nachfolgende Artikel stellt Praktikern eine Synopse zum Bildungscontrolling zur Verfügung. Ohne konzeptionellen Ballast wird modellhaft ein Gesamtkonzept mit allen wesentlichen Elementen vorgestellt, dass sich in der Praxis der Bildungsberatung bewährt hat.

IST-Situation „Bildungscontrolling"

Ausgefeilte theoretische Konzepte zum Thema Bildungscontrolling liegen in ausreichender Form vor (vgl. etwa Hummel, 2001). Über den Grad der Entwicklung des Bildungscontrollings in der unternehmerischen Praxis gehen die

Meinungen jedoch erheblich auseinander. Der Großteil der Unternehmen, die Weiterbildung für ihre Belegschaft anbieten, führt auch systematisch operatives Bildungscontrolling durch. Sie analysieren den Bedarf, formulieren Lernzielkataloge und legen Statistiken zum betriebenen Aufwand und den entstandenen Kosten in Relation zu den erreichten Teilnehmern an. Maßstab für den Erfolg einer Maßnahme und die Effizienz der eingesetzten Mittel ist die Zufriedenheit der Mitarbeiter mit der Lernökologie, der Unterbringung und Verpflegung, dem Trainer, usw. 98% der Unternehmen sind bisher mit diesen Analysedaten ausgekommen.

25% der Unternehmen reicht dieses Kriterium schon heute nicht mehr aus. Sie untersuchen zusätzlich unter verschiedenen Aspekten die Effektivität von Bildungsmaßnahmen für die geschulten Mitarbeiter. Diese Unternehmen prüfen auch den Lernerfolg und den Lernfortschritt durch eine Maßnahme. Dies gilt vor allen Dingen im Bereich der Sprachen- und IT-Schulungen. Sie stellen damit sicher, dass die Teilnehmer ein Feedback zu ihrem Lernfortschritt erhalten und dokumentieren den Erfolg i.d.R. durch eine Zertifizierung.

Die weitergehende Untersuchung der positiven Effekte von Weiterbildung für das Unternehmen findet hingegen ausschließlich in Großbetrieben statt. Strategische Überlegungen und die „wirksame" Einbindung der Weiterbildung und der Personalentwicklung in diese Zielsetzungen werden nur von 10% der Unternehmen praktiziert. Dementsprechend wenige Unternehmen messen den Transfererfolg von Lerninhalten einer Maßnahme in die betriebliche Praxis.

Bildungscontrolling ist inzwischen in Großbetrieben am weitesten entwickelt. Der Abstand zu den Vorreitern dieser Entwicklung scheint aufgrund der zum Teil immensen Investitionen für die computerunterstützten Elemente immer größer zu werden. Der Unterschied ist so deutlich wie der zwischen einer konventionellen Buchhaltung und einem aufwendigen elektronischen Management-Informations-System. Um Aussagen über den Return on Investment von Bildung und der Rendite von Wissen machen zu können, kommen in diesen wenigen Unternehmen sehr aufwendige „Learning Management Systeme mit integrierten Management-Cockpits auf der Basis von Learning-Scorecards und Rollenspezifischen Kenngrößen" zum Einsatz (Meier, 2004). Die Investitionen hierfür lohnen sich im Augenblick wahrscheinlich nur für ein großes Unternehmen. Für ein mittleres Unternehmen würde der Einsatz solcher Systeme dem Versuch gleichkommen, mit Kanonen auf Spatzen zu schießen.

Der Hintergründe für diese Entwicklung in kleinen, mittleren und großen Unternehmen ist sehr pragmatisch. Den meisten Unternehmen fehlen schlicht die finanziellen Mittel, um den Erfolg von Bildung derartig finanzkräftig zu belegen. Die Hochschulen haben in der Vergangenheit nur wenig Hilfestellung geben können, weil Bildungscontrolling nur an sehr wenigen Hochschulen Bestandteil des Curriculums ist. Die wenigen Fachbereiche, die sich damit beschäftigen, sind in ihren Fragestellungen häufig so spezialisiert, dass die Ergebnisse z.B. von

Promotionsarbeiten für die Praxis kaum geeignet waren. Es fehlt ganz wesentlich an standardisierten Konzepten und an ökonomisch vertretbaren Instrumenten.

Benchmarking Bildungscontrolling

Um diese Lücke zur betrieblichen Praxis zu schließen, wird in der Folge das Konzept des „Resultatsorientierten Bildungscontrolling" vorgestellt. Der Ansatz ist modellhaft als ein „ideales Design" beschrieben, d.h. dass hier die methodischen Zugänge und die zum Einsatz kommenden Instrumente für den Praktiker in idealer Weise abgebildet werden (Ackoff, 1984).

Ein solches modellhaftes Vorgehen hilft, die bereits vorhandenen Best-Practice-Ansätze der Praxis zu ergänzen, in dem es ein „konzeptionelles Benchmarking" mit der eigenen Praxis ermöglicht.

Es bietet dem Praktiker folgende Vorteile:

- eine schnelle Orientierung in diesem zum Teil komplexen Terrain,
- ein „ideales" Vorgehen und
- es gibt „ideale" Instrumente an die Hand.

Auf die Darstellung von bewährten Instrumenten, die in der Praxis schon auf breiter Front angewendet werden, wie z. Beispiel die Erfassung der Kosten, wird hier bewusst verzichtet. Es handelt sich in der Folge um die Darstellung einer Grundstruktur, die sofort in die Praxis umsetzbar ist. Auf die Darstellung der zahlreichen ungeklärten konzeptionellen Fragen im Bildungscontrolling und auf theoretische Fundierungen wird hier bewusst verzichtet.

Resultatsorientiertes Bildungscontrolling

Resultatsorientiertes Bildungscontrolling ist ein Konzept der Management-Kybernetik. Das Konzept der Resultatsorientierung legt den Schwerpunkt der Betrachtung sowohl auf die Kosten von Weiterbildungsmaßnahmen als deren INPUT, als auch auf den OUTPUT, also den Erfolg von Weiterbildung und den Beitrag zum Unternehmenserfolg. Resultatsorientiertes Bildungscontrolling knüpft an den operativen Fragen der Kostentransparenz an und dient zusätzlich der konsequenten Umsetzung unternehmerischer Ziele, in dem es Fragen der strategischen Kompetenzentwicklung in die Betrachtung und systematische Erfassung einbezieht. Die Beschreibung der Wertschöpfungskette der betrieblichen Weiterbildung durchläuft dabei über ein einvernehmliches Zielvereinbarungssystem die Ebene der gesamten Organisation, die Ebene der untergeordneten Bereiche und Abteilungen und erreicht den einzelnen Mitarbeiter.

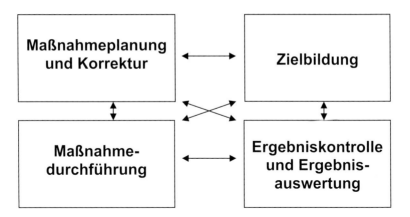

Abb. 3: Elemente eines resultatsorientierten Bildungscontrollings

Zielbildung durch strategisches Wissensmanagement

Ausgangspunkt für ein funktionierendes Bildungscontrolling sind die Unternehmensziele. Bildungscontrolling muss auf der Basis eines SOLL-IST-Abgleichs und daran anknüpfenden konkreten Zielvereinbarungen im Unternehmen etabliert werden. Zielsetzungen, Steuerung, Kontrolle und Korrektur sind die Voraussetzungen für ein funktionierendes Bildungscontrolling.

In vielen Branchen ließen sich die Bildungsziele in der Vergangenheit von den Bildungsverantwortlichen leicht in einzelnen Fachqualifikationen abbilden und die Muster dieser Qualifikationsanforderungen ließen sich zu Berufsbildern mit entsprechenden sachlichen und zeitlichen Lernzielgliederungen zusammenfassen. Qualifikationsanforderungen konnten aufgrund der Vorhersagbarkeit der wirtschaftlichen Entwicklung unter stabilen Umfeldbedingungen sozusagen auf Vorrat produziert werden, und die Berufsbilder hatten eine lange Lebensdauer. Die durch diese Art der Bedarfsanalyse ermittelten Lernzielkataloge lieferten die Ziele für das klassische Bildungscontrolling.

Im Übergang zur Wissensgesellschaft und unter den Vorzeichen zunehmender Globalisierung werden diese standardisierten Zielsetzungen und die korrespondierenden Qualifikationskonzepte allein nicht mehr ausreichend sein. Schon heute ist zu beobachten, dass der Markt unabhängig von den klassischen Einrichtungen der beruflichen Bildung ständig selbständig neue Berufsbilder kreiert (Englert, 2000).

Nach einer angemessenen Basisqualifikation werden Mitarbeiter die Metakompetenzen des Lernens erwerben müssen, um dem ständigen Wandel der Anforderungen an ihre Arbeitskraft selbständig und eigenverantwortlich gerecht zu werden.

Dieser Prozess setzt aber auch für die Bildungsverantwortlichen die neuen Anforderungen, die Kompetenzanforderungen rechtzeitig zu antizipieren. Sie sind herausgefordert, die strategische Ausrichtung ihres Unternehmens unter dem Aspekt des Kerngeschäfts und der Hauptkundengruppen zu erfassen und die spezifischen Anforderungen an die Human Ressourcen frühzeitig abzuleiten, rechtzeitig Bildungsinstrumente zu schaffen und diese just-in-time der richtigen Zielgruppe zur Verfügung zu stellen. Dies verlangt eine ganzheitliche Betrachtung der strategischen Unternehmensausrichtung unter dem speziellen Aspekt der Kompetenzentwicklung mit einer klaren Ausrichtung an den Kernprodukten und -prozessen (Siehe hierzu auch das Kapitel „Märkte und Kompetenzen" in diesem Buch).

Traditionelle Ansatzpunkte der strategischen Planung sind die Umwelt- und die Unternehmensanalyse. Um eine Methodik des strategischen Wissensmanagements zu implementieren und grundsätzliche Ziele für das Bildungscontrolling zu generieren, ist die klassische SWOT-Analyse um die Dimension Kundenanforderungen und der Human Ressourcen in Form einer Kompetenzmatrix zu ergänzen.

Konkret bedeutet dies für die Umfeldanalyse, dass durch eine Reihe von Tiefeninterviews mit einem Teil der Kunden, die aus Kundensicht vorhandenen Wettbewerbsvorteile und Erfolgsfaktoren als Wertekurven im Vergleich zu den wesentlichen Mitbewerbern ermittelt werden. In einem zweiten Schritt sind diese kritischen Erfolgsfaktoren in die „Sprache der Kompetenzen" zu übersetzen: Welche Kompetenzen haben diese Erfolgsfaktoren ermöglicht?

Für die Unternehmensanalyse bedeutet dies konkret, zunächst durch eine Reihe von Tiefeninterviews die kritischen Erfolgsfaktoren aus der Sicht der einzelnen Funktionsbereiche festzustellen und diese dann ebenfalls in die „Sprache der Kompetenzen" zu übersetzen.

Rep-Tests und Grid-Interviews

Für diesen firmenindividuellen Ansatz eignet sich vor allen Dingen die von G. A. Kelly entwickelte Befragungstechnik „Repertory Grid". Mit dieser Befragungsmethode wird sehr trennscharf die jeweils individuelle kognitive Landkarte zu einem Themenkomplex kartographiert. Damit wird vermieden, dass lediglich ein von außen herangetragenes Konzept, das jeder herkömmlichen Befragung zu Grunde liegt, verifiziert wird (Kelly, 1955). Durch den Rep-Test wird sichergestellt, dass die tatsächlichen Kundenanforderungen an ein Produkt erfasst und in Kundenurteilen für die weitere Verarbeitung zusammengefasst werden (Schmidt, 1996). Das Verfahren unterscheidet sich damit deutlich von pauschaler Marketingforschung. Kelly ist dabei davon ausgegangen, dass jeder Mensch ein Forscher ist, der Hypothesen über die Zukunft aufstellt und diese in seinen Handlungen überprüft. Zu einem Themengebiet kann jeder Mensch eine überschaubare Anzahl von Variablen oder Elementen benennen und Aussagen über die Ausprägung dieser Elemente machen. Die Technik des Grid-Interviews erfasst die Ansichten des Interviewten vollkommen vorurteilsfrei.

In dem hier betrachteten Kontext sind die Elemente, die aus der Sicht der Verbraucher gleichartigen Produkte, und die Zielsetzung besteht in der Ermittlung der wettbewerbskritischen Erfolgsfaktoren. Intern gilt es, die Erfolgsfaktoren aus der Sicht der Mitarbeiter und der Vorgesetzten zu ermitteln, um über diese Dimensionen eine vollständige Selbst- und Fremdeinschätzung zu erhalten. Ein Interview dauert jeweils ein bis anderthalb Stunden. Zunächst werden die Teilnehmer aufgefordert, die ihnen bekannten Konkurrenzprodukte zu benennen. In der Folge vergleichen sie die Produkte mit dem des eigenen Unternehmens und machen Aussagen zu den Merkmalsrelationen. Im dritten Schritt werden Einschätzungen zur zukünftigen Relevanz der Merkmale und zu zukünftigen Anforderungen bzw. Wünschen abgegeben.

Als Vorbereitung zu einem Workshop „Strategisches Wissensmanagement" übersetzen die Personalverantwortlichen die ermittelten Ausprägungen der wettbewerbsrelevanten Erfolgsmerkmale der Produkte in die „Sprache der Kompetenzen" (s.w.u.).

Workshop „Strategisches Wissensmanagement"

Die Ergebnisse der Interviews mit Kunden und Mitarbeitern werden in einem Workshop zum „Strategischen Wissensmanagement" in Verbindung mit den strategischen Eckwerten für die einzelnen Funktionsbereiche zu einer Kompetenzmatrix verarbeitet. Basis ist die SWOT-Analyse (Strength, Weakness, Opportunities, Traits), mit der die Stärken und Schwächen des IST-Zustandes abgebildet und die Chancen und Risiken für die weitere Unternehmensentwicklung vorgezeichnet werden.

Die nachfolgende Abbildung zeigt die Struktur des Workshops „Strategisches Wissensmanagement". Zielsetzung ist die Abbildung der Beziehung zwischen den in den Interviews festgestellten heutigen erfolgskritischen Produktmerkmalen, der heutigen Kundenurteile, den zukünftigen Anforderungen und dem Zusammenhang zu den im Unternehmen vorhandenen, erfolgskritischen Kompetenzen. Dabei dienen insbesondere die Selbsteinschätzung durch die Unternehmensführung und die Fremdeinschätzungen durch relevante Kunden als Orientierung.

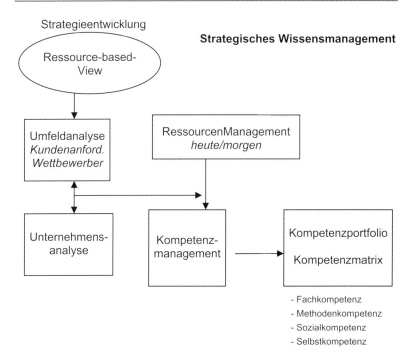

Abb. 4: Workshop-Struktur „Strategisches Wissensmanagement"

Die Sprache der Kompetenzen

Unter Kompetenz wird die Fähigkeit verstanden, in komplexen, dynamischen und auch intransparenten Situationen eine berufliche Problemstellung selbstgesteuert und selbstorganisiert lösen zu können. Der Begriff der „Kompetenz" erweitert den Begriff des „Wissens" also um die Dimension der Handlungsfähigkeit. Ursprünglich wurde der Begriff der Kompetenz von McClelland entwickelt (McClelland, 1973). McClelland war insbesondere unzufrieden mit der Vorhersagegenauigkeit für den beruflichen Erfolg durch klassische Testinstrumente wie einen „Intelligenztest". Inzwischen kann die Kompetenzforschung auf mehr als 30 erfolgreiche Jahre zurückblicken und die entwickelten Kompetenz-Modelle unterscheiden bis zu 86% der Führungskräfte korrekt als Durchschnitts- bzw. als Top-Leister (Peters, 2003).

Bisher fehlte es im Bildungscontrolling vor allen Dingen an standardisierten Fragebogenkonzepten zur „Messung" des Erfolgs von Bildungsmaßnahmen. Diese Lücke ist für sehr unterschiedliche Fragestellungen und unterschiedliche

Funktionsbereich inzwischen geschlossen. Diese Konzepte ermöglichen auch eine individuelle Anpassung an spezifische Fragestellungen. Elaborierte Statistikkenntnisse sind hierzu nicht erforderlich.[2]

Als standardisiertes Instrument für Bildungscontrolling bietet sich z.B. das Kompetenz-Reflexions-Inventar (KRI) an. „Es wird dabei die Ausprägung derjenigen Fähigkeiten, Fertigkeiten, Denkmethoden und Wissensbestände erhoben, die Mitarbeiter nutzen, um vertraute als auch neuartige Arbeitsaufgaben selbstorganisiert und verantwortungsbewusst bewältigen zu können."(Kauffeld). Es kann vollständig übernommen oder für sehr unterschiedliche Fragestellungen angepasst werden. Das KRI unterscheidet die vier Bereiche Fach-, Methoden-, Selbst- und Sozialkompetenz in einer Vielzahl von Kompetenzfacetten. Das KRI dient als Instrument zur Selbsteinschätzung oder als Grundlage für eine Vorgesetztenbeurteilung und/oder ein 360°-Feedback von Kollegen.

Kundenwünsche und die Kernkompetenzen der Mitarbeiter

Die Konzentration auf Kernprodukte und Kernkompetenzen legt nahe, die von Kunden erwünschten Kerneigenschaften direkt auf die Kernkompetenzen der Mitarbeiter zu beziehen (Siehe hierzu auch das Kapitel „Value in Focus" in diesem Buch).

Zu diesem Zweck ist es notwendig, die ermittelten Kompetenzen mit Bezug auf die Produkteigenschaften auf ihre Relevanz zu filtern und in einem zweiten Schritt die zukünftige Bedeutung festzulegen (Blohm, 2000). Das Ergebnis dieses Arbeitsschrittes ist eine komplette Bewertung und Gewichtung aller ermittelten Kompetenzen unter den Gesichtspunkten:

- der aktuellen Ausprägung im Unternehmen,
- der Bedeutung Kundennutzen zu stiften,
- der Imitierbarkeit durch Wettbewerber,
- der weiteren Ausbaufähigkeit,
- der Möglichkeit der Ausdehnung auf neue erweiterte Geschäftsfelder,
- der Bedeutung für den zukünftigen Erfolg,
- der Wettbewerbsdifferenzierung,
- externe Trends, wie Gesetzgebung etc.

Die nachfolgende Abbildung stellt das Kompetenzfacetten und –aspekte des Kompetenz-Reflexions-Inventar dar - in Anlehnung an Gust 2004, USP Publishing.

---

[2] Die entsprechenden Informationen und Konzepte können über den Autor bezogen werden.

Kompetenz facetten und -skalen	Beschreibung
Fachkompetenz	
Konzeptionelles Denken	Den Arbeitsprozess als Ganzes sehen; vom konkreten Einzelfall auch auf andere Vorgänge generalisieren
Kenntnis der Organisation und Abläufe	Das eigene fachliche Wissen, sowie die Kenntnisse über den Aufbau der Organisation, wie z. B. die Zuständigkeiten der jeweiligen Fachgebiete; sinnvoll einsetzen können
Problemerkennung	Probleme und Veränderungsbedarf bei der Arbeit identifizieren und bestehende Abläufe und Prozesse kritisch hinterfragen
Entwicklung von Lösungen	Neue Ideen zur Verbesserung der Arbeit entwickeln
Methodenkompetenz	
Planung	Planung und Strukturierung der eigenen Arbeitsabläufe: Zielgerichtetes Vorgehen, bei dem Prioritäten gesetzt, die einzelnen Arbeitsschritte koordiniert werden und die erforderliche Zeit eingeplant wird
Aufgabenverteilung	Aufgaben angemessen an Mitarbeiter oder Kollegen zu delegieren bzw. verteilen
Konzentration	Aufgaben zu Ende zu bringen, „bei der Sache bleiben", sich beim Arbeiten nicht ablenken lassen, sich auf das Wesentliche konzentrieren, sich nicht in Kleinigkeiten verlieren
Moderation und Präsentation	Sachverhalte und Vorgehensweisen klar und verständlich erläutern, zu moderieren und Ergebnisse auch für andere nachvollziehbar zusammenzufassen und zu dokumentieren
Umgang mit EDV und Technik	Problemloser, spielender Umgang mit den Arbeitshilfsmitteln und Maschinen, wie mit PC, Software, Datenbanksystemen, Onlinediensten und dem Internet
Reflexion	Über gemachte Erfahrungen bei der Arbeit nachdenken (die Ergebnisse der Arbeit mit den aufgestellten Zielen vergleichen und bewerten) und überlegen, wie Schwierigkeiten und Probleme für die Zukunft besser zu lösen sind
Sozialkompetenz	
Kontaktaufbau und –pflege	Auf andere Personen zugehen, neue Arbeitskontakte knüpfen und pflegen
Positionierung des eigenen Standpunktes	Die eigene Meinung (gegenüber Kollegen und Vorgesetzten) vertreten, sachlich Kritik üben, Durchsetzungsvermögen
Motivation von anderen	Kollegen, Mitarbeiter, Kunden, Geschäftspartner, etc. für eine Idee begeistern, ansporen und zu hervorragenden Leistungen bringen
Akzeptanz und Anerkennung	Sich auf andere Personen (Kollegen, Mitarbeiter, Kunden, Geschäftspartner etc.) gut einstellen können, ihre Meinungen berücksichtigen und auf ihre Vorschläge und Bedürfnisse eingehen
Rücksichtnahme und Besonnenheit	Auch bei Ärger ruhig und bedächtig reagieren und anderen Personen gegenüber rücksichtsvoll sein.
Selbstkompetenz	
Interesse an Veränderungen	Interesse haben an neuen Ideen und (Arbeits-) Konzepten, aufgeschlossen sein für Veränderungen innerhalb der Organisation
Verantwortungsübernahme und Initiative	Verantwortung für das eigene Handeln übernehmen und die Konsequenzen dafür tragen können
Mitwirkung	Umsetzungsstärke, konkrete Maßnahmen zur Realisierung planen und sich selbst günstige Rahmenbedingungen schaffen
Selbstmanagement	Vertrauen in sich Selbst zu haben, sich mit den persönlichen Schwächen und Grenzen realistisch einschätzen können und mit den eigenen Kräften ökonomisch umzugehen

Abb. 5: Kompetenz-Reflexions-Inventar im Überblick

Auf Basis dieser Kompetenzfacetten wurde folgendes Kompetenzportfolio hergeleitet, welches in der untenstehenden Grafik als Ergebnis dieses Arbeitsschrittes im Überblick dargestellt ist.

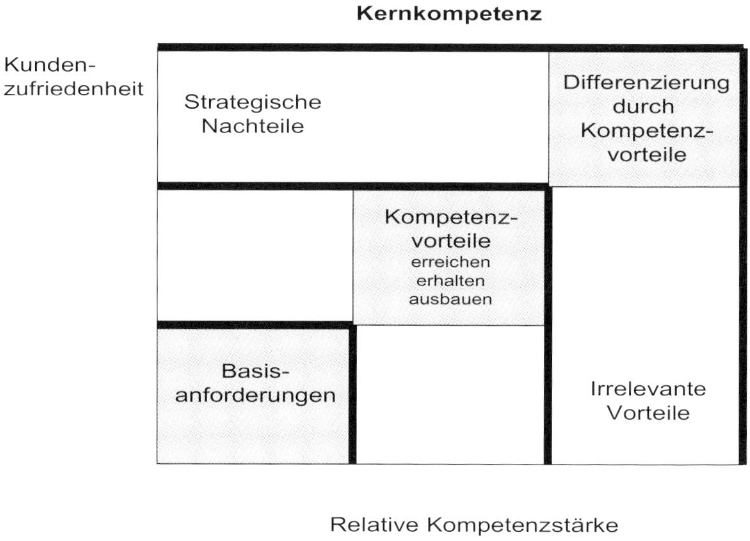

Kernkompetenz

Kundenzufriedenheit

Strategische Nachteile		Differenzierung durch Kompetenzvorteile
	Kompetenzvorteile erreichen erhalten ausbauen	
Basisanforderungen		Irrelevante Vorteile

Relative Kompetenzstärke

Abb. 6: Kompetenzportfolio

Die monetäre Bewertung von Wissen

Nach der Feststellung aller relevanten Kernkompetenzen ist es hilfreich, eine monetäre Bewertung dieser Kompetenzen vorzunehmen. Es geht dabei um eine möglichst genaue Bewertung der im Unternehmen vorhandenen Kompetenzen in Geldeinheiten und deren Beziehung zu den erfolgskritischen Produkteigenschaften. Die Instrumente der Humatics können hierbei hilfreich sein, um die qualitative Differenzierung der Kernkompetenzen mit Zukunftswert auch quantitativ angemessen einzuschätzen (Kreft, 2002).

Die Humatics ergänzt die Aussage „Umsatz oder Gewinn pro Kopf" um die konkrete Frage „Welche Kenntnisse und Fertigkeiten stecken konkret in welchem Kopf". Zunächst ist diese Frage ganzheitlich auf die gesamte Unternehmung, dann auf die Funktionsbereiche und über die noch darzustellenden Zielworkshops und die Personalklausuren auf jeden einzelnen Mitarbeiter zu beziehen.

Die Kenntnisse und Fertigkeiten jedes Mitarbeiters lassen sich gemäß der Humatics in operablen Wissenseinheiten darstellen, und die Gesamtheit der operablen Wissenseinheiten aller Mitarbeiter bietet die inhaltliche Grundlage für den „Gewinn pro Kopf".

Die Summe der Kenntnisse und Fertigkeiten eines Mitarbeiters drückt die Humatics über die operable Wissensfunktion im Humanpotential, den Human Bits aus. Abbildung 7 zeigt diesen Zusammenhang.

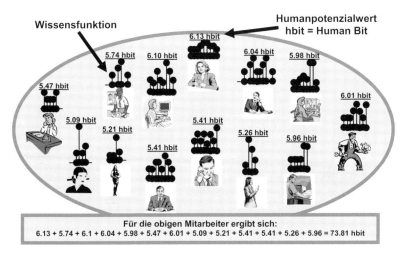

Abb. 7: Operable Wissensfunktionen und Humanpotential der Mitarbeiter im Vergleich

Zielvereinbarung als Basis für resultatsorientiertes Bildungscontrolling

Auf dieser Basis lassen sich dann Entwicklungsziele für jeden Funktionsbereich bilden. Ziele sind die Voraussetzung für ein funktionierendes Bildungscontrolling. Um die Umsetzung nicht in aufwendigen Einzelgesprächen zu realisieren, bietet sich die Umsetzung der Zielvereinbarungen in Workshop zu Beginn des Jahres von „oben nach unten" und am Ende des Jahres zum SOLL/IST-Abgleich von „unten nach oben" an.

Umsetzung in operativen Zielworkshops und Personalklausuren

Gegenstand der Zielvereinbarung sind „Resultate" und „Kompetenzen". Dieser Ansatz gibt den Führungskräften ein Instrument zur Steuerung, zur Kontrolle und zur Korrektur der unternehmerischen Ziele auf der operativen Ebene in die Hand.

In den Zielworkshops werden die Mitarbeiter eines Bereichs durch die Führungskraft über die Ziele der Geschäftsführung informiert, und es erfolgt eine operative Umsetzung in den jeweiligen Bereich für jeden Mitarbeiter.

Der Prozess wird von einem Moderator gesteuert. In diesem Prozess werden diese Bereichsziele als operationalisierte Ziele für handlungsverantwortliche Mitarbeiter formuliert. Dabei wird exakt festgestellt, aufgrund welcher Resultate ein Ziel als erreicht gilt. Ziele sind in der Regel eher noch allgemein formuliert, erst festgeschriebene Resultate geben konkret an, wann ein Ziel erreicht ist.

Ein solcher Workshop dauert 1-1,5 Tage. Im Anschluss an diesen Workshop finden individuelle Zielvereinbarungen statt, und es werden Vereinbarungen hinsichtlich der Personalentwicklung mit jedem Mitarbeiter auf der Basis des KRI getroffen. Die Ergebnissicherung erfolgt über fortlaufende Meilensteingespräche mit den einzelnen Mitarbeitern. Sie dienen dem Abgleich des Zwischenstandes der umzusetzenden Zielvereinbarungen.

Im 3./4. Quartal läuft dieser Prozess der Ergebnissicherung über alle Hierarchieebenen in „Personalklausuren" von „unten nach oben" zurück. Ein solcher Workshop dauert 1 Tag.

Abbildung 8 zeigt die Grundstruktur der Workshops in Verbindung mit einem 360-Grad-Feedback-Konzept, das auf der Basis des KRI angewendet werden kann (Freimuth, 2001; Scherm, 2002).

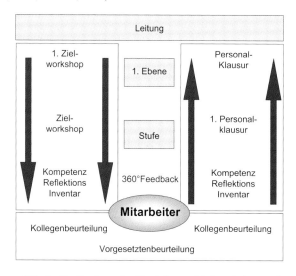

Abb. 8: Die Struktur der Workshops „Zielvereinbarung"

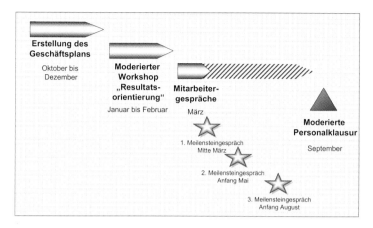

Abb. 9: Die Zeitstruktur der Workshops

Zielvereinbarungsworkshops stellen die inhaltlichen Voraussetzungen und Orientierungspunkte für Vorgesetzte und Mitarbeiter dar, um Personalentwicklungsvereinbarungen und um auf dieser Basis ein angemessenes Controlling von Bildungsmaßnahmen zu gewährleisten.

Resultatsorientiertes Bildungscontrolling

Das am weitesten verbreitete Modell zur Darstellung unterschiedlicher Ebenen des Erfolgs von Bildungsmaßnahmen ist, wie bereits festgestellt, das vier Ebenen Evaluationsmodell von Kirkpatrick.

Die vier Ebenen sind die

- Zufriedenheit der Mitarbeiter mit der Bildungsmaßnahme,
- der Lernerfolg durch die Maßnahme,
- der erfolgreiche Transfer des Gelernten in die unternehmerische Praxis und
- der daraus erzielte Unternehmenserfolg.

Messung des Lernerfolgs einer Bildungsmaßnahme

In der Folge werden zwei IT-Lösungen vorgestellt, die dem Praktiker insbesondere aufwendige statistische Auswertungtätigkeiten abnehmen.

Internettestung mit Standardsoftware

BE-Certified ist eine Standardsoftware, die Bildungscontrolling und Skill-Management verbindet. Sie ermöglicht über Intra- oder Internet Wissens-, Leistungs- und/oder Persönlichkeitstests (siehe auch Kapitel in diesem Buch).

Grundlage für die Testungen sind Benchmarkvorgaben, die Mitarbeiter aufgrund einer Schulung erreichen sollen. Z.B. stellen die Mitarbeiter einer international tätigen Unternehmensberatung ihre Business-Cases mit Hilfe einer Tabellenkalkulation auf. Wegen der hohen Komplexität ihrer Analysen und um die Kosten bei den Kunden gering zu halten, müssen die Consultants alle Möglichkeiten der Tabellenkalkulation in der gesamten Tiefe routiniert ausnutzen können.

BE-Certified bietet diesem renommierten Beraterstab, die selbst das Verständnis einer Elitegruppe hat, die Möglichkeit sich an einer anonymen Testung zu beteiligen. In mehreren Modulen sind jeweils 12 Testfragen abgelegt. Alle Module sind mit entsprechenden Seminarbausteinen oder CBT-Lektionen hinterlegt. Im Ergebnis können sich die Berater mit dem vorher durch Senior Berater festgelegten Benchmarkniveaus, mit den bereits getesteten Beratern und ihrem eigenen Ergebnis vergleichen.

Zu ihrem Ergebnis passend wird von der Software in der Folge eine Roadmap für den jeweils individuellen Lernprozess ausgegeben. Im Ergebnis hat sich gezeigt, dass eine deutlich höhere Anzahl von Seminaren von diesen Eliteberatern genutzt wurde als vorher. Die Ursache ist in der empirischen Motivation zu sehen, die durch das Benchmarking und den unmittelbaren Vergleich mit der eigenen Referenzgruppe entsteht.

Seminarauswertung mit Infrarotsendern

Eine spürbare Entlastung bei der Auswertung von Seminaren bietet die Software „mobiTED". mobiTED ist eine Statistiksoftware, die die Analyse von Seminarergebnissen standardisiert. Statistische Detailkenntnisse sind ebenso überflüssig wie aufwendige Auswertungsprozeduren (siehe auch Kapitel in diesem Buch).

Zu diesem Zweck erhält am Seminarende jeder Teilnehmer einen Infrarotsender, der eine Abfrage ermöglicht. Die einzelnen Fragen werden über einen Beamer projiziert, und die Teilnehmer antworten auf die jeweiligen Fragen auf einer Skala von 1 bis 5 über ihren individuellen Infrarotsender. Die Fragen können sich auf den Lernerfolg beziehen oder z.B. aus den relevanten Bereichen des Kompetenz-Reflexions-Inventars stammen. Die Ergebnisse können zur Einschätzung des Transfererfolges mit einer Abfrage mit der Intranetvariante nach einem gewissen Zeitraum durch den Vorgesetzten und den geschulten Mitarbeiter ergänzt werden.

Die ermittelten Ergebnisse bieten so die Basis für Aussagen über den Unternehmenserfolg oder den Return on Investment einer Bildungsmaßnahme.

Messung des Unternehmenserfolgs

Unterschiedliche Forschungsarbeiten konnten die Annahme, dass der individuelle Lernerfolg die Voraussetzung für den anschließenden Transfererfolg und damit die Sicherung des Nutzens für die Unternehmung ist, nicht bestätigen (Gülpen, 1995).

Etwas schematisch ausgedrückt, wurde wiederholt festgestellt, dass es zwischen den 4 Ebenen des Modells von Kirkpatrick keinen gradlinigen Zusammenhang gibt. Zwischen dem Lernerfolg einer Bildungsmaßnahme und dem Transfererfolg besteht nur ein ganz unwesentlicher Zusammenhang. Der Transfererfolg hängt ganz wesentlich von der Effizienz des Trainers und von der Zufriedenheit der Teilnehmer mit der Maßnahme ab.

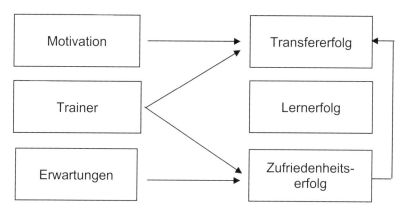

Abb. 10: Zusammenhang zwischen Lernerfolg und Transferleistung als Voraussetzung für den unternehmerischen Nutzen

Aus diesem Grund ist der Nutzen einer Maßnahme für das Unternehmen nicht mit dem Nutzen für den Mitarbeiter gleichzusetzen, sondern ist gesondert zu erfassen.

Kriterien für die Einschätzung des Bildungserfolges durch die Teilnehmer, den Vorgesetzten und unter Umständen zusätzlich durch Kollegen liefern die erfolgsorientierten Kennzahlen des Controllings. Wenngleich momentan eher wenige Unternehmen diese eigenen Kennziffernsysteme nutzen, um den Erfolg einer Bildungsmaßnahme monetär beziffern zu können, bieten die Kennzahlen eine objektive Basis für eine Einschätzung und bleiben nicht auf der subjektiven Einschätzung der Teilnehmer und deren Zufriedenheit mit einem Seminar stehen.

Zielgröße	Operationalisierungsbeispiel
Produktivität	Arbeitsstunden Output pro Zeiteinheit Materialverbrauch
Wirtschaftlichkeit	Cash flow Deckungsbeitrag Return on Investment
Qualität	Ausschussquote Lebensdauer Wartungsaufwand
Schnelligkeit	Durchlaufzeit Lagerumschlag Stillstandszeit
Umsatzentwicklung	Verkaufszahlen Neukundengewinnung Marktanteil
Kundenzufriedenheit	Kunden-Feedback Reklamationsquote Stornoquote
Mitarbeiterzufriedenheit	Fehlzeiten Krankenstand Fluktuationsrate
Innovation	Patentanmeldung Verbesserungsvorschläge FuE-Investitionen

Abb. 11: Beispiele für erfolgsorientierte Kennziffern (Weiß, 2000).

Return on Investment

Zur Einschätzung der Leistungssteigerung einer Bildungsmaßnahme und zur Nutzenberechnung für das Unternehmen hat sich folgende Formel bewährt:

$$\Delta U = N * T * d_t * SD_Y - N * K$$

ΔU = Nutzen des Trainings
N = Anzahl der Teilnehmer
T = Dauer des Trainingserfolges auf die Leistung in Jahren
d_t = Leistungsdifferenz zwischen Trainierten und Untrainierten
SD_Y = Standardabweichung der Leistung der untrainierten Gruppe in Geldeinheiten
K = Kosten des Training pro Teilnehmer

Eine andere Möglichkeit der Darstellung des Ertragsfaktors hat Hasebrook vorgestellt (Hasebrock, 2004):

$$Ertragsfaktor = \frac{n}{N} * r_{test, Kriterium} * d_{Jahr} * c_{Jahr}$$

N = Anzahl der Teilnehmer am Training in einem Jahr
n = Anzahl der Teilnehmer, die dieses Training bestanden haben
r = Validität der eingesetzten Tests
d = Anzahl der Jahre, die die Teilnehmer im Unternehmen verbleiben (oder das Erlernte anwenden)
c = Anzahl der Teilnehmer, die in einem Jahr getestet werden.

Hasebrook demonstriert seine Formel an folgendem Beispiel: Ein Betrieb bildet pro Jahr 2000 Mitarbeiter aus, wovon 1000 an dem (Wissens-)Tests teilnehmen und 800 diesen Test bestehen. Die Tests haben ein Validität von r = .25 und die Mitarbeiter verbleiben anschließend noch 8 Jahre im Unternehmen. Es ergibt sich ein Wert der Bildungsmaßnahme von 800 „Standardeinheiten". Bei einem mittleren Einkommen von 35.000 € ergibt sich eine potentielle Leistungssteigerung im Gegenwert von 800 (40% von 35.000) = 1,12 Mio. € bei einer Gesamtlohnsumme von 70 Mio. € für alle Trainierten (Hasebrock, 2004).

Maßnahmeplanung und Korrektur

Die Maßnahmeplanung in seiner ganzen Bandbreite von Erfassung der Zielgruppe, Formulierung der Lernziele, der Unterrichtsplanung, Buchung des Hotels usw. gehört zu den Pflichtübungen des Bildungscontrollings.

Die inhaltliche Auswertung auf der Basis von Transfer- und Unternehmenserfolg gehört schon deshalb zur kaum genutzten „Kür", weil die Analyse beider Faktoren selbst bisher nur unzureichend zum Gegenstand gemacht wird (vgl. hierzu das Kapitel „Bildungscontrolling und theoriebasierte Evaluation zur Verbesserung von Bildungskonzepten" in diesem Buch).

Wie ernst dieser Aspekt aber genommen werden muss, zeigt eine Promotionsschrift aus dem Jahr 2003 (Mayer, 2003). In dieser Dissertation wurden die systemischen Managementtrainings von Fredmund Malik und von Rudi Wimmer untersucht und die Effekte beider Seminare verglichen.

Von den Inhalten her sind diese beiden sehr hochpreisigen Seminare relativ ähnlich aufgebaut. Der Unterschied zwischen den Konzepten liegt eher in der Pädagogik der Vermittlung und der Lernarchitektur.

Das management zentrum st. gallen bevorzugt ein Drei-Stufen-Lernmodell. Nach diesem Modell gibt der Trainer zunächst einen Input und die Teilnehmer untersuchen ihre eigene betriebliche Praxis in Kleingruppen aufgrund der vorgestellten Theorie. Anschließend erfolgt eine Ergebnispräsentation der Gruppenarbeit im Plenum. Der Transfer in die betriebliche Praxis soll durch State- und Commitments gesichert werden. Einzige Ausnahme zu diesem pädagogischen Vorgehen findet im 100-Tage-Review statt. Hier wird eine supervisorische Analyse durchgeführt, die der Arbeitsweise von R. Wimmer am Hernstein Institut sehr nahe kommt.

Diese supervisorische Fallarbeit nach R. Wimmer gliedert sich wie folgt:

- Ein Teilnehmer schildert einen Fall, die Kleingruppe hört zu.
- Die Kleingruppe gibt Rückmeldung, welche "emotionale Resonanz" das Zuhören in ihnen ausgelöst hat.
- Die Kleingruppe stellt klärende Fragen.
- Die Kleingruppe bildet erste Hypothesen. Der Fallbringer hört zu.
- Der Fallbringer darf auf die Hypothesen reagieren.
- Gemeinsam wird nach Lösungsansätzen gesucht.
- Der Beratungsprozess wird in der Kleingruppe reflektiert.
- Erfahrungsaustausch im Plenum mit Einsteuerung passender aber relativ kurzer Inputs durch die Trainer.

Die Ergebnisse zwischen den Lernerfolgen sind interessant und für eine Verbesserung des Vorgehens von Bedeutung. Es wurden jeweils zwei Erhebungen durchgeführt, die erste vier Wochen nach dem Seminar, die zweite dann ein Jahr später.

Vier Wochen nach dem Seminar wurde im Seminar von st. gallen als ursächlich positiv der Baustein "Führung" angegeben, dass deutliche Verbesserungen bei der Gestaltung von Zielvereinbarung, bei Führung von Besprechungen und bei der persönlichen Arbeitsmethodik von den Teilnehmern wahrgenommen wurden. Zum Teil wurden die Trainer über alle Maßen gelobt.

In Hernstein waren die dominanten Wirkungen in der 1. Erhebung eine bewusste Präsenz der eigenen Stärken und Schwächen. Es wurde konstatiert, dass die Teilnehmer Prozesskompetenz erlangt hätten und sich das Kommunikationsverhalten verbessert hätte. Außerdem war ihr Verständnis für strategische Prozesse gestiegen.

In der zweiten Untersuchung ein Jahr nach dem Seminar blieb im Seminar von st. gallen die Wirkung auf die persönlichen Arbeitsmethodik konstant. Die anderen Methoden und Werkzeuge konnten nur noch in Ansätzen nachgewiesen werden. Die Commitments zeigten kaum noch Wirkung.

Im Hernstein-Seminar gaben in der zweiten Erhebung nach einem Jahr doppelt so viele Teilnehmer eine positive Wirkung an. Die positive Wirkung nimmt also mit Abstand zum Seminar zu.

Theorie-gesteuerte Evaluation

Evaluationsstudien liefern Erkenntnisse darüber, wie eine Bildungsmaßnahme, die wiederholt angeboten wird, verbessert werden kann. Als Fazit aus dieser Untersuchung lässt sich aber nicht ableiten, dass die Methode „Hernstein" der Methode „st. gallen" überlegen sei. Unter inhaltlichen Aspekten vermittelt der st. gallener Ansatz mit den Themen der Prinzipien, der Aufgaben und der Werkzeuge der Führung genau die Elemente, die für den Alltag einer Führungskraft de facto relevant sind. Hier einen supervisorischen Ansatz zu praktizieren, würde Zeitverschwendung bedeuten. Es gibt Inhalte, auf die der Führungsnachwuchs zu Recht hingewiesen werden muss. Aber als eine interessante Hypothese wäre in einem nächsten Arbeitsschritt natürlich die Kombination beider Vorgehensweisen zu untersuchen.

Zusammenfassung

Zielsetzung dieses Artikels lag darin, dem Praktiker einen schnellen Überblick über Konzepte und Instrumente eines resultatsorientierten Bildungscontrollings zu vermitteln. Es wurde ein Ansatz vorgestellt, mit dem fundierte Aussagen möglich sind, ohne dass sich der Praktiker durch einen Wust der normalerweise im Bildungscontrolling üblichen Bündelung von Methoden aus unterschiedlichen Disziplinen quälen zu müssen. Alle Konzepte werden in den nachfolgenden Unterartikeln dieses Buches weiter ausgeführt.

Literatur

Ackoff, R. L., et al, A Guide to Controlling Your Corporation`s Future, New York, 1984
Blohm, P., Strategische Planung von Kernkompetenzen? Möglichkeiten und Grenzen, Wiesbaden 2000
Cascio, W.F., Costing human resources: The financial impact of behaviour in organsations, Bosten, 1982
Englert, S., Die Jobs der Zukunft, Frankfurt, 2000
Gust. M.: Beschäftigungsfähigkeit und resultatorientierte Führung, in: Gust, M.; Seebacher, U.G.: Innovative Workshopkonzepte, USP Publishing, München 2004
Gust, Mario, Mit Bildungscontrolling II zu Synergien im Unternehmen und Einzigartigkeit am Markt, in: Jürgen Graf (Hrsg.), Seminare 2006 Das Jahrbuch der Management-Weiterbildung, managerSeminare Verlag, Bonn 2006
Hasebrook, J., Bildungs- und Prozesscontrolling im Unternehmen, in: Ehlers, D.-U., et al (Hrsg.), Bildungscontrolling im E-Learning, Berlin, 2004
Hummel, T. R., Erfolgreiches Bildungscontrolling, Praxis und Perspektiven, Heidelberg, 2001

Kauffeld, S. (in Vorb.). Das Kornpetenz-Reflexions-Inventar (KRI) - Entwicklung und psychometrische Überprüfung eines Messinstruments. Manuskript in Vorbereitung.

Kelly, G. A., The Psychology of Personal Constructs, Norton, 1955

Kirkpatrick, D. L, techniques for evaluating training programs, Journal of the American Society for Training Directors, 13, 1959

Kreft, H.-D., Geld und Wissen, Berlin, 2002

McClelland, D., Testing for competence rather than for „intelligence", American Psychologist, 28, p. 1 – 14, 1973

Mayer, B. M, Systemische Managementtrainings, Heidelberg, 2003

Meier, C., Weiterbildungscontrolling mit Scorecards, Rollen-spezifischen Kenngrößen und Management-Cockpit, in: Ehlers, U.-D., et al, Bildungscontrolling im eLearning. Grundlagen, Konzepte und Erfahrungen jenseits des ROT, Berlin, 2004

Weiß, R, Ansätze und Schwierigkeiten einer Nutzenmessung in Betrieben, in: Bötel. C, et al (Hrsg.), Bedarfsanalyse, Nutzenbewertung und Benchmarking - Zentrale Elemente des Bildungscontrollings, Bonn, 2000

Bildungscontrolling auf Messersschneide

Prof. Dr. Herbert J. Kellner

Den Return-on-Investment und den Value-of-Investment gut ausbalancieren

Bereits seit Jahrzehnten sind Bemühungen im Gang, sowohl die Kosten als auch den Nutzen von Weiterbildungsmaßnahmen zu messen. Einer der Urväter auf diesem Gebiet ist Dr. Don Kirkpatrick von der University of Wisconsin. Er hat sich bereits vor mehr als 40 Jahren mit Fragen der Messbarmachung beschäftigt und dazu einige Bücher geschrieben. Es hat lange gedauert, bis sein Modell und seine Empfehlungen weltweite Akzeptanz erlangten. Heutzutage ist sein Vier-Stufenplan der Standard für die Messung von Trainingsergebnissen.

Neuere Forschungsarbeiten, die von Dr. Jack J. Phillips unternommen wurden, haben dazu geführt, dass die klassische Return-on-Investment-Berechnung nun auch in der Weiterbildung eingesetzt wird. Er hat mit der Entwicklung seines ROI-Prozesses gleichsam die Stufe Fünf im Kirkpatrick Modell entwickelt. Durch anschauliche Beispiele aus der Praxis, in denen er ROI-Berechnungen für die Bewertung von Weiterbildungsmaßnahmen herangezogen hat, gelang es ihm, auch im Management der Unternehmen großes Interesse zu wecken. Mittlerweile hat das von ihm gegründete ROI-Institute Seminare entwickelt, in denen sich Weiterbildungsverantwortliche mit den neuesten Methoden und Best-Practices der ROI-Methode vertraut machen können. Eine Kooperation mit der American Society for Training and Development (ASTD), dem mit ca. 70.000 Mitgliedern größten Berufsverband für Trainer weltweit, hat das ROI-Network hervorgebracht, das nun Trainern in Workshops und Kongressen die höheren Weihen der ROI-Berechnung verleiht.

Bei vielen Trainingsmanagern herrscht jedoch immer noch die Meinung vor, dass Lernen und Training eine Sonderrolle spielen und deshalb vom normalen Prozess der Geschäftsbewertung ausgeschlossen seien. Das von Weiterbildnern geschätzte

Modell von Kirkpatrick wird in seiner kompletten Form nur von etwa 11% aller Weiterbildungsabteilungen weltweit eingesetzt, ermittelte die American Society for Training and Developement (ASTD) in ihrem State of the Industry Report. Kirkpatricks Stufe 1 dagegen, in der es darum geht, Teilnehmerreaktionen zu messen und festzustellen ob sie mit einem Seminar oder Workshop zufrieden waren, benutzen nahezu sämtliche Trainer und Weiterbildungsveranstalter. Auch Stufe 2 wird noch in hohem Maße praktiziert, indem vor und nach den Lernprozessen, Lernzuwachstests durchgeführt werden. Wenn es jedoch zu Stufe 3 kommt und der Transfer des Verhaltens vom Seminar zum Arbeitsplatz und in die Praxis gemessen werden soll, schrumpft die Gruppe derer, die diesen Schritt vollziehen, um mehr als die Hälfte. Kirkpatrick fordert in seiner Stufe 4, die konkreten Auswirkungen des neuen Verhaltens auf das Geschäftsergebnis zu messen. Damit ist er der erste Vordenker des ROI in der Weiterbildung.

Jack Phillips hat diesen Gedanken erweitert und ein System entwickelt, das die Ermittlung des Return on Investment erleichtert. Was beide Experten jedoch nicht berücksichtigt haben, ist die Tatsache, dass die qualitative Wertschöpfung von Weiterbildungsmaßnahmen meistens die wichtigere Komponente im Gesamtprozess darstellt. Aus diesem Grund hat das Forschungsteam von ITD International unter der Leitung von Dr. Herbert J. Kellner das Value-of-Investment-System entwickelt. Mit der Ergänzung des Kirkpatrick-Modells durch den ROI von Jack Phillips wurde ein erheblicher Fortschritt erzielt. Jedoch erst durch die Erweiterung um das Value-of-Investment-System ist es heutzutage möglich, Weiterbildungsprozesse einer ganzheitlichen Messung zu unterziehen. Diese Messung schließt eine kritische Analyse der qualitativen Wertschöpfung ein und vermittelt dadurch das ganze Bild der Auswirkungen von Weiterbildungsmaßnahmen.

Abb. 12: Die sechs Stufen der Evaluierung

Bildungsexperten in aller Welt fragen sich immer mehr, ob die Forderung der Manager nach Bildungscontrolling eine Modeerscheinung ist, oder ob dies auf den Anfang einer neuen Entwicklungsphase in der beruflichen Weiterbildung hindeutet. Die Topmanager suchen nach wirksameren Steuerungs- und Führungsinstrumenten, um mit geringeren Kosten maximale Ergebnisse zu erzielen und lassen dabei nichts unversucht. Sie wollen mehr Transparenz und gleichzeitig ein aussagefähiges Bildungscontrolling schaffen. Investitionen in Qualifizierungsmaßnahmen müssen sich lohnen und deshalb suchen sie nach brauchbaren Ansätzen und Instrumenten. Ein einheitliches Konzept für Bildungscontrolling gibt es bisher nicht, obwohl seit mehreren Jahren ernsthafte Bemühungen unternommen wurden um Standards zu entwickeln. Zahlreiche Unternehmen sind bereits von der reinen Kosten-Nutzen-Analyse zur Return-on-Investment-Berechnung durchgedrungen.

Vorbei sind die Zeiten, wo man es sich leisten konnte, größere Summen auf Verdacht auszugeben und zu hoffen, dass irgendetwas Brauchbares dabei herauskommt. Heutzutage versucht das Topmanagement, gesunde Investitionsprinzipien auch auf die Weiterbildung anzuwenden. Dennoch gibt es immer noch Trainer, die sich mit Händen und Füßen dagegen wehren und alle möglichen Gründe anführen, um sich der Messbarkeit zu entziehen. Die Mehrheit der Weiterbildner hat jedoch eingesehen, dass dem Bildungscontrolling höchste Bedeutung zukommt und sich bereits intensiv mit diesen neuen Verfahren beschäftigt. Sie haben erkannt, dass damit ihre Existenzberechtigung steht oder fällt. Obwohl die ROI-Berechnung in der Weiterbildung eigentlich zum Standard gehören müsste, sind manche Trainer immer noch unsicher und nicht in der Lage, für ihre Weiterbildungsprojekte präzise Return-on-Investment-Berechnungen zu erstellen. Woran liegt das?

Durch zahlreiche Gespräche mit Trainern haben wir ermittelt, was die wahren Gründe für diese Zurückhaltung sind.

1. Sie haben sich noch nicht genügend mit der Methodik vertraut gemacht
2. Sie haben in der Fachliteratur zuwenig brauchbare Fallbeispiele gefunden, die sie auf ihre eigene Praxis übertragen konnten
3. Bisher standen kaum brauchbare Programme und Tools zur Verfügung

Die Forderung nach Bildungscontrolling

Unternehmen haben sich in den vergangenen Jahren drastisch gewandelt. Prozesse wie z.B. das Total Quality Management (TQM) und Reengineering haben dazu geführt, dass die kritischen Erfolgsfaktoren allen Beteiligten verdeutlicht wurden. Die Erfolge dieser Methoden haben die Manager ermutigt, diese auch auf die Weiterbildung auszudehnen. Das Verlangen nach strategischem Bildungscontrolling wird immer lauter. Besonders während der letzten zwei Jahre konnte man deswegen einen verstärkten Trend in Richtung Kennziffernsysteme feststellen. Methoden wie z.B. die Balanced Scorecard haben mittlerweile zahlreiche Anhänger gefunden. Je tiefer die Topmanager und Weiterbildungsverantwortlichen jedoch in das Bildungscontrolling einsteigen, desto bewusster wird ihnen, dass neben den rein quantitativen Aspekten, die hauptsächlich durch die ROI-Methode gemessen werden, noch essentielle qualitative Faktoren im Spiel sind, die oft eine höhere Bedeutung haben, als die materiellen Komponenten. Aus diesem Grund haben sowohl die Entwickler des ROI-Prozesses als auch die der Balanced Scorecard jeweils einige qualitative Faktoren mit eingebaut. Was jedoch bei diesen Methoden fehlt, ist die nötige Eindringtiefe in die verschiedenen Nutzenkategorien und ein System, das diesen Nutzen verdeutlicht und messbar macht. Das Value-of-Investment-System erweitert den einseitigen Blickwinkel auf die materiellen Ergebnisse, indem es den umfangreichen qualitativen Nutzen, den die meisten Bildungsmaßnahmen mit sich bringen, verdeutlicht. Der Unterschied zwischen ROI und VOI besteht hauptsächlich darin, dass dem VOI ein komplexer Prozess zugrunde liegt, der die Qualität von Bildungsmaßnahmen von Anfang bis Ende absichert. Dieser Prozess basiert auf fünf Tools, die sicherstellen, dass keine wesentliche Stufe ausgelassen wird. Es würde den Rahmen der Möglichkeiten sprengen, das gesamte System an dieser Stelle darzustellen.

Selbstverständlich sind zuverlässige Kennziffernsysteme für das Bildungscontrolling eine unabdingbare Voraussetzung. Zusätzlich muss jedoch die Wirksamkeit von pädagogischen Zielvorgaben, Weiterbildungsstrategien, Interventionen, Lehr- und Lernmethoden und Implementierungen gemessen werden. Da sich strategische Trainings- und Entwicklungsmaßnahmen oft erst nach Jahren voll auswirken, ist es äußerst wichtig, die qualitativen Fortschritte kontinuierlich zu messen. Dem Bildungscontrolling kommt damit die Aufgabe zu, Fehlentwicklungen rechtzeitig zu erkennen und korrektive Maßnahmen zu empfehlen. Bildungscontrolling liefert sowohl im strategischen als auch im operativen Bereich Fakten über die Effektivität und Effizienz der Bildungsarbeit. Gleichzeitig misst es die Auswirkungen von Training und Entwicklung auf den Unternehmenserfolg. Richtig durchgeführtes Bildungscontrolling ist damit in der Lage, harte Daten und Fakten zu liefern, aber auch die für die Unternehmensentwicklung äußerst wichtigen qualitativen Fortschritte für die strategische Organisations- und Personalentwicklung zu messen.

Bildungscontrolling ist nur dann sinnvoll, wenn es etwas zu messen gibt. In der Weiterbildung geht es darum, Ergebnisse zu erzielen, die der Erreichung der Unternehmensziele dienen. Diese Ergebnisse müssen sorgfältig geplant und realisiert werden. Dies geht nicht ohne klare Ziele. Die Forderung nach messbaren Zielen wird umso verständlicher, je mehr man die Vorgehensweisen in manchen Unternehmen und Weiterbildungsabteilungen betrachtet.

Hier einige Beispiele:

- Ziele werden nur unklar abgefasst und lassen zuviel Interpretationen zu

- Ziele werden nicht schriftlich festgelegt und sind damit unverbindlich
- Ziele werden häufig mit Absichtserklärungen verwechselt
- Die Mitarbeiter werden oft nicht in die Zielfindung und -vereinbarung eingebunden

Es gibt immer noch zu viele Manager und Trainer, die es bevorzugen, zuerst zu schießen und dann die Zielscheibe dort aufzuhängen, wo sie getroffen haben. Methoden wie Management by Objectives (MBO) und Management by Results (MBR) sind schon seit langem bekannt, werden aber oft nicht konsequent genug umgesetzt. Häufig funktioniert das Bildungscontrolling einfach deshalb nicht, weil klare Ziele fehlen und dadurch zuverlässige Messungen unmöglich sind. Ein wirksames Bildungscontrolling fragt deshalb immer erst nach den Zielen (Soll-Werten) und befasst sich dann mit der Ausgangslage (Ist-Wert), die gleichzeitig darüber Auskunft gibt, wo die Gaps liegen.

Mit Hilfe der Gap- oder Kompetenzanalyse wird exakt ermittelt, welche Maßnahmen erforderlich sind, um Systeme, Prozesse und Methoden zu verbessern und Kompetenzen zu steigern. Das Bildungscontrolling setzt bereits in dieser ersten Phase ein, indem es auf der Basis der vereinbarten Ziele Standards und Qualitätskriterien entwickelt oder heranzieht, mit deren Hilfe die Resultate gemessen werden sollen. Außer der Ergebnismessung hat das Bildungscontrolling aber auch die Funktion, die potenziellen Auswirkungen der Maßnahmen sorgfältig einzuschätzen und Prognosen abzugeben, die eine Berechnung des ROI und VOI ermöglichen.

Wie wichtig sind die qualitativen Ergebnisse von Weiterbildungsmaßnahmen und wie werden sie gemessen? Diese Frage ist nicht einfach zu beantworten. Im Gegensatz zum quantitativen Nutzen, der vor allem durch Zeit und Geld dargestellt wird, geht es bei der qualitativen Wertsteigerung um Faktoren, die sich mittel- bis langfristig positiv auf die Unternehmensziele auswirken und nicht durch ROI-Berechnungen erfasst werden können. Die Unternehmen haben klar erkannt, dass die menschliche Arbeitskraft heute der wichtigste Erfolgsfaktor ist. Im gnadenlosen globalen Wettbewerb wird es immer schwieriger, sich von den Mitbewerbern durch Innovation, Preisgestaltung und Produktqualität abzuheben. Durch den menschlichen Faktor können sich Unternehmen jedoch noch Wettbewerbsvorteile verschaffen. Ergänzend bietet der Bereich der Qualitätsoptimierung noch einige Chancen. Dies geht jedoch nicht ohne Kompetenzsteigerungen. Dem VOI-System liegt ein ganzheitlicher Ansatz zugrunde, der nicht nur den ROI-Prozess unterstützt, sondern den Blick dafür öffnet, dass das Unternehmen den qualitativen Wertschöpfungsergebnissen die Bedeutung zumisst, die ihnen zustehen. ROI-Kalkulationen zeigen nur einen kleinen Teil der Wertschöpfungen von Weiterbildungsinvestitionen. Der ROI für ein spezielles Projekt kann in manchen Fällen sogar negativ sein, aber die qualitative Wertsteigerung kann dennoch die Kosten für das Projekt rechtfertigen. Der ROI-Prozess ist eine wichtige Messmethode, aber er bedarf der Ergänzung um den VOI. Unternehmen, die Maßnahmen nur an den quantitativen Ergebnissen messen, verschenken oft die Chance, den qualitativen Nutzen zu ernten. Die meisten Topmanager betrachten Entwicklungsmaßnahmen für Softskills als langfristige Investitionen, deren Ergebnisse in den Sternen stehen. Intuitiv erkennen sie zwar den qualitativen Wert von Weiterbildungsmaßnahmen, es fehlen ihnen jedoch die Prozesse und Instrumente, um diesen Wert zu verdeutlichen. Das VOI-System schließt diese Lücke, indem es das Management befähigt, die qualitativen Auswirkungen von Weiterbildungs- oder Entwicklungsmaßnahmen zu messen.

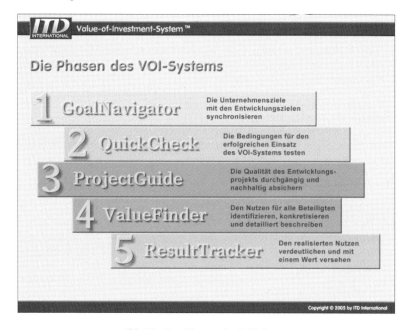

Abb. 13: Die Phasen des VOI-Sytems

Praxis-Szenario 1

Peter Schneider ist Trainingsmanager bei einem Hersteller für Hochdruck-Reinigungsmaschinen. Das Unternehmen hat vor einem Jahr ein neues Gerät entwickelt, das mehrere revolutionäre Funktionen beinhaltete, die aber erklärungsbedürftig waren. Normalerweise werden neue Produkte dem Außendienst während der Jahrestagung durch den Produktmanager und Marketingmanager vorgestellt und erläutert. Da dieses Produkt für das Unternehmen jedoch äußerst wichtig war, um die Wettbewerbsfähigkeit zu erhalten, entschloss man sich diesmal den gesamten Außendienst von 380 Verkäufern durch Intensiv-Workshops fit zumachen.

Nach Ablauf eines Jahres zog man während der Jahrestagung Bilanz und der Trainingsmanager war der erste, der seinen Bericht abgab. Stolz auf sein abgeschlossenes Projekt berichtete er der Geschäftsleitung, den Managern und dem Außendienst, dass es der Trainingsabteilung in diesem Fall gelang, alle 4 Stufen der Evaluierung nach Kirkpatrick auf das Projekt anzuwenden. Die Ergebnisse zeigten, dass 97% aller Workshop-Teilnehmer mit der Maßnahme sehr zufrieden waren (Stufe 1) und den Trainern ein ausgezeichnetes Zeugnis ausstellten. Auch in Stufe 2 zeigten die Lernzuwachstests, dass sämtliche Teilnehmer die Anforderungskriterien voll erfüllten. In Stufe 3, als man in Interviews die Manager und Teilnehmer befragte, ob Sie denn das Erlernte auch in der Praxis anwenden würden, war die überwältigende Antwort eindeutig positiv. Schließlich wurde der Leiter der Finanzabteilung aufgefordert zu schildern, was die Maßnahme finanziell eingebracht habe (Stufe 4). Das Ergebnis war erstaunlich: „Wir haben insgesamt ca. 185.000 € eingespart, dadurch dass wir die Regionalmeetings für das Follow-Up nach der Jahrestagung gestrichen haben. Die freudige Erregung des Trainingsmanagers daraufhin war nicht zu übersehen. Er wunderte sich jedoch, dass der Finanzchef und die Geschäftsleitung keine Miene verzogen. Der Finanzchef führte fort und sagte: „die 21 Workshops haben uns insgesamt 684.000 € gekostet. Dies entspricht einem Verlust von 499.000 €.

Praxis-Szenario 2

Arnold Fischer ist Schulungsleiter in einem Versicherungsunternehmen, das sich auf kleinere und mittlere Betriebe spezialisiert hat. Die Geschäftsleitung entwickelte vor kurzem einen neuen Versicherungsplan, der den Beratern und Agenten vorgestellt werden soll. Herr Fischer wurde aufgefordert, ein Konzept zu entwickeln, um dieses Ziel zu erreichen. Während eines Meetings mit den Bezirksdirektoren soll er das Konzept vorstellen und alle Beteiligten überzeugen, einen Teil der Kosten zu übernehmen.

In dem Meeting versucht Herr Fischer die Anwesenden vom Nutzen eines e-Learning-Systems zu überzeugen. Er stellt vor allem heraus, dass durch e-Learning die Reisekosten, Hotelkosten und Raumkosten entfallen und auch die Materialkosten nahezu bedeutungslos sind. Außerdem weist er darauf hin, dass durch das Lernen am Arbeitsplatz kein Ausfall durch Reisezeiten entsteht. Die Mitarbeiter könnten lernen, wo sie wollen und wann sie wollen und das ohne Zeitdruck. Außerdem sei es möglich, über das Learning-Management System (LMS) genau festzuhalten, wie lange die Teilnehmer online sind und wie viel sie gelernt haben. Die Kosten für ein solches System betragen ca. 270.000 €. Dies seien nur 9800 € pro Bezirk. Ein weiterer Nutzen bestände darin, dass man dieses System in Zukunft auch für andere Maßnahmen verwenden könne.

Es verstrichen mehrere Wochen, ohne dass Herr Fischer eine Antwort von den Bezirksdirektoren, erhalten hat. Schließlich wollte er nicht mehr länger warten und rief einen der Direktoren an, mit dem er ein gutes Verhältnis hatte. In dem

Gespräch sagte der Direktor: „Alles was wir eigentlich wollen ist, dass unsere Agenten über den neuen Versicherungsplan informiert werden. Lässt sich das nicht einfacher bewerkstelligen?"

Literatur
Kellner, H., et al, Performance Shaping, 2004
Kirkpatrick, D. L, techniques for evaluating training programs, Journal of the American Society for Training Directors, 13, 1959
Phillips, J., Handbook of Training, Evaluation and Measurement Methods, Houston, 1991
Phillips, J., et al, The Leadership Scorecard, Oxford, 2004

Value-in-Focus – Kundenorientierung durch resultatsorientierte Bildungsbedarfsanalyse

Mario Gust

Zukünftige Trends als Gegenstand der Weiterbildung

In den 70er Jahren war in vielen Unternehmen Kostenmanagement angesagt, in den 80er Jahren dominierte Qualitätsmanagement und in den 90er Jahren bis heute ist Kapitalkonsolidierung das vorrangige Thema. In den 90er Jahren wurden zudem über Benchmarkprozesse der Wettbewerber die Geschäftsmodelle in einer gegebenen Branche immer ähnlicher. Wettbewerbsvorteile sollten vor allen Dingen über Kostenführerschaft realisiert werden. Die erzielten Vorteile waren in der Regel aber so marginal, dass sie innerhalb kürzester Zeit vom Wettbewerb imitiert werden konnten. Wirkliche Vorsprünge konnten durch diesen Fokus kaum erzielt werden. Das Ergebnis dieser Entwicklung lässt sich in jedem Supermarkt und fast schon in jedem Autosalon feststellen: Ein Produkt gleicht dem anderen.

Die anhaltende Globalisierung und die damit notwendig weiter einhergehende Dezentralisierung wird zu Beginn des 21. Jahrhundert das Management von Risiken zum vorrangigen Thema machen. Globalisierung und Dezentralisierung verlangen aber vor allen Dingen eine individualisierte Kundenorientierung und die Entwicklung eigenständiger, vom Wettbewerb unabhängiger Geschäftsmodelle. In Amerika, in Asien und Europa stehen die meisten Unternehmen vor dem gleichen Problem, nämlich dass wirkliche Wettbewerbsvorteile und das damit verbundene Ausbalancieren der Geschäftsrisiken nur über Differenzierung und nicht mehr über Kostenführerschaft zu realisieren ist.

Parallel zu der zunehmenden Vereinheitlichung der Produkte ist auch eine Vereinheitlichung von Weiterbildungskonzepten zu beobachten. Viele Trainingsseminare, aber auch Assessment Center, gleichen sich von Unternehmen zu Unternehmen. Die jeweilige Besonderheit einer Branche, eines Unternehmens findet in den Inhalten - sofern es sich nicht um Fachseminare handelt - kaum hinreichenden Niederschlag. Z.B. scheint „Kundenorientierung" für alle Unternehmensebenen, aber auch für alle Branchen, immer dasselbe zu bedeuten. Weiterbildung wurde nach dem Krieg zunächst sehr firmenindividuell betrieben. Im Lauf der Zeit wurde Weiterbildung immer mehr als „Kataloggeschäft" angesehen, die Produkte kamen von der „Stange" und die Seminare sind heute kaum voneinander zu unterscheiden.

Die in neuerer Zeit aufgekommenen „Kompetenzkonzepte", die vor allen Dingen den komplexeren Arbeitsbezügen Rechnung tragen sollen, sind i.d.R. sehr allgemein und theoretisch formuliert. Sie stehen häufig in einer aussagelosen Beziehung zu den tatsächlichen Kernprozessen und Kernprodukten eines Unternehmens, weil den theoretischen Konstrukten zunächst keine empirischen Korrelate entsprechen. Um dieses Konzept praxisrelevant zu machen, müssen die Kernkompetenzen in operationale Indikatoren übersetzt werden. Prinzipiell lassen sich rechtliche, zeitliche, technologische, wissens- und kostenspezifische Indikatoren unterscheiden (Faix, 2002).

In der Folge wird ein Konzept leistungsspezifischer Indikatoren von Kernkompetenzen für ein Workshopkonzept fruchtbar gemacht, das an der Funktionsbewertung von Produkten und Produktmerkmalen durch „den" Kunden anknüpft und die Entwicklung nachhaltiger Wettbewerbsvorteile zum Ziel hat.

„Klassische" Wettbewerbsbedingungen

Um tatsächlich eine Differenzierung gegenüber dem Wettbewerb zu ermöglichen, müssen Unternehmen gegenüber dem klassischen „Kopf-an-Kopf-Rennen" der letzten Jahrzehnte eine völlig veränderte Haltung entwickeln. Die INSEAD Professoren W. Chan Kim und Renée Mauborgne haben hierzu in über 30 Branchen mit einem Zeithorizont von mehr als 100 Jahren über 150 Strategiekonzepte untersucht und festgestellt, dass Unternehmen ihren Industriezweig i.d.R. in völlig identischer Art und Weise definieren. Sie sind darauf fokussiert, in ihrem Geschäfts der Beste, im Sinne von der preiswerteste Anbieter, zu sein. Sie vergleichen sich deshalb ausschließlich mit dem eigenen Wettbewerb ohne weitere Perspektiven und Überlegungen in ihre strategischen Zielsetzungen einzubeziehen.

In der Regel haben alle Mitbewerber die gleichen Käufergruppen im Visier, bieten die gleiche Bandbreite an Produkten und Dienstleistungen an und wollen vor allem dieser Zielgruppe kostengünstiger als der Wettbewerb dienen. Bevorzugtes Ziel ist dabei, innerhalb eines bestehenden funktional-emotionalen Rahmens eines gegebenen Industriezweiges, die Preisgestaltung zu verbessern. Ein weiteres auffälliges Verhaltensmuster ist, sich lediglich passiv an aufkommende Modeerscheinungen und Trends anzupassen (Kim, Mauborgne, 2004).

Als Auswege aus dieser Situation haben Kim und Mauborgne die 6 wichtigsten Perspektiven für mehr Differenzierung und zur Entwicklung nur schwer imitierbarer Produkte und Dienstleistungen herausdestilliert. Dieses Rahmenkonzept ist auch geeignet, Zielsetzungen für Performance Improvement und damit für die Gestaltung einer stärker unternehmens- und marktorientierten Weiterbildung zu entwickeln.

Unternehmen, die durch ein mehr an Einzigartigkeit aus dem Teufelskreislauf der „Gleichförmigkeit" ausbrechen wollen, müssen ihr heutiges Marktverständnis mit Blick auf ihre Produkte und ihre spezifischen Kompetenzen grundsätzlich hinterfragen. Zielsetzung muss dabei sein, die Produkte des Kerngeschäfts mit einzigartigen Merkmalen zu versehen, die sich nicht an der Konkurrenz orientieren. Eine solche Positionierung wäre als eine „Innovation der Werte" mit dem Fokus auf die Bedürfnisse des Kunden zu bezeichnen. Diese Orientierung unterscheidet sich vollkommen vom klassischen „Kopf-an-Kopf-Rennen" der letzten Jahrzehnte.

	Kopf-an-Kopf-Rennen	Innovation der Werte
Branche	Fokus auf die Rivalen innerhalb einer Branche	Übergreifender Blick auf alternative Branchen
Strategische Gruppe	Fokus auf Wettbewerbsposition innerhalb einer strategischen Gruppe	Übergreifender Blick auf andere strategische Gruppen innerhalb einer Branche
Käufergruppe	Fokus auf bessere Dienste für die Zielgruppe	Redefinition der Zielgruppe der Branche
Rahmen für angebotene Produkte oder Dienstleistungen	Fokus auf die Maximierung des Wertes von Produkten und angebotenen Diensten innerhalb der Branchengrenzen	Übergreifender Blick auf komplementäre Produkte und Dienste
Funktional-emotionale Orientierung	Fokus auf Preisgestaltung innerhalb der funktional-emotionalen Orientierung einer Branche	In Frage stellen der funktional-emotionalen Orientierung der Branche
Zeit und Trends	Fokus auf Anpassung an aufkommende Trends	Gestalter von Trends und Entwicklungen

Abb. 14: Unterschied zwischen den beiden Positionen (nach Kim, 2004)

Zielsetzung

Die Zielsetzung ist dabei eine spezifische Werte- oder Nutzeninnovation für seine Kunden zu generieren. Ausgangspunkt ist die aktuelle „Wertekurve" im Vergleich zum Wettbewerber. Abbildung 15 zeigt eine solche Wertekurve schematisch als Visualisierung von Produkt- und Dienstleistungseigenschaften des eigenen Unternehmens in Relation zu Mitbewerbern.

Um sich gegenüber dem Wettbewerb zu differenzieren, sind 6 grundsätzliche Perspektiven mit veränderter Blickrichtung einzunehmen:

- Der Blick auf alternative Branchen;
- Der Blick auf alternative strategische Gruppen;
- Der Blick auf die gesamte Käuferkette;
- Der Blick auf komplementäre Produkt- und Dienstleistungsangebote;
- Der Blick auf die funktional-emotionale Anziehungskraft;
- Der Blick in die Zukunft.

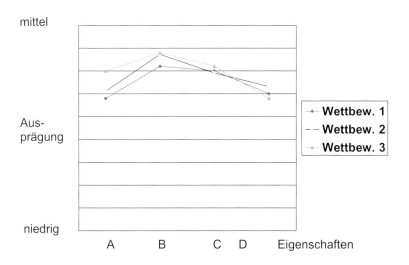

Abb. 15: Ausprägung von Wert- bzw. Nutzenmerkmalen

Perspektive 1: Der Blick auf alternative Branchen

Im weitesten Sinne konkurrieren Firmen nicht nur mit Wettbewerbern aus der eigenen Branche, sondern auch mit Unternehmen, die alternative Dienste und Produkte anbieten. Alternativen sind dabei mehr als nur Substitutionsgüter. Produkte und Dienste, die eine unterschiedliche Form, aber die gleiche Funktion haben oder den gleichen Kernnutzen stiften, können einander substituieren. Alternativen hingegen haben unterschiedliche Funktionen und Formen, verfolgen aber den gleichen Zweck.

Restaurants und Kinos z.B. haben unterschiedliche Formen, erfüllen unterschiedliche emotionale Funktionen, dienen aber dem gleichen Zweck. Das gemeinsame Ziel ist, auszugehen und Spaß zu haben. Käufer wägen – meist unbewusst – ständig solche Alternativen ab. Verkäufer hingegen sind häufig auf ihre Branchen fixiert und wenig geneigt, über diese scheinbar natürlichen Grenzen hinweg zu schauen.

Der größte Erfolg in der Telekommunikationsbranche ist in Japan in den 80er Jahren aus einem solchen Perspektivenwechsel entstanden. Die Deregulierung hatte in Japan, wie überall auf der Welt, dazu geführt, dass die Preise fielen, die Kosten stiegen und die Umsätze sanken. In dieser Situation scherte die NTT aus dem üblichen Wettbewerb aus und kreierte mit dem „i-mode services" eine drahtlose Übertragung nicht nur von Stimme, sondern auch von Text, Daten und Bildern. NTT schuf damit eine Alternative zu den Möglichkeiten des herkömmlichen Telefons und dem sonst üblichen Gebrauch des Internets und veränderte den Weg, wie Menschen in Japan kommunizieren und nach Informationen suchen, völlig. Die zentrale Frage war dabei, wie sehen die spezifischen Stärken des Internets gegenüber der Handynutzung aus, und umgekehrt.

„i-mode services" wurde nicht als eine neue Technologie entwickelt, sondern knüpfte an den jeweiligen Vorteilen der beiden bereits vorhandenen Technologien an und reduzierte bzw. eliminierte für die mobile Nutzung überflüssige Features. Über einen einzigen Button ermöglicht die Technik den Zugang zu den persönlich wichtigsten Internetadressen und erlaubt das Telefonieren wie über ein Handy. Die Wertekurve ist völlig selbstständig von den Basistechnologien. Der Umsatz ist von $ 2,6 Millionen in 1999 auf $ 8 Billionen (!) in 2003 gestiegen. In Europa war eine solche Entwicklung überhaupt nicht möglich, weil man sich für die aufwendige, neue UMTS-Technologie entschied.

Perspektive 2: Der Blick auf alternative strategische Gruppen

Der Terminus „strategische Gruppe" bezeichnet eine Gruppe von Unternehmen innerhalb einer Branche, die eine ähnliche Strategie verfolgt und sich dabei hauptsächlich nur hinsichtlich des Preises unterscheidet. Jede Anhebung der Leistung korrespondiert mit einem Preissprung. Der Fokus liegt dabei auf dem Wettbewerb innerhalb der Gruppe von Gleichen. Z.B. konkurrieren BMW, Mercedes, Jaguar und Masarati im Segment Luxusautos, das sich völlig vom Segment der Mittelklasse unterscheidet, in dem wieder andere Teilnehmer in dieser strategischen Gruppe miteinander konkurrieren.

Um diese Fixierung auf eine bestimmte strategische Gruppe in Frage zu stellen, ist es wichtig zu verstehen, warum und aufgrund welcher Faktoren Kunden bereit sind, zwischen strategischen Gruppen zu wechseln.

Ein Beispiel bietet ein Unternehmen aus dem Bereich Frauenfitness, das sich zwischen traditionellen Fitnessclubs und Heimübungsprogrammen etabliert hat und dabei ist, in ganz Europa Lizenzen zu vergeben. Traditionelle Clubs bieten ein komplettes Arrangement von Trainingsmaschinen, Beratung durch ausgebildete

Betreuer, Sauna etc. und kosten pro Monat um die 100 €. Die Investitionen für ein Studio liegen zwischen 500.000 und 1 Millionen €. Die andere Seite des Angebots stellen Heimübungsprogramme in Form von Übungsvideos, Büchern und Magazinen dar.

Das neue Unternehmen „Frauenfitness" hat Stärken und Schwächen beider Konzepte untersucht und mit einem neuen Konzept den Kundinnen eine Werteinnovation zur Verfügung gestellt. Die meisten Frauen gehen nicht in ein Studio um Gewichte zu stemmen, in der Sauna zu sitzen, Fruchtsäfte zu trinken und Männer kennen zu lernen. Die meisten haben keine zwei Stunden in der Woche Zeit, sind nicht sehr athletisch, aber nehmen den Stress auf sich, in der Innenstadt einen Parkplatz zu suchen, im Verkehr zu stecken und obendrein 100 € dafür zu bezahlen. Warum? Sie tun es, weil sie nicht die Disziplin haben, zu Hause allein Sport zu treiben. Sport in einer Gruppe zu betreiben, ist motivierender.

„Frauenfitness" hat dies aufgegriffen. Wenn Frauen in das Studio kommen, stehen da nicht 15 schwere Maschinen in Reihe und Glied, sondern die Geräte stehen im Kreis, um den Austausch zwischen den Besucherinnen zu erleichtern. Es kommen keine mechanischen, sondern hydraulische Übungsgeräte zum Einsatz, die nicht individuell eingestellt werden müssen, leicht und sicher zu bedienen sind und trotzdem Kraft und Muskeln aufbauen. Während der Übungen können die Frauen in ungezwungener Atmosphäre ihre sozialen Kontakte pflegen. Der Verzicht auf Sauna und andere Dienste reduziert den Preis auf 30 € pro Monat und die Investitionen für die Einrichtung belaufen sich lediglich auf 25.000 €.

Abbildung 16 zeigt schematisch und lediglich als Auszug die unterschiedlichen Wertekonzepte eines traditionellen Clubs, von Heimübungsprogrammen und den speziellen Frauenfitnessprogrammen. Diese Visualisierung macht die Unterschiede deutlich. Ein anderes Beispiel für ein solches Vorgehen hat Susanne Birkenstock praktiziert.

In der Schuhindustrie existieren unterschiedliche strategische Gruppen. Die Schuhdesignerin Birkenstock hat sich aber von der strikten Trennung entweder modische, schicke Schuhe oder zeitlose Gesundheitsschuhe nicht beirren lassen, sondern die Merkmale beider Gattungen zu einem neuen Schuhkonzept verschmolzen. Das Ergebnis sind modische Designerschuhe „Beautystep®", der durch sein Innenbett das barfuss Laufen an einem weichen Sandstrand simuliert und so auf angenehme Art die Fuß- und Beinmuskulatur in Bewegung bringt.

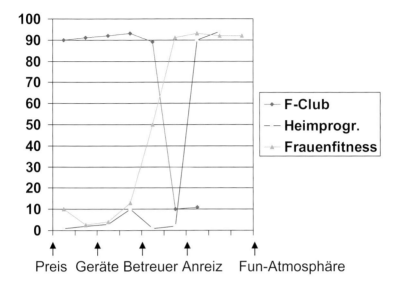

Abb. 16: Wertinnovation durch Frauenfitnessstudio

Perspektive 3: Der Blick auf die gesamte Käuferkette

In den meisten Industrien stimmen die Wettbewerber absolut darüber überein, wer der Zielkunde ist. In Wirklichkeit ist es aber eine Kette von Kunden, die direkt oder indirekt in die Kaufentscheidung einbezogen sind. Der Einkäufer, der für das Produkt oder den Service bezahlt, unterscheidet sich vom eigentlichen Nutzer und manchmal gibt es zusätzliche, wichtige Beteiligte. Alle drei Gruppen überlappen sich und haben unterschiedliche Definitionen vom Wert eines Produktes.

Wenngleich Unterschiede bei der Auswahl unterschiedlicher Kundensegmente existieren, herrscht in einer Branche meist Einigkeit hinsichtlich der Käufergruppen. Für die pharmazeutische Industrie sind dies die Ärzte. Für die Ausstattungsindustrie die Einkäufer und für Bekleidung die Endnutzer. Manchmal gibt es gute Gründe für diese Betrachtung, meist ist es aber eine nicht hinterfragte Gewohnheit.

Z.B. hat der Insulinhersteller Novo Nordisk die Zielgruppe der Ärzteschaft hinterfragt, nachdem sein Wettbewerbsvorteil des ersten chemischen Insulins, das eine exakte Kopie des menschlichen Insulins darstellt, durch den Wettbewerb imitiert werden konnte. Novo wendete seine Aufmerksamkeit von der Ärzteschaft ab, richtete den Fokus auf den Endverbraucher und erschloss sich so einen neuen Markt. Die Patienten waren auf die Ärzte angewiesen, weil sie mit den Spritzen und Nadeln nicht umgehen konnten, und weil das öffentliche Benutzen von Spritzen zu sozialer Stigmatisierung führte. N.N. entwickelte den NovoPen mit dem die Klienten sich ihre Insulinrationen selbst und unabhängig von Arztbesuchen setzen konnten. Der enthaltene Klickmechanismus machte den Einsatz sogar für blinde Anwender möglich. Seitdem wurde dieses Gerät fortlaufend verbessert.

Perspektive 4: Der Blick auf komplementäre Produkt- und Dienstleistungsangebote

Die meisten Produkte und Dienstleistungen entwickeln ihren Wert in Verbindung mit anderen Produkten und Dienstleistungen. Ein sehr einfacher Weg darüber nachzudenken ist, was passiert bevor, während und nachdem ein Produkt gekauft oder benutzt worden ist.

Ein Beispiel auf diesem Weg einen neuen Markt zu kreieren ist das Berliner Autohaus „Meilenwerk". Der Begründer, der Soziologe Martin Halder, hatte die Trivialität zur Kenntnis genommen, dass in einem Autosalon, von z.B. Mercedes, alle notwendigen Dienstleistungen und die unterschiedlichsten Reparaturen ebenso wie gastronomische Angebote unter einem Dach angeboten werden. Für Liebhaber von luxuriösen Oldtimer Automobilen hingegen waren notwendige Reparaturdienste über die ganze Stadt auf viele „Hinterhöfe" verteilt. Er ließ eine ehemalige Reparaturhalle der Berliner Verkehrsbetriebe so umbauen, dass darin Erlebnisgastronomie, ein Automuseum, Anbieter von Luxusoldtimern ebenso Platz fanden wie Kfz-Werkstätten, eine Sattlerei usw. Inzwischen wird diese Idee als Franchise-Konzept erfolgreich vermarktet.

Ein anderes Beispiel bietet der ungarische Hersteller von Autobussen NABI in den Vereinigten Staaten. Die Hauptkunden sind Reiseunternehmer, die feste Routen zwischen Hauptstädten und Bundesstaaten bedienen. Als allgemein akzeptierte Wettbewerbsregel galt der Wettbewerb um den günstigsten Preis. Dementsprechend war das Design der Busse nicht zeitgemäß, die Qualität war schlecht und Lieferverspätungen an der Tagesordnung. NABI hinterfragte den niedrigen Einstiegspreis und gewann Einsichten, die der übrigen Busindustrie verborgen geblieben waren.

NABI entdeckte insbesondere, dass der Einstiegspreis nicht der Hauptkostenfaktor war, sondern die Erhaltungs- und Reparaturkosten, um einen Bus 12 Jahre im Einsatz halten zu können. Diese komplementären Aktivitäten waren bisher übersehen worden. Auf dieser Erkenntnis aufbauend, entwickelte NABI einen neuen Bustypus. Traditionell bestanden die Fahrzeuge aus Stahl, der die Busse schwer machte, rostete und bei Unfällen nur aufwendig zu reparieren war. NABI begann Busse auf Fiberglasbasis zu bauen, die leichter zu reparieren waren, nicht rosteten und aufgrund des viel geringeren Gewichts weniger Kraftstoff verbrauchten. Zudem entsprach der neue Bus auch dem aufkommenden Umweltbewusstsein und das Unternehmen konnte einen deutlich höheren Verkaufspreis für die Busse erzielen.

Perspektive 5: Der Blick auf die funktional-emotionale Anziehungskraft

Der Wettbewerb einer Industrie tendiert nicht nur dazu einen gemeinsamen Begriff vom Umfang der Leistungsmerkmale von Produkten und Diensten herzustellen, sondern auch über einen von zwei möglichen Ausgangspunkten der „Anziehungskraft" für die Kunden. Es gibt rational gestaltete Industrien, die vor allen Dingen über Preis und Funktion und über die Kalkulation der Nützlichkeit funktionieren. Für andere Industrien liegt die Anziehungskraft im emotionalen Bereich.

Selten ist die Art der Anziehungskraft intrinsisch gegründet. Meist basiert sie auf der Art, wie sich der vorangegangene Wettbewerb gestaltet hat und der Konsument auf diesem Wege unbewusst erzogen wurde. Diese Annahmen in Frage zu stellen, kann zu mehr Marktvolumen führen. Zwei Phänomene sind hierbei häufig zu beobachten. Emotionale Industrien bieten häufig viele Extras, die den Preis erhöhen ohne mehr Funktionalität anzubieten. Diese Extras zu streichen bedeutet, die Preise reduzieren zu können. Umgekehrt kann eine funktional orientierte Industrie davon profitieren, wenn sie den erzeugten Produkten mit einer Dosis Emotionen neues Leben einhaucht.

Zwei bekannte Beispiele sind das Unternehmen „Swatch", welche die Budget gesteuerte Uhrenindustrie zu einer Branche mit emotionalen Modestatement transformierte und The Body Shop, der das umgekehrte tat und die emotional gesteuerte Kosmetikindustrie in einer schnörkellos funktionalen Weise neu definierte.

Perspektive 6: Der Blick in die Zukunft

Alle Industrien sind Gegenstand von externen Trends, die ihr Geschäft verändern. Beispiele sind das Internet und die sich weltweit schnell entwickelnde Umweltorientierung. Die meisten Unternehmen folgen solchen Entwicklungen eher adaptiv und passiv. Wenn sie Trends dennoch zum Gegenstand machen, dann häufig auf direktem Wege, indem sie fragen, in welche Richtung sich eine Technologie entwickeln wird, wie und wann dies messbar sein wird und welche Anpassungsmöglichkeiten existieren.

Neue Märkte entstehen aber häufig nicht direkt durch die Trends, sondern dadurch, dass sich der Wert eines Produkts für Kunden und damit das Geschäftsmodell einer Industrie verändert. Es geht dabei nicht darum, exakte Vorhersagen zu treffen, sondern darum, Einsichten in aktuelle Trends zu gewinnen. Dabei müssen drei Faktoren vorliegen, damit Trends überhaupt relevant sind: Sie müssen für die jeweilige Industrie entscheidend sein, sie müssen irreversibel sein und sie müssen einer eindeutigen Richtung folgen.

Wenn eine solche Entwicklung lokalisiert ist, sind die logischen Schlussfolgerungen zu untersuchen. Zum Beispiel hat Apple die Ende der 90er Jahre beginnende illegale Tauschbörse mit Musiktiteln beobachtet. Im Jahre 2003 wurden über das Internet mehr als 2 Billionen Titel illegal getauscht. Apple nutzte den Umstand aus, dass das illegale Downloaden letztlich aber Begrenzungen unterlegen war. Wenn man einen Titel downloaden wollte, musste man den genauen Namen des Titels und damit die Namen aller Songs auf einer CD und ihre Bestellung kennen. Die Musikqualität war schlecht, weil die meisten Nutzer mit einer niedrigen Übertragungsrate speicherten, um Speicherplatz zu sparen. Obwohl Billionen von Titel theoretisch verfügbar waren, war das Angebot praktisch begrenzt, weil die Qualität der Aufnahmen zu schlecht war.

Apple kapitalisierte diesen Trend und entwickelte seinen MP3-Player „iPod". In Abstimmung mit den großen Unternehmen der Musikindustrie eröffnete Apple den online Musicstore „iTunes" im Jahre 2003, das ein legales, einfaches a la carte Download von einzelnen Songs ermöglicht. Der Preis liegt dabei bei 99 Cent für einen Song und bei 9,39 € für eine ganze CD. „iTunes" hat bereits im ersten Jahr 700.000 Songs angeboten und diese über 70 Millionen Mal verkauft. Unter Jugendlichen hat der „iPod" Kultcharakter und der Musikindustrie sind die Copyrights erhalten geblieben, weil Piraterie sich nicht mehr lohnt.

Gerade dieses Beispiel zeigt aber auch, wie schwerfällig Unternehmen trotz deutlicher Signale mitunter reagieren. Der MP3-Player wurde bereits im Jahre 2000 von dem Österreichschen Prof. P. Baumgartner an der TU Illmenau erfunden. Es dauert drei Jahre, bis sich ein amerikanisches Unternehmen die Beziehung zwischen Raubkopien in der Musikbranche und dieser Erfindung nutzbar machte, obwohl die Musikindustrie massiv und lautstark unter dem Phänomen litt.

Workshop „Value-in-Focus"

Die Umsetzung des Konzeptes und die Entwicklung der Wertinnovationen in einem mehrstufigen Workshop-Konzept in einem interdisziplinären Team gehört in den Aufgabenbereich der Personalentwicklung, ebenso wie die spätere Ableitung der Kompetenzprofile aus den neu ermittelten Wertekurven und der daraus resultierenden Ermittlung des Bildungsbedarfs.

Dies liegt allein schon in der Tatsache gegründet, dass der Konstruktionsmechanismus für die vorhandenen Wertemerkmale von den zu beteiligenden Mitarbeitern i.d.R. als technisch bedingt angesehen wird. Der konstruktivistische Charakter von Technologie und die Beziehung zum Benchmark mit den Wettbewerbern muss erst verständlich gemacht werden, bevor eine neue Wertekurve entwickelt werden kann. Technik erscheint vielen Menschen als etwas Eigenständiges, mit einer unabänderlichen Logik versehen. Technik ist letztlich aber nur von Menschen geschaffen und kann demnach so aber auch anderes aussehen und funktionieren.

Für die Umsetzung bietet sich ein dreistufiges Workshop-Konzept an, das in den drei Präsenztagen einen hohen Grad an Wissens- und Ideenaustausch ermöglicht (Gust, 2004). In den Zeiten zwischen den Workshoptagen haben die Teilnehmer Gelegenheit, die relevanten Fragen mit Kunden und anderen Stakeholdern eingehend zu untersuchen und Vorschläge zu entwickeln.

In Vorbereitung zu den Workshops werden in Befragungen, die von Kunden wahrgenommenen Wertekurven ermittelt. Wichtig ist dabei mit speziellen Interviewtechniken, die tatsächlich originären Sichtweisen der Kunden vorurteilsfrei zu ermitteln und diese Sichtweisen nicht mit den eigenen Interpretationen über die eigenen Produkte zu vermischen (Siehe Kapitel in diesem Buch).

Ausgangspunkt ist im 1. Workshop die Visualisierungsmethode der „Wertekurven", die Selbstwahrnehmungen der am Wokshop beteiligten Mitarbeiter, die Fremdwahrnehmungen der Kunden hierzu und die 6 neuen Betrachtungsweisen und Perspektiven (siehe oben). Im 2. Workshop werden die bei den Kunden festgestellten Werteprofile und Ideen untereinander ausgetauscht und eingehend untersucht. Im 3. Workshop erfolgt dann nach einer abermaligen Überprüfung eine endgültige Festlegung auf zukünftige Wertekurven und damit auf „Value in Focus" für den Kunden um ein eigenständiges Produkt- und Unternehmensprofil zu schärfen.

Vier Fragen und drei Kriterien führen in diesem dreistufigen Prozess mit einer Dauer von 2-4 Monaten zum Ziel:

1. Welche Werte-Merkmale sollten unter den Industriestandard abgesenkt werden?
2. Welche bisher noch nicht vorhandenen Werte-Merkmale sollten entwickelt werden?
3. Welche Werte-Merkmale sollten über den Industriestandard gehoben werden?
4. Welche Faktoren sollten völlig eliminiert werden?

Drei Kriterien sollten der Maßstab für die Bewertung sein:

1. Die neue Wertekurve sollte deutlich fokussiert sein und nicht diffus das ganze Spektrum aller Mitbewerber abdecken.
2. Die neue Wertekurve soll sich deutlich vom Wettbewerb unterscheiden und nicht über Benchmarking entstehen.
3. Die neue Wertekurve sollte eine kurze und klare Botschaft zum Ausdruck bringen.

Die Vorteile, die über diesen Weg der Reformulierung des eigenen Geschäftsmodells erreicht werden, können von Wettbewerbern nur schwer imitiert werden, weil sie auf das Engste mit den operationalisierten Kernkompetenzen eines Unternehmens verknüpft sind. Zu diesem Zweck muss die anschließende Weiterbildungsbedarfsanalyse eng mit der Neuausrichtung der Werte-Kurven gekoppelt werden und in ein strategisches Kompetenzprogramm fließen. Nur so wird die Qualifikation der Mitarbeiter für ein Unternehmen zu einem tatsächlichen Wettbewerbsvorteil und für Mitbewerber zum entscheidenden Nadelöhr.

Literatur

Faix, A., et al, Kriterien und Indikatoren zur Operationalisierung von Kernkompetenzen, in: Bellmann, K., et al (Hrsg.), Aktionsfelder des Kompetenz-Managements, Wiesbaden, 2002

Kim, W. C., Mauborgne, R., Blue Ocean Strategy, Boston, 2004

Gust, M., knowledge diversity, in: Seebacher, U.G., Gust, M.: Innovative Workshop-Konzepte, USP Publishing, 2004

Der Einfluss von individuellen und organisatorischen Faktoren auf den wahrgenommenen Weiterbildungserfolg

Dr. Stephan Buchhester

Grundlagen und wirtschaftliche Ursachen des Bildungscontrollings

Das Rennpferd „Deutsche Wirtschaft" lahmt. Doch während hier in Zeitfenstern einer Legislaturperiode eher ziellos am Zaumzeug herumgeschnürt bzw. der Jockey gewechselt wurde, haben sich die Wettbewerber die neuen Bedingungen angesehen und sowohl das Training als auch die Akteure diesen Veränderungen nachhaltig angepasst. Jetzt, da internationale Bildungsvergleiche (z.B. Pisa) zeigen, wie frühzeitig schon mögliche Rückstände identifizierbar sind, weicht die Betroffenheit der Ratlosigkeit. Das ist der Zeitpunkt, an dem auch in den Unternehmen thematisiert wird, wie der Beitrag der Bildung an den Wertschöpfungsprozessen erfasst werden kann und wodurch die Kosten der Maßnahmen ihre inhaltliche Legitimation erfahren. Dabei ist allen Beteiligten eines klar: Nur wem es gelingt, eine system- und wertorientierte flexible Weiterbildungspolitik in die Unternehmensprozesse zu etablieren, wird langfristige Erfolge erzielen (Brand 1994, Bötel & Krekel 1999, Lafontaine & Müller 1998). Bildungscontrolling, Kompetenzmanagement und Potentialanalyse sind einige der Schlüsselbegriffe, die in diesem Zusammenhang vielfach leider noch unklar abgegrenzt und uneinheitlich benutzt werden. Als Ergebnis bleiben letztlich die heterogene und stark segmentierte Ausgestaltung der Ideen und die Frage, wie der Nutzen von Bildung fachübergreifend gesteigert werden kann.

Sprachwissenschaftlich betrachtet legt schon die Semantik des Wortes "Bildungscontrolling" eine Synergie zwischen den pädagogisch-psychologischen und betriebswirtschaftlichen Perspektiven nahe. Doch so einfach diese sprachliche Kombination auch erscheint, so schwierig ist der Begriff inhaltlich zu fassen. Letztlich muss die bisherige Trennung zwischen "Bildung als Beitrag zur Unternehmensentwicklung" und "Bildung als selbstregulierender Bestandteil der

Individualentwicklung" aufgehoben werden. Der Wandel innerhalb der Personalentwicklung verdeutlicht diese Differenzen zwischen diesen Sichtweisen.

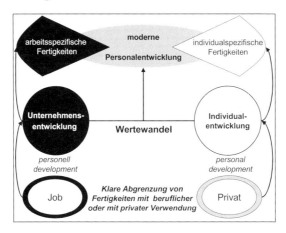

Abb. 17: Die moderne Personalentwicklung ist Grundlage eines Bildungscontrollings

So wurde z.B. bis zum Anfang der 90er Jahre betriebswirtschaftlich die Entwicklung der Mitarbeiter lediglich als „Umformung des unter Verwertungsabsicht zusammengefassten Arbeitsvermögens" betrachtet (Neuberger 1991). Diese Perspektive vernachlässigte dabei sowohl die ganzheitlich orientierten Sozialisationsprozesse als auch die Wechselwirkungen zwischen Arbeit und Bildung. Auf der anderen Seite blieb bei einer ausschließlich auf die individuelle Entwicklung ausgerichtete Perspektive die Frage nach dem Wirkungsgrad unberücksichtigt. Psychologisch wird Bildung in den Kontext einer ganzheitlichen und aufeinander aufbauenden Entwicklung im Sinne der individuellen Bedürfnisse gestellt.

Die Inhalte der Bildung, die Bereitschaft, sich zu bilden und das Bildungsziel werden durch vielschichtige Sozialisationsprozesse und Eigenschaften der Person beeinflusst und in unterschiedlichste inhaltliche und zeitliche Horizonte eingebettet. Wenn Bildung somit als lebensbegleitender Prozess verstanden wird, beschränkt sich dieses grundlegende Bedürfnis auch nicht auf einzelne Lebens- oder Funktionsbereiche, sondern umfasst alle Lebensphasen. Obwohl die Nachhaltigkeit dieser Auffassung unbestritten ist, verminderte die unzureichende zeitliche Einordnung lange Zeit die wirtschaftliche Berücksichtigung dieses Bildungsansatzes.

Zentrale Fragen im Bildungscontrolling

Die Diskussion im Bildungscontrolling zirkulierte lange um die Frage *"Sind wir Bildungsgeneralisten, die ausgehend von einer allgemein anerkannten Basis eine Spezialisierung erfahren? Oder dominiert die Position des "homo oeconomicus" womit durch eine zielgerichtete, frühestmögliche Fokussierung ein kausaler Zusammenhang zwischen Bildungsinput und Leistungsoutput konstatiert werden kann?* Pragmatisch gesehen mag im Rahmen einer Grundsatzdebatte eine Trennung zwischen psychologischen und ökonomischen Standpunkten angebracht sein - im Kontext eines praxisnahen zielführenden Bildungscontrollings hat diese Diskussion allerdings eher rhetorischen Charakter. Nicht zuletzt aus diesem Grund muss bei einer praktischen Betrachtung des Problems der Fokus anders gesetzt werden.

Weiterbildung funktioniert nur durch und für Mitarbeiter und muss schon aus diesem Grunde die persönlichen Belange des Einzelnen berücksichtigen. Da steht die Frage im Vordergrund, ob und vor allem wie ein Bildungscontrolling, ein "mehr an Bildung", ein "mehr an Kontrolle" oder die Verknüpfung beider Aspekte bedeuten sollte. Die eindeutige Beantwortung dieser Frage ist aus zwei Gründen heraus allerdings problematisch. Erstens lassen sich klare kausale Zusammenhänge zwischen einer Bildungsmaßnahme und einer Veränderung nur unzureichend ermitteln (Krekel 1999, Landsberg & Weiss 1995), d.h. wann und in welchem Umfang sich die Bildung auszahlt, kann zum Zeitpunkt der Maßnahme noch nicht klar vorhergesagt werden (Papmehl 1999, Krekel, Bardeleben & Beicht 2001). Wie hoch der „addet value" in allen individuellen und organisationalen Ergebnisdimensionen allerdings ist, wird vor allem dann deutlich, wenn die Verluste bei *nicht erfolgten Maßnahmen* erkennbar werden (Aschendorf 1997, Baldin 1991, Krekel 1999). Welcher Erfolg auf individueller oder betrieblicher Ebene durch eine Bildungsmaßnahme langfristig und nachhaltig erzielt werden kann, ist von vielen zum Teil sehr unterschiedlichen Faktoren abhängig. Das liegt unter anderem daran, dass sich die Menge der tätigkeitsnahen Bildungsinhalte (Fachanforderungen) in Weiterbildungen auf einer niedrigeren Position von denen im mittleren und/oder oberen Management deutlich unterscheiden.

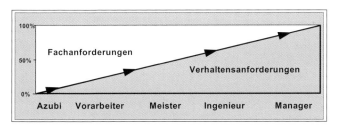

Abb. 18: Anteil der Fach- und Verhaltensanforderungen in Weiterbildungen an Abhängigkeit vom Ausbildungsstatus

Dort werden vor allem Inhalte zur Verhaltens- und Organisationsveränderungen vermittelt (Verhaltensanforderungen). Diese inhaltlich fließenden Verschiebungen erschweren die klare Zuschreibung von Ergebnissen zu den durchgeführten Maßnahmen. Somit liegt die Vermutung nahe, dass durch ein "mehr an Kontrolle" dieser Bezug geschaffen werden kann.

Das zweite Problem stellt das Ziel und den Wirkhorizont der Bildungsmaßnahmen dar. Gerade Weiterbildungen im mittleren Management sind von einem längeren Zeitverlauf geprägt, in dem die Person neue Verhaltensweisen ausprobiert und deren Grund-Folge-Beziehungen kennen lernt. Während dieser notwendigen Zeitspanne zwischen den Maßnahmen und der Veränderung unterliegt die Person aber zunehmend instabilen Umweltbedingungen. Diese transferförderlichen oder -hinderlichen Einflüsse unterstützen bzw. torpedieren die Effekte. Dieses Paradoxon könnte durch eine stabile Persönlichkeit mit einem umfangreich gebildeten Verhaltensrepertoire ausgeglichen werden. Somit würde ein "mehr an Bildung und Festigung der Persönlichkeit" die richtige Steuerungsmöglichkeit bedeuten. Die sich so offensichtlich ergebende Notwendigkeit einer Integration des "mehr an Bildung und/oder mehr an Kontrolle" wird noch durch ein weiteres Argument bedeutend gestützt.

Weiterbildungen erfordern neben den finanziellen Beiträgen für die konkrete Maßnahme noch eine Vielzahl von Sekundäraufwendungen, die es "zu controllen" gilt (Landsberg & Weiss 1995, Lehnert 1999). Das beinhaltet unter anderem die Kompensation des Arbeitszeitausfalls der Teilnehmer, gegebenenfalls den vertikalen bzw. horizontalen Ausbau des Arbeitsplatzes zur Umsetzung der neuen Erkenntnisse oder sog. Pionierkosten (partielle temporäre Effizienzminderungen) bei der Einführung neuer Technologien oder radikaler Verhaltensänderungen (Staehle 1999, Sonntag 1999, Sommer 1995, Seeber 1999). Diese Kosten bedeuten für das Unternehmen in erster Linie ein Investitionsrisiko, da wie schon ausgeführt, klare Kausalbeziehungen zwischen den Maßnahmen und den Effekten nicht vorliegen. Um dieses Investitionsrisiko zu mindern, muss an den verantwortungsbewussten Mitarbeiter appelliert werden, Weiterbildungen nutzbringend einzusetzen. Diese Selbstverantwortung bei den Beteiligten ist aber nur bei einer umfassenden und ganzheitlichen Kenntnis der Arbeitsziele, individuellen Fertigkeiten und Fähigkeiten sowie den Arbeitsanforderungen gegeben. Somit ist eine Risikominderung für die Investition "Bildung" direkt an die Persönlichkeitsentwicklung der Betreffenden gebunden und geht weit über die betriebswirtschaftlich angestrebte "arbeitsplatzbezogene Sicherung des Humanvermögens" hinaus.

Aufgrund dieser Schwierigkeiten wird Bildungscontrolling vielfach mit Kosten- und Ausgabenkontrolle gleichgesetzt und entspricht nur selten einem systematischen Steuerungskreis. Der vielfach genutzte Begriff des Bildungskostencontrollings wird dabei nicht nur als erster Schritt ergriffen, sondern schwebt vielfach als endgültiges Ziel im Raum. In einigen wenigen Ansätzen werden mittlerweile zwar schon individuelle und organisationale

Ergebnissen in die Kostenrechnung integriert, aber eher ohne klaren Bezug auf deren spezifischen Wertschöpfungsbeitrag. Diese eingeschränkte Perspektive integriert somit kaum die erforderlichen, langfristig ausgerichteten Steuerungs- und Regulationsfunktionen eines modern gefassten Controllings (Pätzold & Lang 1999, Seeber, Krekel & Buer 2000, Krekel, Barderleben & Beicht 2001, Walden 2000). Um wirklich frühzeitig den nachhaltigen Nutzen der Maßnahmen zu sichern, sollte im Sinne eines kybernetischen Steuerungsmodells die Effizienz geprüft werden, *bevor* materielle Kosten (z.b. Fahrtkosten) oder immaterielle Aufwendungen (z.B. Weiterbildungszeit, Organisation einer Vertretung für die Abwesenheit) entstehen. Somit expandiert Bildungscontrolling aus der Perspektive der reaktiven "ex-post-Orientierung" in die Position eines Regulationsinstrumentes mit "ex-ante-Ausrichtung" (Gnahs & Krekel 1999).

Ziel ist es dabei, durch eine systematische Selektion im Vorfeld abzusichern, dass *die richtigen* Mitarbeiter zum *richtigen Zeitpunkt* die *richtigen Weiterbildungen* besuchen. Damit soll die Frage beantwortet werden können: *"Welche Kombination von welchen Persönlichkeits- und Arbeitsfaktoren hat den größten Einfluss auf den Erfolg von Bildungsmaßnahmen und muss deshalb vor dem Einsatz der Maßnahme optimiert werden?".*

Einflussgrößen eines proaktiven Bildungscontrollings

Mittelpunkt eines proaktiven Bildungscontrollings ist das Verständnis von einem eigenverantwortlichen und lernenden Mitarbeiter in einem nachhaltig orientierten Unternehmen. Die Wahrnehmung dieser Selbstverantwortung und die Auseinandersetzung mit den sich daraus ergebenden Konsequenzen kann durch unterschiedliche internale und externale Stimuli gefördert werden. Dabei müssen nicht alle Merkmale der Person und nicht alle Merkmale der Organisation berücksichtigt werden. Vielmehr führt die richtige Zusammensetzung einiger weniger Merkmale zu ganz spezifischen Effekten auf zum Teil unterschiedlichen Erfolgsebenen. Die Eingrenzung der fast unüberschaubaren Menge von Merkmalen ergibt sich aus der Verschmelzung der unternehmensbezogenen Bildungsziele mit den persönlichen Entwicklungsansprüchen. Die Qualifizierung der Mitarbeiter ist in gleichem Maße eine Notwendigkeit des Unternehmens als auch des Einzelnen für den Erhalt der eigenen Arbeit (Tippelt 2002). Im gleichen Ausmaß, wie die Personen die Wechselwirkung zwischen den arbeitsplatzbezogenen Aufgaben und ihrer persönlichen Entwicklung erkennen, steigt das Bedürfnis, durch die entwickelten Fähigkeiten auch die Arbeitsprozesse positiv zu modellieren. Die Beschäftigung mit der Tätigkeit ist somit produktiver Prozess und Ergebnis zugleich. Zugleich erfährt der Akteur dadurch eine Übereinstimmung zwischen der eigenen Handlung und deren Konsequenzen. Dieses erlernte Ausmaß der Überzeugung wird als Kontrollüberzeugung bezeichnet und ist der entscheidende **individuelle Faktor** im Bildungscontrolling. Er gibt an, wie groß die zeitlich relativ stabile Überzeugung einer Person ist, durch das eigene Handeln ihr Arbeitsumfeld aktiv zu gestalten (Krampen 2000). Dabei wird unterschieden, ob die Kontrolle über die Gestaltung der eigenen Umwelt in anderen Personen (*externale Kontrollüberzeugung*) oder im eigenen Handeln lokalisiert wird (*internale Kontrollüberzeugung*). Diese Wahrnehmung, durch eigenes Handeln soziale Systeme und Strukturen verändern zu können, ist die wichtigste Voraussetzung selbstregulierender Bildungsprozesse (Ulich 1999, Sonntag 1999, Tippelt 2002). Mitarbeiter, die einen direkten Zusammenhang zwischen ihrer Weiterbildung und positiven Veränderungen sehen, verfügen danach über eine stark internale Kontrollüberzeugung. Somit werden solche Personen auch vor allem an Maßnahmen teilnehmen, von denen sie schon im Vorfeld positive Ergebnisse erwarten. Diese Erfolgantizipation steht in einem direkten Zusammenhang mit den Informationen über diese Umwelt (Krampen 2000). Aus diesem Grund ist auch die Bindung an das Unternehmen der **organisationale Faktor** für effiziente Bildung.

Wenn von "Bindung" gesprochen wird, muss ähnlich wie bei der Kontrollüberzeugung von unterschiedlichen Bindungsarten gesprochen werden. *Commitment* beschreibt den Zustand des "Gebundenseins", wobei das sowohl ein struktureller als auch ein psychologischer Zustand sein kann (Moser 1996). Commitment kann als ein Prozess verstanden werden, in dessen Verlauf sich die Personen mit den Wert- und Zielvorstellungen der Organisation identifizieren und den Wunsch entwickeln, dort zu verbleiben. Commitment kann somit als Identifikationsstärke einer Person mit dem Unternehmen verstanden werden. Es beruht auf dem festen Glauben an die Werte des Unternehmens, die Bereitschaft, sich für den Erfolg einzusetzen und den Wunsch, weiterhin Bestandteil des Unternehmens zu sein (Graeff 1998, Moser 1996). Durch die Globalisierung der Märkte und die Diffusion der Unternehmen zu kaum noch abgrenzbaren Produktgiganten ist es immer schwieriger, ein Ziel- und Wertesystem eindeutig mit einem einzelnen Unternehmensnamen oder Image zu verknüpfen. Aus diesem Grunde muss eine spezifischere Bindungsform gewählt werden. Diese arbeitsplatznähere Bindung wird als Involvement bezeichnet und ist wie das Commitment ein subjektives Maß der Identifikation. Involvement lässt sich nur schwer eineindeutig definieren. Vielfach verwandte Synonyme wie „persönliche Relevanz", „Interesse" und/oder „Wichtigkeit" hinsichtlich einzelner Bestandteile oder Dimensionen der Arbeit finden dabei ebenso ihre Entsprechung wie „sozio-emotionale Bindungen" an komplexe Umwelten (Mayer & Illmann 2000). Diese Bindung an das Unternehmen gibt dem Mitarbeiter die erforderlichen Informationen, um die Konsequenzen des eigenen Handelns schon im Vorfeld einschätzen zu können. So können benötigte Ressourcen ermittelt und ungenutzte Potentiale aktiviert werden. Wie Untersuchungen belegen konnten, nimmt bei einer verstärkten Bindung die kognitive Auseinandersetzung mit den Tätigkeitsphasen zu. Der involvierte Mitarbeiter kann den Nutzen der Weiterbildungsinhalte antizipieren und den zu erwartenden Wirkungsgrad schon vor der Maßnahme ermitteln. Auch die Beziehungen zwischen dem Involvement, den Unternehmenszielen und der Kontrollüberzeugung lassen sich klar aufzeigen. Untersuchungen bestätigen, dass internale Kontrollüberzeugung vor allem in solchen Situationen auftritt, die durch persönliches Involvement, vorheriges

Wissen über zu erzielende Ergebnisse und durch den Fokus auf Erfolg gekennzeichnet sind (Thompson 1999). Diese Interessen müssen durch einen wechselseitigen Abstimmungsprozess, **der Zielvereinbarung** (Locke 1990), zwischen dem Individuum und dem Unternehmen miteinander verknüpft werden. In diesem Prozess wird der Deckungsgrad zwischen den Zielen des Unternehmens und der individuellen Entwicklung vereinbart.

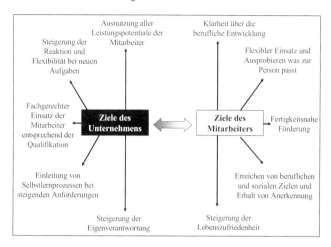

Abb. 19: Unterschiedliche Zielräume des Unternehmens und des Mitarbeiters

Aus der Sicht der Unternehmen sind in erster Linie wettbewerbsrelevante Ergebnisse das Ziel von Personalentwicklungsmaßnahmen. Weiterbildungen sind unter anderem die Voraussetzung für einen sachgerechten Umgang mit neuen Technologien als Möglichkeit zur Produktionskostenreduktion (Sonntag 1999, Staehle 1999, Ehmanner 1995, Reutter 1995, Brokmann-Nooren 1995, Brüggemann 1996). Für den Mitarbeiter bedeuten Weiterbildungen vor allem eine Möglichkeit, die Sicherheit des Arbeitsplatzes zu erhöhen, die eigene Lebensqualität zu steigern und den eigenen Status auf dem Arbeitsmarkt zu verbessern (David 2000, Dehnbostel & Dybowski 2000, Sonntag 1999, Bungard & Kohnke 2000, Schuler 2001).

Bei der Nutzenoptimierung von Bildung kann durch diese Interessenverknüpfung die Entwicklung der Person im Arbeits- Lebens- Prozess und die daraus resultierende Karriere- und Entwicklungsbereitschaft optimiert werden. Die erfolgreiche Bildung wird folglich für beide Seiten als effektive Möglichkeit erkannt, die antizipierten Veränderungen zu erreichen.

Prozessuale Wirkungsweise der Einflussgrößen

Die Einflussfaktoren (Kontrollüberzeugung, Involvement, Zielvereinbarung) wirken sich, wie bereits oben ausgeführt, in unterschiedlichem Ausmaß auf die Erfolgswahrnehmung der Weiterbildungsteilnehmer aus. Dabei kann bei der Fülle an Zielvorstellungen nicht von *einem* zu erwartenden Ergebnis ausgegangen werden. Somit ist auch eine Nutzenerwartung unzureichend, sofern diese sich nur auf eine Veränderung auf *einer* Ebene bezieht. Vielmehr lassen sich vier Ebenen unterscheiden, auf denen sich die Ergebnisse manifestieren können (Kirkpatrick 1976). Diese Differenzierung stellt eine etablierte und bereits vielfach diskutierte Perspektive dar (Kirkpatrick 1976, Kirkpatrick 1979, Landsberg & Weiss 1995, Sonntag 1999, Gerlich 1999, Buchhester 2003). Auf der Reaktionsebene werden die unmittelbaren motivationalen Ergebnisse der Maßnahme erfasst. Das kann zum Beispiel die Zufriedenheit mit den Trainern, dem Essen oder dem Veranstaltungsort betreffen (Reaktion).

Die zweite Ebene des Weiterbildungserfolges bezeichnet das Ausmaß, in welchem eine Übertragung der Bildungsinhalte auf den täglichen Arbeitsbereich möglich erscheint (Transfer). Da in diesem Zusammenhang im Bildungscontrolling gern auf die Erfassung der Lerninhalte zurückgegriffen wird, soll an dieser Stelle noch einmal explizit darauf verwiesen werden, dass diese Idee nicht praktikabel ist. Denn die Frage, ob das gezeigte Verhalten auf neu erlernte Inhalte zurückzuführen ist oder sich bereits vorhandenes Wissen erst später manifestiert, lässt sich kaum klären (Lembke 1995). Auch inwiefern Verhalten *nicht* gezeigt wird, *obwohl* das Wissen vermittelt worden ist, verdeutlicht die Unmöglichkeit der Lernerfolgskontrolle für ein effizientes Bildungscontrolling. Aus diesem Grunde wird für die zweite Erfolgsebene primär auf die Transfermenge abgestellt. Die dritte Erfolgsebene erfasst die antizipierten Erfolge einer Verhaltensänderung (Verhalten). Gerade im Bereich des mittleren und oberen Managements mit einem beachtlichen Anteil an den unternehmensinternen Weiterbildungskosten ist dieses Controlling besonders bedeutsam. Es wird durch die Menge der möglichen Verhaltensänderungen im Arbeitsalltag beschrieben. Die vierte Ebene stellen die zu erwartenden Veränderungen der Unternehmensergebnisse dar (Ergebnisse).

Im Sinne des proaktiven Bildungscontrollings kann nun ermittelt werden, wie groß der Einfluss der relevanten Merkmale auf die jeweilige Erfolgsebene ist. So kann der Status der Merkmale im Vorfeld geprüft und ggf. verändert werden. Durch diese Optimierung des Personenkreises und klaren Definition der zu erwartenden Ergebnisse auf einer Ebene lassen sich Bildungserfolge steigern, bevor Weiterbildungskosten entstehen. Um diese Zusammenhänge zu erfassen, werden in dem folgenden Modell die individuellen und organisationalen Faktoren sowie die Zielvereinbarung und deren Einfluss auf die Erfolgswahrnehmung in einen Zusammenhang gebracht (detaillierte Ausführungen zu den wiss. Grundlagen des Modells in Buchhester 2003). Dabei sind diese Wechselwirkungen von der pragmatischen Nähe des Ansatzes geprägt und untrennbar mit Fragen der Wirtschaftlichkeit von Bildungsinvestitionen verknüpft

(Seeber 1999). Das Modell veranschaulicht sowohl die inhaltliche als auch funktionale Betrachtung der im Vorfeld vorgestellten Überlegungen.

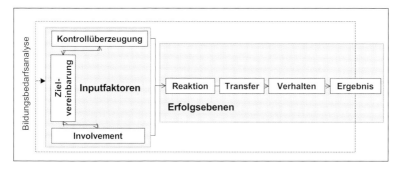

Abb. 20: Wirkungskreislauf der Faktoren auf die Erfolgsebenen

Dieses Prozessmodell zeigt einen bedarfsgeregelten Bildungskreislauf. Die Schnittmenge zwischen den Zielen und Bedürfnissen der Mitarbeiter und des Unternehmens ergeben den maximalen Bildungsraum, der durch die Zielvereinbarung abgestimmt wird. Somit kann eine Klärung darüber erfolgen, welche Maßnahmen von welchen Mitarbeitern mit welcher Zielstellung besucht werden sollen.

Ergebnisse und Konsequenzen fürs Bildungscontrolling

Es scheint plausibel anzunehmen, dass die Einflussfaktoren (Kontrollüberzeugung, Involvement, Zielvereinbarung) in unterschiedlichem Maße auf die vier Erfolgsebenen wirken. Diesem Schluss liegt die Annahme zu Grunde, dass weder alle Inhalte der Maßnahme noch die intendierten Ziele auch Ergebnisse auf allen Ebenen erzeugen. Vielmehr ist davon auszugehen, dass der Erfolg auf der jeweiligen Ebene von jeweils einem Faktor dominiert wird.

Mit einem mathematischen Verfahren konnte überprüft werden, wie groß die Wirkung der einzelnen Einflussgrößen auf die jeweiligen Erfolgsebenen ist. Dabei werden die Einflussgrößen systematisch hinsichtlich ihrer Auswirklungen auf die Ergebnisebenen geprüft. Die Größe des Wirkung ist durch die Zahl an den Wirkpfeilen gekennzeichnet (die gem. des eingesetzten Verfahrens als Regressionsgewichte bezeichnet werden. D.h. je größer die Zahl und je mehr Sterne umso größer und bedeutsamer ist der Einfluss). Daraus lässt sich die Wichtigkeit eines Faktors für die spezifische Erfolgsebene ermitteln. Eine wichtige weiterführende Erkenntnis ist aber auch, dass die Wirkung der Faktoren nicht nur auf einer Ebene unterschiedlich groß ist, sondern dass diese auch noch zwischen den Ebenen variieren.

So ist der Einfluss der Kontrollüberzeugung (.334**) für potentielle Verhaltensänderungen sehr bedeutsam während die Bindung an den Arbeitsplatz (Involvement) kaum eine Relevanz besitzt (.026).

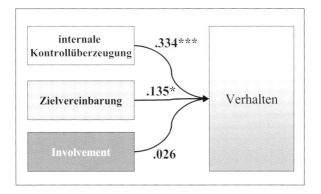

Abb. 21: Bedeutung und Einfluss der Faktoren auf die Erfolgsebene Verhalten

Hinsichtlich des Transfers stellt sich dieser Effekt allerdings umgekehrt dar. Dort ist der Einfluss des Involements bedeutsamer (.317**).

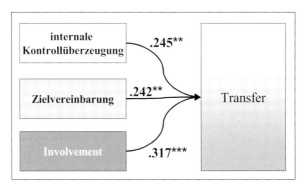

Abb. 22: Bedeutung und Einfluss der Faktoren auf die Erfolgsebene Transfer

Das bedeutet, dass auf der Verhaltensebene der Einfluss der Persönlichkeitsmerkmale dominiert, während auf der Transferebene die Bindung an die Tätigkeit am bedeutsamsten ist.

Für das Bildungscontrolling eines Unternehmens lassen sich daraus bedeutsame Handlungskonsequenzen ableiten.

So muss im Vorfeld einer Maßnahme genau definiert werden, auf welcher Ebene sich die Ergebnisse zeigen sollen. Daraus ergibt sich, wie die bedeutsamen Einflussgrößen vor der Maßnahme gestaltet sein müssen, um den erwünschten Bildungserfolg zu sichern, bevor die Kosten der Maßnahme entstehen. Das belebt auch die Diskussion um die Bedeutung und Wirkung von Soft-Skill-Trainings gegenüber Fachweiterbildungen mit konkretem Umsetzungsbezug wieder neu. Beide Maßnahmen haben ihren Nutzen und ihre Berechtigung, sofern klar kommuniziert wird, auf welcher Erfolgsebene die Effekte erzielt werden sollen. Ob die antizipierten Veränderungen auch zu erreichen sind, hängt von der individuellen Passung der eingehenden Faktoren ab. Sollen in erster Linie Verhaltensänderungen initiiert werden, muss der Mitarbeiter davon überzeugt sein, durch sein Handeln seine Umwelt gestalten zu können (internale Kontrollüberzeugung ist hoch). Soll dagegen vor allem der Wissenstransfer verbessert werden, muss die Person stark in die Arbeitsprozesse involviert sein (Involvement ist hoch).

Mit einem entwickelten und in der Praxis bereits erprobten Tool, auf dem die hier vorgestellten Ergebnisse basieren, kann in kurzer Zeit (15 Minuten) jede Person hinsichtlich ihrer Ausprägung dieser Merkmale bewertet werden (umfassende Darstellung der Ergebnisse und des Instrumentes in Buchhester 2003). Dabei berücksichtig dieses Instrument vor allem das unterschiedliche Zusammenspiel der Faktoren für den Erfolg auf den jeweiligen Ergebnisebenen. Die ermittelten Kennwerte lassen sich anhand ihrer Bedeutung bewerten. Somit kann entschieden werden, ob die notwendige Ausgangslage für eine erfolgreiche Weiterbildung bereits erreicht wurde, oder wo noch vorausgehende wegbereitende Maßnahmen erforderlich sind.

Die Implikationen und Vorteile liegen dabei klar auf der Hand. Während der Zugang zu Bildungsveranstaltungen bisher uneinheitlich geregelt wurde (subjektive Einschätzung durch den Vorgesetzten) kann dieses Instrument ermitteln, in welchem Ausmaß eine Person geeignet ist, die Weiterbildungsziele Nutzen bringend umzusetzen. So kann z.B. eine Führungskraft bei einer Beförderung erst für einige Zeit in das neue Ressort wechseln und sich so schon intensiv mit den neuen Aufgaben und Problemen vertraut machen, bevor sie an einer Weiterbildung teilnimmt. Durch diese verstärkte Bindung können im Lernfeld aktuelle und handlungsnahe Probleme bearbeitet werden. Der Lerntransfer der nachfolgenden Maßnahmen ist damit deutlich größer, da die Führungskräfte die Beispiele der Bildungssituation auf konkrete und aktuelle Situationen übertragen können. Dieses Modell des proaktiven Bildungscontrollings ermöglicht aber noch weitere konkrete Ableitungen für die Praxis. So konnte ein unmittelbarer Zusammenhang zwischen der Einstellung der Mitarbeiter zu Weiterbildungen und den Einstellungen seines Vorgesetzten festgestellt werden.

Wie die Ergebnisse zeigen, ist die Erfolgsantizipation der Mitarbeiter direkt von der Einstellung des Vorgesetzten zur Weiterbildungsmaßnahme abhängig. Die Differenz der Einstellungen wurde mittels eines 10x10 Grids ermittelt.

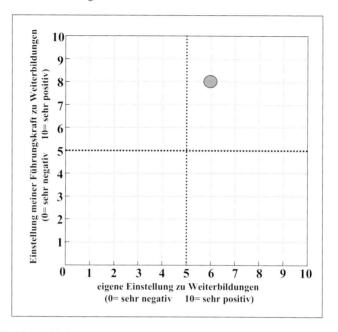

Abb. 23: 10x10 Gitter zur Ermittlung der Einstellungsdifferenz zwischen dem Mitarbeiter und seinem Vorgesetzten

Es konnte auch zweifelsfrei nachgewiesen werden, dass Mitarbeiter und Führungskräfte mit einer negativen Einstellung zu Weiterbildungen deren Erfolg als gering einstufen. Anderseits erwarten aber Mitarbeiter mit einer optimistischen Einstellung einen größeren Nutzen von der Weiterbildung, wenn diese positive Einstellung von der Führungskraft geteilt wird, als wenn der Vorgesetzte sich negativ dazu positioniert. Das ist gerade vor dem Hintergrund der im Bildungscontrolling erforderlichen zunehmenden Eigenverantwortlichkeit der Mitarbeiter für ihren Bildungsprozess relevant. Empowerment als Ausweitung der Verantwortungs- und Entscheidungsbereiche des Mitarbeiters darf von der Führungskraft nicht nur als willkommene Möglichkeit der Arbeitsdelegation interpretiert werden. Die Ergebnisse zeigen deutlich, dass eine Effizienzsteigerung von Bildungsmaßnahmen nur erreicht werden kann, wenn sich die Führungskraft ihrer Vorbildwirkung bewusst ist und diese auch konsequent vertritt. Diese Erkenntnis unterstützt die Forderungen nach einem Betrachtungswandel des Bildungscontrollings, weg von der reaktiven Kostenkontrolle hin zur proaktiven

Ressourcensteuerung. Die Ziele des Unternehmens und die Ziele des Mitarbeiters durch die unternehmenseigenen Bildungs- und Entwicklungsprozesse so miteinander zu verknüpfen, dass daraus eine nachhaltige Wertschöpfung resultiert, ist eine aktive Führungsaufgabe.

Die Nutzensteigerung der Weiterbildungen darf kein reaktiver Prozess einer Kostenermittlung bleiben, sondern muss durch die systematische Steuerung der Zugangsbedingungen optimiert werden. Gerade wenn es die wirtschaftlichen Rahmenbedingungen nicht erlauben, Bildungsbudgets gießkannengleich über den Mitarbeitern auszuschütten, muss die Klärung der Frage _wer_ an solchen Maßnahmen teilnimmt, umso genauer erfolgen. Dabei muss dieses Instrument vorausschauend und zielorientiert eingesetzt werden, um nicht erst Kosten zu produzieren, die dann durch den Nutzen gerechtfertigt werden müssen. Im Sinne eines solchen Steuerkreises wäre der ersten Schritt den Zugang zu den Maßnahmen (und damit zu den Kostenverursachern) zu optimieren. Anschließend würden die nach einer Weiterbildung aufgetretenen Kosten mit dem Nutzen verglichen werden. Die zyklische Wiederholung eines Abgleichs der Mitarbeiterkapazitäten (qualitativ und quantitativ) mit den Zielen des Unternehmens und den Ergebnissen von Bildungsmaßnahmen positioniert Bildungscontrolling als strategisches Steuerungsinstrument. So könnten die richtigen Renn- und Zugpferde der Wirtschaft für den jeweiligen Parcours identifiziert und erfolgreich platziert werden.

Literatur
Aschendorf, M.: Bildungscontrolling: Auf Heller und Pfennig. In: Wirtschaft und Weiterbildung, Jg. 1997, H. 1, S. 41-43.
Baldin, K.-M.: Bildungscontrolling in der Weiterbildung. Aus: Papmehl, A. (Hrsg.): Personalentwicklung im Wandel: Weiterbildungs- Controlling, Coaching, Personalportfolio. Wiesbaden (Dr. Th. Gabler GmbH) 1991. S. 161-172.
Bötel, C.; Krekel, E.M.: Einleitung. Aus: Krekel, E. M., Seusing, B. (Hrsg.): Bildungscontrolling - ein Konzept zur Optimierung der betrieblichen Weiterbildungsarbeit. Bielefeld (Bertelsmann) 1999. S. 5-12.
Brandt, J.: Weiterbildungskontrolle. 1. Aufl. Konstanz (Verlag für Wirtschaftsskripten) 1994. (vfw- Skriptenreihe. 54).
Brokmann-Nooren, C.: Die Rolle der Weiterbildung in der regionalen Struktur- und Beschäftigungspolitik. Aus: Nuissl, E. (Hrsg.): Standortfaktor Weiterbildung. Bad Heilbrunn 1995. S. 194-208.
Brüggemann, W.: Weiterbildung wird notwendiger. In: Grundlagen der Weiterbildung: GdWZ; Praxis, Forschung, Trends , 7. Jg. (1996), S. 121-132.
Buchhester, S.: Bildungscontrolling: Der Einfluss von individuellen und organisationalen Faktoren auf den wahrgenommenen Weiterbildungserfolg. Schriften zur Arbeits-, Betriebs- und Organisationspsychologie. Bd. 6. Hamburg (Verlag Dr. Kovac) 2003.
Bungard, W.; Kohnke, W. (Hrsg). Zielvereinbarungen erfolgreich umsetzen: Konzepte, Ideen und Praxisbeispiele auf Gruppen und Organisationsebene. Wiesbaden (Gabler) 2000.

David, V.: Berufliche Entwicklung als Problem der Organisationsentwicklung. Aus: Dehnbostel, P., Dybowski, J. (Hrsg.): Lernen, Wissensmanagement und berufliche Bildung. Bielefeld (Bertelsmann) 2000. (=Berichte zur beruflichen Bildung) S. 41-55.

Dehnbostel, P., Dybowski, J. (Hrsg.): Lernen, Wissensmanagement und berufliche Bildung. Bielefeld (Bertelsmann) 2000. (=Berichte zur beruflichen Bildung)

Ehmanner, C.: Regionale Berufsbildungspolitik für die Arbeit von morgen. Aus: Nuissl, E. (Hrsg.): Standortfaktor Weiterbildung. Bad Heilbrunn 1995. S. 126-134.

Gerlich, P.: Controlling von Bildung, Evaluation oder Bildungs-Controlling? Überblick, Anwendung und Implikation einer Nutzen-Aufwands-Betrachtung von Bildung unter besonderer Berücksichtigung wirtschafts- und sozialwissenschaftlicher Aspekte am Beispiel akademischer Nachwuchskräfte in Banken. München, Mehring (Hampp) 1999.

Gnahs, D.; Krekel, E. M.: Betriebliches Bildungscontrolling in Theorie und Praxis: Begriffsabgrenzung und Forschungsstand. Aus: Krekel, E. M., Seusing, B. (Hrsg.): Bildungscontrolling - ein Konzept zur Optimierung der betrieblichen Weiterbildungsarbeit. Bielefeld (Bertelsmann) 1999. S. 13-33.

Graeff, P.: Vertrauen zum Vorgesetzen und zum Unternehmen. Berlin (Wissenschaftlicher Verlag Berlin) 1998.

Kirkpatrick, D.L.: Evaluation of training. Aus: Craig, R.L.; Bittel, L.R. (Hrsg.): Training and development handbook. New York(McGraw-Hill) 1976. S. 18.1-18.27.

Kirkpatrick, D.L.: Techniques for evaluating training programs. In: Training and Development Journal, 33. Jg. (1979), S. 78-92.

Krampen, G.: Handlungstheoretische Persönlichkeitspsychologie. Konzeptuelle und empirische Beiträge zur Konstrukterstellung. 2., ergänzte Auflg. Göttingen, Bern, Toronto, Seattle (Hogrefe) 2000.

Krekel, , E.; Bardeleben, R.v.; Beicht, U. (Hrsg.): Controlling in der betrieblichen Bildung im europäischen Vergleich. Bielefeld (Bertelsmann) 2001. (Berichte zur beruflichen Bildung)

Krekel, E.: Politikfeld betrieblicher Weiterbildung. Aus: Hendrich, W.; Büchter, K. (Hrsg.): Politikfeld betrieblicher Weiterbildung. Trends, Erfahrungen und Widersprüche in Theorie und Praxis. München, Mering (Rainer Hampp) 1999. S. 151-165.

Krekel, E.; Bardeleben, R.v.; Beicht, U.: Bildungscontrolling: Hintergrund, Bedeutung und Definition. Aus: Krekel, , E.; Bardeleben, R.v.; Beicht, U. (Hrsg.): Controlling in der betrieblichen Bildung im europäischen Vergleich. Bielefeld (Bertelsmann) 2001. (Berichte zur beruflichen Bildung) S. 5-10.

Lafontaine, O.; Müller, Ch.: Keine Angst vor der Globalisierung. Bonn 1998.

Landsberg, G.v.; Weiss, R.: Was uns bewegt. Aus: Landsberg, G. v.; Weiss, R. (Hrsg.): Bildungs- Controlling. 2., überarb. Aufl. Stuttgart (Schäfer- Poeschel) 1995. S. 3-5.

Lehnert, U.: Bildungscontrolling im DV-Bereich: Konzepte- Meilensteine - Checklisten. München, Wien (Carl Hanser) 1999.

Lembke, S.G.: Transfermanagement. Göttingen (Verlag für Angewandte Psychologie) 1995.

Locke, E.A., Latham, G.P.: A theory of goal setting and task performance. Englewood Cliffs. (Prentice Hall) 1990.

Mayer, H.; Illmann, T.: Markt und Werbepsychologie. Stuttgart (Schäffer-Poeschel) 2000.

Moser, K.: Commitment in Organisationen. München, Bern (Hans Huber) 1996.

Neuberger, O.: Personalentwicklung. Stuttgart (Ferdinand Enke) 1991. (Basistexte Personalwesen. 2).

Papmehl, A. (Hrsg.): Personalentwicklung im Wandel: Weiterbildungs- Controlling, Coaching, Personalportfolio. Wiesbaden (Dr. Th. Gabler GmbH) 1991.

Papmehl, A.: Personal- Controlling. Human-Ressourcen effektiv entwickeln. 2., überarb. u. erw. Aufl. Heidelberg (Sauer) 1999. (= Arbeitshefte Personalwesen. 19).

Pätzold, G.; Lang, M.: Lernkulturen im Wandel. Didaktische Konzepte für eine wissensbasierte Organisation. Bielefeld (W. Bertelsmann) 1999.

Reutter, G.: Marktorientierung-Regionalorientierung: Wer orientiert was an wem? Aus: Nuissl, E. (Hrsg.): Standortfaktor Weiterbildung. Bad Heilbrunn 1995. S. 182-193.

Schuler, H. Lehrbuch Personalpsychologie. Göttingen (Hogrefe) 2001.

Seeber, S.: Education control - an integrated approach of economics and education. Aus: Seeber, S.; Buer, J.v. (Eds.) (Hrsg.): Control of educational processes - economic and educational perspectives. Studies in Business and Adult Education. Berlin 1999. S. 9-31.

Seeber, S.; Buer, J.v. (Eds.) (Hrsg.): Control of educational processes - economic and educational perspectives. Studies in Business and Adult Education. Berlin 1999.

Seeber, S.; Krekel, E.; Buer, J.v. (Hrsg.): Bildungscontrolling: Ansätze und kritische Diskussion zur Effizienzsteigerung von Bildungsarbeit. Frankfurt am Main, Berlin, Bern, Bruxelles, New York (Peter Lang) 2000.

Sommer, H. (Hrsg.): Aus- und Fortbildung: Zeit und Geld. Handbuch für die Berufsbildung in Betrieb und Verwaltung. Sindelfingen (expert- Verlag) 1985. (Beruf + (und) Bildung. 17).

Sonntag, K. (Hrsg.): Personalentwicklung in Organisationen. 2., überarb. u. erw. Aufl. Göttingen, Bern, Toronto, Seattle (Hogrefe) 1999.

Staehle, W.H.: Management. 8., überarb. Aufl. Eine verhaltenswissenschaftliche Perspektive München (Franz Vahlen) 1999.

Thompson, S.C.: Illusions of control: How we overestimate our personal influence. In: Current Directions in Psychological Science, 8. Jg. (1999), S. 187-190.

Tippelt, R. (Hrsg.) Handbuch Bildungsforschung. Opladen (Leske+Buderich) 2002.

Ulich, E.: Lern- und Entwicklungspotentiale in der Arbeit - Beiträge der Arbeits- und Organisationspsychologie. Aus: Sonntag, K. (Hrsg.): Personalentwicklung in Organisationen. 2., überarb. u. erw. Aufl. Göttingen, Bern, Toronto, Seattle (Hogrefe) 1999. S. 123-147.

Walden, G.: Kosten-Nutzen-Controlling. Aus: Seeber, S.; Krekel, E.; Buer, J.v. (Hrsg.): Bildungscontrolling: Ansätze und kritische Diskussion zur Effizienzsteigerung von Bildungsarbeit. Frankfurt am Main, Berlin, Bern, Bruxelles, New York (Peter Lang) 2000. S. 173-194.

Nutzerorientiertes Evaluationskonzept von Online-Lernen

Dr. Michaela Reißfelder-Zessin

Aspekte von Online-Lernen im Unternehmen

Globale Unternehmen, in diesem Falle eine Versicherung, investieren große Summen in die sogenannten „Neuen Medien", um firmeninterne Intranets oder Extranets aufzubauen. Unternehmen beabsichtigen, Intranets auch für die Aus- und Weiterbildung der Mitarbeiter zu nutzen.

Erwartungen

Diese neuen Formen des Lernens können im Netz auf unterschiedliche Weise verwirklicht werden, wie beispielsweise in Form von Online-Lernen oder als interaktiver Fernunterricht mit Teletutoring. Von den „Neuen Medien" als Mehrzweckinstrument werden sowohl ökonomische, organisatorische, strategische als auch pädagogische Vorteile zum Nutzen des Unternehmens erwartet. Besonders hinsichtlich der Aus- und Weiterbildung geht der Trend dahin, dass sich jeder Mitarbeiter selbst um die Planung und Organisation seiner Aus- und Weiterbildung kümmern muss. Schulungen werden nicht mehr grundsätzlich von Personalabteilungen und Vorgesetzten initiiert, sondern eher von sogenannten virtuellen Lernzentren gesteuert. Die Mitarbeiter sollen zukünftig ihren betrieblichen Bildungsweg eigenständig gestalten. Von den „Neuen Medien" erhoffen sich die Unternehmensleitungen folgende Vorteile [vgl. Ross, 1998, S.11-19]:

- Positive Kosten- und Nutzeneffekte beispielsweise durch Minimierung von Weiterbildungs- und Ausfallzeiten oder eine Verlagerung der Weiterbildung in die Freizeit
- Integration des Lernens in unmittelbare Arbeitsvorgänge, beispielsweise in Form von learning-on-the-job oder einer just-in-time Ausbildung

- Nutzung von Gestaltungs- und Handlungsspielräumen durch die Initiierung autonomer individueller Lernprozesse, beispielsweise learning-on-demand
- Lernprogramme könnten wesentlich schneller aktualisiert werden durch maschinelle Änderungsdienste
- Die Kompatibilität zu anderen Lernmedien und Informationsträgern beispielsweise Recherchen im Internet wird ermöglicht (Vernetzung)
- Die Flexibilisierung der Lernorganisation (zeitliche- und örtliche Flexibilität) kann in Form von dezentralem Lernen gefördert werden
- Standardisierung und Internationalisierung von Aus- und Weiterbildung
- Innovationen der Lern- und Informationskultur im Unternehmen sowie Technikakzeptanz werden ermöglicht
- Förderung von neuen mediendidaktischen und pädagogischen Qualitäten wie selbständiges, individuelles und aktives Lernen mit dem Instruktions- und Qualitätsziel: **Transfererfolg**

Die genannten Erwartungen an netzbasierte Lernumgebungen zum Beispiel Intranets oder Extranets, sind groß. Ob aber die Qualität und der Nutzen, d. h. der Transfererfolg, evaluierbar sein werden, ist noch nicht absehbar.

Ergebnisse

Die höhere Effektivität der „Neuen Medien", beispielsweise in Form von Lernzeitersparnis, muss jedoch anhand von empirischen Ergebnissen zuerst nachgewiesen werden. Auch der Vergleich von größeren Lernerfolgen beim Lernen mit Computer oder Lernen im Netz mit traditionellen Lernmedien ist noch nicht hinreichend abgesichert (Struck, 1996).

Aus empirischen Untersuchungen ergaben sich folgende Ergebnisse: Zu Beginn des Einsatzes der „Neuen Medien" gab es bezüglich der Akzeptanz positive Ergebnisse, die sich jedoch im Laufe der Zeit verringerten. Dieser Sachverhalt wurde auf den Neuigkeitseffekt zurückgeführt.

Zusammenfassende Interpretationen vieler einzelner Forschungsergebnisse zum Einsatz von computerunterstützten Lernumgebungen (CUL) zeigen im Vergleich zu traditionellen Lehr- und Lernformen durchweg positive Ergebnisse, so zum Beispiel bessere Lerneffekte, eine positivere Einstellung zum Lernen und kürzere Lernzeiten.

Differenziertere Analysen zeigen jedoch, dass die Effektivitätswirkungen von sehr negativen bis zu sehr positiven Werten variieren und damit zusammenfassende Aussagen nicht zulässig sind (Ross, 1998).

Generell kann nicht gesagt werden, dass computerunterstützte Lernumgebungen in der betrieblichen Weiterbildung effektiver seien als traditionelle, auch wenn dies häufig so dargestellt wird. Die Lerneffizienz hängt von folgenden Faktoren ab:

Rahmenbedingungen der Zielgruppen, didaktisches Konzept, Lerngegenstand, Voraussetzungen der Nutzer und Einsatzformen. Aufgrund der vielen unterschiedlichen Aspekte, die es zu beachten gilt, werden Vergleichsuntersuchungen zwischen traditionellen und neuen Medien methodisch als kritisch angesehen (Ross, 1998; Martens, 1996). Der Erfolg von selbstgesteuertem Lernen mit Multimedia oder von Lernen im Netz hängt in der betrieblichen Aus- und Weiterbildung entscheidend davon ab, ob es von Seiten der Organisationsentwicklung gelingt, diese innovative didaktische Komponente in das Gesamtbildungskonzept der innerbetrieblichen Qualifizierung zu integrieren (Komrey, 1996).

„Das Unternehmen muss zunächst die notwendigen Voraussetzungen struktureller und organisatorischer Art schaffen, um ein beständiges Lernen aller Organisationsmitglieder erst zu ermöglichen"
Reinmann-Rothmeier, 1993

Evaluationen in Form von Wirkungsanalysen oder auch Akzeptanzforschung (wie im Marketing) liefern Ergebnisse und Hinweise, wie Lerner bereits bestehende Testfelder von Online-Lernumgebungen bewerten und wie diese zu optimieren wären. Dabei ermöglichen Evaluationen neben der Bewertung auch Formen der Mitbestimmung bei der Entwicklung von Lernumgebungen.

Damit die Argumente für computerunterstütztes Lernen aus ökonomischer, organisatorischer, strategischer und pädagogischer Sicht nicht nur unternehmenszielorientierte Marketingargumente bleiben, wäre eine realistische und nutzerorientierte Betrachtung angebracht. Bildungsökonomisch positiv ist der Einsatz von „Neuen Medien" dann, wenn eine größere Anzahl von Personen (ca. > 100 Personen) zum gleichen Inhalt weitergebildet werden soll. Dieser Sachverhalt trifft am ehesten in Großbetrieben zu, wenn es vor allem um fachspezifisches Basiswissen mit wenig komplexen und abgegrenzten Lerninhalten in Form von Standardprogrammen geht. Der Kosten-Nutzen Aspekt ist bei kleinen Gruppen problematisch. Aus pädagogisch-didaktischer Sicht ist für Untersuchungen relevant, ob bestimmte Methoden und Medien in konkreten Lernumgebungen und für die konkreten Zielsetzungen geeignet sind. Auch sollten die spezifischen Möglichkeiten und Grenzen des Mediums für die Zielgruppe herausgearbeitet werden (Ross, 1998).

"Die Frage ist nicht, ob etwa Simulationen, Planspiele, Datenbanken und Datennetze zum Zwecke des Lernens eingesetzt werden können. Die Frage ist vielmehr, unter welchen Bedingungen diese zusammen mit welchen instruktionalen Maßnahmen eine effektive Lernförderung versprechen"
Mandl, 1997

Um Entscheidungen für die geeignete Methodik, Didaktik, Technik, Lernmedien und Tutoring treffen zu können, ist die Betrachtung von Anforderungen, individuellen Lernstilen, der Förderung der Eigenaktivität, des Grades der instruktionalen Unterstützung und der Motive der Zielgruppe notwendig. Zudem gibt es „keine per se 'beste' Lehrmethode, keine per se 'optimale' Technik, keinen per se 'bestgeeigneten' Lernort" (Komrey, 1996).

Positive Beispiele zeigen, dass durch eine gründliche Analyse des Bedarfs der Zielgruppe (Nutzer) die Lerninhalte mediendidaktisch sinnvoll konzipiert werden können und dadurch die zukünftige betriebliche Aus- und Weiterbildung bereichern wird.

Basierend auf der Philosophie des pragmatischen, moderaten Konstruktivismus, werden die pädagogischen Aspekte besonders betont, nämlich Aktivität, Selbststeuerung und selbstreflexive Lerner, offene Lernumgebungen für Eigenaktivitäten sowie die Zielgruppe mit ihren Interessen (Gerstenmeier, 1994).

Da Lernen ein aktiver und individueller Konstruktionsprozess des Lernenden ist, sollten Lernumgebungen praxis- und anwendungsorientiert gestaltet werden. Anhand von Situationen des Berufsalltags sollten realistische (authentische) Probleme gelöst sowie die Lernumgebung in den Arbeitsalltag (Kontext) integriert werden.

> *„Der moderne Betrieb verlangt zunehmend die Integration der Weiterbildungsprozesse in die Arbeitsabläufe der verschiedenen Abteilungen"*
>
> Stahl, 1995

Learning-on-the-job ist bei interaktiven Lernsystemen für Lernende häufig mit großen Schwierigkeiten und Akzeptanzproblemen verbunden (Behrendt, 1998).

Die genannten Ergebnisse zum computerunterstützten Lernen zeigen, dass es viele Erfahrungen und Untersuchungen von Lernprogrammen sowie Vergleiche von neuen und traditionellen Lernmedien gibt. Auch Online-Lernprojekte an Universitäten werden neuerdings untersucht. Diese Ergebnisse beziehen sich im deutschen wie im anglo-amerikanischen Wissenschaftsbetrieb hauptsächlich auf Erfahrungen in Universitäten und Schulen mit curricularen Rahmenbedingungen, aber kaum auf Bereiche in der betrieblichen Aus- und Weiterbildung. Die Bildung in den Unternehmen unterliegt ökonomischen Rahmenbedingungen. Vergleiche mit Untersuchungen an öffentlichen Universitäten und Schulen sind daher nur bedingt sinnvoll.

Wie in Unternehmen nutzenbringende und nutzerorientierte Online- oder netzbasierte Lernumgebungen wie Intranets gestaltet werden sollten, ist eine Frage von strategischer Bedeutung für das Unternehmen. Didaktische Grundlagen aus der pädagogischen Psychologie, Erfahrungen der Betriebswirtschaftslehre und Informatik sowie die Offenlegung von Untersuchungen aus der Wirtschaft durch beispielsweise Benchmarks oder zukünftige Evaluationen, werden dazu beitragen, wichtige Gestaltungskriterien für Online-Lernumgebungen in Unternehmen zu ermitteln.

„In diesem Zusammenhang kommt der Selbstevaluation eine entscheidende Bedeutung zu. Evaluation muss keineswegs immer von „außen" durchgeführt werden, sondern kann auch von Trainingsteilnehmern durchgeführt werden"

Reinmann-Rothmeier, 1995

Zum jetzigen Zeitpunkt sind viele Online-Lernumgebungen in Unternehmen in der Entwicklungsphase oder aus wettbewerbsrechtlichen Gründen kaum zugänglich. Wissenschaftliche Evaluationsstudien zum Online-Lernen in betriebsinternen Netzen in Organisationen sind aufgrund des neuen Forschungsgebietes noch nicht vorhanden. Auch wenn Prognosen schwierig sind, so kann dennoch festgestellt werden, dass computerunterstütztes Lernen in der betrieblichen Weiterbildung künftig eine wichtige Rolle spielen wird (Bruns, 2000).

Analyse der Arbeit- und Lernsituation

Lernen im Vertrieb findet im Kontext mit der konkreten Arbeitssituation von Vertretern statt. Die Darstellung der Lernsituation ist wichtig, da diese die Besonderheiten des Lernens und besonders Online-Lernens im Vertrieb verdeutlicht, außerdem die Interessen und Bedürfnisse des Anwenders berücksichtigt sowie die Ergebnisse der Qualitäts- und Wirkungsanalyse verständlich und nachvollziehbar macht.

Der Arbeitstag eines Vertreters beginnt in der Regel zwischen 8 und 10 Uhr am Morgen und endet häufig erst spät am Abend. Auch an Wochenenden werden Kunden akquiriert und beraten. Der Kundenverkehr variiert von Tag zu Tag, hat aber seinen Akquise-Schwerpunkt am Nachmittag und am Abend. Viele Tätigkeiten laufen parallel. Ein Kunde wird gerade beraten, ein zweiter oder dritter wartet auf Beratung.

Das Telefon klingelt, ein Kunde beschwert sich, Kundentermine müssen eingehalten werden, Verwaltungsaufgaben wie beispielsweise Adressenänderungen müssen erledigt und Planungen mit den Mitarbeitern abgestimmt werden. Die aktuellen Informationen häufen sich und sollten gelesen werden. Dazu kommt nun noch die Erwartung des learning-on-the-job während der Arbeitszeit oder in der Freizeit.

Von einem Vertreter werden in erster Linie Umsätze durch den Verkauf von Versicherungen oder Kapitalanlagen erwartet. An zweiter Stelle steht der Service am Kunden. Anschließend folgt an dritter Stelle die Kenntnisnahme aktueller

Informationen, damit die Kunden sachkundig und aktuell beraten werden können. Ebenso sollte er sich weiterbilden. Das bisherige computerunterstützte Lernen im Vertrieb der Allianz Versicherung bezog sich ausschließlich auf computerunterstütztes Lernen mit CBTs (computer based trainings) und ist konzeptionell vor allem in die Ausbildung und teilweise auch in die Weiterbildung eingebunden. Konkrete Wissensdefizite bei Fragen aus der Praxis können durch CBTs jedoch kaum beantwortet werden. Der Grund hierfür liegt in der standardisierten Form der Inhalte durch das Medium CBT und an der wenig praxisorientierten Didaktik des Inhaltsangebotes. Zudem sind für viele Vertreter CBTs zu zeitaufwendig, und kaum ein Vertreter weiß genau, auf welchem CBT er nun den Inhalt findet, den er momentan benötigt.

Die meisten Vertretungen haben Mitarbeiter wie Bürokräfte und Kundenberater, die einen Teil an fachlicher Beratung und Administration übernehmen. In großen Agenturen haben Generalvertreter (Vertreter mit einem großen Kundenstamm in ihrer Agentur) ein eigenes Zimmer und somit auch die Möglichkeit, in Ruhe zu lernen. Die Arbeitszeit eines Vertreters fällt meistens auf die Stunden nach Arbeitsschluss des Kunden. Die Zeit, die dem Vertreter außerhalb von Akquise, Beratung und Verkauf als freie Zeit übrig bleibt, wird häufig zur Informationssuche oder für Verwaltungsaufgaben genutzt. Die wichtigsten Informationsquellen für Vertreter sind nach wie vor die aktuellen Außendienstinformationen, die Tarifbücher sowie Schulungen in den Filialdirektionen und der Informationsaustausch der Vertreterbereichsleiter (also unter Kollegen). Betriebliches Lernen spielt dabei eine untergeordnete Rolle, da die betriebliche Bildung, besonders beim Einsatz der „Neuen Medien" im Vertrieb, den Nutzen für den Vertrieb de facto nicht nachweisen kann und dies mit maßgeschneiderten Evaluationen auch wenig versucht wird. Da der Kontakt zu anderen Menschen die Basis ist für den Verkauf von Versicherungsprodukten, sind viele Vertreter auch Mitglied in örtlichen Vereinen oder Gruppen.

Die Akquise und der Verkauf von Versicherungsprodukten hängen wesentlich von den persönlichen Kontakten ab, von der Vertrauenswürdigkeit und der kompetenten Präsentation des Vertreters. Wenn durch entsprechende private Kontakte Kundenbeziehungen entstehen und es zu einem Versicherungsangebot kommt, müssen dem Kunden Argumente präsentiert werden.

„Gerade beim Versicherungsverkauf erscheint es aber häufig erforderlich, zur Verkaufsförderung den Versicherungsbedarf, die Risiken, aber auch den Versicherungsumfang bildlich darzustellen bzw. die Argumentation entsprechend zu unterstützen, damit der Kunde sich selbst „ein Bild davon machen kann", welchen Nutzen ihm sein Produkt bietet" (Schanda, 1997).

Der Kundenstamm hängt einmal von den persönlichen Kontakten sowie von der Region, der Stadt, dem Land oder der Umgebung ab, in welcher der Vertreter seine Agentur betreibt. Hat ein Vertreter seine Agentur inmitten eines

Wohngebietes, so wird es für ihn neben festen Stammkunden auch sogenannte Laufkundschaft aus der Nachbarschaft geben. Liegt die Vertretung als Büro im 1. Stock eines Gewerbehauses, wird es so gut wie keine Laufkundschaft geben. Die Kunden haben versicherungstechnische Anliegen unterschiedlichster Art und kommen zu den unterschiedlichsten Zeiten in die Agentur.

Um 9 Uhr wird die Agentur geöffnet. Beendet ist der Arbeitstag, wenn der letzte Kunde gegangen oder das Vereinsfest zu Ende ist. Da kann es leicht 22 oder 23 Uhr werden. Mit Firmen- und Privatkunden werden feste Termine vereinbart. Das Spektrum der Versicherungen umfasst alles, angefangen bei der Hundeversicherung über die Lebensversicherung, die Sachversicherung, Kapitalanlagen bis zu hin zu Themen der Altersversorgung und der Finanzierung von Bauprojekten. Der Schwerpunkt der Arbeit eines Vertreters liegt auf der Beratung und der Regulierung von Schäden beim Kunden sowie auf dem Verkauf von Versicherungs- und Kapitalanlagen. Damit ein Vertreter seine Kunden gut beraten kann, braucht er unterschiedliche Kenntnisse und Fertigkeiten.

Am wichtigsten ist die soziale Kompetenz, d.h. der ´richtige` Umgang mit Menschen. Die Fach- und Methodenkompetenz in Form von Versicherungswissen vom Umgang mit dem Notebook oder der Workstation spielt besonders bei sehr kompetenten und anspruchsvollen Kunden eine große Rolle. Gerade die kompetenten Kunden, die genau wissen, was sie wollen, stellen häufig sehr gezielt Fachfragen an den Vertreter. Zum Beispiel ein Kunde ruft bei einem Vertreter an und interessiert sich für eine spezielle Kapitalanlage wie beispielsweise Mobilfonds (kurzfristige Anlagen). Nun hat der Vertreter verschiedene Möglichkeiten, sich schnell zu informieren.

Kurzfristige Möglichkeiten sind folgende: Der Vertreter hat zukünftig die Möglichkeit, sich online die aktuellen Aussendienstinformationen selbst zu beschaffen. Er kann dazu einen Spezialisten der Fachabteilung anrufen. Dieser gibt dem Vertreter konkrete Informationen zum Thema Fonds, die ihn bei seiner Arbeit unterstützen. Eine andere Informationsquelle zum Thema Fonds wäre beispielsweise die Allianz Vermögensbank, wo er anrufen könnte. Das Wissen von Kollegen kann ebenfalls bei der Informationsbeschaffung genutzt werden.

Mittelfristige Lösungen sind folgende: Um künftig Anfragen zum Thema Fonds beantworten zu können mit dem Ziel, solche auch zu verkaufen, erarbeitet sich der Vertreter mit Hilfe eines CBT`s eine entsprechende Übersicht. Eine Vertiefung des Themas wäre auch durch ein gezieltes Seminar möglich.

Der Vertreter muss sich nun entscheiden, wie er sein momentanes Informationsdefizit löst und wie er sich künftig über Fonds informiert. Wenn er sich bei einer konkreten Frage des Kunden nicht genau auskennt, wird er als erstes dem Kunden mitteilen, dass er gern einen weiteren Termin vereinbaren möchte, um ihn in Ruhe optimal beraten zu können. Damit gewinnt er Zeit, und es stellt sich für ihn folgende zentrale Frage: **Wo findet er für sich die richtigen Informationen, um dem Kunden entsprechend seiner Wünsche eine Antwort und noch besser ein Angebot unterbreiten zu können?**

Die Suche nach Informationen muss unter Zeitdruck gezielt möglich sein. Dementsprechend sollte ein Onlineangebot einen schnellen Zugriff auf aktuelle Informationen zu konkreten Fragen ermöglichen. Wenn die Zeit es zulässt, sollte der Vertreter noch einen kurzen Einblick in die (dazugehörigen) Verkaufstechniken nehmen können. Würde eine flexibel vernetzte Online-Lern- und Informationsumgebung an die Bedürfnisse am PC-Arbeitsplatz des Vertreters angepasst, wäre dies von großem Nutzen.

Eine Online-Lernumgebung sollte keine technisierte, formal-konservative Lernmöglichkeit darstellen nach der Devise: Man stelle ein CBT ins Netz, und das wird dann Online-Lernen genannt. Vielmehr sollten die Vorteile der technischen und didaktischen Möglichkeiten kreativ, nutzenbringend, einfach, übersichtlich und vernetzt für die Zielgruppe, hier Vertreter (learners need), entwickelt werden. Die Lernangebote sollten in den gesamten Bildungs- und Arbeitskontext eines Vertreters integriert werden.

Der Kontext des Lerners „stellt die persönliche und organisatorische Umwelt der lernenden Person dar, in welche die Nutzung der Lernumgebung eingebunden ist" (Koppenhöfer, 1999).

Da Vertreter üblicherweise landesweit verstreut ihre Agenturen haben und auch häufig unterwegs sind, bietet Online-Lernen die Möglichkeit, flexibel und just-in-time zu lernen. Die Tätigkeit eines Vertreters im Vertrieb erfordert ein hohes Maß an Mobilität, Flexibilität, Schnelligkeit und Aktualität. Diesen Anforderungen sollte eine Online-Lernumgebung gerecht werden. Die Gestaltung einer ganzheitlichen, zielgruppenspezifischen Lernumgebung im Netz ist ein komplexer Prozess. Dies betrifft sowohl die Entwicklung und Gestaltung (Instruktionsdesign) als auch ihre Nutzung. Das Testfeld Extranet stellt dabei eine Art Pretest des Online-Lernen im Vertrieb dar.

Da verschiedenste Online-Angebote im Vertrieb zukünftig den Vertreter unterstützen sollen, liegt es nahe, die verschiedenen Komponenten zu verknüpfen. Damit wird ermöglicht, dass kompetente Kundenberatung, Tages- und stundenaktuelle Informationssuche und gezieltes Lernen zukünftig ein Netz bilden (Bruns, 2000). Vertreter und ihre angestellten Kundenberater sind Personen, die gezielt Informationen suchen und genau wissen, mit welchen Strategien sie dieses Wissen auf konventionelle Weise finden können. Diese Zielgruppe sucht gezielt nach Antworten sowie nach konkreten Angeboten bei Wissensdefiziten.

Anders liegt der Sachverhalt bei Einsteigern, den sogenannten Hauptvertretern in Einarbeitung (HviE). Äußerst erfahrene Vertreter wissen genau, was sie für eine gelungene Lernumgebung benötigen; dem sollte in Form der Partizipation bei der

Entwicklung von Lernumgebungen entsprochen werden. Für Bildungsexperten und Softwareentwickler bedeutet dies: Online-Lernumgebungen ermöglichen nur dann effizientes Lernen, wenn diese konsequent am Nutzer und Lerner ausgerichtet werden (Koppenhöfer, 1999).

Im Bereich von Angebots- und Beratungssoftware ist es möglich, Angebote per Notebook direkt (face to face) mit dem Kunden zu erarbeiten. Bei offenen Fragen kann im Intranet eine Bibliothek mit Stichwortregister Auskunft geben. Zusätzlich könnten die aktuellen Außendienstinformationen On- oder Offline direkt abgerufen werden. Um sich in ein Thema wie Rentenversicherungen, Unfallversicherung oder Fondsprodukte zu vertiefen, wird eine umfassende Online-Lernumgebung erstellt. Ob diese Lernumgebung in den Arbeitsprozess nutzerorientiert integriert wird oder separat ohne direkte Einbindung der Interessen der Vertreter entwickelt wird, entscheidet künftig über den Erfolg und die Akzeptanz von Online-Lernen im Unternehmen. Kontinuierliche Evaluationen optimieren und koordinieren dabei den Integrationsprozess.

Zielsetzung und Methoden

Mit Hilfe des ganzheitlich konstruktivistischen Evaluationsmodells nach Reinmann-Rothmeier, Mandl & Prenzel (1994) sowie nach Reinmann-Rothmeier & Mandl (1998) wurde die Qualität und Wirkung von Online-Lernen im Testfeld Extranet im Vertrieb der Allianz Versicherungs-AG untersucht. Das Testfeld umfasste Online-Module wie aktuelle Informationen und Lernangebote rund um das Thema Kapitalanlagen, Produkt- und Brancheninformationen, Tarifierungsmodule und Marketingtools für Kundenanalysen.

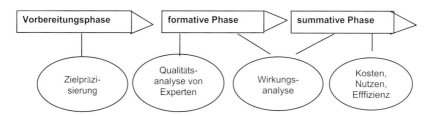

Abb. 24: Phasen der Qualitätssicherung, nach Reinmann-Rothmeier, Mandl & Prenzel, 1994

Der Qualitätssicherungsprozess umfasst drei Phasen:
- die Vorbereitungsphase
- die formative Phase
- die summative Phase

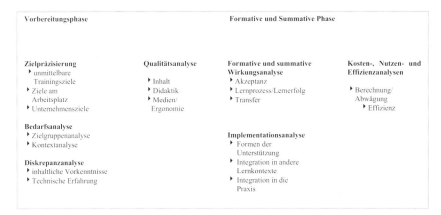

*Abb. 25: Phasen der Qualitätssicherung von Lernsoftware
(Reimann-Rothmeier, 2000)*

Bei der Entwicklung von Bildungsmaßnahmen (Lernumgebungen) sowie kontinuierlicher Evaluationen in Unternehmen ist nach gemäßigt konstruktivistischer Sicht die Beachtung der didaktischen sowie technischen Interessen der Nutzer wie auch des Unternehmens von zentraler Bedeutung. Deshalb kann der kombinierte gemäßigt konstruktivistische Evaluationsansatz nach Reimann-Rothmeier, Mandl & Prenzel, 1994 und Reimann-Rothmeier & Mandl, 1998 auch als nutzerorientiertes Evaluationsmodell bezeichnet werden und ist daher für nutzerorientierte Evaluationen in netzbasierten Lernumgebungen geeignet.
Oft ist in der Praxis nicht klar, wie eine Lernumgebung mit den neuen Medien für die Zielgruppen sinnvoll gestaltet sein sollte. Dies bedeutet, dass „der Einsatz von Lernsoftware und anderen Neuen Medien nach wie vor zu konzeptlos und eher zufällig als zielgerichtet erfolgt" (Mandl, 2000).

Konzept- und Ziellosigkeit ist nicht nur ein Problem bei der Planung und Konstruktion von multimedialen Lernumgebungen, sondern auch bei der Durchführung von Evaluationen (Evaluationsdesign).

Die gemäßigt konstruktivistische Sichtweise hat als Leitkonzept eine problem- und handlungsorientierte Lernumgebung zum Ziel und stellt dementsprechend auch ein praktikables theoretisches Gerüst zur Verfügung, mit dem eine nutzenorientierte Koordination von Instruktion und Evaluation möglich wird.

Das Evaluationsdesign der gesamten Untersuchung umfasst sowohl den Evaluationsschwerpunkt mit den sechs Analysephasen als auch die angewandte Erhebungsmethode im Tableau.

Evaluationsphasen	Methode
Zielpräzisierung	Experteninterview / E-Mail-Befragungen / Dokumentendurchsicht / informelle Gespräche mit Führungskräften
Bedarfsanalyse	halbstandardisierte Interviews / E-Mail-Befragung
Diskrepanzanalyse	halbstandardisierte Fragebogen
Qualitätsanalyse	E-Mail-Befragung / Experteninterviews / informelle Gespräche mit Experten
Wirkungsanalyse	halbstandardisierter Fragebogen
Implementationsanalyse	halbstandardisierter Fragebogen / E-Mail-Befragung

Abb. 26: Evaluationsdesign

Aus der gemäßigt konstruktivistischen Perspektive ist die konsequente Einbeziehung des Lerners als Lernexperten in allen Phasen der Entwicklung durch einen partizipativen Qualitätssicherungsprozess sinnvoll. Dabei unterstützen kontinuierliche Evaluationen in erster Linie den iterativen Optimierungsprozess von Lernsystemen (Reißfelder-Zessin, 2002).

Das Testfeld Extranet war ein erster Versuch von Online-Lernen im Vertrieb. Bei der durchgeführten Untersuchung handelt es sich um eine nutzerorientierte Evaluation, die insbesondere die Online-Lernerfahrungen und die Lernsituation der Vertreter als Nutzer und Kunden sowie technische Aspekte besonders berücksichtigte. Den Schwerpunkt der Studie bildet dabei eine Befragung mit Hilfe eines halb-standardisierten Fragebogens bei den Testfeldteilnehmern.

Diese Untersuchung sollte folgende Fragen beantworten können:

- Wird Online-Lernen im Testfeld Extranet von der Zielgruppe akzeptiert?
- Ist die angebotene Online-Lernumgebung mit einem Online Lernprogramm für Vertreter von Nutzen?
- Welche didaktischen Inhalte und Werkzeuge sollte eine nutzerorientierte netzbasierte Lernumgebung für Vertreter im Vertrieb anbieten?

Skizzierte Erfahrungsergebnisse

Die durchgeführte Evaluation, insbesondere die Wirkungsanalyse, lieferte relevante Ergebnisse, um die Fragen der Zielsetzung beantworten zu können (Reißfelder-Zessin, 2002).

Online-Lernen am Arbeitsplatz wurde in diesem Testfeld von den Vertretern akzeptiert und gut bewertet. Der Nutzen des Online Angebotes wurde unterschiedlich bewertet. Ursachen hierfür waren teilweise die technischen Probleme (langsame Übertragungsgeschwindigkeit der Anfangssequenzen) und die schwierigen Rahmenbedingungen, unter denen die Nutzer (Vertreter) lernen mussten.

Auch wenn das Online-Lernangebot von einigen Vertretern als zu lang bewertet wurde, was zu Motivationsproblemen führte, wurde der Inhalt mit aktuell, strategisch relevant und informationsorientiert mit sehr gut bewertet. Die inhaltlichen Aspekte bei Lernangeboten waren für alle Vertreter relevant.

Der Wissenszuwachs durch das Online-Angebot wurde als positiv bezeichnet. Die gute Bewertung hat vor allem mit dem gut bewerteten Inhalt zu tun, der für viele Vertreter sehr informativ und nützlich war.
Bei anderen Zielen konnten wichtige didaktische Erfahrungen für zukünftige Online-Lernangebote im Vertrieb gemacht werden, wie beispielsweise dass Lernen just-in-time nur dann funktionieren kann, wenn die entsprechenden örtlichen und zeitlichen Rahmenbedingungen bei Vertretern beachtet werden. Zum Beispiel waren die zeitlichen Rahmenbedingungen für Vertreter beim Online-Lernen sehr eingeschränkt. 62 % der Vertreter konnten noch nicht einmal eine Stunde ohne Unterbrechung am Arbeitsplatz lernen.

Positiv bewertet wurde die Verknüpfung des Lernangebotes (Modul Lernwelt mit dem Thema Investmentfonds) mit anderen Applikationen im Extranet. Dabei hatten die Vertreter beim Thema Investmentfonds verschiedene Optionen. Sie konnten je nach Bedarf selbst entscheiden, ob lernen, sich aktuell informieren oder eine andere Anwendung für sie relevant war. Insofern ermöglichte das Testfeld durch das modulare Angebot, auf einfache Art eigenverantwortlich zu lernen und zu handeln. Durch die Offenheit des Online-Lernangebotes konnte jeder Testfeldteilnehmer selbst entscheiden, wann und wie er das Lernangebot nutzen möchte (Gestalter-Grundhaltung).

Zum Thema eigenverantwortliches Lernen war das Ergebnis der Lernstrategien interessant! Lernstrategien in Form des Wiederholens von Inhalten oder Notizenmachens wurden wenig angewandt, da gezielte Ausdrucks- oder Annotationsmöglichkeiten fehlten. Diese didaktischen Möglichkeiten zur Selbststeuerung des Lernens, wurden von den Vertretern vermisst. Von Unternehmensseite wird aber papierloses Lernen gewünscht.

Die instruktionale Unterstützung durch die Hotline war besonders in technischer Hinsicht sehr wichtig (Implementationsphase). Da die Hotline zu den wichtigen Geschäftszeiten immer erreichbar war, konnten die Vertreter bei Fragen diese (per Telefon oder E-Mail) kontaktieren. Nur bei konkreten inhaltlichen Fragen benötigten die Vertreter gezielte Unterstützung. Die inhaltlichen Fragen konnten durch die Weiterleitung an die entsprechenden Fachabteilungen beantwortet werden. Die instruktionale Unterstützung durch die Hotline wurde als sehr gut bewertet und war im Testfeld völlig ausreichend. Tutorielle Unterstützung war bei dieser Zielgruppe nicht notwendig.

Für Vertreter müssen Online Lernangebote, wenn diese einen Nutzen, d.h. Transfererfolg, haben sollen, inhaltlich aktuell, kurz, kompakt, praxisnah sowie technisch schnell aufrufbar sein. Zudem ist es nach wie vor wichtig, dass Dokumente optional ausdruckbar bleiben.

Insgesamt war trotz mancher Hindernisse, das Ergebnis der externen Evaluation für die Zielgruppe wie für das Unternehmen von Nutzen, auch wenn der Transfererfolg durch das Online-Lernangebot nur teilweise erreicht wurde. Ganzheitliche und nutzerorientierte Evaluationen, wie die hier in aller Kürze aufgezeigte Evaluation von Online-Lernen, dienen der Implementierung innovativer Lehr- und Lernsysteme sowie der Optimierung bestehender Lernangebote entsprechend den Interessen der Zielgruppen und Unternehmen.

Zukünftige Evaluationen

Ganzheitliche und differenzierte Evaluationen wie beispielsweise das Modell von Reinmann-Rothmeier, Mandel & Prenzel bieten die Grundlage für ein qualitatives Bildungscontrolling. Die Reduktion auf quantitative Zeit- und Kostenbewertungen im Rahmen von Bildungscontrolling, lässt die wesentlichen Aspekte der Bildungsarbeit unberücksichtigt!

Das Hauptanliegen aus pädagogisch-didaktischer Sicht liegt hierbei auf dem „Transfererfolg". Diesen „sinnvoll" und sachlich nachvollziehbar zu quantifizieren und in ein Verhältnis zu den Kosten zu stellen, ist eine Herausforderung und zukünftige Aufgabe des qualitativen Bildungscontrollings.
Mithilfe onlinegestützter Evaluationsinstrumente, wie beispielsweise der TransferMaster der Firma Teleteach, können Ergebnisse zukünftiger Evaluationen im Bildungsbereich noch effektiver und effizienter ausgewertet, quantifiziert, grafisch dargestellt werden.

Literatur
Beck, U. & Sommer, W. (Hrsg.). (1997). Learntec '97, Tagungsband, Schriftreihe der Karlsruher Kongreß- und Ausstellungs- GmbH, Karlsruhe.

Behrend, E. (1998). Multimediale Lernarrangements im Betrieb, W. Bertelsmann Verlag, Bielefeld.

Bruns, B. & Gajewski, P. (2000). Multimediales Lernen im Netz, Springer Verlag, Berlin, Heidelberg, New York.

Feuchthofen, J. E. & Severing, E. (Hrsg.). (1995). Qualitätsmanagement und Qualitätssicherung in der Weiterbildung, Luchterhand Verlag, Neuwied, Kriftel, Berlin.

Gerstenmaier, J. & Mandl, H. (1994). Wissenserwerb unter konstruktivistischer Perspektive (Forschungsbericht Nr.33), Ludwig-Maximilians-Universität München, Lehrstuhl für Empirische Pädagogik und Pädagogische Psychologie.

Komrey, H. (1995). Evaluation. Empirische Konzepte zur Bewertung von Handlungsprogrammen und die Schwierigkeit ihrer Realisierung, in: Zeitschrift für Sozialforschung, 15. Jahrgang/ Heft 4.

Komrey, H. (1996). Evaluation innovativer Qualifizierungskonzepte – Ansätze und Erfahrung, in: Berufliche Bildung – Kontinuität und Innovation Bd. 2 (S. 705-711), Bundesinstitut für Berufsbildung (BiBB), Bonn.

Koppenhöfer, C. , Böhmann, T. & Krcmar, H. (1999). Lernerzentriertes Design einer internet-basierten kollaborativen Telelearning-Umgebung, in: Tagungsband Elektronische Medien in der wissenschaftlichen Weiterbildung (S. 181- 192),

Mandl, H. & Reinmann-Rothmeier, G. (1997). Transfer als instruktions-psycholgogisches Qualitätskriterium für Weiterbildung mit Neuen Medien, (Praxisbericht Nr. 7), Ludwig-Maximilians-Universität München, Lehrstuhl für Empirische Pädagogik und Pädagogische Psychologie.

Mandl, H. & Reinmann-Rothmeier, G. (1998). Wissensmanagement im Internet – Herausforderung für das Lernen in der Zukunft, in: Beck, U. & Sommer, W., Learntec '98, Tagungsband, Karlsruhe.

Martens, J. U. (1996). Neue Medien in der Aus- und Weiterbildung, in: Berufliche Bildung – Kontinuität und Innovation, Bd. 2 (S. 750-757), Bundesinstitut für Berufsbildung (BiBB), Bonn.

Reinmann-Rothmeier, G. & Mandl, H. (1993). Lernen im Unternehmen, in: Unterrichtswissenschaft, 21, S. 233-260.

Reinmann-Rothmeier, G. , Mandl, H. & Prenzel, M. (1994). Computerunterstützte Lernumgebungen, Publicis- MCD-Verlag, Erlangen.

Reinmann-Rothmeier, G. & Mandl, H. (1995). Qualitätssicherung in der Weiterbildung, in: Geißler/ von Landsberg/ Reinhartz (Hrsg.). Handbuch der Personalentwicklung und Training, 25.Erg.-Lfg..

Reinmann-Rothmeier, G. & Mandl, H. (1997). Lernen mit Multimedia, (Forschungsbericht Nr. 77), Ludwig-Maximilians-Universität München, Lehrstuhl für Empirische Pädagogik und Pädagogische Psychologie.

Reinmann-Rothmeier, G. & Mandl, H. (1998). Evaluation von Lernsoftware, (Forschungsbericht Nr. 12), Ludwig-Maximilians-Universität München, Lehrstuhl für Empirische Pädagogik und Pädagogische Psychologie.

Reinmann-Rothmeier, G. & Mandl, H. (1999). Unterrichten und Lernumgebungen gestalten (Forschungsbericht Nr. 60), Ludwig-Maximilians-Universität München, Lehrstuhl für Empirische Pädagogik und Pädagogische Psychologie.

Reißfelder-Zessin, M. (2002). Nutzerorientierte Evaluation von Online-Lernen, Peter Lang Verlag, Frankfurt a.M., Berlin, Bern, Bruxelles, NY, Oxford, Wien.

Ross, E. (1998). Computerunterstütztes Lernen (CUL) - von der Euphorie zur realistischen Betrachtung, in: Bundesinstitut für Berufsbildung (BiBB), Multimediales Lernen in der Berufsbildung, Bonn.

Struck, E. (1996). Evaluation computerunterstützter Lehr/Lernkonzepte – ein Beispiel, in: Berufliche Bildung – Kontinuität und Innovation Bd. 2 (S. 711-717), Bundesinstitut für Berufsbildung (BiBB), Bonn.

Tergan, S-O, Schenkel, P. & Lottmann, A (Hrsg.). (2000). Qualitätsbeurteilung multimedialer Lern- und Informationssysteme, Bildung und Wissen Verlag und Software GmbH, Nürnberg.

Humatics: Quantitative Grundlagen einer Wissensbilanzierung in Bildungscontrolling und Wissensmanagement

Hans-Diedrich Kreft

Auf der Basis eines neuen, naturwissenschaftlich fundierten Ansatzes namens Humatics (Begriffskonstrukt aus Humanwissenschaft und Mathematik) ist es gelungen, wichtige Eigenschaften von Wissen zu quantifizieren. Zu diesem Zweck wird jedem Menschen in einer Organisation seine individuelle Wissensfunktion zugeordnet. Mit Hilfe von Programmen lassen sich aus Wissensfunktionen vielfältige Eigenschaften von Wissen ableiten. Diese werden operable Wissenseigenschaften genannt. Wie es zwischen dem realen Wissen der Menschen Zusammenhänge, Ergänzungen gibt, so auch zwischen Wissensfunktionen. Letztlich lassen sich derart Wissensstrukturen in Firmen/Organisationen mit Wissensfunktionen abbilden und in Modellen erfassen. Damit ergibt sich erstmals die Möglichkeit, Wissensdaten in Unternehmen mit einer gleichen, objektiven Strenge nach einem standardisierten Vorgehen zu erfassen, wie es für Daten des Bilanzierungswesens der Fall ist. Es werden die Chancen skizziert, die sich für die betriebliche Praxis, bspw. im Bereich des Personal- und Bildungscontrolling, aber auch für die Bewertung von Unternehmen mit Focus auf "intellektuelle Vermögenswerte" ergeben. Auch für Basel II lassen sich nutzbare Quantitäten angeben.

Einführung

In der betrieblichen Praxis ist bisher viel guter Wille, viel Zeit aufgewendet worden, um dem Bildungs- und Wissensmanagement in der Firmenhierarchie einen angemessenen Platz zu verschaffen (Kreft, 2004). Mit der Humatics steht ein Instrument zur Verfügung, um dieses Ziel zu erreichen. Es handelt sich um einen fundamental neuen Ansatz. Erstmal werden Zahlen geliefert, die dem Management von der Bilanzierung bis zur Personalorganisation, bis zur Firmenbewertung Fakten an die Hand geben, die vor kurzem noch nicht denkbar waren.

Was ist das Besondere an der Humatics?

No	1 Operable Wissenseigenschaft	2 Üblicher Sprachgebrauch	3 Symbol	4 Definition (Dimension)	5 Operation
1	Harmonisierung	Teambildung	Q(L)	Q-Distribution	Addition
2	Humanpotential	Wissensmenge	H	Human Bit (hbit)	Shannon
3	Ökonomische Temperatur	Wissenswirkung	T	$\dfrac{\text{Geldfluss}}{\text{hbit}}$	Division
4	Spezifität	Spezialisierung	µ (mu)	Quotient $0 < \mu < 1$	Logarithmus Division
5	Ebenheit	Breitenwissen	ε (epsilon)	Quotient $0 < \varepsilon < 1$	Logarithmus Division
6	Stabilität	Nicht in Gebrauch	S	$\dfrac{\text{hbit}^2}{\text{Geldfluss}}$	Potenz Division
7	Effektivität	Effektivität	E	$\dfrac{\text{Geldfluss}}{\text{hbit}^2}$	Division Potenz
8	Bewertete Konstituente	Kompetenz	u_k	$\dfrac{\text{Geldfluss}}{\text{pro Konstituente}}$	Zählung
9	Kompetenzgüte	Nicht in Gebrauch	Φ (Phi)	hb (Zahl Menschen)	Matrixoperation
10	Redundanz	Rationalisierungspotential	R	Quotient $0 < R$	Division
11	Koordinatendrehung	Perspektivenwechsel	D	hbit	Drehgruppe
12	Innovationsimpuls	Innovation	∇ (Nabla)	hbit $0 < \nabla < 1$	Erweiterter Shannon

Abb. 27: Zusammenstellung operable Wissenseigenschaften

Die Humatics übernimmt eine äußerst erfolgreiche Methode aus den Naturwissenschaften. Statt mit Zahlen, rechnet die Humatics mit Funktionen, den so genannten Wissensfunktionen und kann derart viele komplexe Aspekte von Wissen erfassen. In diesem Sinne spricht die Humatics von den operablen Wissenseigenschaften. Ein Überblick über 12 wichtige und in Betrieben nutzbare, operable Wissenseigenschaften ist in obenstehender Abbildung angegeben. In der Spalte 1 sind die Namen der operablen Wissenseigenschaften aufgeführt. Jede operable Wissenseigenschaft hat ein eigenes Symbol (siehe Spalte 3) und ist definiert durch ihre mathematischen Eigenschaften (Spalte 4). Die mathematischen Eigenschaften ergeben sich aus den Operationen, die auf Wissensfunktionen angewandt werden (Spalte 5). Aus der Spalte 2 ist z. B. ersichtlich, dass mit operablen Wissenseigenschaften auch solche erfasst werden, für die uns bisher Beschreibungen, Worte fehlen. So sind z. B. Stabilität (Zeile 6) bzw. Kompetenzgüte (Zeile 9) von Wissen bisher unbekannt gewesen.

Die Humatics handelt also ausschließlich von operablen Wissenseigenschaften. Damit hat sie sich quasi einen "Reinraum" geschaffen, in dem sie mit mathematischer Strenge gilt. Das heißt aber auch, sicher gibt es noch

Wissenseigenschaften, die von der Humatics nicht erfasst werden. Beispiele mögen sein, implizites Wissen, Tacitwissen, Storytellingwissen etc. Die Humatics stellt mithin nicht den Anspruch auf, Wissen in all seinen Facetten vollständig zu erfassen. Daraus folgt aber auch, es ist sinnlos, die Humatics mit dem Argument zu kritisieren, sie erfasse nicht alle Aspekte von Wissen. Für die Beurteilung der Humatics zählt nur der praktische Erfolg und hier hat sie einiges vorzuweisen. Das soll im Folgenden wenigstens schlaglichtartig beleuchtet werden. Vertiefende Einsichten sind aus den Literaturhinweisen im Anhang zu entnehmen.

Die zwei Schritte zur Erstellung von Wissensfunktionen

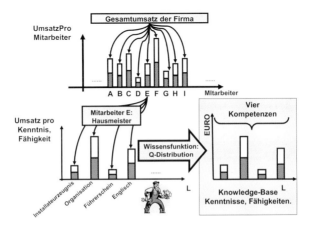

Abb. 28: Die zweistufige Umsatzaufteilung zur Erzeugung von Wissensfunktionen

Zur Erstellung von Wissensfunktionen legen Mitarbeiter fest, welchen Umsatzanteil sie mit welchen Kenntnissen, Fähigkeiten (Kompetenzen) realisieren. Hierzu wird in einem ersten Schritt (oberer Teil der Abbildung) der Gesamtumsatz der Firma auf die Mitarbeiter umgelegt. Diese Umlage kann z. B. an den Gehaltshöhen der Mitarbeiter orientiert sein. Die Humatics geht einen entscheidenden, zweiten Schritt weiter und legt diesen pro Kopf Umsatz (in Abbildung 2 ist das für den Mitarbeiter E – den Hausmeister – dargestellt) auf die Kenntnisse und Fähigkeiten um, mit denen der Mitarbeiter zum Wettbewerbserfolg der Firma, also den Firmenumsatz beiträgt. Für den Hausmeister seien es: Sein Installationszeugnis (ein Hardfact), sein Organisationstalent (Softfact), der Führerschein und seine Englischkenntnisse. Es ergibt sich ein Balkendiagramm, das bereits eine einfache Form einer Wissensfunktion, eine so genannte Q-Distribution darstellt.

Für Unternehmen ist das hier Dargestellte keinesfalls neu. Unternehmen stellen Mitarbeiter gemäß der benötigten Kenntnisse und Fähigkeiten ein und sie bewerten die Kenntnisse und Fähigkeiten durch Lohn bzw. Gehalt. Da letztere wieder Umsatzanteile sind, ist der direkte Zusammenhang mit Wissensfunktionen gegeben. In diesem Sinne zeigt die Humatics nur auf, was in der betrieblichen Praxis in mehr oder weniger durchschaubarer Form geschieht. Zu den vielfachen weiteren Möglichkeiten Wissensfunktionen zu erstellen, sei auf die weiterführende Literatur am Ende des Artikels verwiesen.

Die einfache Erstellung von Wissensfunktionen in der betrieblichen Praxis

Die nachfolgende Abbildung zeigt die Eingabemaske für Wissensfunktionen der Firma agiplan GmbH, Mülheim. Aus den ca. 250 aufgelisteten Kenntnissen, Fähigkeiten, die bei agiplan benötigt werden und im rechten Scroll-Fenster aufgelistet sind, kann sich jeder Mitarbeiter die für ihn geeigneten auswählen und per "drag und drop" in die linke Seite ziehen. Damit ist die Erstellung einer Q-Distribution schon erledigt, da die Umlage des Pro-Kopfumsatzes auf diese Kenntnisse, Fähigkeiten mit Hilfe der Umsatzdaten aus dem Controlling per Programm automatisch geschieht.

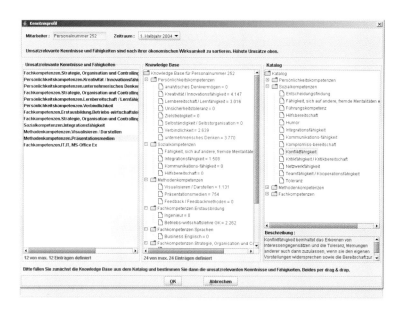

Abb. 29: Screen Shot agiplan GmbH, Mülheim zur computergestützten Erhebung von Wissensfunktionen

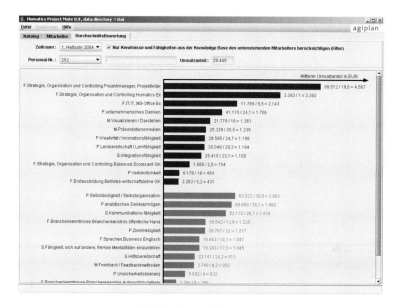

Abb. 30: Screen Shot agiplan,
Q-Distribution eines anonymisierten Mitarbeiters

In obenstehender Abbildung ist die sich ergebende Q-Distribution in vertikaler Darstellung angegeben. Bei agiplan werden die im letzten Halbjahr besonders umsatzrelevanten Kenntnisse und Fähigkeiten noch hervorgehoben (oberer Teil der Abbildung). Die Kompetenzen wurden nach Umsatzbeitrag sortiert. Wir wollen uns im Folgenden an wenigen Beispielen ansehen, wie Wissensfunktionen in der betrieblichen Praxis zu nutzen sind.

Zur Anonymisierung von Wissensfunktionen

In der nachfolgenden Abbildung 31 sind Mitarbeiter in drei Abteilungen (Entwicklung, Produktion, Vertrieb) skizziert dargestellt. Die Wissensstrukturen der Firma werden durch Wissensfunktionen dargestellt (hier symbolisch über den Köpfen dargestellt). Erhält jede Wissensfunktion eine verschlüsselte Nummer, ist es für das EDV-System nicht erforderlich zu wissen, welche Wissensfunktion zu welchem Menschen gehört. Erste Erfahrungen bei der Einführung von Wissensfunktionen in Firmen zeigen, dass mit dieser Verschlüsselung (anonymisierte Wissensfunktionen) auch Mitarbeiterrechte genügend gewahrt sind und der Betriebsrat ihrer Einführung zustimmen kann.

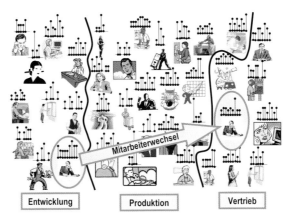

Abb. 31: Wissensfunktionen und Firmenstruktur

Wissensharmonisierung im Betrieb

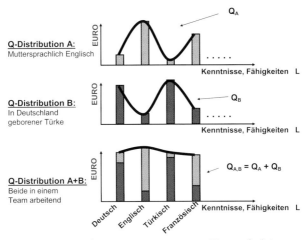

Abb. 32: Wissensharmonisierung von zwei Wissensfunktionen

Als Beispiel für die Leistungsfähigkeit von Wissensfunktionen soll die Teambildung hier angeführt werden. Menschen arbeiten in Firmen zusammen, um ihr Wissen so zu harmonisieren, dass sich daraus Vorteile ergeben. Die Wissensfunktionen Q_A, Q_B von zwei Fremdsprachenübersetzern A, B sind in Abbildung 32 dargestellt. Der Übersetzer A (muttersprachlich Englisch), spricht beispielsweise besser Englisch und Französisch als Deutsch und Türkisch, womit

Englisch, Französisch in seiner Q-Distribution höher bewertet sind. Bei Übersetzer B (ein in Deutschland geborener Türke) verhält es sich entgegengesetzt. Lassen wir diese beiden Übersetzer in einem Team zusammenarbeiten, werden wir eine Ergänzung der Übersetzungsfähigkeiten erzielen. Durch die Viersprachigkeit kann z. B. jeder Übersetzer seinen Kollegen wenigstens zum Weiterleiten eines Gespräches am Telefon vertreten. Das Gesamtwissen im Team stellt sich harmonischer dar.

Genau den gleichen Effekt erhalten wir durch Addition der beiden Q-Distributionen A und B, wie es in Abbildung 32 unten dargestellt ist. Es ergibt sich eine neue Q-Distribution, die wesentlich gleichmäßiger aussieht, als es die beiden Einzeldistributionen sind. Was hier im Beispiel noch einfach aussieht, ist im Falle von größeren Abteilungen nur noch sinnvoll mit Computerhilfe zu schaffen. Es ist also zukünftig möglich, den Harmonisierungsgrad von Kompetenzen in Abteilungen zu erfassen.

Projektanforderung und verfügbares Mitarbeiterwissen.

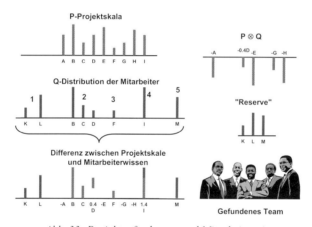

Abb. 33: Projektanforderung und Mitarbeiterwissen

Eine ganz andere Aufgabenstellung, die ebenfalls auf Teameigenschaften aufbaut, ist in Abbildung 33 dargestellt. Es geht darum, dass für ein neues Projekt die benötigten Kenntnisse und Fähigkeiten bekannt sind. Was zusammenzustellen ist, ist ein geeignetes Team. Wir sehen oben links in dieser Abbildung die so genannte Projekt-Scala (kurz P-Scale), das ist die Zusammenstellung der für das Projekt benötigten und in Geldeinheiten bewerteten Kenntnisse, Fähigkeiten (A bis I). Mit der Bewertung ist somit die Bedeutung einer Kenntnis, Fähigkeit für das Projekt angegeben. Darunter sind die Kenntnisse, Fähigkeiten von Mitarbeitern (1 bis 5) nebeneinander passend zu den Positionen der P-Scale dargestellt (Q-

Distributionen der Mitarbeiter). Vergleichen wir nun, sozusagen auf Knopfdruck die Projekt-P-Scale per Computer mit den Q-Distributionen der Mitarbeiter, können wir ein geeignetes Team zusammenstellen.

In der rechten Bildseite ist das Ergebnis angegeben. Per Computer ist ein Vorschlag für ein geeignetes Team vorgeschlagen. Wir erhalten somit per Knopfdruck ein mögliches Team, mit dem wir weitere Details klären müssen. Klar, dass auch solche Dinge wie objektive Verfügbarkeiten, die z. B. bei Urlaubsplänen recht komplex werden können, vom Computer mit berücksichtigt werden, so dass die Mitarbeiter z. B. während der heißen Projektphase auch verfügbar sind. Natürlich kann mit operablen Wissenseigenschaften nicht geklärt werden, ob die Mitarbeiter auch in der Lage und Willens sind zusammenzuarbeiten. Hier ist weiterhin der einfühlsame und motivierende Manager gefragt.

Wissen und Bilanzierung

Der besondere Nutzen der Humatics ergibt sich durch die quantitative Verknüpfung von operablen Wissensdaten mit herkömmlichen Controllingdaten. Der Grund der Verknüpfung liegt bereits in den Wissensfunktionen vor, da auf Grund unserer Erläuterungen zu Abbildung 28 in Wissensfunktionen Umsatzanteile enthalten sind.

Humanpotenzial und ökonomische Wirkung

Zu den wichtigen Größen, die sich aus Wissensfunktionen ableiten lassen, zählt das Humanpotenzial H als Mengenwert für Wissen und die ökonomische Temperatur T (siehe Tabelle zu Beginn des Kapitels, Zeilen 2, 3). T stellt den Umsatzbeitrag einer Wissenseinheit dar. Wie wir von einem Umsatz pro Kopf reden können, so gibt es auch einen Umsatz pro Wissenseinheit. Es gilt folgende, einfache Beziehung: $U = T * H$ (der Gesamtumsatz einer Wissensfunktion ist gleich dem Produkt aus ökonomischer Temperatur mal Humanpotenzial).

Was bedeutet dieser Zusammenhang für die betriebliche Praxis?

In der Abbildung „Wissensfunktionen und Firmenstruktur" (Abb. 31) ist mit dem Pfeil ein firmeninterner Wechsel eines Mitarbeiters aus der Entwicklung in den Vertrieb angegeben. Hintergrund mag sein, dass ein fertig entwickeltes Produkt neu in den Vertrieb gekommen ist und dort nun erhebliche Probleme bei der Erstellung von vertrieblichen Unterlagen, Beantwortung von spezifischen Kundenanfragen usw. verursacht. Der Vertrieb möchte die Probleme durch Erhöhung seiner technischen Kompetenz in den Griff bekommen. Zu diesem Zweck wechselt ein Entwickler mit hervorragenden Produktkenntnissen von der Entwicklung in den Vertrieb. Es wird also erwartet (ex ante Situation, als vorab gestellte Szenariosituation), dass das Wissen des Entwicklers sich in einer zukünftigen (ex post, Situation im Nachhinein) Situation positiv auf die Umsatzentwicklung auswirkt. Wie kann nun eine solche Erwartung durch Wissensfunktionen abgebildet werden? Da der Nutzen der Maßnahme auf einer Vermutung basiert, die ausschließlich aus Urteilen von Entscheidungsträgern resultiert, steht hier das Wissensmanagement vor einer seiner größten Herausforderungen.

(1) Wissensmatrix erste Periode

	Controllingdaten z. B. aus Gewinn und Verlust			Matrixkern	
	1 U Umsatz Mio. €	2 B Anzahl Mitarbeiter	3 Umsatz pro Mitarbeiter Mio. €/B	4 H Wissensmenge hbit	5 T = U/H Umsatz pro Wissenseinheit €/mhbit
E: Entwicklung	2,0	10	0,200	70,000	28,571
P: Produktion	4,0	20	0,200	140,000	28,571
S: Vertrieb	4,0	20	0,200	140,000	28,571
Firma gesamt	10,0	50	0,200	350,000	28,571

(2) Wissensmatrix zweite Periode ohne Perspektivenwechsel

	Controllingdaten z. B. aus Gewinn und Verlust			Matrixkern	
	1 U Umsatz Mio. €	2 B Anzahl Mitarbeiter	3 Umsatz pro Mitarbeiter Mio. €/B	4 H Wissensmenge hbit	5 T = U/H Umsatz pro Wissenseinheit €/mhbit
E: Entwicklung	1,8	9	0,200	63,000	28,571
P: Produktion	4,0	20	0,200	140,000 +7	28,571
S: Vertrieb	4,2	21	0,200	147,000	28,571
Firma gesamt	10,0	50	0,200	350,000	28,571

(3) Wissensmatrix zweite Periode mit Perspektivenwechsel

	Controlling Data (Profit and Loss)			Humatics-Core	
	1 U Umsatz Mio. €	2 B Anzahl Mitarbeiter	3 Umsatz pro Mitarbeiter Mio. €/B	4 H Wissensmenge hbit	5 T = U/H Umsatz pro Wissenseinheit €/mhbit
E: Entwicklung	1,8	9	0,200	63,000	28,571
P: Produktion	4,0	20	0,200	140,000 +6	28,571
S: Vertrieb	4,2	21	0,200	146,000	28,767
Firma gesamt	10,0	50	0,200	349,000	28,653

(4) Wissensmatrix dritte Peride mit Perspektivenwechsel und Umsatzerhöhung

	Controllingdaten z. B. aus Gewinn und Verlust			Matrixkern	
	1 U Umsatz Mio. €	2 B Anzahl Mitarbeiter	3 Umsatz pro Mitarbeiter Mio. €/B	4 H Wissensmenge hbit	5 T = U/H Umsatz pro Wissenseinheit €/mhbit
E: Entwicklung	2,0	9	0,220	63,000	31,429
P: Produktion	4,4	20	0,220	140,000	31,429
S: Vertrieb	4,6	21	0,220	146,000	31,644
Firma gesamt	11,0	50	0,220	349,000	31,519

Abb. 34: Mitarbeiterwechsel dargestellt in der Wissensmatrix.

Abbildung 34 zeigt in den vier Tabellen (1) bis (4) die so genannten Wissensmatrizen in drei aufeinander folgenden Perioden. Diese enthalten in ihrem linken Teil Daten aus dem herkömmlichen Controlling. Das ist aus Spalten 1 bis 3 zu entnehmen. In Spalte 1 ist der Umsatz U z. B. aus der GuV übernommen. In Spalte 2 taucht mit B die Anzahl der Mitarbeiter z. B. als Datum aus der Personalabteilung auf und in Spalte 3 ist der Umsatz pro Mitarbeiter angegeben. In den Spalten 4, 5 reichen uns hier zwei Daten der Humatics, um deren Aussagekraft zu demonstrieren: Es ist das Humanpotenzial H und die ökonomische Temperatur. Dieser Teil der Wissensmatrix, in dem die operablen Wissenseigenschaften auftauchen, wird als Matrixkern bezeichnet. Wie ersichtlich, stimmen die Einheiten in der Wissensmatrix mit denen in Abbildung 27, Zeilen 2, 3 überein.

Die Wissensmatrix (1) stellt die Startsituation vor dem Wechsel des Mitarbeiters dar. In (2) ist der Wechsel vollzogen. Die einzige Änderung zwischen Wissensmatrix 1, 2 stellt die Reduktion von Mitarbeiterzahl B und Wissensmenge H in der Entwicklung und die äquivalente Erhöhung im Vertrieb dar. Somit ändern sich die Quotienten in den Spalten 3, 6 nicht. Damit ist der Grund des Mitarbeiterwechsels, eine bessere Nutzung des Entwicklerwissens im Vertrieb, nicht erkennbar. Ein Controller würde aus den Betriebsdaten keine weiteren Erkenntnisse gewinnen, als sie ihm durch den Dreisatz gegeben sind. Diese Darstellung entspricht dem Stand des Wissensmanagement vor Entdeckung der operablen Wissenseigenschaften. Mit den operablen Wissenseigenschaften stellt sich die Situation wesentlich anders dar. Da Wissensfunktionen bewertete Kompetenzen enthalten, zeigen sie eine unterschiedliche Form an, je nachdem ob sie z. B. aus der Perspektive der Entwicklung oder aus der des Vertriebes bewertet werden. Das ist auch mit der Änderung der Wissensfunktion des Entwicklers in Abbildung 31 symbolisch dargestellt. Dort ist angedeutet, dass eine Kompetenz – hier die spezifische Produktkompetenz – im Vertrieb höher als in der Entwicklung bewertet wird.

Perspektivenwechsel in Wissensfunktionen

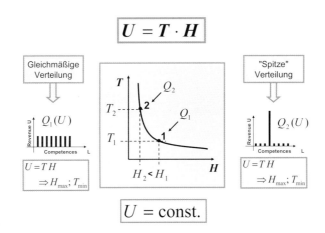

Abb. 35: Perspektivenwechsel in Wissensfunktionen

In Abbildung 35 ist dargestellt, wie sich die T-, H-Werte einer Wissensfunktion ändern, wenn die Summe der bewerteten Kompetenzen U konstant bleibt. Das ist bei unserem Entwickler gegeben, wenn wir annehmen, dass er in Vertrieb wie Entwicklung einen gleichen Umsatzbeitrag leisten soll.

Links in der Abbildung ist mit $Q_1(U)$ eine gleichmäßig ("breit") angelegte und rechts mit $Q_2(U)$ eine "spitz" angelegte Wissensfunktion dargestellt. Beide mögen sie einen konstanten Umsatzbeitrag U auf die Kompetenzen verteilt haben. Offenbar wird die eine hervorgehobene Kompetenz in der Q_2 zu Lasten der anderen höher bewertet. Die Mathematik (Shannon'sche Formel) ergibt nun ein geringeres Humanpotenzial für "spitze" gegenüber "breit" angelegten Wissensfunktionen. Offenbar steigt bei "spitzen" Wissensfunktionen der Wert einiger Wisseneinheiten, d. h. "spitze" Wissensfunktionen sind durch höhere Temperaturwerte T gekennzeichnet. Die mathematischen Zusammenhänge können in Kreft, 2003, detailliert nachgelesen werden.

Änderungen von Wissensfunktionen ergeben sich, wenn die Kompetenzen von Mitarbeitern unterschiedlich bewertet werden, wie es aus der Sicht unterschiedlicher Abteilungen der Fall sein mag. Solch ein Perspektivenwechsel ergibt sich für unseren Fall folgendermaßen: Die technischen Produktkenntnisse des Entwicklers sind in der Entwicklung mehrfach vorhanden und stellen dort keinen herausragenden Wert dar. Mindestens eine Entwicklerkompetenz stellt im Vertrieb einen hohen Wert dar, womit sie in der Wissensfunktion besonders hervorgehoben ist. Die Wissensfunktion des Entwicklers wird im Vertrieb "spitzer", d. h. sein Humanpotenzial H wird geringer, der Temperaturwert T erhöht sich. Wenn der Entwickler die Entwicklung verlässt, sind dort also z. B. 7 hbit an Humanpotenzial weniger anzusetzen. Das ist in der Wissensmatrix 2 der Fall (siehe Abbildung 31 die per Pfeil dargestellte Hervorhebung). Diese 7 hbit wurden sozusagen ohne Berücksichtigung des Perspektivenwechsels in gleicher Menge in den Vertrieb transportiert. In der Wissensmatrix 3 sind die realistischen Verhältnisse gezeigt (ebenfalls gekennzeichnet). Im Vertrieb sind nur 6 hbit zusätzlich anzusetzen, da dort die "mitgebrachte" Wissensfunktion infolge der Vertriebsperspektive weniger Humanpotenzial H bei höherer Temperatur T enthält. Der Vergleich der Wissensmatrix 1 und 3 zeigt dem Controller auf, was der Sinn des Mitarbeiterwechsels gewesen ist.

Mit diesen Ergebnissen ist das Ziel erreicht. Die ex ante Situation, d. h. allein die Vermutung der Manager, dass der Einsatz des Entwicklers im Vertrieb zu einer besseren Nutzung des Wissens führt, ist bereits für den Controller aus einer Wissensmatrix zu entnehmen.

In der Wissensmatrix 4 ist der gewünschte Fall, die erhoffte Umsatzerhöhung hier simulativ vorgegeben. Letztlich ist damit die betriebsinterne Hypothese durch die Umsatzsteigerung bestätigt worden. Natürlich kann sich die Realität auch anders bemerkbar machen, in dem z. B. das Produkt nicht absetzbar ist, weil der Wettbewerb das bessere Produkt gebracht hat. Diese Zukunftseffekte können natürlich nicht rechnerisch in Voraus ermittelt werden. Die Zukunft bleibt offen.

Es ist ersichtlich, dass mit den operablen Wissenseigenschaften dem Management in der Zukunft vollkommen neue Methoden zur Verfügung stehen, um Wissensstrukturen in Firmen sichtbar zu machen.

Zu praktischen Beispielen aus Betrieben

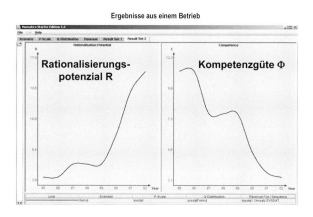

Abb. 36: Ergebnisse aus der Anwendung operabler Wissenseigenschaften, System Data AG.

Zwischen September 2001 und Februar 2002 wurde durch das Land Brandenburg ein Pilotprojekt zum praktischen Test der operablen Wissenseigenschaften bei der Firma System Data AG, Potsdam gefördert. Die Methoden wurden auf die Daten der Firma für einen Zeitraum zwischen 1995 bis 2002 angewandt. Da die Firmenentwicklung im Nachhinein bekannt war, wurde untersucht, in wie weit die Humatics Details der Firmenentwicklung offenbart, welche das Management zum jeweiligen Zeitpunkt nicht überblicken konnte. Die Kurven zeigen den Verlauf der Kompetenzgüte (rechte Bildseite in Abb. 36) und des Rationalisierungspotenzials (linke Bildseite). Die Definitionen sind wieder aus Abb. 27 ersichtlich.

Die drastische Abnahme der Kompetenzgüte, wurde vom Management bestätigt, da während dieser Periode die Firma sich in einer starken Expansionsphase befand. Daraus folgend wurden neue Mitarbeiter mit Kenntnissen, Fähigkeiten eingestellt, die zur Auftragsabwicklung zusätzlich benötigt wurden. Die Humatics zeigt nun, dass die Kompetenzgüte für diesen Fall abnehmen muss, da Kenntnisse, Fähigkeiten vielfach redundant (sandwichartig) vorliegen. Der Sattel in der rechten Bildseite zwischen 1997 und 1999 zeigt eine Stabilisierung an, die ebenfalls von der Geschäftsleitung bestätigt wurde. Während dieser Zeit wurden neue Mitarbeiter mit einer anderen Basis an Kenntnissen, Fähigkeiten eingestellt,

d. h. die Kompetenzgüte wurde verbreitert, das Rationalisierungspotenzial verminderte sich.

Zusammenfassend lässt sich aus den Ergebnissen ableiten, dass das Management mit den Methoden der operablen Wissenseigenschaften in der Lage gewesen wäre, problematische Entwicklungen frühzeitiger zu erkennen.

Ablauf des Projekts:

0. Vorbereitung
- Pflichtenheft, Team, Planung, Information

1. Katalog der Fähigkeiten
- Sozial-, persönliche -, Methodenkompetenz, Fachkompetenz
  Interviews mit den Verantwortlichen für die Leistungsschwerpunkte

2. Datenerhebung bei allen Mitarbeiterinnen und Mitarbeitern
- Feststellung Fähigkeiten und Umsatzanteils, Gruppeninterviews

3. Auswertung der Daten
- Humanpotenzial H [hbit], ökonomische Temperatur T [€/hbit], Kompetenz

4. Toolentwicklung: Zusammenstellung von Projektteams
- Anforderungsprofile, Auswahlmöglichkeiten, Effektivität Ressourceneinsatz

5. Simulationsszenarien
- Strategierunde: Wissensziele und Unternehmensstrategie, Wissensentwicklung
- Simulation der Maßnahmen, Szenarien

Abb. 37: Vorgehensweise bei agiplan

In Abbildung 37 ist das Vorgehen zur Einführung der Humatics bei der Firma agiplan, Mülheim zu ersehen. Agiplan wird als eine ihrer zukünftigen Leistungen die Einführung der Humatics in Betrieben anbieten. Um mit der Humatics auf festem Boden zu stehen, führt die Firma bei sich selbst die Humatics ein, um aus diesem Erfahrungsfundus zu schöpfen. Die Humatics macht bei agiplan Sinn, da die Firma als Beratungsunternehmen Betriebsverlagerungen durchführt, neue Produktionsanlagen plant, Firmenansiedlungen betreut und bei diesem heterogenen Leistungsangebot naturgemäß auf ein äußerst hochqualifiziertes Team unterschiedlichster Experten setzen muss, die zudem noch zeitlich bei verschiedenen Projekten äußerst flexibel eingesetzt werden müssen.

Anmerkungen zur Balanced Score Card (BSC)

Bei der BSC handelt es sich um ein recht vielfach in der Diskussion befindliches Controllinginstrument, das als Matrix vier so genannte Perspektiven abbildet: Finanzen, Interne Prozesse, Lernen/Mitarbeiter, Kunden/Markt. In den Perspektiven werden Ziele, Messgrößen, Sollwerte und Maßnahmen definiert. Mit dem Punkt "Messgrößen" ist die große Schwäche der BSC charakterisiert. Siehe

Fragezeichen in Abb. 38. Die Väter der BSC (Kaplan, Norton) haben nicht angegeben, wie quantitative, reproduzierbare Daten für die verschiedenen Zwecke reproduzierbar zu ermitteln sind. Genau hier kann die Humatics der BSC mit der mathematisch determinierten Quantifizierung von Wissen zu Hilfe kommen:

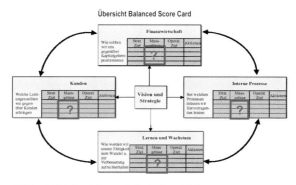

Abb. 38: *Balanced Score Card (BSC) im Überblick*

Humatics liefert reproduzierbare Kenngrößen für strategische Entscheidungen wie:

- Kosten senken vs. Einnahmen steigern,
- Neukunden gewinnen vs. Geschäft bei Altkunden ausbauen,
- Verbreiterung der Wissensbasis (Knowledge Base) vs. Spezialisierung,
- Investition in Entwicklung neuer Produkte vs. Ausbau etablierter Produkte.

Diese Kenngrößen können unmittelbar in den Perspektiven der BSC genutzt werden. Die Verbindung der Perspektiven der BSC ist nicht mehr auf den Prozess der Herleitung der Ziele aus Vision und Strategie beschränkt, sondern wird durch die Bereitstellung objektivierbarer Messgrößen kontinuierlich gewährleistet.

Literatur

Kreft, H.-D.: Kritische Analyse zur Wissensbewertung und –bilanzierung, 2004 http://www.humatics.de/flashindex.htm

Kreft, H.-D.: Geld und Wissen, Berlin, 2003, Download: http://www.humatics.de

Kreft, H.-D.: Das Humanpotenzial, von der sozialen zur fairen Marktwirtschaft, Berlin, 2001

Kreft, H.-D.; Kassing, R., Breidbach, O.: Humatics: Zur Quantifizierung operabler Wissenseigenschaften, 2004, http://www.humatics.de/flashindex.htm

Kreft, H.-D.: Wissensperspektiven in der GuV, Potsdam, 2004, http://www.humatics.de/flashindex.htm

Ergänzende Literatur
Buhk et. al, (2001, 2003) Uni Ahrhus,
http://www.pnbukh.com/PDF_ARTIKLER/SJM_2001.PDF
http://www.pnbukh.com/PDF_ARTIKLER/jiC%202003-b.pdf
Deutsche Bundesbank (2002), Rechnungslegungsstandards für Kreditinstitute im Wandel, in : Monatsbericht Juni 2002, S. 41-57
Hayek, F.-A. (1936): "Economics and Knowledge" 1936, London Economic Club, http://www.virtualschool.edu/mon/Economics/HayekEconomicsAndKnowledge.html
Krumnow, J. (2001): Neuere Entwicklungen in der Rechnungslegung für Banken, Dokumentationsunterlagen zum Vortrag am 9. August 2001 bei der Landeszentralbank Hessen, Frankfurt am Main 2001
Maul, K.-H. / Menninger, J. (2000): Das „Intellectual Property Statement" – eine notwenige Ergänzung des Jahresabschlusses?, in: Der Betrieb, Heft 11/2000, S. 529 – 533
Gisteren, R. v. (2004): Personalrisikomanagement – Qualitative Ansätze eines Managements von operationellen Risiken des Bankpersonals unter besonderer Berücksichtigung von BASEL II, in: Personalrisikomanagement, 2. überarbeitete Auflage, hrsg. v. M. Kobi/J. Backhaus, ISBN 3-409-11468-8, Deutscher Sparkassen Verlag Stuttgart 2004, S. 323 - 349
Gisteren, R. v. (2004): Human Performance Management – Ein ökonomischer Ansatz zur Wert- und Risikosteuerung des Humanpotenzials im Bankbetrieb, in: Kompetenzkapital-Verbindungen zwischen Kompetenzbilanzen und Humankapital, hrsg. v. J. Erpenbeck/J. Hasebrook/O. Zawacki-Richter, Bankakademie-Verlag Frankfurt a. M. (erscheint im Oktober 2004)
Weizsäcker , C. F. v.(1991): "Zeit und Wissen", Carl Hanser Verlag, ISBN 3-446-16367-0
VisionPatents AG, 21521 Dassendorf, Germany (e-mail: dkreft@visionpatents.com)

Kosten-Nutzen-Rechnung von Bildungscontrolling mit mobilen Abfragesystemen

Prof. Dr. med. Edgar Heinen

Kosten-Nutzen-Rechnungen von Bildungscontrolling hängen direkt von den verwendeten Tools ab. Die Datenerfassung und Auswertung von Befragungen mit mobilen Abfragesystemen führt zu einer erheblichen Kosteneinsparung dann, wenn diese Systeme gleichzeitig eine einfache Handhabung der Frageneingabe, der Speicherung der erhobenen Daten und möglichst umfangreiche statistische Auswertemöglichkeiten bieten. Die sofortige Visualisierung der Ergebnisse erhöht die Akzeptanz bei den Befragten wesentlich.

Mobile Abfragesysteme haben sich auch in der Wissensvermittlung als sehr sinnvolle Hilfsmittel erwiesen. In neuester Zeit wurden Wege aufgezeigt, mobile Abfragesysteme in der Hypothesenbildung, im Entscheidungstraining (Entscheidungsbaum), in der Erfassung komplexer Zusammenhänge und bei Arbeiten zur FMEA (Fehler-Möglichkeiten-Erkennungs-Analyse) und der balanced score card einzusetzen. Ein kombinierter Einsatz reduziert den Anteil der Kosten für das Bildungscontrolling.

Kosten von Bildungscontrolling

Weiterbildung verursacht Kosten; der Anstieg des Wissensbestands der Mitarbeiter lässt sich hingegen nicht bilanzieren. Eine Maßnahme, die jetzt hohe Kosten verursacht, deren positive Auswirkungen aber erst in Jahren zu erwarten ist, wird daher nur selten die Zustimmung der Vorstände erhalten. Bildungscontrolling kann – wenn ein kurz bis mittelfristiger Erfolg einer Bildungsmaßnahme nachweisbar ist – das entscheidende Argument für eine Maßnahme werden.

Die durch das Controlling verursachten Kosten müssen zu den Kosten der Weiterbildungsmaßnahme hinzugerechnet werden. Die Forderung, Bildungscontrolling mit all seinen Facetten in einem Guss einzuführen, könnte in vielen Fällen zu so hohen Kosten führen, dass Weiterbildung insgesamt zu teuer würde! Es erscheint daher ratsam, mit ersten Maßnahmen von möglichst hoher Effektivität bei gleichzeitig niedrigen Kosten zu beginnen und eine Kosten-Nutzen-Analyse für die verschiedenen Schritte des Bildungscontrollings durchzuführen.

Wo entstehen Kosten im Bildungscontrolling?

Jedes Bildungscontrolling setzt die Analyse des Bedarfs und die Ermittlung der Effektivität der durchgeführten Maßnahmen voraus. Für nahezu alle einzelnen Schritte bestimmt die Erhebung von Daten, typischerweise mittels Fragebögen, die Voraussetzungen.

- Erstellung von Fragebögen:
  Die Kosten für die Erstellung von Fragebögen hängt in erster Linie davon ab, ob bereits veröffentlichte Fragebögen verwendet, bzw. an die Verhältnisse im Betrieb angepasst werden können. Greift man auf bereits veröffentlichte Fragebögen zurück, so muss dennoch kritisch überprüft werden, ob sie auch für die Zielgruppe und die individuellen Zielsetzungen geeignet sind. Die Kosten für neu erstellte, neu validierte Fragebögen dürften sich gegenüber den bereits publizierten Fragebögen in Grenzen halten. Dabei muss hinterfragt werden, ob bei einer kleinen Zahl Befragter und spezifischen Fragestellungen gleich eine umfassende Evaluation eines Fragebogens notwendig ist! Außerdem kann man gerade in mittleren Unternehmen damit rechnen, dass eine spitzfindige statistische Analyse nicht von allen gut verstanden und damit auch nicht ausreichend akzeptiert wird.
  Die Kosten für die Aufbereitung von Fragebögen sollten bei den vielen Änderungswünschen bis zur Drucklegung nicht übersehen werden. Gliederung und Umbruch überfordern manche Schreibkraft.
  In dem mobilen Abstimmungssystem mobiTED ist die Frageneingabe mittels Fragenmaske nach kurzer Einweisung unmittelbar verständlich.

- Datensammlung und Auswertung
  In vielen Fällen ist das Bildungscontrolling trotz hervorragender Ansätze in der Flut der Fragebögen ertrunken. Stapel verstaubter, nicht ausgewerteter Fragebögen sind die Regel.
  Erfolgt die Erhebung der Daten hingegen mit einem mobilen Abstimmungssystem, das eine Speicherung und Auswertung der Befragung auf Knopfdruck ermöglicht, so reduziert sich die Arbeit nicht nur um die Übertragung der Voten in eine Matrix, die eine Auswertung erlaubt, auch die Auswertung ist bei entsprechender Planung sofort abrufbar. Die Verminderung der Kosten der Dateneingabe ist erheblich.

- Präsentation
  Mit steigender Zeitdauer zwischen der Befragung und der Präsentation von Ergebnissen sinkt die Wertigkeit des gesamten Procedere. Feedback für

Dozenten und Teilnehmer, die sie sich kaum mehr an das Training erinnern können, ist von stark reduziertem Interesse. Werden dagegen schon während einer Maßnahme Konsequenzen aus dem Feedback gezogen, so erhöht sich ihr Wert sofort.
Darüber hinaus verändert praktiziertes Feedback das Verhältnis von Dozenten und Teilnehmern erheblich im Sinne der Empathie.

- Konsequenzen
Bei den Konsequenzen, die aus dem Bildungscontrolling gezogen werden können, sind Abstimmungssysteme allenfalls von marginalem Interesse. Verwendet man sie hingegen als Hilfsmittel bei der Entscheidungsfindung (mobiTREE), bei der Fehleranalyse (mobiFLOW) oder zur Ergebnisfindung bei komplexen Zusammenhängen (mobiTED-EVA) so können sie bei nahezu gleichen Kosten zusätzlichen Nutzen schaffen.

Nutzen des Bildungscontrollings

Zusätzlich zu der Aussage, ob eine Weiterbildungsmaßnahme sich für den Betrieb gelohnt hat oder nicht, hat Bildungscontrolling Rückwirkungen auf den Prozess selbst:

Ohne Definition des Bedarfs, der Ziele gibt es kein Bildungscontrolling. Es erstaunt hingegen immer wieder, dass Weiterbildungen ohne Bedarfsanalyse, ohne konkrete Zielvorgaben erfolgen. Mit Bildungscontrolling wird die Zieldefinition zum Muss. Schon das Wissen um die Tatsache, dass ein Bildungscontrolling durchgeführt wird, erhöht das Engagement sowohl auf der Seite der Dozenten als auch auf der der Teilnehmer.

Ermittlung des Weiterbildungsbedarfs

Voraussetzung für jede betriebliche Weiterbildungsmaßnahme muss es sein, die Anforderungen des Unternehmens zu definieren und mit den Qualitäten und Fähigkeiten der Mitarbeiter bzw. Bewerber abzugleichen. Dazu ist nach der Definition der Anforderungen eine Analyse der Stärken und Schwächen, der Begabungen, des notwendigen Sachwissens und der Motivation der Mitarbeiter erforderlich.

Eine moderierte Schwachstellenanalyse durch die Teams selbst erhöht den späteren Wissenstransfer durch Steigerung der Motivation erheblich. Dabei ist die Verwendung von mobilen Abfragesystemen generell hilfreich. Sichere Anonymität in der Gruppe fördert immer wieder unerwartete aber wichtige Aussagen zu Tage, die dann sehr häufig offen verteidigt und argumentiert werden. Abfragesysteme, die Ergebnisse der FMEA visualisieren können (mobiFLOW), erhöhen den Nutzen.

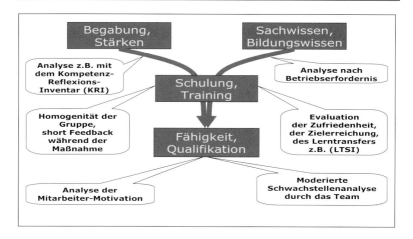

Abb. 39: Analyse der Qualifikation der Mitarbeiter, Evaluation von betrieblichen Weiterbildungsmaßnahmen

Homogene Gruppen

Eine weitere effektive Anwendungsmöglichkeit von Abfragesystemen besteht in der Schaffung homogener Gruppen zu Beginn einer Maßnahme. Kurze Selbstbeurteilungen kombiniert mit Wissensfragen verhindern den worst case für jedes Training: Die gleichzeitige Unterrichtung von Anfängern und Fast-Experten in einer Gruppe!

Short Feedback

Während einer Trainingsmaßnahme erhöht ein regelmäßiges short Feedback, die sofortige Rückmeldung, ob die take home message angekommen ist, die Effektivität enorm. Dabei wird gleichzeitig bereits im Training die Umwandlung von Betroffenen zu Beteiligten gefördert – sowohl auf der Seite der Mitarbeiter als auch auf der Seite der Dozenten und Trainer. Ohne Abfragesysteme ist ein effektives short-Feedback nicht vorstellbar.

Ermittlung des Lernerfolgs

Von Dozenten wird vorausgesetzt, dass von ihnen präsentierte Fakten verstanden und behalten werden können. Eigene Untersuchungen zum Lernerfolg in Diabetiker-Schulungen zeigen in Abhängigkeit von den Dozenten und der verwendeten Methodik bei einem vergleichbaren Ausgangswissen (53% richtige Antworten) Ergebnisse, die von einem Wissensverlust von 5 % (Verwirrung) bis zu einer Wissenszunahme (+37% richtige Antworten) reichen! Dabei haben sich Lernerfolgskontrollen mit Abfragesystemen als hoch effektiv erwiesen.

Das Wissen von Trainern und Teilnehmern darüber, dass eine Lernerfolgskontrolle erfolgt, fördert das Bemühen um gute Ergebnisse.

Zufriedenheitsanalyse

Analysen zur Zufriedenheit waren häufig das einzige Verfahren zur Beurteilung einer Weiterbildungsmaßnahme. Wurden die Fragebögen erst Tage nach Beendigung des Trainings zurückgeschickt, so war der Rücklauf gering. Auswirkungen auf die stattfindende Veranstaltung gab es nicht. In der Regel gab es auch keine Rückmeldung an die Teilnehmer selbst.

Mit mobilen Abfragesystemen sind die Ergebnisse sofort verfügbar und sollten die Grundlage der Endbesprechung der Teilnehmer mit den Dozenten sein. Anregungen können sofort umgesetzt werden, Ursachen für Beschwerden eingehend ergründet werden. Den Teilnehmern wird bewusst, wie wichtig ihre Meinung für weitere Trainings ist.

Evaluation der Zielerreichung und Lerntransfer

Die Evaluation der Zielerreichung und des Lerntransfers runden zusammen mit dem Versuch einer Korrelation zwischen Lerntransfer und Unternehmens- (Abteilungs-) Erfolg das Bildungscontrolling ab. Die erhaltenen Daten sollten als Grundlagen für ein Rating der Veranstalter und der Dozenten dienen.

Eine Reevaluation der getroffenen Maßnahmen ist für eine Aufrechterhaltung des Fortschritts und zur Verhinderung von Irrwegen unumgänglich.

Mit der Verwendung eines leicht handhabbaren Tools wie mobiTED zur Datensammlung und –auswertung sind heute wesentliche, organisatorische Hürden für ein effektives Bildungscontrolling genommen.

Mit mobiTED lassen sich die Kosten für das Controlling um mindestens 30 – 40 % senken. Wird dieses Abfragesystem in anderen Funktionalitäten – als didaktisches Tool, in der FMEA, der balanced score card oder bei Mitarbeiterbefragungen genutzt, so reduzieren sich die anteiligen Kosten für das Bildungscontrolling noch einmal erheblich.

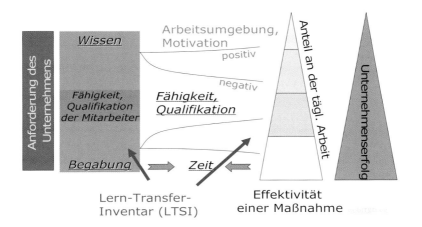

Abb. 40: Fähigkeiten und Qualifikation der Mitarbeiter lassen sich durch Weiterbildungsmaßnahmen steigern. Die Arbeitsumgebung und die Motivation bestimmen wesentlich, ob sich die Qualifikation mit der Zeit wieder vermindert. Der Anteil an der täglichen Arbeit, der durch die Maßnahme erreicht wird, hat direkte Auswirkungen auf den Unternehmenserfolg.

Evaluation von Outdoor-Trainings

Dr. Thomas Eberle

Outdoor-Trainings werden von Unternehmen zur Personal- und Teamentwicklung eingesetzt, aber wirken sie auch und zeigen sie die gewünschten oder erwarteten Effekte? Human-Ressources-Verantwortliche halten Evaluation als Entscheidungshilfe für wünschenswert. Anbieter verwenden Evaluationsergebnisse als Verkaufsargument, viele wählen aber Instrumente, die das Training in möglichst positivem Licht erscheinen lassen.

Ziele und erwartete Wirkungen von Outdoor-Trainings

Erwartungen über die Wirkung von Outdoor-Trainings sind zielgruppenspezifisch unterschiedlich und können zwischen Anbieter-, Unternehmens- und Mitarbeitererwartungen (mehrheitlich und individuell) deutliche Diskrepanzen aufweisen. In der Personalentwicklung werden Outdoor-Trainings vielfach eingesetzt, um Veränderungsprozesse zu initiieren, zu erproben und zu unterstützen sowie Lernen zu ermöglichen. Durch den Transfer der Erfahrungen ins berufliche Umfeld wird eine Steigerung der Arbeitseffektivität sowohl individuell als auch in wechselnden Teams erwartet. Identifikation im Sinne der Cooperate Identity mit einer innovativen Firma, die sich in der Weiterbildung ihrer Mitarbeiter engagiert, und Berufszufriedenheit können bei sinnvoll gestalteten Teamentwicklungs-Maßnahmen gefördert werden (Eberle, 2003). Schulische und freizeitpädagogische Maßnahmen sollen ebenfalls Persönlichkeitsentwicklung und Teamkompetenz fördern, sind aber zielgruppenspezifisch unterschiedlich zu gestalten. Incentives dienen der Mitarbeitermotivation, haben aber keine konkreten Entwicklungsziele. Im therapeutischen Kontext werden Outdoor-Trainings für physisch und psychisch Kranke sowie für deviante straffällige und/oder drogenabhängige Personen eingesetzt. Erfahrungen und Einsichten sollen Konsequenzen des eigenen Handelns deutlich machen und die Selbstverantwortung stärken. Wenngleich Erlebnispädagogik und Erfahrungslernen wichtige Bezugspunkte bilden, so sind

Outdoor-Trainings in den unterschiedlichen Kontexten hinsichtlich Zielsetzung, Dauer, Maßnahmen und Intensität deutlich voneinander zu unterscheiden.

Erfahrungslernen als Grundlage von Outdoor-Trainings

Grundlage von Personalentwicklungs-Maßnahmen mit Outdoor-Elementen sind Erfahrungslernen und erlebnispädagogische Konzepte. Der Kerngedanke ist die Bewältigung von inszenierten psychischen, physischen und sozialen Herausforderungen. TeilnehmerInnen sollen individuell und gruppenspezifisch neue Kompetenzen entwickeln, positive bisherige Verhaltensstrategien ausbauen und verbessern (Heckmair, 2002, 90f.; Eberle 2003, 2) Im Experiential Learning Cycle beschreibt Kolb (1984, 21) idealtypisch Stadien des Erfahrungslernens. Der Theorie des Experiential Learning zufolge ist Lernen ein zirkulärer Prozess mit folgenden Elementen: konkrete Erfahrung, Beobachtung und Reflexion, Formen abstrakter Konzepte und Generalisierungen sowie erneutes Erproben der Konzepte in neuen Situationen. Aufgabenstellungen mit Variationsmöglichkeiten und Bezug zu beruflichen oder privaten Herausforderungen gelten als lerntheoretisch besonders vielversprechend.

Ein Beispiel: Mitglieder eines neu zusammengestellten Teams bewältigen eine Outdoor-Aufgabe unter Schwierigkeiten, da mehrere Personen die Führung übernehmen wollen und unterschiedliche Ziele verfolgen. In der Reflexionsphase (Thiagarajan, 1993; Krim, 2000, 99f.; Eberle, 2002) werden derartige Beobachtungen geäußert und wird als Konsequenz formuliert, man müsse sich über Ziele und Vorgehensweise (besser) verständigen. In einer weiteren Teamübung wird versucht, die Vorsätze umzusetzen. Wenn dies gelingt und das berufliche Umfeld kooperatives Vorgehen ermöglicht und als wünschenswert erscheinen lässt, werden die Erfahrungen (bessere Kooperation, Vertrauen in die gemeinsame Problemlösung und in die Kompetenz der Teammitglieder) auch im beruflichen Kontext wirksam.

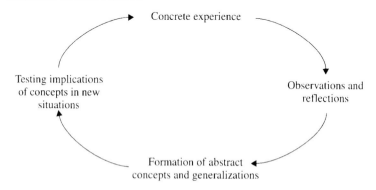

Abb. 41: Experiential Learning Cycle (Kolb 1984, 21)

Wirkungen von Outdoor-Trainings - Forschungsstand

Generell wird Outdoor-Trainings eine Wirkung auf Selbstkonzept – die Vorstellung über die eigene Person, ihre Stärken und Schwächen, ihr Entwicklungspotenzial, ihre Selbstwirksamkeitserwartungen – und auf Teamkompetenz unterstellt. Durch den Schritt aus dem beruflichen Umfeld und veränderte Aufgabenstellungen können neue Formen der Kooperation erprobt werden und zeigen sich Schwächen des üblichen Handelns, insbesondere unter Zeitdruck. Priest kritisiert 1999 eine Mehrheit überwiegend dürftiger Studien über Outdoor-Trainings, die wissenschaftlichen Gütekriterien nicht genügen und Witte kommt zu ähnlichen Schlussfolgerungen:

> „Werden die dargelegten Studien aus dem deutschsprachigen Raum betrachtet, mangelt es immer wieder an einem wesentlichen Punkt: Die empirischen Untersuchungen brachten keine wirklich greifbaren Ergebnisse. So ist bis heute unklar geblieben, was die eigentlichen Wirkfaktoren in der Erlebnispädagogik sind..."

Witte (2002, 108).

Über die Wirkung dürfe weiter spekuliert werden, so die Expertenmeinung auf dem Fachkongress für Erlebnispädagogik „Erleben & Lernen" im Oktober 2004.

Einige Studien weisen positive Effekte auf Selbstkonzept und Teamkompetenz aus:

Effekte Selbstkonzept

- positives Selbstkonzept / höheres Selbstvertrauen / mehr Vertrauen in die Selbstwirksamkeit (Cook, 1980; Dutkiewicz, 1991; Wheeler, 1998; Moch, 2002; Davis-Berman; 1994)
- Stärkung des Selbstkonzepts und Durchhaltevermögens bei Managern (Galpin, 1989)
- Stärkung des Selbstwertgefühls (Sveen, 1997)
- weniger Studienabbrecher (Gass, 1991)
- Effekte hängen von Folgeprogrammen und positiver Unterstützung im Alltagsleben ab (Amesberger, 1992)

Effekte Teamkompetenz

- mehr Verantwortung am Arbeitsplatz gezeigt (King, 1981; Isenhart, 1983)
- Kooperation, Einvernehmen, Teamgeist verbessert (Cook, 1980; Dutkiewicz, 1991; Ewert, 1992)

- Gruppenzusammenhalt verbessert (Moch, 2002)
- Verbesserung von Teamarbeit, Führungsverhalten, Verhältnis zu anderen (Colorado Outward Bound School, 1988)

Studien kommen jedoch zu unterschiedlichen Ergebnissen. Baldwin/ Wagner /Roland (1991) beispielsweise konnten keine Veränderungen von Selbstkonzept und Selbstvertrauen messen. Insofern stellt sich die Frage, unter welchen Bedingungen Outdoor-Trainings wirksam sind und welche Bedingungen welche Effekte zur Folge haben.

Bedeutung und Kriterien der Evaluation

Evaluationsforschung (Suchman, 1967, 1970) ist die systematische Untersuchung von Nutzen oder Wert einer Sache (Joint Committee on Standards for Educational Evaluation 1994, 3, Hense, 2004). Zu unterscheiden sind Ergebnis- oder Prozessorientierung der Evaluation. Prozessevaluation untersucht, wie das Training entworfen, entwickelt und ausgeführt wurde, Ergebnisevaluation überprüft, wie gut das Training seine Ziele erreicht hat (Blanchard, 2004, 348ff.). Während Prozessevaluation insbesondere für die Anbieter zur Optimierung ihrer Abläufe von Bedeutung ist, ist Ergebnisevaluation zur Beurteilung der Trainingseffizienz sinnvoll. Einschränkend ist zu bedenken, dass keine Evaluation Prozesse oder Ergebnisse vollständig erfassen kann. Bei Veränderungsprozessen im Unternehmen lassen sich Einflüsse verschiedener Maßnahmen und Managementtools nicht zweifelsfrei unterscheiden. Zur Beurteilung der Trainingswirkung kann es sinnvoll sein, kurz nach der Maßnahme und ein zweites Mal mit zeitlichem Abstand zu evaluieren. Qualitative (z.B. mit Interviews, Gruppendiskussion, offenen Fragen) und quantitative Forschungsinstrumente leisten unterschiedliche Beiträge zur Evaluation des Prozesses und der Ergebnisse von Outdoor-Trainings.

Evaluation ist notwendig, aber auch erschwert, da intensive Outdoor-Trainings charakteristisch kleine Teilnehmergruppen aufweisen und gruppendynamische Prozesse sehr unterschiedlich verlaufen können (weitere Probleme vgl. Hermann 1999a,b,c; Fischer, 1999; Bacon, 1987; Amesberger, 1992). Vielfach ist man auf Selbstauskünfte der TeilnehmerInnen angewiesen, die jedoch bei Outdoor-Trainings den wesentlichen Vorteil bieten, Auskunft über die individuellen Sichtweisen und inneren Prozesse (Gedanken und Gefühle) zu bekommen. TeilnehmerInnen einer Canyoningtour beispielsweise berichteten deutlich unterschiedliches Erleben, das in 43 verschiedene Emotionen und Gedanken kategorisiert werden konnte (Eberle, 2004a, 282).

Nicht selten wird die Frage nach einem Vergleich mit anderen Personalentwicklungs-Maßnahmen gestellt. Generell hat die Outdoor-Situation den Vorteil eines anderen Rahmens und unterschiedlicher Problemstellungen, aber auch den Nachteil des verglichen mit In-House-Trainings größeren Aufwands.

Vergleichsgruppendesign ist nicht möglich, wenn die Maßnahmen unterschiedliche Ziele verfolgen. Wird Outdoor-Training eingesetzt und zeigt es Erfolge, so lässt sich in derselben Gruppe nicht mehr erheben, was ein anderes Personalentwicklungs-Instrument besser oder weniger gut geleistet hätte. Die Entscheidung sollte demnach vor dem Hintergrund des Potenzials der einzelnen Maßnahmen und der jeweiligen Zielsetzung erfolgen.

Theoretische und empirische Einflussfaktoren

Die Durchführung und Evaluation von Outdoor-Trainings mit unterschiedlichen Zielgruppen und dem Einsatz verschiedener sportlicher Elemente sollte

- potenzielle Einflussfaktoren für den Trainingserfolg empirisch prüfen,
- die Wirkung derartiger Trainings genauer einschätzen helfen.

Theoretische Einflussfaktoren für den Trainingserfolg

Aus der Theorie und Expertenbefragung (Wissenschaftler- und TrainerInnen) lassen sich folgende Faktoren ableiten, die den Trainingsverlauf beeinflussen:
- Individuum (individuelles Potenzial, Probleme, persönlicher Nutzen),
- Gruppe,
- TrainerIn,
- Konzept und inhaltliche Gestaltung,
- Rahmenbedingungen.

Empirische Einflussfaktoren für Trainingserfolg

Auf der Basis theoretischer Einflussfaktoren sowie qualitativer fremder und eigener Studien wurde ein Evaluationsinstrument zum Messen von Trainingseffekten entwickelt, mehrfach modifiziert und erweitert. Durch die Berechnung empirischer Faktoren sollte die Frage geklärt werden, welche theoretischen und eventuellen weiteren Faktoren den Trainingserfolg beeinflussen.

Evaluiert wurden sieben Outdoor-Trainings mit vergleichbarem Konzept: Für die in der jeweiligen Sportart möglichst unerfahrenen TeilnehmerInnen bildet die Outdoor-Aktivität eine herausfordernde und motivierende Umgebung zur Auseinandersetzung mit sich selbst und zur Kooperation im (teilweise) neu gebildeten Team. Vorbereitende warming-ups und an verschiedener Stelle eingesetzte Teamübungen helfen bei der Vertrauensbildung, decken Schwierigkeiten auf und ermöglichen ungewohnte Formen der Kommunikation und Kooperation. Dauer: jeweils 2 ½ Tage. Als sportliche Elemente wurden eingesetzt:

- Rafting mit Mountainbike und Höhlenbegehung,
- Ski- oder Snowboard-Tour,

- Sportklettern und Hochseilgarten (2mal),
- Wildwasser-Kajak,
- Canyoning,
- Gleitschirmfliegen.

Insgesamt 97 TeilnehmerInnen (Manager, andere Berufstätige, Studierende), 67 weiblich, 30 männlich, im Alter von 20 - 49 Jahren nahmen teil. Wegen der im Outdoor-Bereich im Sinne der Intensität niedrig gehaltenen Gruppengröße kommt insgesamt ein relativ kleines Sample zustande, das dank gut kontrollierter Trainingsbedingungen dennoch eine sinnvolle Basis für die Suche nach Einflussfaktoren für den Trainingserfolg bietet.

Welche Faktoren sind für die Trainingsbewertung relevant? Ziel der Faktorenanalyse ist es, Items, die miteinander korrelieren, zu gemeinsamen Dimensionen zusammenzufassen. Das Erhebungsinstrument weist unter Berücksichtigung von 39 Items eine hohe Reliabilität auf (Cronbachs alpha 0,939). Über Hauptkomponentenanalyse mit Varimax-Rotation werden 11 Faktoren berechnet, die zusammen 86,1 % der Varianz erklären. (Grundsätzlich können bei einer Faktorenanalyse nur Einflussgrößen berücksichtigt werden, die im Erhebungsinstrument vorkommen. Durch sorgfältige Recherche und theoretische Analyse, mehrfache Erweiterung des Fragebogens und zusätzliche qualitative Studien wird die Gefahr, Relevantes nicht zu berücksichtigen, verringert.)

Die Faktoren im Einzelnen:

	Faktor	% der Varianz	Kumulierte % der Varianz
1	Im Training eigene Grenzen und Ängste überwunden	12,0	12,0
2	Wichtige Einsichten für Beruf und Privatleben gewonnen (Transfer)	11,7	23,8
3	Fachliche Kompetenz, professionelle Durchführung, Zeitmanagement	10,6	34,4
4	Intensiver Kontakt zu (potenziellen) Kooperationspartnern und Kollegen	8,2	42,5
5	Verbesserung der individuellen Teamkompetenz	8,2	50,7
6	Metawissen über Trainings	7,9	58,5
7	Steigerung von Selbsterkenntnis, Selbstwertgefühl, Erfolgszuversicht	7,3	65,9
8	Positive Einstellung zum Training und positive Erfahrungen mit dem Training	6,4	72,3
9	Teamentwicklung/ Wir-Gefühl während des Trainings	5,2	77,5
10	Training motiviert (durch Konzept und Gruppeneffekte) zur aktiven Mitarbeit	4,5	82,0
11	Genügend Zeit zur individuellen Gestaltung	4,1	86,1

Abb. 42: Empirische Einflussfaktoren des Trainingserfolgs

Großer oder fehlender Trainingserfolg beruht demnach aus Teilnehmersicht auf folgenden Faktoren: Grenzerfahrung mit Überwindung eigener Ängste und Bewältigung von Herausforderungen (Faktor 1) erklärt mit 12% den größten Anteil der Varianz. Manche TeilnehmerInnen wachsen über sich hinaus und nehmen aus dieser Erfahrung auch Erfolgszuversicht mit (vgl. F 8). Fast ebenso entscheidend ist, ob die Erfahrungen geeignet erscheinen, durch Transfer ins Privat- und Berufsleben eine Weiterentwicklung zu ermöglichen (F2). Wie zu erwarten, ist die professionelle Durchführung von Aktivitäten und Reflexionsphasen sowie ein sinnvolles Zeitmanagement (F 3) trainingsentscheidend. Zeit zur individuellen Verfügung (F 11) wird einerseits von TeilnehmerInnen individuell unterschiedlich gefordert, sie ist darüber hinaus – das zeigen qualitative Studien – wichtig zur Verarbeitung der Erlebnisse und somit auch für die Wirkung.

Unter Teamgesichtspunkten führt ein positiver Trainingsverlauf zu besserer Kooperation, getragen vom Erkennen ungeahnter Fähigkeiten der Kollegen, der gegenseitigen Wertschätzung und der Erfahrung gegenseitiger Unterstützung in schwierigen Situationen. Gute Zusammenarbeit mit und intensiver Kontakt zu (potenziellen) Kooperationspartnern (F 4) ist ein Teil dieses Effekts, ein weiterer die individuelle Verbesserung der Teamkompetenz (F 5). Metawissen über Trainings (F 6), beispielsweise das Erkennen von Intentionen durchgeführter Übungen, ist je nach Vorerfahrung und theoretischem Wissen mehr oder weniger gegeben. Metawissen ist bei der Beurteilung des Konzepts und der Instruktoren hilfreich und kann Transfer unterstützen.

Steigerung von Selbsterkenntnis, Selbstwertgefühl und Erfolgszuversicht (F 7) – ein Effekt von erheblicher beruflicher Relevanz – ist insbesondere auf die Auseinandersetzung mit eigenen Grenzen und ihrer Überwindung zurückzuführen. Schlecht oder nicht bewältigte Teamsituationen werden häufig auf die TrainerInnen attribuiert und können Auslöser für negative Trainingsevaluation sein. Nicht selten sind sie Anlass, Konflikte im Team anzusprechen und bessere Kooperation einzuleiten.

Positive Einstellung zu Outdoor-Maßnahmen (F8) oder Skepsis haben auch Auswirkung auf die Effekte. Das ist nicht im Sinne von Placebos zu verstehen, die wirken können, weil der Patient daran glaubt; ob TeilnehmerInnen sich auf neue Erfahrungen einlassen oder nicht, beeinflusst den Trainingserfolg, umgekehrt bedingen positive Erfahrungen eine ebensolche Einstellung zum Outdoor-Training. Transparenz der Trainingsziele und Rahmenbedingungen ist mitentscheidend (Experimentierfeld oder Assessment mit konkreten Erwartungen an erwünschtes Verhalten; Rückmeldungen an die Unternehmensleitung oder Feld für offenes Ansprechen von Problemen). Das challenge-by-choice-Prinzip, also die Möglichkeit, über die Teilnahme an einzelnen Übungen und einen Abbruch, wenn man überfordert ist, selbst zu entscheiden, kann eine wichtige Basis sein. In manchen Outdoor-Situationen, beispielsweise im Canyon, ist in Teilabschnitten ein Abbruch der Übung nur in Notfällen oder nicht möglich.

Bei den bisher vom Verfasser durchgeführten eigenen und bei evaluierten fremden Trainings war eine gute Teamatmosphäre Motor für die Bewältigung von Herausforderungen und die gegenseitige Wertschätzung (F 9). Weitere Faktoren sind durch Erfahrungen mit der Trainingsgruppe beeinflusst.

Ob Trainings durch die Aufgabenstellung, die außergewöhnliche Outdoor-Erfahrung, die motivierende Teamübung und durch das Vorbild der anderen TeilnehmerInnen, die Schwieriges bereits bewältigt haben, mehr oder weniger zur aktiven Teilnahme motivieren (F 10), erklärt 4,5 % der Varianz.

Vergleich mit theoretischen Faktoren

Die empirischen Faktoren lassen sich hinsichtlich ihrer Schwerpunkte den theoretischen zuordnen. Die Faktoren 1, 2, und 4 bis 7 betreffen das Individuum (individuelles Erleben, Effekte auf Selbstkonzept und persönliche Teamkompetenz), die Faktoren 4, 9 und 10 beziehen sich auf Gruppeneffekte. Das Trainingskonzept wird durch F 10 (gleichzeitig Bezug zu Gruppeneffekten) und F 11 bewertet. Professionelle Durchführung und fachliche Kompetenz der TrainerInnen werden von den TeilnehmerInnen in Faktor 3 bewertet. Auffällig ist, dass konzeptionelle Bestandteile wie Zeitmanagement auch auf die TrainerInnen attribuiert werden.

Rahmenbedingungen: Obwohl sehr unterschiedliche Unterkunft und Verpflegung – vom Luxus-Seminarhotel bis zur Selbstversorger-Hütte – geboten wurden, spielen diese bei der Bewertung des Trainingserfolgs (individueller Gewinn und Gruppeneffekte) keine entscheidende Rolle. Insofern wurden die Items bei der abschließenden Faktorenanalyse nicht berücksichtigt.

Selbstverständlich haben Rahmenbedingungen einen Einfluss auf die Zufriedenheit der TeilnehmerInnen. Dieser würde sich auf vielen anderen Items ausdrücken. Ein Fehlgriff beispielsweise bei Unterkunft und Verpflegung, der anscheinend bei den hier evaluierten Trainings nicht gegeben war, könnte die Motivation deutlich senken. Schlechtes Wetter, das die Durchführung attraktiver Outdoor-Elemente verhindert, ebenso. Nicht zu vergessen sind von Unternehmensseite gesetzte Rahmenbedingungen, beispielsweise wenn das Training als Assessment für eine einzelne Führungsposition dient, die viele anstreben.

Bei Natursportarten hat die Wahl des Veranstaltungsorts Einfluss darauf, inwieweit Outdoor-Aufgaben an unterschiedliche Teilnehmervoraussetzungen angepasst werden können, um möglichst jeder Person eine entsprechende lohnende Herausforderung zu bieten.

Evaluation von Trainings mit ähnlichem Konzept – ausgewählte Ergebnisse

Wie werden die der Analyse zugrunde liegenden Trainings konkret bewertet? Die beobachteten Effekte sind nicht vorbehaltlos auf andere Trainings zu übertragen, geben aber Hinweise auf das Potenzial derartiger Maßnahmen. Durchschnittlich wird ein positives Bild gezeichnet (siehe Abbildung 41).

Outdoor-Trainings bilden demnach – bei entsprechend auf die Ziele und die TeilnehmerInnen ausgerichtetem, sinnvollem Konzept und kompetenter Leitung – ein Setting, das nachweislich Effekte auf Selbstkonzept und Teamkompetenz zeigt. In einer weiteren Studie wurden mit offenen Fragen langfristige Wirkungen evaluiert. 20 von 21 TeilnehmerInnen einer intensiven Canyoning-Tour, die für relativ viele TeilnehmerInnen Grenzerfahrungen bot, berichten detailliert Effekte auf ihr Berufs- und Privatleben.

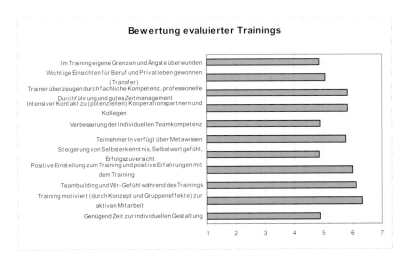

Rating: |1 stimmt überhaupt nicht. |2 stimmt überwiegend nicht |3 stimmt eher nicht 4 bin unschlüssig |5 stimmt weitgehend |6 stimmt überwiegend |7 stimmt voll und ganz|

Abb. 43: Bewertung evaluierter Trainings

Neben erwarteten Wirkungen, etwa intensiverer Auseinandersetzung mit der neu kennengelernten Sportart, werden erstaunlich viele anhaltende Veränderungen berichtet. (In Klammern jeweils der Prozentsatz der TeilnehmerInnen.) Bessere Zielorientierung und genauere Zielvorstellungen (50%), größeres Selbstvertrauen (45%), größere Erfolgszuversicht (40%), erhöhte Kontaktbereitschaft (35%), mehr

Empathie, Offenheit, Rücksicht und Toleranz gegenüber anderen (30%), eine realistischere Selbsteinschätzung und Selbstkompetenz (30%), die Überzeugung, man sei im Team erfolgreicher (25%), Mut zur Veränderung und Risikobereitschaft (25%), Mut gewonnen, das eigene Privatleben zu verändern, u.a. durch bereits erfolgte Trennung vom Partner (15%), mehr Vertrauen (15%), besseres Durchhaltevermögen (15%), eine wichtige Entscheidung getroffen (10%), Angstkontrolle (10%), erhöhte Hilfsbereitschaft (10%), kann leichter Hilfe annehmen (10%), Reflexion der persönlichen Situation (ohne sie schon verändert zu haben) weitere 5%.

Als Hinweis zur Relativierung von Durchschnittswerten abschließend ein Beispiel aus einem Training mit Gleitschirmfliegen: Während die Durchschnittswerte über individuelle Angstbewältigung und Grenzerfahrung durch Gleitschirmfliegen nahe dem arithmetischen Mittel liegen, zeigt eine Analyse der einzelnen Antworten, dass vier Personen eigene Grenzen und zwei ihre Höhenangst durch das Training überwunden haben. Weitere berichten gleichartige, aber nicht so starke Bewältigungseffekte, andere können keine derartige Wirkung feststellen. Für viele bot das Training demnach keine Grenzerfahrung, für einige wenige war es ein wichtiger Schritt zur Verbesserung der Lebensqualität.

Fazit

Evaluation von Outdoor-Trainings ist notwendig, um eine begründete Position zwischen überhöhten Versprechen mancher Anbieter über die phänomenalen Wirkungen und der grundsätzlichen Skepsis bis Ablehnung durch einige Human Resources-Verantwortliche zu finden. Eine Einschätzung von Wirkungen und ihrer Einflussfaktoren trägt zum sinnvollen Einsatz verschiedener Personalentwicklungs-Maßnahmen bei. Evaluation mit qualitativen Elementen und Rückmeldung von Ergebnissen an die TeilnehmerInnen können helfen, Probleme im Team oder mit der Art des Trainings aufzudecken, eine Diskrepanz zwischen Erwartungen der Beteiligten (Unternehmen, Trainingsanbieter, TeilnehmerInnen) aufzuklären und Trainings sukzessive zu verbessern.

Die Einschätzung der Effekte kann durch situative Einflüsse beeinträchtigt werden, etwa Erschöpfung am Ende eines anstrengenden Outdoor-Trainings oder Verärgerung über einen virulent gewordenen Konflikt im Team. Die Selbsteinschätzung von TeilnehmerInnen aktuell und mit Abstand zur Maßnahme wird dennoch ein wesentlicher Indikator für Trainings sein, deren Erfolg sich nicht eindeutig in harten Fakten (wie durch weitere Faktoren beeinflusste Produktivität, Krankheits- und Fehlzeiten) messen lässt. Bei manchen positiven Effekten wird nicht vollständig zu klären sein, welchen Anteil daran das Training, welchen weitere Personalentwicklungs-Maßnahmen im Unternehmen haben.

Wichtig sind auf die Zielsetzung und die Zielgruppe zugeschnittene Evaluationsinstrumente, die nicht durch besonders „geschickte" Konstruktion ein positives Ergebnis herbeimanipulieren.

Literatur

Amesberger, G. (1992): Persönlichkeitsentwicklung durch Outdoor-Aktivitäten? Untersuchungen zur Persönlichkeitsentwicklung und Realitätsbewältigung bei sozial Benachteiligten. Frankfurt am Main/ Griedel: Afra.

Bacon, S. (1987): The Evolution of the Outward Bound Process. Greenwich.

Baldwin, T. T., Wagner, R. J. & Roland, C. C. (1991): Effects of outdoor challenge training an group and individual outcomes. Unpublished manuscript. Indiana University, School of Business: Bloomington, Indiana.

Blanchard, N. P. & Thacker, J. W. (2004) (2nd Edition): Effective Training. Systems, Strategies and Practices. Upper Saddle River, NJ: Pearson Prentice Hall.

Colorado Outward Bound School (1988): Survey of professional development program participants. Unpublished manuscript, Boulder, Colorado.

Cook, K. V. (1980): The Effectiveness of an Outdoor Adventure Program as a Training Method for Resident Assistants. A Thesis in Recreation and Parks. Master's Thesis, Pennsylvania State University.

Davis-Berman, J., Berman D. S. & Capone, L. (1994): Therapeutic wilderness programs: A national survey. In: Journal of Experiental Education, V17, No. 2. S. 49-53.

Davis-Berman, J. & Berman, D. S. (1994): Research Update: Two-year follow-up report for the Wilderness Therapy Program. In: Journal of Experiential Education, V 17, No. l. S. 48-50.

Dutkiewicz, J. S. & Chase, D. B. (1991): Behavioral impact of outdoor based leadership training on University of Denver's MBA students: 1990-1991. Paper presented at the International Assoc. of Experiential Education Conference, Lake Junaluska, NC.

Eberle T. (2004a): Effects of experiencing outdoor challenges – canyoning. In: Kriz, W. C. & Eberle, T. (Eds.): Bridging the Gap: Transforming knowledge into action through gaming and simulation. Munich: SAGSAGA, S. 278-288.

Eberle T. (2004b): Experiential Learning Outdoors – Participant's feedback on different activities. In: Eberle, T., Kriz, W. C., Puschert, M. & Glötzner, F. (Eds.): Bridging the Gap: Transforming knowledge into action through gaming and simulation. Proceedings of the 35th Conference of the International Simulation and Gaming Association. Munich: SAGSAGA, S. 861-871.

Eberle, T. (2003): Personalentwicklung mit Planspiel und Outdoor-Training – Theoretische Grundlagen, Gemeinsamkeiten und Unterschiede. In: Blötz, U., Gust, M., Ballin, D., Klabbers, J. H. G. (Hrsg.): Planspiele in der beruflichen Bildung - Multimedia-Publikation (Fachbuch mit CD-ROM). Bielefeld: Bertelsmann.

Eberle, T. (2002): Empirische Annäherung an die Wirksamkeit von Outdoor-Trainings und die Bedeutung von Reflexionsphasen – Erste Ergebnisse einer Vergleichsstudie. In: Paffrath, H. & Altenberger, H. (Hrsg.): Perspektiven zur Weiterentwicklung der Erlebnispädagogik. Schwerpunkte Ethik und Evaluierung. Hochschulforum Erlebnispädagogik Augsburg 2000 und 2001. Augsburg: Ziel, S. 163-192.

Ewert, A. (1992): Research Update: Group Development through Experiential Education: Does It Happen. In: Journal of Experiential Education, V15, No. 2. S. 56.

Fischer, T. & Ziegenspeck, J. W. (1999): Probleme empirischer Forschung in der Erlebnispädagogik. Zeitschrift für Erlebnispädagogik, 4, S. 3-8.

Galpin, T. J. (1989): The Impact of a three-day outdoor management development course an selected self-perceptions of the participants. Unpublished Doctoral Dissertation. University of California, Los Angeles.

Gass, M. A. (1991): The Longitudinal Effects of Adventure Orientation Program. In: Journal of Experiential Education, V.14, No.1, S. 47-48.

Heckmair, B. & Michl, W. (2002): Erleben und Lernen. Einstieg in die Erlebnispädagogik. 4. Aufl. Neuwied, Kriftel, Berlin: Luchterhand.

Hense, J. & Mandl, H. (2004): Selbstevaluation – Ein Ansatz zur Qualitätsverbesserung pädagogischer Praxis und seine Umsetzung am Beispiel des Modellversuchs SEMIK. In Mandl, H., Hense, J. & Kruppa, K. (Hrsg.): Aspekte der zentralen wissenschaftlichen Begleitung im Modellversuchsprogramm SEMIK, S. 105-154. Grünwald: FWU.

Hermann, J. (1999a): Probleme empirischer Forschung in der Erlebnispädagogik: Kritische Anmerkungen zur "Wirkungsanalyse Outward Bound". Zeitschrift für Erlebnispädagogik, 4, S. 9-20.

Hermann, J. (1999b): Noch mehr Probleme empirischer Forschung in der Erlebnispädagogik: Kritische Anmerkungen zur "Wirkungsanalyse Outward Bound". Zeitschrift für Erlebnispädagogik, 4, S. 21-32.

Hermann, J. (1999c): Zum dritten mal: Probleme empirischer Forschung in der Erlebnispädagogik. Was lernt man aus einer verfehlten Studie? Zeitschrift für Erlebnispädagogik, 4, S. 33-34.

Isenhart, M. W. (1983): Report to the Colorado Outward Bound School. Boulder, Colorado Joint committee on standards for educational evaluation. (1994). The program evaluation standards. How to assess evaluations of educational programs. Thousand Oaks: Sage.

King, D. & Harmon, P. (1981): Evaluation of the Colorado Outward Bound School's career development course offered in collaboration with the training, education, and employee development department of Martin-Marietta Aerospace. Colorado Outward Bound School, Boulder, Colorado.

Kolb, D. A. (1984): Experiential Learning: Experience as the source of learning and development. Englewood Cliffs, NJ: Prentice Hall.

Kriz, W. C. (2000): Lernziel: Systemkompetenz. Planspiele als Trainingsmethode. Göttingen: Vandenhoeck & Ruprecht.

Moch, M. (2002): Entwicklung von Gruppenstruktur, Zusammenhalt und Selbstvertrauen im Verlauf erlebnispädagogischer Segelmaßnahmen. Gruppendynamik und Organisationsberatung. 33(1), S. 83-95.

Priest, S. (1999): Forschung in Outdoor Adventure. In: Paffrath, F. H., Salzmann, A., Scholz, M. (Hrsg.): Wissenschaftliche Forschung in der Erlebnispädagogik. Erleben, Forschen, Evaluieren. Augsburg: Ziel, S. 25-37 (Deutsche Übersetzung).

Priest, S. (1999): Research in Outdoor Adventure. In: Paffrath, F. H., Salzmann, A., Scholz, M. (Hrsg.): Wissenschaftliche Forschung in der Erlebnispädagogik. Erleben, Forschen, Evaluieren. Augsburg: Ziel, S. 13-23.

Suchman, E. A. (1967): Evaluative research. Principles and practices in public service and social action programs. New York: Russel Sage Foundation.

Suchman, E. A. (1970): Action for what? A critique of evaluative research. In: Toole, R. O. (Ed.): The organization, management, and tactics of social research. Cambridge, Mass.: Schenkman.

Sveen, R. L. & Denholm, C. J. (1997): Testing the theoretical fit of an abseiling harness. A study of an Australian primary and secondary prevention program. Journal of Primary Prevention. Vol 18(2), S. 213-225.

Thiagarajan, S. (1993): How to maximize transfer from simulation games through systematic debriefing. In: Percival, F., Lodge, S. & Saunders, D. (Ed.): The Simulation and Gaming Yearbook 1993. London: Kogan Page.

Wheeler, S., Goldie, J. & Hicks, C. (1998): Counsellor training. An evaluation of the effectiveness of a residential outdoor pursuits activity weekend on the personal development of trainee counsellors. Counselling-Psychology-Quarterly. Dec; Vol 11(4), S. 391-405.

Witte, M. D. (2002): Erlebnispädagogik. Transfer und Wirksamkeit. Möglichkeiten und Grenzen des erlebnis- und handlungsorientierten Erfahrungslernens. Zeitschrift für Erlebnispädagogik, 5/6 (Themenheft).

„Passgenaue Bildung" – Die Praxis des prozessorientierten Ausbildungsassessments

Daniela Söhner, Prof. Dr. Michael Nagy

Quo vadis Aus- und Weiterbildung?

Deutschland galt lange als Musterland qualitativ hochwertiger Ausbildung. Dies bezog sich sowohl auf die Schul- und Hochschulausbildung als auch auf die betriebliche Ausbildung. Von vielen unbemerkt nutzten sich jedoch die Investitionen der „Bildungsoffensive" der 70er Jahre ab. Eine an die veränderten Rahmenbedingungen angepasste Erneuerung blieb weitgehend aus. Als dann seit dem Ende der 90er Jahre viele internationale Vergleichsstudien immer wieder schwarz auf weiß belegten, das Deutschland im internationalen Bildungsvergleich keinen Spitzenplatz mehr einnimmt, erzeugte dies eine breite Verunsicherung. Eine öffentliche Bildungsdebatte brach los, die zuweilen hysterische Züge annahm. In Diskussionen wurde ein dramatisches Bild der Ausbildung in Deutschland gezeichnet. Populistische Schlagzeilen beschworen sogar einen „neuen Bildungsnotstand" herauf.

Immerhin wurde durch den „Bildungsschock" deutlich herausgestellt, dass die Ausbildung in Deutschland in Bezug auf die internationalen Anforderungen zu lange und zu teuer und damit nicht mehr international wettbewerbsfähig ist. Diese Wahrnehmung, berechtigt oder nicht, hat zur Folge, dass alle Bildungsinstitutionen von der Primärerziehung der Kindergärten, über die Schulen, über das duale Bildungssystem bis hin zu den akademischen Ausbildungen in Hinblick auf ihre Qualität und Zukunftsfähigkeit auf dem Prüfstand stehen. Doch fernab der Medienszenarios, angekommen in der Praxis, werden die Schwierigkeiten deutlich, allgemeingültige Maßstäbe an die Messbarkeit der Qualität und Zukunftsfähigkeit von Aus- und Weiterbildung zu finden.

Quantität oder Qualität? – Die berufliche Ausbildung in Deutschland

Das duale Ausbildungssystem ist das Rückgrat der beruflichen Erstausbildung in Deutschland. Zusätzlich werden inzwischen fast 25 % beruflicher Erstausbildungen in Fachschulen, häufig durch private Bildungsanbieter, erbracht (Berufsbildungsbericht, 2004). 1999 verfügte mehr als die Hälfte der deutschen Erwerbstätigen über eine abgeschlossene Lehre (Gutachten, 2003). Ende des Jahres 2002 gab es rund 1,6 Millionen Auszubildende (Berufsbildungsbericht, 2004). Das duale Ausbildungssystem ist für Unternehmen von großer Bedeutung. Mit rund 27,7 Milliarden Euro pro Jahr investieren die Unternehmen eine extrem hohe Summe in die betriebliche Ausbildung (Berufsbildungsbericht, 2003). Dafür erwarten sie sich, den geeigneten betrieblichen Nachwuchs zu erhalten, der schrittweise zum Bestandteil betrieblicher Personalplanung und -entwicklung werden kann.

Konzernstrategische Überlegungen, häufig in der Bewertung des dualen Ausbildungssystems übersehen, werden von Unternehmen mit Investitionen in die Aus- und Weiterbildung verknüpft. Sie basieren auf der Erkenntnis, dass die Steuerung der Bildungsprozesse als Bestandteil eines „Bildungsmanagements" eine zentrale, strategische Rolle für den Erfolg eines Unternehmens hat. Lernen und Ausbilden auf Vorrat gehört der Vergangenheit an. In Zeiten eines beschleunigten technologischen Wandels ist „just in time" auch zur Maxime der Aus- und Weiterbildung geworden. Ziel ist der überlegen qualifizierte Mitarbeiter, der zur richtigen Zeit am richtigen Ort ist. Damit werden die Lernprozesse lückenlos in die Wertschöpfungskette integriert. Negativ ausgedrückt bedeuten unzureichende Ausbildung und Qualifikation der Mitarbeiter die Erhöhung des unternehmerischen Risikos.

Qualitätssicherung als Bestandteil des Bildungsmanagements im Bereich betrieblicher Ausbildung mindert dieses Risiko. Bildungsmanagement kann, aus Unternehmersicht, gerade in Bezug auf die veränderten Rahmenbedingungen auch als Instrument des Risikomanagements angesehen werden. Insofern wird das Bildungsmanagement Bestandteil des „(Qualitäts-) Managements" eines Unternehmens und unterliegt der übergeordneten Planung und Steuerung.

Beispiel dafür sind die Bestimmungen zum Basel II Abkommen. Denn die durch Basel II definierten Rankingverfahren nehmen konsequenterweise die systematische Entwicklung der Aus- und Weiterbildung mit in den Blick. Die Existenz oder das Fehlen eines qualitätsgeprüften Bildungsmanagementsystems beeinflussen mit 5% die Einstufung der Kreditwürdigkeit eines Unternehmens.

Unter dem schon avisierten Basel III Abkommen werden die immateriellen Faktoren wie motivierende und passgenaue Lernkulturen (schneller, gezielter, bedarfsgerechter, kontinuierlicher, kostengünstiger lernen) innerhalb eines Unternehmens sogar eine noch höhere Gewichtung erfahren. Die auf diese Weise radikal veränderte Perspektive, die das Lernen als entscheidendes Element der

Performance-Verbesserung sieht, erweitert das in der Vergangenheit hauptsächlich auf Kostensenkungen fokussierte Bildungscontrolling (ein wesentlicher Bestandteil des Bildungsmanagements) um einen bedeutenden qualitativen Aspekt, es wird zu einem zentralen Instrument der perspektivischen Unternehmensentwicklung. Was wiederum bedeutet, dass Bildungsmanagement „von der Stange" nicht zu haben sein wird, sondern dass es passgenau auf jeden Unternehmenstyp und die verschiedenen Arten von Unternehmenskulturen einschließlich der strategischen Zielsetzungen des Gesamtunternehmens zugeschnitten werden muss.

Abb. 44: Schematische Eingliederung

Die Darstellung 44 zeigt wie das Bildungsmanagement mit den Instrumenten Bildungscontrolling und Bildungsasesssment in die Gesamtstruktur eines Unternehmensmanagements eingegliedert werden kann. Das Qualitätsmanagementsystem fungiert als übergeordneter Rahmen und integriert z.B. auch das Risikomanagement.

Qualität prüfen, Zukunftsfähigkeit sichern – Aber wie?

Die Gewährung öffentlicher Mittel wird zunehmend auch vom Vorhandensein eines Qualitätsmanagementsystems im Bildungsbereich abhängen, das die qualitätsorientierte Erbringung der Bildungsdienstleistung beschreibt und nachweist.

Beleg für diese Feststellung ist nicht zuletzt die Tatsache, dass auch der öffentlich finanzierte Bildungsbereich (geprägt durch die Bundesagentur für Arbeit) von Bildungsträgern der beruflichen Weiterbildung eine Zulassung durch so genannte fachkundige Stellen verlangt (entsprechend AZWV)[3]. Erste fachkundige Stellen wurden bereits im Frühjahr 2005 benannt. Diese fachkundigen Stellen überprüfen die finanzielle und fachliche Leistungsfähigkeit des jeweiligen Bildungsträgers

---

[3] Verordnung über das Verfahren zur Anerkennung von fachkundigen Stellen sowie zur Zulassung von Trägern und Maßnahmen der beruflichen Weiterbildung nach dem Dritten Buch Sozialgesetzbuch (Anerkennungs- und Zulassungsverordnung – Weiterbildung – AZWV).

nach vorgegebenen Kriterien. Ein eingeführtes Qualitätsmanagementsystem ist dabei sehr von Vorteil. Deshalb wird es für Bildungsorganisationen eine wichtige Entscheidung, an welchem Modell sie sich zur Einführung eines Qualitätsmanagementsystems im Bildungsbereich orientieren. Die Vielzahl der Qualitätsmanagementmodelle und Verfahren, die in letzter Zeit gerade für den Bildungsbereich entstanden sind, macht die Orientierung nicht leicht.

Unternehmen, die eine internationale und branchenübergreifende Vergleichbarkeit anstreben und in Unternehmensbereichen bereits über ein eingeführtes Qualitätsmanagement verfügen, orientieren sich häufig direkt an der DIN EN ISO 9001:2000 (Qualitätsmanagementsysteme Anforderungen), oder nutzen die DIN EN ISO 9004:2000 (Qualitätsmanagementsysteme Leitfaden zur Leistungsverbesserung) oder das EFQM (Europäischen Qualitätsmodell der „European Foundation for Quality Management) zum Aufbau ihres Qualitätsmanagementsystems in der Bildung. Ferner kann auf weitere, spezifisch deutsche Qualitätsmodelle der Bildung wie z.B. „LQW"[4] oder das „PAS 1037:2004"[5] oder QVB[6]zurückgegriffen werden. Sie sind zum Teil an die DIN EN ISO oder das EFQM angelehnt oder/und verfolgen eigene Schwerpunkte aufgrund der Zielsetzung des jeweiligen Modells.

Das prozessorientierte Ausbildungsassessment nach ´Ideas for Systems´ in der Praxis

Die Diskussion um die Ausbildungsplatzabgabe hat den gesellschaftlichen Stellenwert der dualen Ausbildung gezeigt. Allerdings ist die Frage, ob eine rein quantitative Betrachtung - das Land braucht mehr Lehrstellen - wirklich angebracht ist, oder ob nicht gerade die Effizienz der vorhandenen Ausbildung verbessert werden sollte. Die öffentlich geführten Diskussionen um Ausbildung und die weiter oben genannten Zahlen lassen es als durchaus sinnvoll erscheinen, dass sich die Ausbildung verstärkt um ihre „Input-, Prozess- und Ergebnisqualitäten" kümmert. Gebraucht werden dazu Bewertungskriterien, die die Ausbildung gezielt, transparent und nachweisbar steuerbar machen. Es gilt, anhand weniger, aber die Ausbildung beispielhaft abbildendender Kennzahlen die Qualität der Ausbildung nachzuweisen und die Zukunftsfähigkeit zu sichern. Hierzu ist die Analyse der individuellen Unternehmenssituation unbedingte Voraussetzung.

Diesen Ansatz zur Analyse der Bildung entwickelte Ideas for Systems. Er wird in dem folgenden Beitrag skizziert. Dabei wird häufig auf Bezeichnungen und Instrumente des Qualitätsmanagements zurückgegriffen. Beispielhaft werden

---

[4] LQW: (Lernorientierte Qualitätstestierung in der Weiterbildung)

[5] Anforderungen an Qualitätsmangementsysteme der wirtschaftsorientierten Aus- und Weiterbildung: QM Stufen-Modell; PAS steht für „Public Available Specification"

[6] QVB: Qualitätsentwicklung im Verbund von Bildungseinrichtungen

Problemstellungen auf Seiten betrieblicher Erstausbildung aufgezeigt. Doch nicht nur die betriebliche Erstausbildung, sondern auch andere Aus- und Weiterbildungsinstitutionen in Deutschland sind von den Problemen, wie sie weiter oben beschrieben wurden, betroffen. Der Assessmentansatz nach Ideas for Systems ist somit auf alle Bildungsorganisationen übertragbar.

Input-Probleme

Mindestens 20% der Hauptschüler - die meisten davon ohne Schulabschluss - sind nicht ausbildungsfähig (Berufsbildungsbericht, 2004).

Gleichzeitig sind die Ausbildungsgänge für Bewerberinnen und Bewerber sehr unterschiedlich attraktiv. Es besteht eine Favorisierung hinsichtlich kaufmännischer und informationstechnischer Ausbildung und große Vorbehalte gegen handwerkliche und technische Ausbildungsgänge. Hieraus resultiert ein Überangebot an Ausbildungsbewerbern für verschiedene kaufmännische Berufe. Dagegen stehen für handwerkliche und technische Berufe oft nicht genügend geeignete Bewerber zur Verfügung. So wurde 2004 in einer repräsentativen Stichprobe in 302 deutschen Unternehmen festgestellt, dass fast 70% der Unternehmen Lehrstellen nicht besetzen konnten, da keine (geeigneten) Bewerber vorhanden waren (SRH Learnlife AG, 2004). Gleichzeitig konstatiert der Berufsbildungsbericht, dass Ausbildung inzwischen zu einer "Minderheitenerscheinung" geworden ist. In den alten Bundesländern bilden nur noch 31,3% aller Betriebe aus, in den neuen Bundesländern sind es gar nur 25,7% (Berufsbildungsbericht, 2004). Dies hängt auch mit den Problemen während der Ausbildung zusammen, die den gesamten Ausbildungsprozess vom ersten Tag an bis zur Prüfung beeinflussen.

Prozess-Probleme

Ein großes Problem stellen die Ausbildungsabbrüche dar:

> *"Vorzeitig gelöst wurden im Jahr 2002 insgesamt 151.388 Ausbildungsverträge... Da die neuen Ausbildungsverträge in ähnlichem Ausmaße abnahmen wie die Vertragslösungen, stieg die Lösungsrate gegenüber dem Vorjahr nur geringfügig (2001: 23,7%, 2002: 24,1%)... Im Jahr 2002 wurde die Hälfte der Verträge (50%) im ersten Ausbildungsjahr, ein knappes Drittel (31%) im zweiten und ein knappes Viertel (17%) der Verträge im dritten Jahr gelöst. Der Rest (2%) entfiel auf das vierte Ausbildungsjahr."*
>
> *Berufsbildungsbericht, 2004*

Häufig wird angenommen, dass Industrie und Handel an dieser für die Betroffenen persönlich schwierigen und für die Unternehmen höchst ineffektiven und teuren Situation kaum beteiligt seien: Hier läge viel mehr ein Problem nur spezieller

Branchen wie Hotellerie/Gastronomie etc. vor. Die empirischen Daten zeigen eine andere Situation. Der Berufsbildungsbericht beziffert den Anteil der gelösten Ausbildungsverträge in allen Bereichen von Industrie/Handel auf durchschnittlich 21,2% (Berufsbildungsbericht, 2004). Viele der Abbrecher besetzen jedoch erneut einen Ausbildungsplatz. Gelänge es, diese Abbruchs- und Wechselquote auch nur zu halbieren, gäbe es vermutlich ausreichend Ausbildungsplätze und die immer wieder kehrende öffentliche Diskussion um „knappe Ausbildungsplätze" würde sich erübrigen.

Es gilt also, die Ursachen für Abbrüche und Wechsel herauszufinden und bewusst zu machen. Nach Einschätzung der Autoren kann dies ein spezifiziertes „Ausbildungsmanagement" als Teil eines Qualitätsmanagementsystems leisten. Dieses steuert die wichtige Zusammenarbeit und Abstimmung des Ausbildungsprozesses innerhalb des Betriebes, aber auch zu externen Stellen also zwischen Betrieb und Berufsschule. Gerade wenn man berücksichtigt, dass über 2/3 aller Personalverantwortlichen in Unternehmen in der Zusammenarbeit mit der Berufsschule, veralteten Lehrplänen und der schlechten Bildungsqualität in Berufsschulen das Hauptproblem der dualen Ausbildung sehen (Berufsbildungsbericht, 2004). Ein solches „Ausbildungsmanagement" steuert auch die Notwendigkeit innerbetrieblicher Unterweisungen.

Dabei ist die Problematik des in vielen Ausbildungen vorhandenen Produktivitätsdefizits zu berücksichtigen. Denn schon heute ist der Auszubildende im Schnitt nur noch 29% der Gesamt-Brutto-Ausbildungszeit produktiv tätig, hat aber - zusätzlich zur Berufsschule - noch 26% Unterweisungszeiten im Betrieb (Beicht, 2004). Gleichzeitig sind die Kosten, nicht zuletzt durch die notwendigen Zusatzunterweisungen, für Berufsausbildungen in Deutschland sehr hoch. Pro Jahr und Auszubildenden bezahlt der Betrieb brutto 16.400 Euro (Beicht, 2004). Unschwer erkennt man in diesem Zusammenhang einen Grund, warum gerade viele mittelständische Betriebe nicht ausbilden.

Denn hinzukommt, dass trotz des hohen Aufwandes für die Ausbildung, Mängel auch beim Ausbildungsergebnis/Output alltäglich sind.

Ergebnis-Probleme

Jeder siebente Auszubildende fällt durch die Abschlussprüfung, 5% bestehen die Wiederholungsprüfung nicht und bleiben somit ohne anerkannten Abschluss. Hinzu kommt, dass viele nach Abschluss der Ausbildung arbeitslos werden, es also für die Ausbildungskosten auch im Nachhinein keinen „return on investment" gibt (Gutachten , 2003).

Die Grafik veranschaulicht die Prozentzahl der Absolventen aus betrieblichen Ausbildungen, die anschließend arbeitslos bzw. nicht erwerbstätig sind:

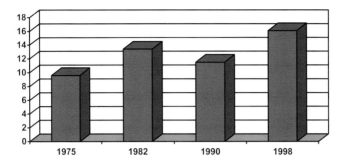

Abb. 45: Arbeitslose bzw. nicht erwerbstätige Absolventen betrieblicher Ausbildungen

Die genannten Probleme lassen sich mit Hilfe des aus dem Qualitätsmanagement bekannten „Konzeptes der Fehlerkosten" ansatzweise quantifizieren. So gibt der Staat rund 3 Milliarden Euro für die Berufsschulen aus (Berufsbildungsbericht, 2004). Insgesamt liegen die Ausbildungskosten damit pro Jahr bei rund 31 Milliarden Euro. Durch Abbrüche (25%), Prüfungsversagen (5%) und Nicht-Übernahmen (16%) wird bei mindestens 1/3 (unter Berücksichtigung von Mehrfacheffekten) das Ziel des Ausbildungsprozesses, nämlich dauerhafte betriebliche Eingliederung, nicht erreicht. Dies entspricht Fehlerkosten von einem Drittel von 31 Milliarden Euro, also rund 10 Milliarden Euro.

Hinzu kommen „Fehlerkosten" durch im Betrieb außerplanmäßig durchgeführte „Nachschulungen" (innerbetriebliche Unterweisungen) auf Grund von Problemen, die auf eine mangelnde Qualifizierung durch die Schule und Berufsschule zurückzuführen sind. Auch diese Fehlerkosten, quantifiziert, erreichen beträchtliche Ausmaße.

Viele Ausbildungsorganisationen haben diese Problemzusammenhänge erkannt und sehen in der gezielten Entwicklung von (Qualitäts-) Managementsystemen einen Lösungsansatz. Sie greifen verstärkt auf die eingangs genannten Modelle vor allem auf die DIN EN ISO 9001:2000 zurück.

Die Entwicklung eines modernen Qualitätsmanagementsystems als Steuerungssystem einer Organisation erfordert die Identifikation und Beschreibung der Bildungsprozesse mit intern und extern nachvollziehbaren Kriterien und Standards. Ebenso müssen die Managementprozesse und Unterstützungsprozesse (administrativen Abläufe) identifiziert und beschrieben werden. Identifiziert, erfragt und in die Prozesserstellung einbezogen werden auf diese Art und Weise die Anforderungen aller „Interessierten Parteien" (DIN EN ISO 9000:2000), also aller, die am Gelingen der Organisation ein berechtigtes Interesse aufweisen.

Ein (Qualitäts-)Managementsystem erfordert ferner ein klares Bild über die Ziele einer Bildungsorganisation und die zur Umsetzung der Ziele zu erbringenden Leistungen und Aktivitäten. Nicht zuletzt verpflichtet sich die Bildungsorganisation zur dauerhaften Bewertung ihrer Leistungen z.B. durch Kennzahlen und zum aktiven Umgang mit Fehlern und Beschwerden sowie der Initiierung von Verbesserungsmaßnahmen.
Häufig entsteht hierbei das Problem, auf welche Kriterien und Standards sowie Kennzahlen zurückgegriffen werden kann, bzw. welche auch neu definiert werden können.

Das Ausbildungsassessment nach Ideas for Systems gibt Bildungsunternehmen Antworten auf die Frage nach der Effizienz ihrer Bildung und ist somit eine Entscheidungshilfe für zu setzende Schwerpunkte. Dabei werden Stärken genauso identifiziert wie Verbesserungspotentiale. Das Ausbildungsassessment kann innerhalb eines bereits bestehenden Qualitätsmanagementsystems angewendet werden und liefert dann z.B. weitere Kennzahlen und quantifizierbare Aussagen zur Bewertung. Es kann auch als Input zum Aufbau eines Qualitätsmanagementsystems dienen. Aufgrund seiner verschiedenen Nutzungsmöglichkeiten (einmalig bis in bestehende Systeme integrierbar) bietet es einen spürbaren Kostenvorteil gegenüber langwierigen und aufwendigen Konkurrenzsystemen.

Das Ausbildungsassessment als Prozesstool

Aus- und Weiterbildung wird im Assessment nach Ideas for Systems als ein Prozess verstanden. Ein Prozess sollte beschrieben sein durch eine exakte Definition, seine Ziele, anzustrebende Ergebnisse, Erwartungen der interessierten Parteien an den jeweiligen Prozess, mögliche Fehlerquellen bzw. Risiken, den Prozess kennzeichnende Kriterien und Standards, benötigte Ressourcen und nicht zuletzt den eigentlichen Ablauf mit seinen Inputs und Outputs und die zur Bewertung des Prozesses herangezogenen Kennzahlen. Diese Darstellung entspricht dem Prozessmodell nach Ideas for Systems, das vielfach bei der Prozessmodulation gerade in Bildungs-, Sozial- und Gesundheitseinrichtungen Anwendung gefunden hat.

Das Ausbildungsassessment beleuchtet den gesamten Bildungsprozess unter Einbeziehung aller internen und externen Stellen und der Faktoren, die den Prozess kennzeichnen. Dazu gehören das Ausbildungsmarketing und die Ausbildungsplanung. Das Ausbildungsassessment setzt also bereits vor Beginn der Ausbildung ein. Es beleuchtet die Ausbildung mit allen Beteiligten und allen internen und externen Schnittstellen. Es bewertet die Ausbildungsergebnisse einschließlich der betrieblichen Integration entsprechend der Zieldefinition der jeweiligen Bildungsorganisation.
Entsprechend definieren sich die Ziele des Ausbildungsassessment. Es dient dazu, Bildungsorganisationen bei der Effektivitätsverbesserung ihrer Bildungssysteme

zu unterstützen. Ob dabei eher Wirtschaftlichkeitsverbesserungen, Qualifikationsverbesserungen der Auszubildenden, und/oder Verbesserungen der internen Bildungsabläufe im Vordergrund stehen, ist bei der Auftragserteilung mit der zu definierenden Zielsetzung für das Assessment zu klären.

Vorgehen beim Ausbildungsassessment

Auftragsklärung

Mit dem Führungskreis (je nach Organisationsstruktur z.B. Leitung der Gesamtorganisation, Personalbereich, Ausbildungsleitung) wird die Zielsetzung, die die Bildungsorganisation mit dem Bildungsassessment verbindet, geklärt und schriftlich fixiert.

Bei den bisherigen Aufträgen zur Durchführung von Ausbildungsassessments waren Fragen der Optimierung der Ausbildungsqualität, der Einbindung der Ausbildung in die Produktionsstrukturen sowie die betriebliche Personalrekrutierung und Personalentwicklung bedeutend. Dabei ging es also nicht ausschließlich um die Verbesserung der Wirtschaftlichkeit.

Analyse der Einbindung der Ausbildung in betriebliche Planungsprozesse

Hiermit wird erfasst, wieweit die Ausbildung in die Unternehmensstrategie und -Unternehmenspolitik integriert ist und wieweit sie mit betrieblichen Personalplanungsprozessen (Auswahl der ausgebildeten Berufe, Anforderungsprofil für Absolventen etc.) systematisch sinnvoll abgestimmt ist. Hierzu dienen standardisierte Interviews mit Führungskräften und Projektverantwortlichen aber auch mit einem Betriebsrat. Weiter erfolgt die Auswertung von Unternehmensdokumenten wie Strategiebeschreibung, Geschäftsplänen, Zielplanungsinstrumenten etc. und sofern vorhanden dem Qualitätsmanagementsystem.

Analyse der Inputsituation

In diesem Schritt werden das Bildungsmarketing und die Bildungsrekrutierung erfasst. Fragestellungen sind z.B.: Wie werden Schüler rechtzeitig für Berufe - gerade für technische - interessiert. Gibt es Praktikumsmöglichkeiten für Schüler und spezielle Programme für Mädchen/Frauen? Wie wird die Effektivität des Bildungsmarketing gemessen?

Ebenso gehört die Erfassung der Auswahl der Bildungsteilnehmer bzw. Auszubildenden zu diesem Punkt: Werden Tests, Vorstellungsgespräche, Bewerberassessments durchgeführt? Wie werden die Ergebnisse dokumentiert und validiert? Zu diesem Teil des Assessments gehören Interviews mit allen

Beteiligten an Hand von standardisierten Fragestellungen, die Prüfung von Dokumenten und die Besprechung erster Thesen mit den zuständigen Führungskräften.

Analyse des eigentlichen Ausbildungsprozesses

Dieser Abschnitt des Assessments wird in folgenden Teilabläufen untersucht:

- Planung des gesamten Ausbildungsverlaufs
- Planung und Realisierung der innerbetrieblichen fachpraktischen Einsätze, bzw. der Verzahnung von Theorie und Praxis außerhalb des dualen Ausbildungssystems
- Planung und Realisierung der innerbetrieblichen und/oder fachpraktischen Unterweisungen einschließlich Förderunterricht/Stützunterricht
- Planung und Realisierung der Kooperation mit der Berufsschule und anderen externen Stellen (z.B. IHK oder der Handwerkskammer).

Zu jedem dieser Teilschritte wird die Strukturkomponente (Wie viele Mitarbeiter arbeiten hieran? Welche Ausstattung steht zur Verfügung? usw.) ebenso erhoben wie die jeweilige Dokumentation, die hierzu externe und/oder interne Vorgaben macht (z.B. Ausbildungsordnung, Rahmenpläne, Prüfungsordnung, Konzeption etc.). Die konkreten tatsächlichen Abläufe und die Einschätzung der Beteiligten über Stärken und Schwächen dieser Abläufe werden nachvollzogen. Kriterien und Standards werden gesucht und bewertet.

Analyse der Ergebnisse

Schließlich wird die Ergebnisseite des Ausbildungsprozesses erfasst z.B. durch:

- Nicht besetzbare Ausbildungsplätze,
- Abbruchquoten
- Quote des Nicht-Bestehens bei der Abschlussprüfung
- Übernahmequoten in die Produktion bzw. Integration in den Arbeitsmarkt nach Ausbildungsende,
- Kosten des Ausbildungsprozesses.

Hinzu kommen Zufriedenheitsdaten

- Zufriedenheit der Bildungsteilnehmer/Auszubildenden mit der Ausbildung,
- Einschätzung von Betriebsrat und Ausbildungsvertretung
- Einschätzung des Personalbereiches und der Leiter der Bereiche, in denen Auszubildende fachpraktische Einsätze absolvieren
- Einschätzung der die Bildungsteilnehmer/Auszubildenden übernehmenden Arbeitgeber/Produktionsbereiche.

Benchmarks

Die Ergebnisse können an Benchmarks gespiegelt werden. Hierfür stehen Daten von Ideas for Systems aus öffentlich zugänglichem Material aber auch aus selbst erhobenen, anonymisierten Assessments zur Verfügung.

Eingesetzte Bildungsassessoren

Wie bei jedem Verfahren hängt die Güte der Ergebnisse maßgeblich von der Kompetenz der Anwender ab. Ideas for Systems arbeitet deshalb in solchen Ausbildungsassessments grundsätzlich mit Teams, in denen folgende Qualifikationen vorhanden sind, die sich wechselseitig ergänzen:

- Bildungspraktiker
- Wirtschafts- bzw. Controllingerfahrungen
- Qualitätsmanagementerfahrung
- Sozialwissenschaftliche Kompetenzen
- Kommunikationsprofis wie z.B. Journalisten und Medienwissenschaftlern.

Nutzen eines Bildungsassessments

Bei der Anwendung des Ausbildungsassessments in unterschiedlichen Bildungsorganisationen zeigte sich eine hohe Ausbildungsbereitschaft der Bildungsorganisationen/Unternehmen. Gleichzeitig konnten bei allen individuellen Unterschieden vor allem folgende Verbesserungsmöglichkeiten aufgezeigt werden:

- Die Ausbildung ist (in der Auswahl der Berufe und der Anzahl der Auszubildenden) zu wenig mit der betrieblichen Personalplanung verzahnt,
- das Ausbildungsmarketing ist nicht systematisch und langfristig genug angelegt und damit kommt es für technische und IT-Berufe nicht zu genügend qualifizierten Bewerbungen;
- die Ausbildung ist zu wenig auf Auszubildende mit Migrationshintergrund vorbereitet;
- die Berufsschule wird nicht ausreichend in Kooperationen einbezogen (bzw. "in die Pflicht genommen"), so dass zu viel innerbetriebliche Unterweisungen notwendig werden; dadurch leidet die Länge der Praxisphasen;
- E-Learning-Ansätze werden zu wenig integriert; dadurch wird die Chance zum "Lernen lernen" nicht ausreichend genutzt;
- die Ausbildung und die Weiterbildung sind in vielen Betrieben getrennte Systeme, woraus erhebliche unnötige Kosten (Doppelvorhaltungen) resultieren.
- die Zusammenarbeit mit den Übernahme-Bereichen/Betrieben ist nicht ausreichend intensiv, so werden teilweise für die Ausbildungswerkstatt Maschinen angeschafft, die auch in der Produktion nutzbar wären, es werden in

der Ausbildung andere Systeme geschult, als in der Produktion eingesetzt werden, usw.

Die Erarbeitung entsprechender Optimierungsmöglichkeiten begann in allen Betrieben unmittelbar nach Beendigung des Ausbildungsassessments und der Schlussbesprechung mit allen Beteiligten. Teilweise werden die Optimierungsplanungen von Experten der Ideas for Systems begleitet.

Zusammenfassung

Aus demografischen Gründen wird es in den nächsten Jahren einen erheblich intensiveren Wettbewerb um gute Schulabsolventen geben. Hierbei stehen die verschiedenen Ausbildungssysteme durchaus in Konkurrenz zueinander.

Ausbildungssysteme können die Qualität und Wirtschaftlichkeit durch Prozessmangement, Bewertungen der Qualität der Ausbildung bis hin zu umfassenden Managementsystemen optimieren und sollten dies tun, um international qualitativ hochwertige Ausbildung zu gewährleisten und dies um so mehr in einem Land das kaum über natürliche Ressourcen verfügt. Ausbildungsorganisationen (von schulischer Ausbildung über die betriebliche Ausbildung bis hin zur Hochschulausbildung) werden zunehmend durch externe Stellen (z.B. Bundesagentur für Arbeit mit AZWV oder Akkreditierungsgessellschaften im Bereich der Hochschulen) aufgefordert, die Wirtschaftlichkeit der Mittelverwendung und Qualität ihrer Maßnahmen nachzuweisen. Hierzu müssen sie Zahlen und Daten liefern können, die als Nachweise z.B. für Mittelzuweisung dienen oder ein Ranking ermöglichen. Das Ausbildungsassessment ist ein Instrument, die Qualität zu verbessern, Fehlerkosten zu senken und die Wirtschaftlichkeit zu beeinflussen.

Die bisherigen Erfahrungen lassen folgende Thesen zu: Es sind gerade Unternehmen mit hoher Ausbildungsmotivation und Erfahrung in der Ausbildung, die über das Instrument Ausbildungsassessment die Chance nutzen, ihre Ausbildung noch weiter zu verbessern und so einen Wettbewerbsvorsprung zu erlangen.

Literatur

Beicht, U.; Walden, G.; Herget, H.: Kosten und Nutzen der betrieblichen Berufsausbildung in Deutschland. Berichte zur beruflichen Bildung. Heft 264. Bundesinstitut für Berufsbildung. Bonn 2004.
Berufsausbildung in Deutschland: Duale Alternativen als Perspektiven. Hrsg.: e/t/s didactic media GmbH und SRH Learnlife AG. Heidelberg 2004. Bezugsquelle: Maisberger Whiteoaks: info@maisberger.com .

Berufsbildungsbericht 2003. Hrsg. vom Bundesministerium für Bildung und Forschung. Bonn 2004.

Berufsbildungsbericht 2004. Hrsg. vom Bundesministerium für Bildung und Forschung. Bonn 2004.

DIN Taschenbuch 226: Qualitätsmanagement. Normen. Beuth Verlag. Berlin, Wien, Zürich, 3. Aufl. 2001.

Egle, F., Nagy, M. (Hrsg.): Arbeitsmarktintegration. Profiling, Arbeitsvermittlung, Fallmanagement. Erscheint 2005 im Gabler-Verlag.

Gutachten zur Bildung in Deutschland. Hrsg. vom Bundesministerium für Bildung und Forschung. Bonn 2003.

Nagy, M.: Qualifikationsspezifische Grundlagen der Arbeitsvermittlung. In: Egle, F., Nagy, M. (Hrsg.): Arbeitsmarktintegration. Profiling, Arbeitsvermittlung, Fallmanagement. Erscheint 2005 im Gabler-Verlag. S. 107 - 179.

Zielke, D.: Berufsausbildungsvorbereitung. Ein neues Konzept für die Berufsvorbereitung lernbeeinträchtigter und sozial benachteiligter Jugendlicher. In: Berufsbildung in Wissenschaft und Praxis. 33 Jg. 2004. Heft 4. S. 43 - 47.

PAS 1037 – Innovationen für Qualitätsmanagement mit ganzheitlichem Bildungscontrolling

Walter Brückner, Dr. Gabriele Girke

Vor dem Hintergrund tiefgreifender Wandlungen des Arbeitsmarktes, insbesondere in den gesetzlichen Regelungen, sowie einem generellen Paradigmenwechsel zu wirtschaftsorientierter beruflicher Bildung haben Bildungsanbieter seit Jahren einen gravierenden Strukturwandel zu bewältigen. Die neue Ordnungspolitik für mehr Markt und Qualität der beruflichen Aus- und Weiterbildung einerseits sowie notwendige Kompetenzentwicklungen in Wirtschaftsunternehmen andererseits haben dafür gesorgt, dass Bildungsdienstleister und Wirtschaftsunternehmen stärker aufeinander orientiert werden – im Mittelpunkt stehen Qualität und Passgenauigkeit der Angebote.

Das RKW Berlin-Brandenburg widmet sich im Rahmen seiner generellen Beratungs-, Experten- und Bildungsarbeit verstärkt den Themen Kompetenzmanagement und Qualität beruflicher Bildung. Seit Jahren werden Bildungsorganisationen und Unternehmen durch RKW-Experten dazu beraten.

Wesentliche Feststellungen daraus kann man wie folgt zusammenfassen:

Abb. 46: RKW-Sicht auf Entwicklungen

1. **Bildungsdienstleister** bewegen sich gegenwärtig in extremen Umbruchs- und Veränderungssituationen. Qualitätsmanagement ist in solchen

Umbruchssituationen erfolgreich, wenn es zugleich als Change-Management verstanden wird. Der Aufbau eines erfolgsorientierten Managementsystems (mit Wirkungen für den Kunden und den Bildungsanbieter zugleich) ist für die Bildungsunternehmen in der Regel ein tief greifender Veränderungsprozess. Für diesen Prozess werden klare unternehmerische Strategien und Bildungsziele, angemessene Ressourcen und Anforderungen an die Lehrenden, Regelungen und messbare Erfolgskriterien u.a.m. benötigt. Bildungsunternehmen müssen einerseits den eigenen wirtschaftlichen Erfolg ihrer Dienstleistung und andererseits den Erfolg für den Abnehmer / Kunden / Teilnehmende steuern.

2. **Berufliche Bildung in den Unternehmen** ist in den letzten Jahren unter einen enormen Legitimationsdruck bezüglich der betriebswirtschaftlichen Effekte (Return on Investment) geraten. Andererseits bewegen sich die Unternehmen auf eine zunehmend wissensbasierte Wertschöpfung zu und Fragen der Kompetenzentwicklung der Unternehmensorganisation und der Mitarbeiter werden bedeutsamer. Festlegung von Bildungszielen, Berechnung von Kosten, Messung der Eingangskompetenzen der Teilnehmenden, Bewertungsabfrage, Messung der Veränderungen in den Kompetenzen und monetäre Bewertung der Bildungsinvestitionen stehen seit einiger Zeit im Mittelpunkt des Bildungsmanagements.

Betriebswirtschaftliche und berufspädagogische Kriterien

Vor dem Hintergrund dieser Entwicklungen und Rahmenbedingungen steht „Bildungscontrolling" (in dem einen oder anderen Bezug) in der doppelten Aufgabe, sowohl betriebswirtschaftliche als auch berufspädagogische Erfolge nachzuweisen und zu steuern. Entscheidende Nutzen-Kriterien sind in diesem Sinne nicht nur der Lernerfolg der Teilnehmenden, sondern letztlich der Transfer und die Anwendungserfolge am Arbeitsplatz. Experten schreiben dem Bildungscontrolling mehrfache Funktionen bei der Bewältigung der o.g. Managementaufgabe zu: Information, Steuerung und Koordinierung (Seebers, 2000).

In den RKW-Beratungen und - Pilotprojekten zur Entwicklung eines, diesen Aufgaben gerecht werdenden, spezifischen Qualitätsmanagementsystems haben sich wichtige Erfahrungen zum Thema Bildungscontrolling herauskristallisiert, die diese Mehrfachfunktion bestätigen: Im Mittelpunkt aller Bemühungen muss eine systematische Datenerfassung, -aufbereitung und –analyse aller Prozesse stehen, die vor, während und nach einer Bildungsmaßnahme stattfinden. Durch einen Vergleich mit den angestrebten Zielen und eingesetzten Ressourcen sollen Konsequenzen und Umsteuerungen während der Bildungsprozesse und für künftige Maßnahmen gezogen werden. Gewonnene Informationen müssen Grundlage von Entscheidungen sein, wie Ressourcen eingesetzt werden und auf welche Bedürfnisse künftige Angebote gerichtet sind. Diese Aufgaben zeigen exemplarisch, in welchem Spannungsfeld sich Bildungscontrolling bewegt und erklären zugleich sinnfällig, warum sich dabei prozessorientierte Ansätze mehr und mehr durchsetzen - ein „Messbar-Machen" des Abgelaufenen reicht nicht. Durch ein umfassend verstandenes Bildungscontrolling muss ein an den Unternehmenszielen bzw. Kundenanforderungen orientiertes Qualitätsmanagementsystem aufgebaut werden, das seine zentrale Aufgabe vor allem im Steuern sieht.

Bildungscontrolling und Qualitätsmanagement

Ein zukunftsorientiertes und effektives Bildungscontrolling ist aus unserer Sicht sowohl Wegbereiter eines umfassenden Qualitätsmanagements, als auch sein immanenter Bestandteil und erfüllt dabei mehrere Funktionen:

Als Bedarfs- und Zielcontrolling sorgt es dafür, dass die Bildungsangebote auf der Basis von Bildungsbedarfsanalysen / Kompetenz-Matrix geplant und in die Ziele des Unternehmens eingebunden werden. Controlling des Input setzt bei den Anfangsbedingungen an und zielt auf die Steuerung der Bildungsarbeit durch Kostenkennzahlen. Diese Optimierung der Effektivität und Effizienz muss sowohl pädagogische, als auch ökonomische Parameter beachten und ist in einem ganzheitlichen Qualitätsmanagement unverzichtbar. Entscheidend ist, wie die eingesetzten Ressourcen zusammengeführt werden und im Bildungsprozess stets eine Rückkopplung zu den Zielen sichergestellt wird. Dieses Prozesscontrolling geht über die üblichen Teilnehmer-Zufriedenheits-Befragungen hinaus und muss alle Bereiche der Bildungsdienstleistung erfassen – angefangen bei der Führung der Gesamtorganisation über die Lerninfrastruktur, die Lehrenden, die Lehr-Lern-Prozesse bis hin zur Evaluation und Verbesserung der gesamten Abläufe. Dabei müssen auch die Lernerfolge in verschiedenen Dimensionen erfasst und mit den ursprünglichen Zielen verglichen werden.

Die Schwierigkeiten der Erfolgsmessung sind hinlänglich bekannt – sie liegen nicht zuletzt darin begründet, dass Bildung eine „Coproduktion" und Lernen hochgradig subjektiv ist, von den Lernkompetenzen der Beteiligten und von den äußeren Bedingungen sowie Lernszenarien abhängt. Hinzu kommt, dass die wertschöpfende Nutzung individueller Humankapitalinvestitionen durch ein ganzes System von Faktoren determiniert wird und auf unterschiedliche Kundenerwartungen trifft – es gibt „Unschärferelationen" zwischen der Qualität des Bildungsunternehmens / des Bildungsangebotes und dem Nutzen. Trotzdem lohnt es sich, das schwer Messbare zu messen. Ein Controlling des Outputs ist deshalb immanenter Bestandteil eines umfassenden Qualitätsmanagements in der beruflichen Bildung. Das zeigt sich ebenso im Controlling des Transfers, in dem die tatsächlich entstehenden Veränderungen und der Nutzen am Arbeitsplatz beleuchtet werden. Die in den letzten Jahren umfangreich entstandenen Kompetenz-Messungs-Verfahren, Feedback- und Evaluationsmethoden tragen in der einen oder anderen Weise dazu bei, den Return on Investment zu garantieren.

Dabei müssen neben den „augenfälligen" auch weitergehende Wirkungen und Bewertungskriterien einbezogen werden, wie beispielsweise volkswirtschaftlich-bildungsökonomische Kriterien (im Besonderen bei öffentlich geförderter Bildung), betriebswirtschaftliche Rentabilität oder auch individuelle Lernziele. Bildungscontrolling sucht nach Indikatoren für solche Wirkungen, wie z.B. Mobilität der Mitarbeiter oder Kompetenzzuwachs. Kosten-Nutzen-Controlling überwacht die Wirtschaftlichkeit im Sinne der hervorgebrachten Effekte einer Bildungsmaßnahme. Im Zentrum stehen dabei auch quantifizierbare Bewertungen des Erfolges.

Zusammenhang zwischen Bildungscontrolling und Qualitätsmanagement

In all diesen Dimensionen von Bildungscontrolling liegen Gemeinsamkeiten mit einem umfassenden Qualitätsmanagement – mehr noch: Bildungscontrolling im oben genannten Sinne muss dessen inhaltlicher zentraler Bestandteil sein. Anforderungsgerechte Bildungsangebote werden sichergestellt, wenn die gesamte Organisation der betrieblichen Bildungsprozesse bzw. der externen Dienstleistung sowie die für ihre Durchführung festgelegten Regeln und Verfahren auf ihre Zweckmäßigkeit hin geprüft werden.

Es gibt jedoch einen zweiten Zusammenhang zwischen umfassendem Bildungscontrolling und ganzheitlichem Qualitätsmanagement: die genannten mehrdimensionalen Controlling-Aufgaben können nur dann wahrgenommen werden, wenn deren Verfahren selbst geregelt, allen Beteiligten bekannt sind, den (Unternehmens- und Bildungs-)Zielen entsprechen und fortlaufend den Informations-, Steuerungs- und Kooperationsbedürfnissen im Betrieb bzw. im Bildungsanbieter angepasst werden. Die Controllinginstrumente müssen selbst erforderlichenfalls verbessert werden. Dem dient ihre Einbettung in einen kontinuierlichen Verbesserungsprozess, wie er durch ein Qualitätsmanagement angestrebt wird.

Ein Qualitätsmanagement, das diesen Aufgaben gerecht wird, muss alle Aspekte von Qualität beruflicher Bildung berühren: sowohl Ergebnis-, als auch Prozess- und Potentialqualität befördern. Eine solche integrierende Herangehensweise ist im Ergebnis von weitreichenden Erfahrungen des RKW entstanden und mit der PAS 1037 - QM STUFEN-MODELL® gelungen:

Produktqualität basiert auf gleich bleibenden, „objektiven" Kriterien und hat zugleich subjektive Seiten. Das QM STUFEN-MODELL® umfasst als Qualitätsmanagementsystem sowohl die Qualität von Bildungsangeboten als auch den Erfolg des Bildungsdienstleisters, das Gelingen seiner Unternehmensziele und –strategien, die Sicherung und Erhöhung der Wirksamkeit und Wirtschaftlichkeit. Das QM STUFEN-MODELL® berücksichtigt die **Potentiale**, die spezifischen Bedingungen beruflicher Bildung, sowohl im Bereich der Führung und Entwicklung der gesamten Organisation als auch bei der

Bereitstellung der Ressourcen - im Besonderen die gesamte Personal- und Organisationsentwicklung sowie die Ermittlung, Bereitstellung und Aufrechterhaltung der Lerninfrastruktur. Das QM STUFEN-MODELL® erweitert den **Prozess**-Begriff der ISO:9000-Familie, geht über das bloß Funktionale der Organisation hinaus und konzentriert sich auf den Kern: Bildungsangebote/-projekte konzipieren, durchführen und evaluieren. Unter dem Gesichtspunkt des Bildungscontrollings werden dabei sowohl Wirksamkeit (im Sinne der vorgegebenen Aufgaben und Ziele), Wirtschaftlichkeit (Umgang mit begrenzten Ressourcen), Kontrollierbarkeit (einschl. Steuer- und Korrigierbarkeit) als auch Anpassungsfähigkeit (an sich verändernde Anforderungen) angestrebt:

Die zugrunde liegenden Kriterien dieser – alle Qualitätsdimensionen berücksichtigenden - Bewertungen und Steuerungen müssen berufspädagogisch begründet und zugleich mit wirtschaftlichen Maßstäben synchronisiert sein.

Das QM STUFEN-MODELL® - GPS für ganzheitliches Bildungscontrolling

Das Ergebnis aus Modellprojekten des RKW Berlin-Brandenburg, die PAS 1037:2004 mit dem Titel „Anforderungen an Qualitätsmanagementsysteme von Organisationen der wirtschaftsorientierten Aus- und Weiterbildung: QM STUFEN-MODELL", ist in Kooperation mit dem DIN entstanden und im Beuth-Verlag erschienen. Damit steht es für die Bildungslandschaft in der Bundesrepublik als anerkanntes Modell zur Verfügung und kann für die dringend erforderliche Marktanpassung von Bildungsanbietern genutzt werden. Das QM STUFEN-MODELL® ist sowohl kompatibel zur Anerkennungs- und Zulassungsverordnung für Weiterbildung durch die Bundesagentur für Arbeit (AZWV) und ISO 9001:2000 als auch zertifizierungsfähig (nach PAS 1037:2004). Der Übergang von den Angebots- zur Nachfrageorientierung, von der Wissensvermittlung zum wirtschaftsnahen wissensbasierten Dienstleistungsangebot muss von den Bildungsanbietern durch ein Qualitätsmanagement erfolgreich selbst gestaltet werden. Erfolgssteuerung nach vorne ist angesagt, denn die Kunden erwarten Bildungsangebote und -dienstleistungen, die ihre Kompetenzen zielgenauer weiterentwickeln. Mit dieser Intention bezeichnen wir Bildungscontrolling als integralen Bestandteil eines „umfassenden Navigationssystems" (Küchler, 2001).

Im QM STUFEN-MODELL® / PAS 1037 werden diese Anforderungen umgesetzt durch eine
- **ganzheitliche Herangehensweise** (Qualitätsentwicklung und -sicherung beziehen sich nicht nur auf einzelne Teilbereiche der Bildung, sondern verbinden sich in einem komplexen Qualitätsmanagement) und eine
- **integrative Herangehensweise** (die Qualität der Ergebnisse, Prozesse und Strukturen wird zu einem „beherrschenden gemeinsamen Nenner" aller

Aktivitäten der Bildungsorganisation, im Sinne von Total Quality Management).

Das QM STUFEN-MODELL® ist dadurch eine Innovation für QM in der beruflichen Bildung geworden. Kernelemente dieser Innovation sind:

Abb. 47: QM-Stufenmodell – ein integrierter Ansatz

Das QM STUFEN-MODELL® ist ein System nachhaltiger Qualitätsentwicklung und -sicherung für wirtschaftsorientierte Bildungsdienstleister. Es orientiert sich sowohl an den gegenwärtigen Entwicklungsbedürfnissen der Bildungsanbieter als auch an den generellen Trends in Deutschland und Europa im Bereich Qualität beruflicher Bildung. Es bleibt offen für weitergehende ordnungspolitische Entwicklungen.

1. Das QM STUFEN-MODELL® richtet sich an berufliche Aus- und Weiterbildungsorganisationen, die ihr Leistungsprofil primär auf die Wirtschaft, also auf wirtschafts- und unternehmensorientierte Bildungsangebote ausrichten.
2. Das QM STUFEN-MODELL® baut auf der „ISO 9001:2000-Philosophie" auf. Es adaptiert und erweitert sie auf die Bedingungen und Spezifika von Bildungsdienstleistungen. Das QM STUFEN-MODELL® integriert zugleich die Möglichkeit, dass Bildungsorganisationen schrittweise den Anforderungen von Business Excellence entsprechen können.
3. Das QM STUFEN-MODELL® geht von einem umfassenden Charakter eines Qualitätskonzeptes aus. Es richtet sich auf die Einheit von Prozess-, Potential-

und Produktqualität. Es folgt auch der seit Mitte der 90-er Jahre prägenden Kompetenzausrichtung für Weiterbildung, deren Bezugspunkte die Lernfähigkeit und berufliche Handlungskompetenz von Mitarbeitern in Bezug auf flexible Arbeitsanforderungen in innovativen Organisationsformen sind.
4. In diesem Sinne unterstützt das QM STUFEN-MODELL® mit seinem Grundansatz die Trendwende zu einer auf die Wirtschaft (Unternehmen und deren Mitarbeiter/innen) ausgerichteten beruflichen Bildung (aktuelle passgenaue Inhalte für Fach- und Führungskräfte und in den Arbeitsprozess Wiedereinzugliedernde; Lernmethoden für selbstorganisiertes Lernen; flexible modulare Angebotsstrukturen; Beratung und Lernsupport; moderne technikgestützte und arbeitsprozessorientierte Umsetzung; Ergebnisevaluierung und Transfer).
5. Das QM STUFEN-MODELL® setzt an den bestehenden Organisationserfahrungen und QM-Regelungen bei den Bildungsdienstleistern an und bringt mit den genannten Inhalten und Organisationsformen einen inhaltlichen Nutzen und Zeitvorteil bei der Professionalisierung der Organisationen.
6. Das QM STUFEN-MODELL® impliziert als erste Stufe (Basis) die geforderte grundsätzliche Qualitätsfähigkeit und dokumentierte Prozessorganisation, als zweite Stufe (Standard) den Aufbau und die Umsetzung eines qualitäts- und kundenorientierten Managementsystems und als dritte Stufe (Excellence) die Einführung und Umsetzung von Excellence-Prinzipien nach europäischen Vergleichskriterien. Damit erhält die Bildungsorganisation eine nachhaltige Entwicklungsperspektive.
7. Das QM STUFEN-MODELL® setzt primär auf die innere Entwicklung der Qualitätsfähigkeit von Bildungsorganisationen und damit verstärkt auf Elemente für interne Mechanismen des Qualitätsmanagements und auf Selbstbewertungsfähigkeit.
8. Das QM STUFEN-MODELL® wird durch zugelassene externe Prüfer bewertet. Das Zertifikat dokumentiert die beratene, geprüfte und nachgewiesene Qualitätsfähigkeit der Organisation auf definierten Niveaustufen des Modells. Dabei werden auch die Supportstrukturen für eine nachhaltige Qualitätsentwicklung geprüft. Die erfolgreiche Zertifizierung schafft über die interne Potentialentwicklung hinaus auch öffentliche Akzeptanz für die Wirtschaft, für die Teilnehmenden, für fördernde Institutionen und generell für die Marktakteure.

Das QM STUFEN-MODELL® gemäß der PAS 1037 beschreibt die verbindlichen Anforderungen an ein integriertes Managementsystem. Das QM STUFEN-MODELL® nimmt mit seiner Methodik die positiven Erfahrungen im Umgang mit der Revision 2000 der ISO 9000 Familie auf. Es geht vom „roten Faden" Kundenorientierung und Kundenkommunikation aus und bedient sich konsequent der Prozessorientierung. Für die Bildungsunternehmen werden Führungsprozesse, Leistungsprozesse und Unterstützungsprozesse unterschieden.

Mit insgesamt über 70 Anforderungen wird ein fein gerastertes Navigations- und Gestaltungssystem mit vier Hauptprozessen aufgestellt:

1. Bildungsorganisation führen und entwickeln,
2. Mitarbeiter/innen, Lehrende, Lerninfrastruktur bereitstellen und entwickeln,
3. Bildungsangebote konzipieren, durchführen und evaluieren sowie
4. Bildungsprozesse messen, analysieren und verbessern.

Diese Anforderungen werden in drei Niveaustufen unterschieden:

- als erste Niveaustufe (Stufe Basis / basic) die geforderte grundsätzliche Qualitätsfähigkeit und dokumentierte Prozessorganisation,
- als zweite Niveaustufe (Stufe Standard / standard) den Aufbau und die Umsetzung eines kunden- und prozessorientierten Managementsystems und
- als dritte Niveaustufe (Stufe Excellence / excellence) die Einführung und Umsetzung von Excellence-Prinzipien nach europäischen Vergleichskriterien, unter besonderer Berücksichtigung der Selbstbewertung.

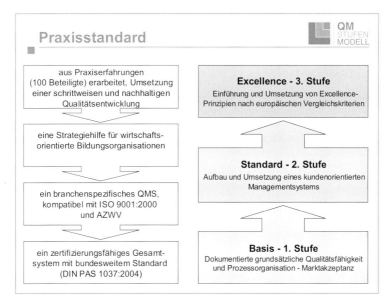

Abb. 48: RKW – Praxisstandards

Jede der Anforderungen wird mit Nennungen zu Umsetzungsformen hinterlegt. Für Hauptanforderungen wurden konkrete Umsetzungsbeispiele erarbeitet und ebenfalls in das System eingestellt. Im Dialog mit den Bildungsunternehmen wurden Prozesse identifiziert, für die eine dokumentierte Regelung mit besonderem Nachdruck empfohlen wird:

- Ermittlung von Bildungsbedarfen
- Entwicklung neuer Bildungsangebote / -projekte
- Bewertung und Auswahl von Lehrenden
- Durchführung und Evaluierung von Bildungsangeboten / -projekten
- Erfassung und Bewertung der Kundenzufriedenheit und Erfolgsanalyse
- Erfahrungssicherung und Verbesserungsprozesse.

Damit stellt das QM STUFEN-MODELL® die unmittelbare Bildungsdienstleistung in den Mittelpunkt des QM-Prozesses. Die Anforderungen „Bildungsangebote /-projekte konzipieren, durchführen und evaluieren" wirken primär auf die innere Entwicklung der Qualitätsfähigkeit von Bildungsorganisationen, für passgenaue Bildungsprodukte und für Lernerfolg, der sich an erweiterten Kompetenzen misst. Das QM STUFEN-MODELL® verstärkt die Elemente für interne Mechanismen des Bildungscontrollings und der Selbstbewertungsfähigkeit.

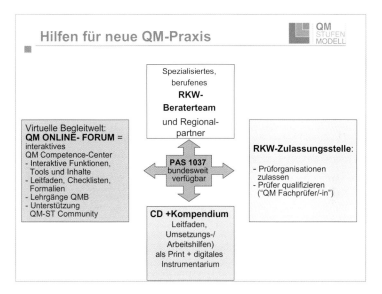

Abb. 49: Schematische Darstellung zu Hilfestellungen für neue QM-Praxis

Ergänzend wurden zweckmäßige Hilfen für diese neue QM-Praxis geschaffen, die inzwischen bundesweit zugänglich sind (www.qm-online-forum.de). Bestellmöglichkeiten für eine Flash-Animations-CD und für ein Kompendium mit

Leitfaden und Arbeitshilfen sind dort ebenfalls zu finden. Unterstützt vom bundesweiten RKW-Netzwerk der Länder werden über diese Regionalpartnerschaften auch direkte Transferhilfen für die Praxis möglich.

QM Competence Center als virtuelles Unterstützungssystem

Erstmalig in Deutschland wurde mit dem QM ONLINE-FORUM ein QM-Standard digital abgebildet und eine komplexe interaktive Begleitwelt geschaffen, welches den Prozess nachhaltiger Qualitätsentwicklung virtuell und kostenminimierend unterstützt.

Abb. 50: Darstellung zum QM-Online Forum

Es enthält im internen Kundenbereich ONLINE-Werkzeuge für alle Phasen des QM-Prozesses bis hin zum Benchmarking. Für die Anwender des QM STUFEN-MODELL® besteht ein klarer Vorzug darin, dass internetgestützte Werkzeuge entlang aller Phasen des Managements einer Bildungsdienstleistung entwickelt wurden. Sie sind mit Zugangsberechtigung verfügbar.

Diese online-Werkzeuge ermöglichen ein kontinuierliches und effizientes methodisches Arbeiten zur Implementierung und weiteren Entwicklung eines zukunftsorientierten Managementsystems. Zeitaufwand und Kosten können reduziert werden. Auch für Mitarbeiter, Trainer und den an der

Bildungsdienstleistung direkt Beteiligten eröffnen sich damit erweiterte Mitwirkungsmöglichkeiten.

Eine wesentliche Funktion im Bildungscontrolling ist die Selbstprüfung / -bewertung für eine zielorientierte Ergebnissteuerung. Hierbei unterstützt ein internetgestütztes „Werkzeugpaket" z.B. bei der Ermittlung des erreichten Ist-Zustandes, bei der Ableitung von Führungsmaßnahmen, bei der Potentialanalyse bis hin zu Management-Reviews. Der gesamte Qualitätsentwicklungsprozess kann somit IT-gestützt interaktiv gesteuert werden. Dadurch werden Zeit, Aufwand und Fehlermöglichkeiten reduziert.

Selbstverständlich sind die genannten Werkzeuge auch geeignet, den Prozess der Entwicklung und Verbesserung der bestehenden Systeme zu unterstützen. Durch die internetgestützte Gestaltung der Werkzeuge gehen frühere Analysedaten nicht verloren und bereits geplante und durchgeführte Maßnahmen können rückverfolgt werden. Mit einem Benchmarking-Tool erhalten die Bildungsanbieter zusätzlich einen überregionalen Bewertungsmassstab und eine Möglichkeit für den Selbstvergleich, der ihnen Anregungen und Hinweise für die weitere Professionalisierung ihrer Arbeit gibt.

Literatur

Seeber, S. et al., Bildungscontrolling, Lang, 2000.

v. Küchler, Felicitas: Pädagogische Qualität - Einführung, in: Pädagogische Qualität in der Erwachsenenbildung. Bericht zur Tagung am Bundesinstitut für Erwachsenenbildung St. Wolfgang vom 5. bis 6. April 2001, Materialien zur Erwachsenenbildung Nr. 4/2001, S. 9.

Anforderungen an Qualitätsmanagementsysteme von Organisationen der wirtschaftsorientierten Aus- und Weiterbildung: QM STUFEN-MODELL PAS 1037, Beuth-Verlag GmbH, 2004

360 Grad Feedback als Instrument des Bildungscontrollings

Prof. Dr. Joachim Freimuth

Aus der Entwicklungsperspektive gesehen hat das 360 Grad Feedback zwei Quellen. Einerseits hat das Verfahren eine deutliche Verwandtschaft zum Survey-Feedback, ein Datenerhebungskonzept aus dem Repertoire der klassischen Organisationsentwicklung. Berater in Veränderungsprozessen versuchen im ersten Schritt, eine erste Problemanalyse etwa durch Befragungen zu erstellen. Die erhobenen Daten werden aber an die zu beratende Klientel zur eigenen Interpretation, Integration und zur Ableitung von gezielten Veränderungsmaßnahmen zurückgekoppelt. Sie behalten somit die Autonomie über die Veränderungen, dieses Element ist auch ganz wesentlich für 360 Grad Feedback.

Auf der anderen Seite stellt 360 Grad Feedback auch eine Weiterentwicklung der bisherigen Verfahren der Personalbeurteilung dar. Die klassischen Ansätze, die im Kern in den 70er-Jahren entwickelt wurden und teilweise noch weit verbreitet sind, beruhen jedoch auf einer starren hierarchischen Führungsbeziehung. Zielvereinbarung, Leistungs- sowie Entwicklungsfeedback und ebenso Potenzialbeurteilung sind hier reine Chefsache, die betroffenen Mitarbeiter haben wenig eigene Spielräume der aktiven Mitwirkung.

Das dahinter liegende Paradigma beruht auf der Vorstellung einer konstanten Organisationsstruktur mit wenig veränderlichen Aufgabenstellungen, die in Stellenbeschreibungen fixiert sind. Diese Stellen, qua definitionem die kleinsten organisatorischen Einheiten, wurden so konzipiert, dass sie unabhängig von ihren Inhabern waren. Zudem handelte es sich um in sich abgeschlossene Aufgabenpakete. Schnittstellen oder Vernetzung stellten zunächst keine relevante Thematik dar. Aus den Stellenbeschreibungen leiteten sich logisch alle weiteren wichtigen Führungs- und Personalsysteme ab, Entgeltregelung, Qualifizierung und Mitarbeiterbeurteilung.

Hintergründe

Mittlerweile hat sich dieses Bild aber grundlegend verändert. Strukturen und Aufgaben in modernen Organisationen verändern sich permanent. Im gleichen Maße werden die Subjektivität der Stelleninhaber, ihre Kompetenz, ihre Motivation, mehr noch, ihre Leistungsfähigkeit und Leistungsbereitschaft auch ständig zu entwickeln und zu lernen, zu den Erfolgsfaktoren von modernen Organisationen. Man spricht daher auch nicht mehr von einer Stelle als die kleinste organisatorische Einheit, sondern von einer Rolle. Die damit verbundenen Aufgabenstellungen sind darüber hinaus nicht ein für alle Male klar beschreibbar oder eindeutig definierbar, sie verändern sich permanent. Sie müssen daher von den Rolleninhabern ständig interpretiert, reflektiert und zum Teil neu erfunden werden. Aufgabeninhalte sind auch nicht widerspruchsfrei, es gibt interne Zielkonflikte, die kreativ und konstruktiv aufgelöst werden müssen.

Damit wird zugleich auch die individuelle Feedback- und Lernfähigkeit selber zu einem Erfolgsfaktor in Organisationen. Es entsteht ein regelmäßiger Bedarf, diese Prozesse kritisch im Blick zu behalten und sie letztlich auch zu institutionalisieren, damit sie zum integralen Teil des Verhaltens der Mitglieder werden.

Ein zweiter wichtiger Aspekt ist, dass diese Interpretation von Rollen und Aufgaben nicht mehr unabhängig von den relevanten Kooperationspartnern innerhalb und auch außerhalb der Organisationen vorgenommen werden kann. Es gibt zahlreiche Kontakte zu anderen Aufgabenträgern und Akteuren, deren Verhalten und Beobachtungen zurückwirken auf die eigene Rolle und ihre Interpretation. Organisatorische Rollen sind engmaschig vernetzt und mit anderen Rollen verwoben. Das impliziert, dass ihr Erfolg abhängig ist vom Erfolg der anderen Rollen und umgekehrt. Beruflicher Erfolg, gleichviel ob in einer Führungs- oder Fachfunktion, ist auch die Resultante eines dynamischen Beziehungsnetzwerkes. Daraus ergibt sich, dass die Interpretation und Auslegung von organisatorischen Rollen als Aushandlungsprozess begriffen werden muss. Sie definieren und verändern sich somit im spannungsreichen Konfliktfeld von eigener Interpretation, Interessen, Zielen und den jeweiligen Fremdwahrnehmungen.

In diesen dynamischen und vernetzten Organisationen erleben wir also eine wechselseitige Angewiesenheit aufeinander. Das ist aus meiner Sicht ein weiterer entscheidender Grund für die Entwicklung von 360 Grad Feedback-Verfahren. Sie erlauben es, aus der Perspektive unterschiedlicher betroffener und interessierter Stakeholder systematische Rückmeldungen an die Inhaber organisatorischer Rollen zu geben und dort nachhaltige Entwicklungsprozesse auszulösen.

Rolleninhaber in modernen Organisationen beobachten sich ständig und zwangsläufig in ihren Kooperationen, bilden wechselseitig Erwartungen und geben sich auch Rückmeldungen. Zugleich ist ihnen bewusst, dass sie beobachtet werden, das erhöht ihre Sensibilität für ihre eigene Wirkung in kooperativen

Netzwerken. Die Institutionalisierung solcher Prozesse und ihre regelmäßige Wiederholung mit Hilfe eines multiperspektivischen Feedbackverfahrens signalisieren ihren Adressanten also, ob und wie sie sich entwickelt haben, wo ihr weiterer Entwicklungsbedarf liegt und wie sie ihn wahrnehmen sollten, natürlich im Abgleich mit der eigenen Wahrnehmung und Interpretation der übertragenen Aufgabenstellung.

In diesem Sinne ist 360 Grad Feedback auch als Instrument des Bildungscontrollings zu begreifen. Es steuert und reflektiert dezentrale Qualifizierungsprozesse, weniger im Sinne eines aufgesetzten Controllings von oben, sondern im Sinne von Selbststeuerung und Selbstverantwortung. Dabei geht es geht nicht primär um die kritiklose Adaption des Feedbacks, sondern um den Kontrast zwischen Erwartungen und den eigenen Interpretationen der Rolle, aus dem sich die Personalentwicklung und ihr Controlling systematisch ableiten muss. Voraussetzung dafür ist die Entwicklung einer Kultur, die auf wechselseitiges Vertrauen zwischen den Handelnden zurückgreifen kann. Darin liegt vermutlich die größte Herausforderung für die moderne Personal- und Organisationsentwicklung, weniger in der Einführung der Instrumentarien für Feedback.

Bildungscontrolling

Noch ein kurzes Wort in diesem Zusammenhang zum Bildungscontrolling. Es geht im Zusammenhang mit 360 Grad Feedback in vernetzten Organisationen weniger um klassische Programm- oder Maßnahmenevaluation im Sinne von Kosten- und Nutzensteuerung, der die konkret Handelnden gleichsam außen vor lässt. Die amerikanischen wissenschaftstheoretischen Konzeptionen, die ursprünglich hinter den meisten Multi-Source-Feedback Ansätzen standen, präferieren allerdings den Ansatz ‚messen, steuern und regeln'. Das hat in der deutschen Literatur bei einigen Kritikern zu der Ansicht geführt, dass diese Konzepte eher eine disziplinierende Wirkung haben, weil der Feedback-Empfänger hinter den inszenierten Datenmengen eine Objektivität vermutet, deren Evidenz er sich nicht entziehen kann. Diese führe zu Anpassung und zuweilen zu vorauseilendem Gehorsam.

Bereits Kirkpatrick hat aber mit seinem viel verwendeten Stufenmodell der Evaluation von betrieblichen Bildungsprogrammen darauf hingewiesen, dass ihre Erfolgsbeurteilung immer auch eine Frage der Perspektive von Stakeholdern und ihrer verschiedenen Erhebungskonzepten ist. Denkt man diesen Ansatz konsequent weiter, kann man zu der Einsicht gelangen, dass Datenerhebungsverfahren in Organisationen eher als divergierende Wert- und Realitätskonstruktionen unterschiedlicher Beobachter begriffen werden sollten. Das kommt dem Ansatz des 360 Grad Feedback aus meiner Sicht durchaus entgegen, denn ich verstehe das Konzept so, dass es um die Abbildung der Realitätssichten von möglichst vielen Beteiligten und Interessierten geht. Ihre divergenten Positionen sollen sichtbar und die Basis ihrer Empfehlungen transparent gemacht werden. Das Ziel von dieser Art der Datenerhebung ist also weder Wahrheit, noch Objektivität. Es ist letztlich der Austausch von Perspektiven und der Auslöser für kritische Reflexionen von Rollen und Rollengefügen, die in Verhaltensveränderungen einmünden kann, über die man sich wiederum austauschen kann. Spiegelt ein Erhebungsverfahren klare Differenzen zwischen Eigen- und Fremdwahrnehmung kann genau dort die Ursache für Probleme in der Kooperation und Kommunikation liegen, die dringend thematisiert werden müssen.

Um die vielfältigen Stakeholder-Perspektiven zu wahren, muss das Konzept aber als ein dialogischer Aushandlungsprozess zwischen gleichberechtigten und an gemeinsamen Veränderungen interessierten Netzwerkpartnern begriffen werden. Die erhobenen Daten spiegeln folglich nicht Realitäten, sondern gleichberechtigte Sichten auf die Realitäten, sie dienen nicht als Diktat, sondern der Selbstevaluierung und Selbstorganisation von Organisationsmitgliedern, die auf Kooperation und Kommunikation für ihren gemeinsamen Erfolg angewiesen sind. 360 Grad Feedback bietet dafür eine Plattform. Diese Verfahren institutionalisieren gleichsam die Metaebene und machen sie zum integralen Bestandteil von Organisationen.

Formen und Varianten

Die grundlegende Idee des 360 Grad Feedback ist vor diesem Hintergrund einfach und schlüssig. Rückmeldungen werden aus verschiedenen Quellen eingeholt, um ein möglichst breites, facettenreiches und tiefenscharfes Bild des Entwicklungs- und Qualifizierungsbedarfs von Rolleninhabern in modernen Organisationen einzuholen. Das Wissen von Kollegen oder Mitarbeitern aus der unmittelbaren Kooperationserfahrung ist häufig sehr viel differenzierter und treffsicherer, als die Perspektive der formal verantwortlichen disziplinarischen Vorgesetzten.

Formal lassen sich dabei folgende Formen von Rückmeldungen unterscheiden:

- Selbst-, Vorgesetzten- und Peerrating (180 Grad Feedback)
- Selbst-, Vorgesetzten-, Peer- und Mitarbeiterrating (270 Grad Feedback)
- Selbst-, Vorgesetzten-, Peer-, Mitarbeiter- und Externenrating (360 Grad Feedback)

Viele praktische Verfahren sind daher eigentlich nur 270 Grad Feedbacks, da häufig externe Quellen (Lieferanten, Kunden) nicht herangezogen werden, nicht zuletzt um zu vermeiden, dass zu viele Interna ungeschützt nach außen dringen.

In den meisten Fällen werden zur Selbst- und Fremdbeschreibung standardisierte Fragebögen verwendet. Das hat die großen Vorteile der relativ einfachen Auswertung und der Einbeziehung einer größeren Zahl von Feedback-Gebern. Die Nachteile quantitativer Verfahren bestehen einmal in den ausufernden, oftmals unübersichtlichen und verwirrenden Datenmengen einer differenzierten schriftlichen Auswertung der Befragungsbefunde. Zum anderen kommt es natürlich auch zu den üblichen Beurteilungsfehlern von Feedback-Gebern, zumal die Bedingungen, unter denen sie jeweils den Fragebogen ausfüllen, in der Regel nicht kontrolliert sind.

Möglich ist es aber auch, die Rückmeldungen in Form von Interviews einzuholen, wobei dort natürlich gleichermaßen ein strukturiertes Verfahren zu Grunde liegen muss, um die Vergleichbarkeit der Resultate sicherzustellen. Die Erfahrung zeigt, dass sich auf diese Weise ein weitaus differenzierteres Bild ergibt, weil der Interviewer im Gespräch nachfragen kann und er so weitaus konkretere Verhaltensbeispiele erhält, an die im Feedback und bei der Formulierung sowie dem Controlling von Personalentwicklung auch angeknüpft werden kann. Bei Interviews kommt auf diese Weise die Subjektivität des Interviewers naturgemäß viel deutlicher ins Spiel, als bei Fragebögen, schon in der Gesprächsführung, in der Zusammenfassung der Ergebnisse und den Schwerpunktsetzungen in der Rückmeldung. Bei einem erfahrenen Coach muss das kein Problem sein. Der offenkundige Nachteil von Interviews ist der beträchtliche Aufwand. Geht man von 4 Gesprächspartnern aus den jeweiligen Perspektiven aus, dann kommt man hier schon auf 16 Interviews. Bei entsprechenden räumlichen Bedingungen kann man so schon eine knappe Woche beschäftigt sein.

In jedem Fall muss natürlich die Anonymität gewahrt bleiben. Sie kann aber bei Bedarf und insbesondere bei Unklarheiten im wechselseitigen Einvernehmen aufgehoben werden.

Abschließend sei noch bemerkt, dass sich das 360 Grad Feedback keineswegs nur auf Individuen beschränkt ist. Man kann das Verfahren auch auf Teams oder größere Zielgruppen anwenden und dort gleichermaßen die Fremd- und Eigenwahrnehmung kontrastieren. Die jeweiligen Perzeptionen und ihre Differenzen können auch dort Bildungsprozesse auslösen bzw. ihre Nachhaltigkeit steuern helfen.

Konzeptionen

Jedem 360 Grad Feedback liegt immer ein Anforderungsprofil zugrunde, das die Erwartungen der Organisation an eine Führungs- bzw. auch Fachkraft reflektieren sollte. Möglich ist es natürlich auch, sich an einem allgemeinen Modell zu orientieren, wie etwa den berühmten ‚Big Five', das auf einem spezifischen Konzept der menschlichen Persönlichkeit beruht. Für eine an den Zielen der Organisation ausgerichtete Qualifikationsentwicklung und ihr entsprechendes Controlling ist es jedoch unumgänglich, sich eigene Maßstäbe zu geben. Organisationsspezifische Aspekte wie etwa eine ausgeprägtere Kunden- oder Marktorientierung, Internationalität oder das Arbeiten in komplexen virtuellen Organisationsstrukturen werden in allgemeinen Modellen nicht hinreichend abgebildet.

Die Fragetechnik, die in den Feedback-Verfahren zur Anwendung kommt, zeichnet sich im Allgemeinen durch zwei Merkmale aus:

- Es werden möglichst konkrete Verhaltensbeispiele genannt, die beim Feedback-Geber Assoziationen auslösen.
- Dabei wird stets auch auf Situationen reflektiert, in denen der Feedback-Geber seinen Kooperationspartner tatsächlich erlebt hat.

Diese Vorgehensweise knüpft im Grunde an die bekannte Critical Incident Technik an. Sie vermeidet in den Fragestellungen allgemeine Abstraktionen, wie etwa ‚Konfliktfähigkeit' oder ‚Teamfähigkeit'. Das wären eher summarische Verfahren, die sich in der Praxis aufgrund der Dehnbarkeit der Begriffe kaum durchgesetzt haben. Analytische Verfahren beruhen hingegen auf anschaulichen Beschreibungen, die das konkrete Verhalten des Feedback-Nehmers in realen betrieblichen Situationen spiegeln.

Einige Beispiele aus einem Fragebogen mögen diesen wichtigen Aspekt illustrieren:

	5	4	3	2	1
1. Wirkt in Meetings immer als Motor und Treiber					
2. Hört aktiv zu und stellt sich auf Gesprächspartner ein					
3. Übernimmt Verantwortung für eigene Fehler					
4. Behält unter Stress stets die Übersicht und bleibt gelassen					

In den Interviews verändern sich die Fragestellungen natürlich, sie orientieren sich aber auch immer wieder an der Critical Incident Methode. Sie reflektieren gleichermaßen auf das konkrete Verhalten des Feedback-Nehmers, welches der Interviewer gleichsam durch ‚Einkreisen' herausarbeiten muss. Nachfolgend hierzu auch ein kurzes Beispiel einer Fragesequenz, die sich auf das Kommunikationsverhalten in Teams bezieht:

- In welcher Art von Meetings haben Sie den Kandidaten erlebt?
- Beschreiben Sie ein solches konkretes Treffen! In welcher Rolle befand sich der Kandidat dort?
- Beschreiben Sie sein Verhalten in dieser Rolle, ist er beispielsweise eher Treiber oder wartet er ab?
- Wie wirkt er auf den Entscheidungsprozess, ist er dort beispielsweise dominierend oder eher im Hintergrund? Etc.

Vorgehensweise

Idealtypisch lassen sich bei der konkreten Durchführung der Phasen grob unterscheiden, die wiederum einzelne Schritte beinhalten:

- Die Phase der Vorbereitung – Hierzu zählt die Klärung der Zielsetzungen, die Entscheidung für die konkrete Vorgehensweise und die Information der Teilnehmer.
- Die Phase der Durchführung – Diese Phase umfasst die Durchführung der Selbst- und Fremdeinschätzung, die Auswertung und Aufbereitung der Daten sowie schließlich die ausführliche Rückmeldung der Ergebnisse.
- Die Phase der Nachbereitung – Die abschließende Phase enthält die Planung, Durchführung und Begleitung der vereinbarten Qualifizierungen.
- Parallel zu allen Schritten des Prozesses reflektieren Feedback-Nehmer und Coach gemeinsam die erreichten Ergebnisse und das Fortschreiten.

Erfahrungsgemäß muss man damit rechnen, dass ein Zeitraum von ca. 3 -4 Wochen benötigt wird, bis das Feedback-Gespräch stattfinden kann. Die Umsetzung der Maßnahmen und die Steuerung ihres Erfolges hängt naturgemäß davon ab, wie weit- bzw. tiefgehend die Veränderungen sind, die ausgelöst wurden.

Erfolgsfaktoren

Aus der konkreten Erfahrung mit zahlreichen Feedback-Verfahren lassen sich die folgenden kritischen Erfolgsfaktoren zusammenfassen:

- Sorgfältige und gezielte Auswahl der Feedback-Geber – Die Liste muss mit dem Kandidaten Schritt für Schritt durchgegangen werden, um herauszuarbeiten, welche Erwartungen er jeweils hat. Es ist einmal sicherzustellen, dass es sich um Feedback-Geber handelt, die möglichst zeitnah und konkret aus intensiver Kooperation berichten können, zum andern soll natürlich vermieden werden, dass allzu wohlwollende Rückmeldungen kommen.
- Schnelle Durchführung – Den Anlass für Feedback gibt oftmals eine konkrete Thematik, ein Konflikt oder die Häufung von Problemen. Der Prozess sollte daher schnell und zügig gemanagt werden, um möglichst bald Rückmeldungen zu erhalten, die hilfreiche Klärungen herbeiführen können.
- Differenziertes Feedback – Nicht die Menge der Daten ist hilfreich, sondern das gemeinsame Herausarbeiten von einem oder maximal zwei Aspekten, die für den Kandidaten eine entscheidende Ergänzung seines Verhaltens-Repertoires bieten können und seine Persönlichkeit reicher machen.
- Autonomie des Feedback-Nehmers – Es muss stets klar sein, dass der Feedback-Nehmer selber entscheidet, welche Rückmeldung er als hilfreich erlebt, was er ablehnt bzw. was auch offen bleiben soll.
- Begleitung durch den Coach – Jeder Lernprozess hat seine Zeit und stößt auf Widerstände. Der Coach kann dabei behilflich sein, den Prozess des Abwägens, Reflektierens und Einordnens zu begleiten und insbesondere über konkrete Maßnahmen nachzudenken.

Ausblick

Verfahren des 360 Grad Feedbacks beginnen sich langsam zu verbreiten. Alle großen Unternehmungen setzen es mehr oder weniger bereits ein. Dennoch kann man sagen, dass viele Anwender auch noch damit experimentieren. Es wird künftig darum gehen, dieses Konzept noch weiter als bisher in Führungs- und Personalentwicklungsprogramme zu integrieren, ebenso in Team- und Organisationsentwicklungsvorhaben. Weitere, noch ungenutzte Potenziale zeichnen sich durch Online-Verfahren ab. Die Benutzeroberflächen werden immer einfacher. Diese Verfahren lassen sich noch individueller steuern und flexibler einsetzen. Die Begleitung durch einen erfahrenen Coach sollte aber immer in Erwägung gezogen werden, um die kritische Distanz auf die Rückmeldungen und die eigenen Widerstände zu wahren.

Literatur

Edwards, M. R ./ Ewan, A. J. (2000): 360 Grad Beurteilung. München: C. H. Beck Wirtschaftsverlag

Freimuth, J. / Asbahr, T. (2002): Eine kleine Geschichte des Feedback. In: Organisationsentwicklung, 21. Jg., Heft 1, S. 79 – 84

Freimuth, J. / Zirkler, M., Hrsg. (2001): Lizenz zum Führen. 360 Grad Feedback in der Personal- und Organisationsentwicklung. Hamburg: Windmühle

Guba, E. G. ./Lincoln, Y. S. (1989): Fourth Generation Evaluation. Newbury Park: Sage

Howard, P. J. / Howard, J. M. (2002): Führen mit dem Big-Five Persönlichkeitsmodell. Frankfurt/Main: Campus

Kirkpatrick, D. l. (1998): Evaluating Training Programs. The Four Levels. 2nd Edition, San Francisco: Berrett-Koehler Publishers

Lepsinger, R. / Lucia, A. D. (1997): The Art and Science of 360 Degree Feedback. San Francisco: Pfeiffer

Rastetter, D. / Neuberger, O. (2001): Hilfe zur Einsicht oder nur Mittel zur Disziplinierung? Das 360 Grad Feedback – und was dahinter steckt. In: Organisationsentwicklung, 19. Jg., Heft 4, S. 22 – 29

Scherm, M. / Sarges, W. (2002): 360 Grad-Feedback. Göttingen: Hogrefe

Tornow, W. W. / London, M. (1998): Maximizing the Value of 360-Degree Feedback. San Francisco: Jossey Bass

Ward, P. (1997): 360-Degree Feedback. London: Institute for Personnel and Development

M.E.N.T.A.L. - Den Erfolg vorhersagen

Dr. Stephan Buchhester, Mario Gust

Aktuelle Forderungen an die betriebliche Bildungsarbeit

Hoher Wettbewerbsdruck, Sättigung der Märkte, anspruchsvollere Kunden, zwingen die Unternehmen einzelne Teilbereiche auszulagern. Dadurch wird die Frage der Effizienz auch von Bildungsmaßnahmen immer wichtiger.

Der geringste Verlust (und somit das geringste Risiko ineffizient zu sein) bestand bisher darin, in wirtschaftlich unsicheren Zeiten kein Geld für Bildung auszugeben. Damit wurde Bildung zu einer Art Belohnung mit Bonboncharakter - ohne jede Garantie für Nachhaltigkeit. Eine andere Möglichkeit war die Vergabe fester Bildungsbudgets in Abhängigkeit vom Gewinn des Unternehmens. Das führt im negativsten Fall (bei völlig ausbleibendem Nutzen) zu einem finanziellen Verlust, der dem Gesamtbildungsbudget entspricht. Neben diesen beiden Möglichkeiten ist eine Vielzahl von anderen Modellen denkbar, um den möglichen Verlust bei ineffektiven Maßnahmen möglichst gering zu halten. Eine Bewertung der Rendite der Maßnahmen im Sinne eines qualitativen "added value" ist mit diesen Ansätzen aber kaum möglich.

Eher entzieht eine solche Bildungspolitik durch die sinkenden Halbwertzeiten des Wissens dem Unternehmen die Wettbewerbsvorteile und damit die Grundlage des wirtschaftlichen Handelns selbst. Bildungscontrolling wird in diesem Zusammenhang in erster Line mit der Kosten- und Ausgabenkontrolle gleichgesetzt und entspricht nur selten einem systematischen Steuerungskreis.

Die Zukunft des Bildungscontrollings

Es gilt die Tragweite der Grundsatzprozesse zu erkennen und sich diesen Veränderungen zu stellen. Aus diesem Grunde wird es zunehmend wichtiger, sich

Gedanken darüber zu machen, wie der Nutzen von Bildungsmaßnahmen zu optimieren ist, **BEVOR** Kosten überhaupt entstehen (s. a. Buchhester in diesem Buch).

Während herkömmliche Ansätze zum "Rreturn-on-Investment" die Effizenz der Maßnahme **NACH** deren Durchführung betrachten, konzentriert sich das im Folgenden vorgestellte Verfahren M.E.N.T.A.L. auf den Zugang der Mitarbeiter zu den einzelnen Maßnahmen und die Optimierung der Bildungsprozesse.

Auf der Grundlage der Ergebnisse aufwendiger wissenschaftlicher Untersuchungen kann ein praxisnah abgeleitetes und gestaltetes Verfahren eingesetzt werden, das aus der Erfolgsprognose eine Effizienzsteigerung ableitet. In der Folge werden wir das Instrument aus einer praxisrelevanten Sicht darstellen und auf die umfangreichen wissenschaftlichen Hintergründe und Absicherungen im Interesse einer praktischen Darstellung verzichten.

Der eigenverantwortliche Mitarbeiter

Mittelpunkt des proaktiven und resultatsorientierten Bildungscontrollings ist das Verständnis von einem eigenverantwortlichen und lernenden Mitarbeiter, in einem an Nachhaltigkeit orientierten Unternehmen. Der Effekt und der Nutzen der Bildungsmaßnahme erwachsen aus verschiedenen Komponenten:

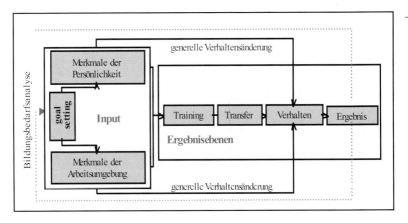

Abb. 51: Einflussfaktoren und Effektebenen im Bildungscontrolling

Einerseits ist jede Bildungsmaßnahme ein Beitrag zur individuellen Entwicklung der Mitarbeiter, andererseits soll damit ein Nutzen für das Unternehmen generiert werden. Dabei wirken sich drei Faktoren (Die „Überzeugung erfolgreich zu

Handeln" als Merkmal der Persönlichkeit, die daran geknüpften Faktoren „Identifikation mit dem Arbeitsbereich" und die „Zielorientierung") in unterschiedlichem Ausmaß auf verschiedenen Ergebnisebenen aus. Um frühzeitige Fehlkosten für Bildungsmaßnahmen zu verhindern, muss besonderes Gewicht auf diese Faktoren gelegt werden.

So, wie bei alltäglichen Handlungen die Konsequenzen antizipiert werden, prognostiziert aber auch der Mitarbeiter die Effekte der Weiterbildungen im Vorfeld für sich selbst und bewertet deren Nutzungsmöglichkeiten. Davon hängt in entscheidendem Maße ab, ob und wie viel der Inhalte aus der Bildungsmaßnahme in den Arbeitsprozess transferiert wird. Von den Merkmalen der Arbeit ist vor allem die Bindung an die Tätigkeit zu berücksichtigen. Je größer der Einblick der Mitarbeiter in die Prozesse und Abläufe seiner Tätigkeit ist, umso handlungsnäher können die Beispiele mit den eigenen Arbeitserfahrungen verknüpft werden. Daraus resultiert die konkrete Umsetzung und Anwendung der Weiterbildungsinhalte und somit der Mehrwert. Das Bindeglied zwischen dem Individuum und dem Unternehmen bildet z.B. die Zielvereinbarung. Darin wird der Deckungsgrad zwischen den Zielen des Unternehmens und der individuellen Entwicklung vereinbart. Bei der Nutzenoptimierung von Bildung kann so die Entwicklung der Person im Arbeits- Lebens- Prozess und die daraus resultierende Karriere- und Entwicklungsbereitschaft berücksichtig werden.

Schon aus Plausibilitätsüberlegungen heraus existieren deutlich Unterschiede in der Bereitschaft die eigene Entwicklung der Unternehmensentwicklung unterzuordnen zwischen z.B. Berufseinsteigern und Personen mit langjähriger Zugehörigkeit zum Unternehmen. Während der Berufseinsteiger (ggf. familiär unabhängig) in der Regel versucht die Ergebnisse etwa aus einer Sprachweitererbildung nachhaltig umzusetzen und sich somit für den internationalen Einsatz qualifiziert, wird ein familiär und regional fest eingebundener Mitarbeiter deutlich weniger Bereitschaft aufweisen, aus seinem sozialen Netzwerk herausgerissen zu werden. Und auch wenn die ökonomischen Notwendigkeiten diese Überlegungen oftmals in den Hintergrund rücken, besteht auch dann noch ein deutlicher Unterschied zwischen deren Motivation und Umsetzungsbereitschaft. Aus diesem Grunde muss zur Effizienzsteigerung von Bildungsmaßnahmen eine Abstimmung zwischen den persönlichen Zielen des Mitarbeiters und den unternehmerischen Erfordernissen durch das "goal setting" erfolgen.

Wie in der Untersuchung gezeigt werden konnte, wirken sich die Einflussgrößen in unterschiedlicher Weise auf die Ergebnisse aus. So ist z.B. der Einfluss der Kontrollüberzeugung für potentielle Verhaltensänderungen wesentlich bedeutsamer als die Bindung an den Arbeitsplatz (Involvement). Je größer die Zahl, umso bedeutsamer ist der Einfluss (Abbildung 52). Wichtig für das Unternehmen ist aber auch, dass die Wirkung der Faktoren nicht nur auf eine Ebene unterschiedlich groß ist, sondern dass diese auch noch zwischen den Ebenen variiert.

Abb. 52: Die Bedeutung der internen Kontrollüberzeugung

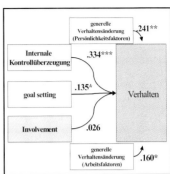

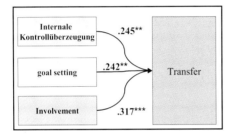

Abb. 53: Größe des Einflusses der Faktoren auf die Verhaltensebene

Auf der Verhaltensebene dominiert z.B. der Einfluss der Persönlichkeitsmerkmale während auf der Transferebene die Arbeitsbedingungen am bedeutsamsten sind (Abb. 53). Für ein Unternehmen hat das weitreichende Konsequenzen. Es zeigt die Notwendigkeit, im Vorfeld einer Maßnahme genau zu definieren, auf welcher Ebene sich die Ergebnisse zeigen sollen. Dieser neue Ansatz vereinigt auch die unterschiedlichen Perspektiven hinsichtlich der Bedeutung und Wirkung von Incentive-Maßnahmen im Gegensatz zu Fachweiterbildungen mit konkretem Umsetzungsbezug.

Beide Maßnahmen haben ihren Nutzen und ihre Berechtigung, sofern klar kommuniziert wird, auf welcher Ergebnisebene die Effekte erzielt werden sollen. In welchem Ausmaß die Personen allerdings geeignet sind, diese Ziele auch zu erreichen, hängt von der individuellen Passung der Inputfaktoren ab. Sollen in erster Linie Verhaltensänderungen initiiert werden, muss der Mitarbeiter davon überzeugt sein, durch sein Handeln seine Umwelt überhaupt gestalten zu können. Soll dagegen z.B. vor allem der Wissenstransfer verbessert werden, muss die Person stark in die Arbeitsprozesse involviert sein.

Der M.E.N.T.A.L.-Test: Voraussetzungen und Ziele klären

Eine konkrete Definition wo sich die Effekte zeigen sollen, bestimmt folglich, welche Voraussetzungen der Mitarbeiter im günstigsten Fall mitbringen müsste, um den Nutzen der Maßnahmen zu optimieren. Das entwickelte und in der Praxis bereits erprobte Tool, auf dem die hier vorgestellten Ergebnisse basieren, ermöglicht es in kurzer Zeit (15 Minuten) jede Person hinsichtlich ihrer Ausprägung dieser Merkmale zu bewerten. So zeigt sich schon im Vorfeld, bei wem erst noch vorausgehende Maßnahmen getroffen werden müssen, um die Zugangsvoraussetzungen für die Weiterbildung zu optimieren und so den Erfolg der Maßnahmen zu sichern und zu erhöhen.

Das M.E.N.T.A.L. - Test-Manual

Dieser Test wird Ihnen helfen, einschätzen zu können, unter sozusagen „welchem guten Stern" die Weiterbildungsmaßnahme steht, zu der Sie sich entschlossen haben. Worum es geht, wollen wir kurz am Beispiel „Sport" verdeutlichen. Redewendungen, wie „Ich war heute mental nicht gut drauf." oder „Er war heute mental einfach stärker." sind uns allen aus dem Sport gut vertraut. Wir kennen es aus anderen Lebensbezügen: Effizienz und Effektivität, Leistungssteigerung und Hochleistungen sind nur möglich, wenn alle beteiligten Faktoren optimal aufeinander abgestimmt sind. Durch diesen Test bekommen Sie Anhaltspunkte, ob diese Faktoren für Ihre Weiterbildungsmaßnahme optimal sind. Wie beim Sport werden Sie mit diesem Test ein Selbst-Coaching-Instrument in die Hand bekommen.

Was bedeutet „Mentale Stärke" in diesem Zusammenhang?
Mentale Stärke bedeutet einerseits eine generelle Einstellung, eine Höchstleistung erbringen zu wollen und im Besonderen zu einem bestimmten Anlass, zu einem speziellen Zeitpunkt die Höchstleistung auch erzielen zu können. Mentale Stärke hat viele Facetten, wie z.B. die innere Einstellung ein Ziel erreichen zu wollen, die Fähigkeit sich auf die gestellte Aufgabe voll zu konzentrieren, sich in einer konkreten Situation nicht ablenken zu lassen, äußere Widrigkeiten oder gar Störungen wegstecken zu können und nicht zuletzt kommt es in einem Mannschaftssport darauf an, sich mit den Zielen und der Spieltaktik des Teams zu identifizieren.

MENTAL setzt sich aus folgenden Begriffen zusammen, die in Bezug auf Ihre Weiterbildungsmaßnahme das Folgende meint:

MENTAL
M: Mind – Haben Sie generell eine positive Einstellung zu dem Seminar?
E: Endeavour – Sind Sie auch bereit, etwas Neues auf sich zu nehmen und sich in Bezug auf Ihren Arbeitsalltag auseinanderzusetzen?
N: Needfull – Vermuten Sie, etwas Nützliches aus dem Seminar herausziehen zu können?
T: Transfer – Sehen Sie Chancen, in Ihrem Arbeitsumfeld nützliche Änderungen einführen zu können, wenn Sie diese im Seminar erkannt haben? Wie stehen Kollegen, Vorgesetzte zu Neuerungen?
A: Assessment – Assessment steht für die folgende Untersuchung, die Sie jetzt gleich durchführen werden.
L: Laboratory – Steht dafür, dass der folgende Test kein Schulnotentest ist, um Sie auf irgendetwas festzulegen.

Im Gegenteil: Der Test möchte Sie einladen, so offen und so ehrlich wie möglich mit den Fragen umzugehen und sie experimentell auf Ihre spezifische Konstellation anzuwenden. Auch wenn Sie diesen Test schon einmal mit Bezug auf ein anderes Seminar gemacht haben, wird er Ihnen schon deshalb helfen können, sich schnell und systematisch mit den entscheidenden Erfolgsfaktoren für Ihr gewähltes Seminar auseinanderzusetzen.

Abb. 54: Die Testeinführung

Konsequenzen für die Bildungspraxis

Die Implikationen und Vorteile liegen dabei klar auf der Hand. Während der Zugang zu Bildungsveranstaltungen bisher uneinheitlich geregelt wurde (subjektive Einschätzung durch den Vorgesetzten), könnte dieser nun darüber ermittelt werden, in welchem Ausmaß eine Person geeignet ist, die Weiterbildungsziele nutzbringend umzusetzen. So ist z.B. zukünftig die Übernahme neuer Aufgabengebiete für Führungskräfte unmittelbar mit einem Standardbildungsprogramm verknüpft. Die Führungskraft wechselt jetzt in der Regel vorher in das neue Ressort und kann sich so schon intensiv mit den neuen Aufgaben und Problemen vertraut machen. Das erhöht die Bindung an den Arbeitsbereich. Dadurch ist der Transfer der nachfolgenden Maßnahmen deutlich größer, da die Führungskräfte die Inhalte der Bildungssituation auf konkrete und aktuelle Situationen übertragen können.

Erfolgsvoraussetzung „Abstimmung zwischen Mitarbeiter und Vorgesetzten"

Dieses Modell des proaktiven Bildungscontrollings ermöglicht aber noch weitere konkrete Ableitungen für die Praxis. So konnte ein unmittelbarer Zusammenhang zwischen der Einstellung der Mitarbeiter zu Weiterbildungen und den Einstellungen des Vorgesetzten festgestellt werden. Wie die Ergebnisse zeigen, ist die Erfolgsantizipation der Mitarbeiter direkt von der Einstellung des Vorgesetzten zur Weiterbildungsmaßnahme abhängig.

Die Differenz der Einstellungen wurde mittels eines 10x10 Grids (Abb. 55) ermittelt. Es klingt plausibel, und konnte auch zweifelsfrei nachgewiesen werden, dass Mitarbeiter und Führungskräfte mit einer negativen Einstellung zu Weiterbildungen deren Erfolg als gering einstufen. Anderseits erwarten aber Mitarbeiter mit einer optimistischen Einstellung einen größeren Nutzen, wenn diese positive Einstellung von der Führungskraft geteilt wird, als wenn der Vorgesetzte sich negativ dazu positioniert. Das ist gerade vor dem Hintergrund der im Bildungscontrolling

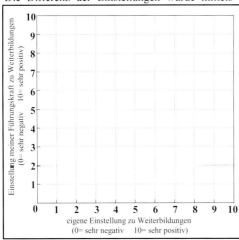

Abb. 55: 10x10 Grid zur Ermittlung der Einstellungsdifferenz

erforderlichen zunehmenden Eigenverantwortlichkeit der Mitarbeiter für ihren Bildungsprozess relevant. Eigenverantwortlichkeit als Ausweitung der Verantwortungs- und Entscheidungsbereiche des Mitarbeiters darf von der Führungskraft nicht nur als willkommene Möglichkeit der Arbeitsdelegation interpretiert werden. Die Ergebnisse zeigen deutlich, dass eine Effizienzsteigerung von Bildungsmaßnahmen nur erreicht werden kann, wenn sich die Führungskraft ihrer Vorbildwirkung bewusst ist und diese auch konsequent vertritt.

M.E.N.T.A.L. als Instrument zur Optimierung von Transformationsprozessen

Das Management von Transformationsprozessen hat im Wesentlichen 4 Hürden zu überwinden, um eine neue Strategie fest in der Organisation zu etablieren.

Als erstes muss die kognitive Einsicht in die Notwendigkeit zur Veränderung in der Organisation geweckt werden. Die zweite Hürde betrifft die begrenzten Ressourcen, die in Transformationsprozessen zur Verfügung stehen. Die motivationale Hürde beschreibt die Bereitschaft der Organisation zur Veränderung. Und die vierte Hürde ist die politische Hürde: Wie kann aus dem Widerstand unterschiedlicher Gruppierungen innerhalb der Organisation ein gemeinsames Vorgehen entstehen. Wie können unterschiedliche Interessen berücksichtigt werden?

Diese vier mit einander verwobenen Hürden muss eine Organisation in einem Transformationsprozess überwinden. Dabei gilt normalerweise, je größer der Änderungsbedarf ist, umso größer ist der notwendige Aufwand an Ressourcen und der Zeitbedarf.

Dieser große Kraftaufwand ist notwendig, weil der normale Ansatzpunkt für Transformationsprozesse ohne große Differenzierung die Gesamtbelegschaft ist. Im Bild der Normalverteilung von Gauss liegt der Hauptansatzpunkt und die Konzentration der Kräfte auf dem Mittelwert, also der Gesamtheit der Mitarbeiter.

M.E.N.T.A.L. bietet ein differenziertes Vorgehen, das auch die äußeren Extremwerte mit einbezieht. M.E.N.T.A.L. identifiziert die Kräfte, die davon überzeugt sind, einen hohen Einfluss auf ihre Umgebung ausüben zu können. Diese Menschen sind normalerweise nicht eins-zu-eins und vollständig durch die Hierarchie und entsprechende Führungspositionen abgebildet. Das fokussierte Vorgehen und Ansetzen an den Extrema der Menschen, die aufgrund vorangegangener positiver Erfahrungen in der Organisation davon überzeugt sind, dass sie etwas verändern können und wollen, etabliert einen überproportionalen Einfluss, um eine strategische Transformation schnell und Kosten sparend einzuführen.

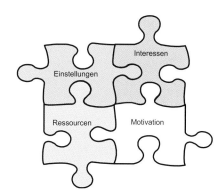

Abb. 56: Die vier Hürden in Transformationsprozessen

Perspektivenwechsel im Bildungscontrolling: Resultatsorientierung statt Kostenminimierung

Diese Erkenntnis unterstützt die Forderungen nach einem Betrachtungswandel des Bildungscontrollings - weg von der reaktiven Kostenkontrolle hin zur proaktiven Ressourcensteuerung und zur Resultatsorientierung. Die Ziele des Unternehmens und die Ziele des Mitarbeiters durch die unternehmenseigenen Bildungs- und Entwicklungsprozesse so miteinander zu verknüpfen, dass daraus eine nachhaltige Wertschöpfung resultiert, ist eine aktive Führungsaufgabe. Die Nutzensteigerung der Weiterbildungen darf kein reaktiver Prozess einer Kostenermittlung bleiben, sondern muss durch die systematische Steuerung der Zugangsbedingungen optimiert werden. Gerade wenn es die wirtschaftlichen Rahmenbedingungen nicht erlauben, Bildungsbudgets gießkannengleich über den Mitarbeitern auszuschütten, muss die Klärung der Frage WER an solchen Maßnahmen teilnimmt, umso genauer erfolgen. Dabei muss dieses Instrument vorausschauend und Ziel orientiert eingesetzt werden, um nicht erst Kosten zu produzieren, die dann im Nachhinein durch den Nutzen gerechtfertigt werden müssen.

Bildungscontrolling ist vielmehr ein Steuerkreis. In diesem Sinne ist es logisch in einem ersten Schritt den Zugang zu den Maßnahmen (und damit zu den Kostenverursachern) zu optimieren und dann in einem zweiten Ansatz die nach einer Weiterbildung aufgetretenen Kosten mit dem Nutzen zu vergleichen. Bei sinkenden Halbwertzeiten des Wissens und der zunehmenden Relevanz von Informationen für die Wertschöpfung ist Bildung einer der Schlüsselfaktoren erfolgreichen Handelns. Die Vorhersage des Bildungseffektes ist kein Märchen, auch wenn das Ziel einer systematischen ganzheitlichen Umsetzung noch sagenhaft weit ist.

Erfolgsfaktoren für den Lerntransfer:
Das standardisierte Lern-Transfer-Inventar (LTSI)

Dr. Simone Kauffeld

Personalverantwortliche, Personalentwickler und Berater geraten in Zeiten knapperer Budgets unter dem Stichwort Bildungscontrolling immer mehr in die Verantwortung, den Nutzen von Qualifizierungsmaßnahmen nachzuweisen und diese ggf. zu optimieren. Die Überprüfung der Wirksamkeit von Trainingsmaßnahmen in der Aus- und Weiterbildung wird zwar generell befürwortet, bei genauerer Prüfung sind systematische Evaluationen, die über die Ebene der Reaktion hinaus, auch das Lernen, das Verhalten und die organisationalen Resultate oder sogar den Return on Investment betrachten, selten (vgl. Kirkpatrick, 1967; 1994). Von besonderer Bedeutung ist der Transfer durchgeführter Schulungs- bzw. Trainingsmaßnahmen, d.h. die Anwendung und Generalisierung neuen Wissens und neuer Fähigkeiten in der Arbeit.

Was die Teilnehmer aus dem Seminar in die Praxis mitnehmen und anwenden können, bleibt oft ungewiss. Doch selbst, wenn Ressourcen für eine weitreichende ergebnisbezogene Evaluation bereitgestellt werden und diese glückt, lässt das Ergebnis nur Aussagen darüber zu, ob die Maßnahme nutzt oder nicht. Doch was passiert, wenn die Ergebnisse über die verschiedenen Ebenen hinweg nicht einheitlich sind oder die Ergebnisse nicht optimal ausfallen? Wird das Training gestrichen, die nächste Intervention aufgesetzt, ein neuer Trainer ausgewählt oder ein alternatives Tagungshotel gebucht? Was sind die Konsequenzen? Und selbst wenn die Ergebnisse gut ausfallen, bleibt die Frage, wo Optimierungspotentiale liegen? Welche Faktoren den Lerntransfer behindern, wo Stellschrauben im Prozess sind, bleibt bei der ausschließlich ergebnisbezogenen Evaluation im Dunkeln.

Wenn gewünschte Ergebnisse nicht erzielt wurden, ist jedoch die Suche nach Ursachen nicht nur eine interessante Forschungsfrage, sondern auch ein existentieller Schritt, um Trainingsprogramme zu verbessern und strategische Entscheidungen zu treffen.

Faktoren

Welche Faktoren beeinflussen den Lerntransfer? Im Rahmenmodell des Transferprozesses von Baldwin und Ford (1988) wird auf drei Gruppen von Einflussvariablen hingewiesen: Merkmale der Teilnehmer, des Trainings und der Arbeitsumgebung (vgl. Abbildung 4). Neben mangelnden motivationalen oder kognitiven Voraussetzungen der Teilnehmer sind Transferprobleme, die im Training selbst begründet liegen, wie z.B. die mangelnde Übereinstimmung zwischen Trainingsinhalten und den Anforderungen der Praxis, zu berücksichtigen. Darüber hinaus geraten vor allem Merkmale der Arbeitsumgebung in den Fokus. Transferprobleme können im Vorfeld der eigentlichen Trainingsmaßnahmen auftreten, wenn z.B. die Trainingsteilnehmer nur unzureichende Informationen über Sinn und Zweck des Trainings erhalten haben (Renkl, 1996). Barrieren des Transfers können sich nach erfolgter Trainingsmaßnahme im Arbeitsumfeld manifestieren, beispielsweise aufgrund der mangelnden Verstärkung und Bestätigung des Teilnehmers bei der Ausübung seines neu erlernten Wissens am Arbeitsplatz oder eines Organisationsklimas, das der Teilnehmer als nicht unterstützend wahrnimmt (Broad & Newstrom 1992).

Häufig sind sich Vorgesetzte oder Kollegen von Trainingsteilnehmern nicht bewusst, wie wichtig ihre Unterstützung für den Trainingsteilnehmer ist. Ferner wird übersehen, dass die Anwendung neuen Wissens und neuer Fähigkeiten zu Beginn der Anwendung zusätzlichen Zeitaufwand und Mühe kostet. Eine hohe Arbeitsbelastung kann den Transfer der Trainingsinhalte in die Arbeit behindern.

In dem derzeit aktuellsten Überblick der Transferliteratur von 1989 bis 1998 kommen Cheng und Ho (2001) zu dem Schluss, dass ein umfassendes Verständnis grundlegender Prinzipien und Erfolgsfaktoren des Trainingstransfers fehlt. In der Praxis wird bei der Optimierung des Transfers oft nach Versuch und Irrtum vorgegangen. Dieses Vorgehen kann kosten- und zeitaufwändig sein und gewünschte Ergebnisse nicht hervorbringen. Holton, Bates & Ruona (2000) halten nach ihrer Analyse der bis dato existierenden Untersuchungen zudem fest, dass kein Diagnoseinstrument existiert, das Ursachen für Transferdefizite aufzeigt. Bislang gab es keine Versuche, die transferrelevanten Faktoren in ihrer Gesamtheit bzw. in ihrem komplexen Beziehungsgefüge zu erfassen. Vielmehr existiert eine Vielzahl verschiedener Maße mit teils fragwürdiger psychometrischer Qualität, die eine Verallgemeinerung der Ergebnisse verschiedener Studien erschweren und Schlussfolgerungen über zugrunde liegende Konstrukte kaum zulassen (Holton et al., 2000). Der Mangel an validierten und begründet gebündelten und abgrenzbaren Skalen zur Messung von Erfolgsfaktoren für den Transfer kann als Barriere für die Verbesserung des organisationalen Transfersystems definiert werden. Zusammenfassend kann festgehalten werden: Es fehlt an Erklärungsansätzen, Optimierungskonzepten und standardisierten, psychometrisch überprüften Messinstrumenten.

Das Lerntransfer-System-Inventar

Um diese Lücke zu schließen und so eine Untersuchung der angenommenen, den Lerntransfer beeinflussenden Faktoren zu ermöglichen, wurde das Lerntransfer-System-Inventar (LTSI) von Holton et al. (2000) entwickelt. Das Lerntransfer-System-Inventar liefert Informationen, wie Bedingungen zu gestalten sind, um Trainingsmaßnahmen wirkungsvoller und nutzbarer zu machen (Holton, 1996). Angelehnt an das Modell von Baldwin und Ford (1988) werden im LTSI neben Merkmalen der Teilnehmer und des Trainings vor allem Merkmale der Arbeitsumgebung fokussiert (vgl. Tabelle 1). Neben elf spezifischen Faktoren, die sich direkt auf die Fortbildung beziehen, werden fünf generelle Faktoren identifiziert, die den Lerntransfer beeinflussen können. Explorative Faktorenanalysen bestätigen die 16 Faktoren, die den Lerntransfer beeinflussen. Für die amerikanische Variante des LTSI können Hinweise für die Konstruktvalidität (Holton et al., 2000), die konvergente und divergente Validität (Bookter, 1999) und die kriterienbezogene Validität nachgewiesen werden (Bates, 2001; Bates, Holton, Seyler, & Carvalho, 2000; Ruona, Leimbach, Holton, & Bates, 2002; Seyler et al., 1998).

Bislang kann das LTSI als das einzige validierte Instrument bezeichnet werden, mit dem umfassend Lerntransfer-System Faktoren gemessen werden können. In der deutschen Version, der ein aufwändiger Übersetzungsprozess zugrunde lag, bestätigen erste Validierungen die Faktoren des LTSI (Bates, Kauffeld & Holton, in prep.). Das LTSI besteht aus 67 Aussagen wie z. B. „Was in der Fortbildung vermittelt wurde, entspricht weitgehend meinen Arbeitsanforderungen" (Skala Empfundene Jobübereinstimmung). Die Fortbildungsteilnehmer werden gebeten, ihre Zustimmung zu diesen Aussagen auf einer fünfstufigen Skala von 1 („stimme überhaupt nicht zu") bis 5 („stimme völlig zu") anzugeben. Die Aussagen können zu den in Tabelle 1 beschriebenen Skalen zusammengefasst werden.

Der Nutzen des LTSI

Welchen Nutzen kann der Einsatz des LTSI haben? Durch den Einsatz des LTSI können potenzielle Barrieren für den Transfer der Trainingsinhalte in die Arbeit erkannt werden. Das LTSI kann genutzt werden zur

1. frühzeitigen Identifizierung von Problemen mit Transferfaktoren, bevor groß angelegte Kompetenzentwicklungsmaßnahmen durchgeführt werden, z. B. als Frühwarnsystem vor umfassenden Trainingsreihen,
2. Evaluation existierender Trainingsprogramme,
3. Diagnose von Ursachen für bekannte Transferprobleme,
4. Entwicklung von Maßnahmen, die den Transfer erhöhen und
5. Sensibilisierung von Trainern und Vorgesetzten für Transferprobleme.
6. In Kombination mit der Erhebung des Erfolgs der Maßnahmen können konkrete Aussagen getroffen werden, welche Faktoren welche Stufe des

Erfolgs (z. B. Zufriedenheit, Lernen, Verhalten, organisationale Ergebnisse) der Maßnahme begünstigen oder behindern.
7. Die Ergebnisse können genutzt werden, um die Trainingsmaßnahme und ihre Umsetzung in die Praxis zu verbessern.

Merkmale	Spezifische Erfolgsfaktoren	Generelle Erfolgsfaktoren
Teilnehmer	**Motivation zum Lerntransfer:** ... die Richtung, Intensität und Dauer der Anstrengung, im Training gelernte Fertigkeiten und Wissen im Arbeitsumfeld nutzbar zu machen.	**Selbstwirksamkeitsüberzeugung:** ... die Überzeugung, dass man generell in der Lage ist, seine Leistung zu ändern, wenn man es will.
		Leistungsverbesserung durch Anstrengung: ... die Erwartung, dass Anstrengungen im Transfer-Lernen zu Änderungen in der Arbeitsleistung führen.
		Ergebniserwartung: ... die Erwartung, dass Änderungen in der Arbeitsleistung zu erstrebenswerten Ergebnissen führen werden.
Training	**Transfer-Design:** ... das Ausmaß, in dem das Trainingsdesign Möglichkeiten zum Transfer bietet und in dem die Übungen des Trainings auf die tatsächlichen Arbeitsanforderungen vorbereiten.	
	Empfundene Jobübereinstimmung: ... das Ausmaß, in dem die Fortbildungsinhalte mit den Anforderungen im Job übereinstimmen.	
Arbeits-umgebung	**Erwartungsklarheit:** ... das Ausmaß, in dem der Trainingsteilnehmer weiß, was auf ihn zukommt.	**Offenheit für Änderungen in der Arbeitsgruppe:** ... das Ausmaß, in dem vorherrschende Normen der Anwendung von Fertigkeiten und Wissen entgegenstehen oder als entmutigend wahrgenommen werden.
	Persönliche Transferkapazität: ... das Ausmaß, in dem der Trainingsteilnehmer zeitliche und Belastungskapazitäten zur Verfügung hat, um neu Gelerntes anzuwenden.	**Feedback:** ... die formelle und informelle Rückmeldung über eine individuelle Arbeitsleistung.
	Möglichkeit der Wissensanwendung: ... inwieweit Materialien, Werkzeuge, Budgets etc. bereitstehen, um das Gelernte anwenden zu können.	
	Positive Folgen bei Anwendung: ... der Grad, in dem die Anwendung des Trainings in der Arbeit zu positiven Auswirkungen führt.	
	Negative Folgen bei Nichtanwendung: ... der Grad, in dem die Nichtanwendung der Trainingsinhalte in der Arbeit zu negativen Auswirkungen führt.	
	Positive Einstellung des Vorgesetzten: ... inwieweit der Vorgesetzte „hinter" der Maßnahme steht.	
	Aktive Unterstützung durch Vorgesetzte: ... der Grad, in dem Vorgesetzte das Lernen „On-the-job" unterstützen und verstärken.	
	Unterstützung durch gleichgestellte Kollegen: ... das Ausmaß, in dem gleichgestellte Kollegen das Lernen On-the-job verstärken und unterstützen.	

Abb. 57: Aufbau und Skalen des Lerntransfer-System-Inventars (LTSI)

Vorgehensweise zum LTSI

In Abhängigkeit von der Zielsetzung können drei alternative Vorgehensweisen unterschieden werden:

1. Das LTSI kann am Ende des Trainings eingesetzt werden. In einem zweiten (optionalen) Schritt gilt es, den Erfolg des Trainings ca. 4 bis 12 Wochen nach dem Training zu bewerten.
2. Das LTSI wird zu einem beliebigen Zeitpunkt nach einer bestimmten Fortbildung eingesetzt.
3. Das LTSI wird zur Bestimmung des Lerntransferklimas im Unternehmen genutzt: Jeder Mitarbeiter erinnert sich individuell an eine besuchte Fortbildung und wendet das LTSI hierauf an.
4. Für die Ergebnisdarstellung können die einzelnen Faktoren des LTSI anhand ihrer Ausprägung in (starke) Barrieren und (starke) Katalysatoren für den Lerntransfer unterteilt werden. Auf einen Blick ist erkennbar, wo Ansatzpunkte für Veränderungen zu suchen sind (vgl. Abb. 58 zur Darstellung der Barrieren).

	Spezifische Barrieren für den Transfererfolg
Umgebung	Aktive Unterstützung durch Vorgesetzte
	Positive Einstellung des Vorgesetzten
	Erwartungsklarheit
	Generelle Barrieren für den Transfererfolg
Umgebung	Offenheit für Veränderungen in der Arbeitsgruppe
Teilnehmer	Ergebniserwartungen

Abb. 58: Beispiel für die tabellarische Darstellung von Barrieren für den Transfererfolg (Anmerkung: grau hinterlegt sind starke Barrieren)

Maßnahmen zur Optimierung des Transfers

Im Beispiel (Abb. 58) ist eine starke Barriere für den Transfererfolg die Aktive Unterstützung durch Vorgesetzte und die Positive Einstellung des Vorgesetzten. Ziel einer Intervention müsste sein, dass der Vorgesetzte mehr Interesse am Mitarbeiter und dessen Entwicklung signalisiert und damit die Verbindlichkeit, das Gelernte umzusetzen, erhöht. Um die von den Teilnehmern erlernten, neuen Verhaltensweisen erkennen und daraufhin verstärken zu können, muss der Vorgesetzte mit den während des Trainings vermittelten Kenntnissen vertraut sein. Er muss es als seine Aufgabe definieren, seine Mitarbeiter bei der Arbeit und damit bei der Anwendung neuer Trainingsinhalte zu unterstützen. Vor- und

Nachbereitungsgespräche mit dem Vorgesetzten könnten weitere Maßnahmen sein, um den Transfererfolg zu erhöhen. Im Vorbereitungsgespräch sollte es um den Anlass der Weiterbildung und konkrete Lernziele gehen. Im Nachbereitungsgespräch sollte die Veranstaltung bewertet werden und vor allem Voraussetzungen für die Umsetzung des Gelernten formuliert werden. Abschließend gilt es konkrete Umsetzungsvereinbarungen zu treffen. Weitere Möglichkeiten zur Optimierung des Transfers sind in Abb. 59 für die generellen und Abb. 60 für die spezifischen Erfolgsfaktoren dargestellt. Jedem Lerntransferfaktor werden verschiedene Maßnahmen zugeordnet.

Selbstwirksamkeitsüberzeugung	▪ Aufzeigen von Erfolgen des Mitarbeiters. ▪ Lerninhalte den Fähigkeiten der Teilnehmer anpassen
Leistungsverbesserung durch Anstrengung	▪ Teammitglieder mit erfolgreichen Fortbildungserfahrungen als Beispiel ▪ Vergleich mit einer anderen Gruppe, die das Training bereits absolvierte ▪ Kontrolle der Ergebnisse
Ergebniserwartung	▪ Signale vom Management, dass Gelerntes honoriert wird ▪ Auswahl der richtigen Leute für das Training ▪ Teilnehmer müssen Lernziele erarbeiten
Offenheit für Änderungen in der Arbeitsgruppe	▪ Kontinuierlicher Verbesserungsprozess als Maxime ▪ Workshop zu Normen in der Gruppe
Feedback	▪ Regelmäßige Mitarbeitergespräche ▪ 360° Feedback ▪ Kundenkontakt

Abb. 59: Optimierung des Transfers für die generellen Erfolgsfaktoren

Fazit

Die Überprüfung der Wirksamkeit von Trainingsmaßnahmen in der Aus- und Weiterbildung wird zwar von allen Seiten befürwortet, bei genauerer Prüfung sind systematische Evaluationen jedoch selten. Dies könnte unter anderem daran liegen, dass ökonomisch einsetzbare, standardisierte und psychometrische überprüfte Instrumente bislang nicht vorlagen. Mit dem Lerntransfer-System-Inventar (LTSI) steht ein Instrument zur Verfügung, mit dem diese Lücke geschlossen werden kann. Es geht darum, Ursachen für Transferprobleme zu erkennen. Ansätze zur Erklärung des Zusammenspiels der Transferfaktoren und des Trainingserfolgs können entwickelt und Konzepte zur Optimierung des Transfers abgeleitet werden. Inwieweit der Transfer mit den abgeleiteten Maßnahmen verbessert werden kann, gilt es in einem weiteren Schritt zu prüfen.

Motivation zum Lerntransfer	• Planung von konkreten Schritten zur Umsetzung im Training • Selbstverpflichtungsbriefe der Teilnehmer an sich selbst, die nach einigen Wochen zugestellt werden • Transfertag nach einigen Wochen • Coaching im Anschluss an die Maßnahme • Lernpaten als „Sparringspartner" zur Reflexion • Kommunikation von Evaluationsergebnissen
Transferdesign	• Training mit "echten" Themen • Training im „echten" Team • Realitätsnahe Übungen: Rollenspiele, Fallbeispiele der Teilnehmer • Widerstände antizipieren und Lösungsmöglichkeiten im Training erarbeiten und durchspielen • Intervalltrainings: abwechselnd Lern- und Anwendungsphasen
Empfundene Jobübereinstimmung	• Analyse der Organisation und Aufgaben der Mitarbeiter • Fragebogen über gewünschte Fortbildung(sinhalte)
Erwartungsklarheit	• Ziele, Inhalte und Ablauf der Fortbildung konkretisieren und den Teilnehmern vorab durch schriftliche Information kommunizieren • Meeting der Teilnehmer mit Trainer vor Beginn der Maßnahmen
Persönliche Transferkapazität	• Schaffung von Freiräumen durch Vorgesetzen • Reflexionszeit im Unternehmen
Möglichkeit der Wissensanwendung	• Arbeitsmittel zur Verfügung stellen (z.B. Moderationsmaterial nach einem Moderationstraining) • Realistische Kostenplanung
Positive Folgen bei Anwendung	• Erfolge aufzeigen • Belohnung (Lob, finanziell) • Prämiensystem
Negative Folgen bei Nichtanwendung	• Vergleich zwischen Fortbildungsgruppe und Kontrollgruppe aufzeigen • Beurteilung des Vorgesetzten hinsichtlich der erfolgreichen Umsetzung der Trainingsinhalte
Positive Einstellung des Vorgesetzten	• Kompetenzentwicklung der Mitarbeiter als Führungsaufgabe • Einbeziehung der Vorgesetzten bei der Bildungsbedarfsanalyse • Kenntnis der Trainingsinhalte
Aktive Unterstützung durch Vorgesetzte	• Vorgesetzte identifizieren für Mitarbeiter individuell den Fortbildungsbedarf • Definition von Lernzielen vor der Maßnahme • Definition von Voraussetzungen für die Umsetzung des Gelernten • Umsetzungsvereinbarungen
Unterstützung durch Kollegen	• Erzeugen eines gemeinsamen Lerninteresses • Meeting mit Teilnehmern und Kollegen (Informationsaustausch, Umsetzungsvereinbarungen)

Abb. 60: Ideen zur Optimierung des Transfers für die spezifischen Erfolgsfaktoren

Literatur

Baldwin, T. T. & Ford, J. K. (1988). Transfer of training: A review and directions for future research. Personnel Psychology, 41(1), 63-105.

Bates, R. A. (2001). Public sector training participation: An empirical investigation. International Journal of Training and Development, 5 (2), 136-150.

Bates, R. A., Holton, E. F., Seyler, M. A. & Carvalho, M. A. (2000). The role of interpersonal factors in the application of computer-based training in an industrial setting. Human Resource Development International, 3 (1), 19-42.

Bates, R. A., Kauffeld, S. & Holton, E. F. (in prep.). Toward Construct Validation of a German Version of the Learning Transfer System Inventory.

Bookter, A. I. (1999). Convergent and divergent validity of the learning transfer questionnaire. Unpublished doctoral dissertation. Louisiana State University, Baton Rouge.

Broad, M. L. & Newstrom, J. W. (1992). Transfer of Training: Action-Packed Strategies to Ensure High Payoff from Training Investments. Reading, MA: Addison-Wesley.

Cheng, E. W. L. & Ho, D. C. K. (2001). A review of transfer of training studies in the past decade. Personnel Review, 30, 102-118.

Holton, E. F. (1996). The flawed four-level evaluation model. Human Resource Development Quarterly, 7 (1), 5-21.

Holton, E. F., Bates, R. A. & Ruona, W. E. A. (2000). Development of a generalized learning transfer system inventory. Human Resource Development Quarterly, 11 (4), 333-361.

Kirkpatrick, D. L. (1967). Evaluation of training. In R. L. Craig (Ed.), Training and development handbook: A guide to human resources development. New York: McGraw-Hill.

Kirkpatrick, D. L. (1994). Evaluating training programs. San Francisco: Berrett-Koehler Publishers.

Renkl, A. (1996). Träges Wissen: Wenn Erlerntes nicht genutzt wird. Psychologische Rundschau, 47, 78-92.

Ruona, W. E. A., Leimbach, M., Holton, E. F. & Bates, R. A. (2002). The relationship between learner utility reactions and predicted learning transfer among trainees. International Journal of Training and Development 6 (4), 217-227.

Seyler, D. L., Holton, E. F., Bates, R. A., Burnett, M. F. & Carvalho, M. A. (1998). Factors affecting the transfer of training. International Journal of Training and Development, 2 (1), 2-16.

300.000 Euro Rendite durch ein dreitägiges Training?

Dr. Tobias Büser, Dr. Barbara Gülpen

Für Bildungscontrolling besteht traditionell die Ansicht, dass die Kosten von Bildungsmaßnahmen mit den Standardinstrumenten der internen Kostenrechnung gut ermittelt werden können (Voll- und Teilkosten, variable und fixe Kosten, kalkulatorische Kosten usw.). Problematisch ist hingegen die Ermittlung des Nutzens von Weiterbildungsmaßnahmen, wodurch eine Seite für die Wirtschaftlichkeitsanalyse fehlt (Walden 2000). Daher wird in diesem Beitrag ein Modell von Schmidt/Hunter (1982) und Gülpen (1996, 2003) zur Kosten- und Nutzenermittlung von Weiterbildungsmaßnahmen vorgestellt und seine Anwendung in der Praxis erläutert. Es wird gezeigt, wie mit Hilfe des Modells mit relativ geringem Aufwand der Nutzen von Weiterbildungsmaßnahmen für die Unternehmens- und Mitarbeiterentwicklung aufgezeigt werden kann, und zudem eine Wirtschaftlichkeitsanalyse möglich ist. Das Ergebnis dieser Nutzenrechnung ist, dass viele Weiterbildungsmaßnahmen eine wesentlich höhere Rendite ausweisen, als allgemein vermutet wird. Ein ökonomischer Nutzen von mehr als 300.000 Euro ist für ein dreitägiges Seminar ermittelbar und plausibel.

Dabei soll der Blickwinkel in diesem Beitrag nicht auf die ökonomische Berechnung von Weiterbildung beschränkt werden. Nach der hier vertretenen Auffassung ist Bildungscontrolling ein Instrument zur Abstimmung von Unternehmensentwicklung und Mitarbeiterentwicklung unter besonderer Beachtung der Effektivität, Effizienz und Wirtschaftlichkeit von Weiterbildungsmaßnahmen. Bildungscontrolling soll die Analyse, Kontrolle und Planung von Weiterbildungsmaßnahmen und –prozessen anhand von Kennzahlen ermöglichen. Die Analyse dient rückblickend der Kontrolle, ob die Weiterbildungsmaßnahmen im Kostenrahmen geblieben sind und den erwarteten Beitrag bzw. Nutzen zur Unternehmensentwicklung gebracht haben. Mit Blick auf die Zukunft dient Bildungscontrolling der Budgetierung und Planung von Weiterbildungsmaßnahmen zur Kompetenzsteigerung der Mitarbeiter, die angesichts der strategisch geplanten Unternehmensentwicklung notwendig ist. Eine wichtige Nebenbedingung für Bildungscontrolling ist die Effizienz. Es wird angestrebt, mit möglichst wenig Analyse- und Verwaltungsaufwand die richtigen Informationen zu ermitteln.

Was Bildungscontrolling leisten muss

In der Praxis wird Bildungscontrolling in der Regel nur rudimentär betrieben. Umfragen zeigen, dass in der Regel (d.h. immer oder oft) 94,5 % der Weiterbildungsmaßnahmen die Zufriedenheit der Teilnehmer ermittelt und immerhin in ca. 12 % nach Lerneinheiten der Lernerfolg geprüft wird. In ca. 15 % der Fälle wird der Transfer des Gelernten in den praktischen Alltag ermittelt und der wirtschaftliche Beitrag von Weiterbildungsmaßnahmen zum Unternehmenserfolg wird quasi nie gemessen (Gülpen 1996, 87-89). Bildungscontrolling kann jedoch nicht auf die Zufriedenheit der Teilnehmer, die Seminare und die Lernprozesse beschränkt werden. Bildungscontrolling betrifft den gesamten Weiterbildungsprozess von der Ableitung von Weiterbildungszielen aus der Unternehmensentwicklung bis zur Anwendung des Gelernten im Arbeitsprozess. Der umfassende Anspruch an das Bildungscontrolling kann in nachfolgendem Schaubild aufgezeigt werden:

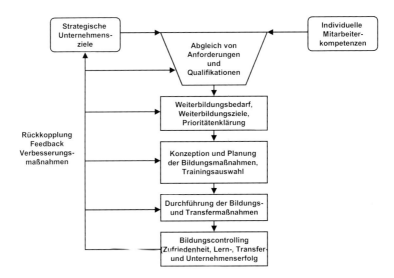

Abb. 61: Schaubild zu umfassendem Anspruch an Bildungscontrolling

- Eine qualitativ hochwertige Personalentwicklung muss an den strategischen Zielen von Unternehmen ansetzen, da Unternehmensstrategien aktuelle Vorstellungen beinhalten, wie Unternehmen in Zukunft aussehen sollen. Aus dem Zukunftsbild von Unternehmen kann abgeleitet werden, welche Tätigkeiten die Mitarbeiter zukünftig ausführen sollen, und welche SOLL-Kompetenzen sie folgerichtig besitzen müssen. Weiterhin ist dringend zu empfehlen, die Entwicklungs- und Karrierewünsche der Mitarbeiter ebenfalls als SOLL-Kompetenzen zu berücksichtigen, da eine sinnvolle Personalentwicklung gegen den Willen der Lernenden nicht zu guten Ergebnissen führt.

- Die zukunftsorientierten SOLL-Kompetenzen werden anschließend verglichen mit den aktuell bestehenden Kompetenzen der Mitarbeiter (IST-Kompetenzen).
- Durch den Abgleich der zukünftigen SOLL- mit den aktuellen IST-Kompetenzen der Mitarbeiter kann der Weiterbildungsbedarf ermittelt werden. Aus dem Weiterbildungsbedarf können die Weiterbildungsziele abgeleitet werden, wobei ratsam ist, von vornherein Prioritäten hinsichtlich der Weiterbildungsziele zu setzen, da durch Zeit- und Budgetgrenzen üblicherweise nicht alle Weiterbildungsziele verwirklicht werden können. Zudem muss berücksichtigt werden, dass gegebenenfalls nicht alle für die Zukunft des Unternehmens notwendigen SOLL-Kompetenzen von den Mitarbeitern durch Trainingsmaßnahmen bewältigt werden können. Wenn beispielsweise ein Überhang an Verkäufern besteht (IST) und ein Mangel an Entwicklern für Software (SOLL), dann wird dies durch Trainingsmaßnahmen allein nicht zu bewältigen sein, sondern es ist ein entsprechender Wechsel in der Belegschaft notwendig.
- Nächster Schritt ist die Planung, Konzeption und Vorbereitung von Weiterbildungsmaßnahmen sowie die Trainerauswahl. Im Fall der externen Vergabe erfolgen die Auswahl von Trainingsinstituten und die Abstimmung mit diesen.
- Schließlich werden die Weiterbildungsmaßnahmen durchgeführt und ggf. durch Transfermaßnahmen in die Praxis ergänzt.

Aus der Beschreibung wird deutlich, dass qualitativ hochwertige Bildungsmaßnahmen das Resultat einer ganzen Kette von Aktivitäten sind, die aufeinander abgestimmt sein müssen. Folglich muss ein vollständiges Bildungscontrolling das Feedback auf allen Stufen von der Unternehmensstrategie bis zur Durchführung beinhalten, um an den entscheidenden Punkten gezielte Verbesserungen zu ermöglichen.

Qualitativ hochwertige Weiterbildungsmaßnahmen zeichnen sich durch zwei Eigenschaften aus: Sie sind effektiv und effizient. Effektiv bedeutet, dass die richtigen Kompetenzen gelernt werden. Dies geschieht, wie oben dargestellt, wenn die SOLL- und die IST-Kompetenzen richtig erfasst werden, und daraus der Bildungsbedarf und die richtigen Bildungsziele abgeleitet werden. Effizient bedeutet, dass die Inhalte durch optimale Lernprozesse angeeignet werden. Dies betrifft die professionelle Konzeption, Planung und Durchführung von Weiterbildungsmaßnahmen. Zudem steht die gesamte Personalentwicklung in Unternehmen auf dem Prüfstand der Wirtschaftlichkeit, d.h. der Nutzen von Weiterbildungsmaßnahmen soll die Kosten übersteigen.

Nachfolgend wird ein Modell von Schmidt/Hunter (1982) mit einer Erweiterung (Faktor A) von Gülpen (1996, 2003) erläutert, das mit relativ geringem Aufwand Rückschlüsse über die Qualität der gesamten oben aufgezeigten Stufen des Weiterbildungsprozesses zulässt, und zudem deren Nutzen in Euro ausweist.

Der Nutzen von Personalentwicklung

Schmidt/Hunter (1982) und Gülpen (1996) versuchen, mit ihrer Formel die maßgeblichen Aspekte von Bildungsprozessen zu erfassen, und aus ihnen einen Gesamtnutzen von Bildungsmaßnahmen zu errechnen. Die Formel und ihre einzelnen Parameter sind im Laufe der Jahrzehnte empirisch sehr gut erforscht und auf unterschiedliche Arten von Bildungsprozessen angewandt. Die Formel lautet:

$$U = T \cdot N \cdot A \cdot d_t \cdot Sd_y - N \cdot K$$

U = Der Nutzen der Bildungsmaßnahme, ausgedrückt in Geldeinheiten (hier: Euro)

T = Dauer des Trainingseffekts in Jahren. Der positive Trainingseffekt dauert so lange, wie die Person das erlernte Wissen an ihrem Arbeitsplatz anwenden kann, d.h. bis der Mitarbeiter das Arbeitsfeld wechselt oder das Unternehmen verlässt. Im Gegensatz zu anderen Einsatzgütern im Leistungsprozess verbraucht sich Wissen mit seiner Anwendung nicht, sondern wird tendenziell besser. Viele Kompetenzen von Verhaltenstrainings wie Kommunikation oder Konfliktmanagement sind so allgemein, dass sie unabhängig vom konkreten Arbeitsplatz Nutzen stiften. Daher ist es sinnvoll, für solche Kompetenzen den Faktor T mit der voraussichtlichen restlichen Betriebszugehörigkeit anzusetzen.

N = Die Anzahl der Teilnehmer an einer Bildungsmaßnahme.

A = Der Anteil des durch die Bildungsmaßnahme betroffenen Tätigkeitsbereichs. Besucht beispielsweise ein Mitarbeiter ein Projektmanagement-Seminar und ist er in Zukunft zu 50% seiner Arbeitszeit mit Projektmanagement beschäftigt, so beträgt A= 0,5.

d_t = Die Leistungsdifferenz vor und nach der Bildungsmaßnahme (ausgedrückt in Standardabweichungen Sd_y). Die Leistungsdifferenz bzw. Leistungssteigerung durch Weiterbildung ist bei gut greifbaren Inhalten wie Fachkenntnissen durch Tests gut zu ermitteln. Ebenso messbar sind Verhaltenstrainings wie beispielsweise Kommunikation oder Konfliktmanagement. In diesen Fällen ist es sinnvoll, die Leistungsdifferenz einige Monate nach der Maßnahme zu überprüfen. Es ist zu empfehlen, die Leistungsdifferenz zunächst im Schnellverfahren per Selbstbefragung der Teilnehmer einer Maßnahme zu ermitteln. Besteht Interesse an einer genaueren Messung, so kann die Aussagekraft des Leistungszuwachses durch weitere Fremdeinschätzungen durch Vorgesetzte, Kollegen oder Mitarbeiter ergänzt werden.

Sd_y = Der Geldwert für eine Leistungsdifferenz in Höhe einer Standardabweichung vor dem Training. Wird die Leistungsdifferenz d_t mit einer mit Geld bewerteten Standardabweichung (Sd=Standard-derivation) multipliziert, so ist eine ökonomische Bewertung von Weiterbildung möglich. Dabei muss die Annahme gelten, dass die Standardabweichung gleichverteilt ist. Die inhaltliche Interpretation dieses Parameters ist wie folgt zu verstehen: jede Leistung von Mitarbeitern streut in ihrem Nutzen für Unternehmen und zwar tendenziell mit steigendem Einkommen. Ein einfacher Mitarbeiter (z.B. eine Reinigungskraft) kann üblicherweise durch einen Zuwachs von Kompetenzen seinen Nutzen weniger steigern (z.B. durch effektivere Putztechnik) als ein hochbezahlter Spezialist oder eine Führungskraft.

Wenn beispielsweise eine Führungskraft bessere Entscheidungen trifft und dafür sorgt, dass z.B. die richtigen Produkte den passenden Kunden angeboten werden, dann ist der Zuwachs an Nutzen für das Unternehmen hoch, da alle seine unterstellten Mitarbeiter eine höhere Wertschöpfung erreichen und somit ein Multiplikatoreffekt vorliegt. Daraus folgt, dass Leistungssteigerungen durch Training von Leistungsträgern (die in der Regel hoch bezahlt werden) aus ökonomischer (nicht aus humanitärer!) Sicht besonders rentabel sind und somit möglichst viel Weiterbildungsaufwand für hochbezahlte Mitarbeiter betrieben werden sollte. Aus vielen empirischen Untersuchungen (Gülpen 1996, S. 46-49) ist bekannt, dass der Wert einer Standardabweichung in ca. 85% der untersuchten Fälle zwischen 40% und 70% des Bruttoeinkommens oder darüber liegt. Dabei werden u. a. bei aufwändigen (CREPID-) Untersuchungen die Tätigkeit von Mitarbeitern in einzelne Arbeitsschritte zerlegt und der Wert der Arbeitsschritte zu durchschnittlichen Gehaltskosten bewertet. Neue empirische Untersuchungen deuten sogar auf Werte über 70% des Bruttoeinkommens hin (Wittmann 2002, S. 7). Hier in diesem Beitrag wird konservativ ein Wert für die Standardabweichung von 40% angenommen, d.h. es wird davon ausgegangen, dass durch eine Leistungsdifferenz (durch Training) eine Nutzensteigerung (ausgedrückt in Euro) von 0,4 x Bruttoeinkommen erfolgt. Wenn ein Mitarbeiter demnach 50.000 Euro Bruttoeinkommen erzielt, dann ist der Wert für eine Standardabweichung 20.000 Euro.

K = Gesamtkosten pro Teilnehmer, gerechnet mit direkten Kosten (z.B. Hotel, Fahrtkosten, Seminargebühr) und indirekten Kosten (Arbeitsausfall).

Das nachfolgende Beispiel eines 3-tägigen Seminars Projektmanagement zeigt die Anwendung der Formel:

$$U = T \cdot N \cdot A \cdot d_t \cdot Sd_y - N \cdot K$$
$$U = 10 \cdot 12 \cdot 0{,}5 \cdot 0{,}3 \cdot 20.000 - 12 \cdot 3.000 = 324.000 \text{ €}$$

Die Ausprägungen der Parameter werden kurz erläutert.

T (10) = 10 Jahre Effektdauer, beispielsweise die restliche Betriebszugehörigkeit.

N (12) = 12 Teilnehmer an der Maßnahme.

A (0,5) = 50% Anteil von Projektarbeit an der gesamten Beschäftigung.

d_t (0,3) = Leistungszuwachs 0,3, bewertet nach der Standardabweichung.

Sd_y (20.000) = 50.000 € durchschnittliches Jahreseinkommen der Teilnehmer, davon 40% ergibt eine Standardabweichung von 20.000 €.

K (3.000) = Die direkten und indirekten Kosten betragen 3.000 € pro Teilnehmer.

U (324.000) = Der betriebswirtschaftliche Nutzen der Weiterbildungsmaßnahme zum Unternehmenserfolg beträgt in diesem Beispiel 324.000 € (kumuliert in 10 Jahren). Ökonomisch betrachtet muss der Nutzen mit dem Zins einer Alternativanlage für die Investitionssumme auf einen Barwert abgezinst werden.

Die Objektivität der Parameter ist unterschiedlich. Die Anzahl der Teilnehmer (N) ist eindeutig, die Kosten (K) sind relativ genau ermittelbar, und auch der Anteil an der Tätigkeit (A) kann mit Zeitanalysen relativ genau gemessen werden. Sd_y ist eine Schätzgröße, die aufgrund empirischer Untersuchungen sinnvollerweise pauschal mit 0,4 x Bruttoeinkommen (konservative Schätzung) festgelegt werden sollte. Die genaue Messung von Sd_y ist möglich, aber aufwändig. Sie wird ermittelt anhand des Vergleichs der vom Mitarbeiter geleisteten Tätigkeiten mit Marktpreisen dieser Tätigkeiten abzüglich einiger notwendiger Anpassungen wie Sicherheit des Arbeitsplatzes, Verfügbarkeit der Arbeitskraft u.ä. Ebenso zu ermitteln ist der Leistungszuwachs (d_t). Wenn die Selbstauskunft nicht ausreicht, muss ggf. ein 360°-Feedback erfolgen.

Der Einfluss der einzelnen Parameter für den Erfolg von Weiterbildungsmaßnahmen

Nachfolgend wird die Bedeutung der Parameter der Formel für den Erfolg von Weiterbildungsmaßnahmen durch Sensitivitätsanalysen ermittelt. Dabei werden nacheinander einzelne Parameter variiert, während alle anderen Parameter der Formel unverändert bleiben. Dadurch wird ersichtlich, wie sensibel das Gesamtergebnis der Formel auf einzelne Parameter reagiert. Verändert sich das Gesamtergebnis bei der Variation eines Faktors erheblich, so sollte diesem Faktor bei der Planung und Durchführung von Weiterbildungsmaßnahmen besondere Aufmerksamkeit gewidmet werden. Zudem ist durch dieses Vorgehen leicht möglich, den Break Even für die einzelnen Parameter zu berechnen (Wittmann 2002). Der Break Even ist eine betriebswirtschaftliche Größe, die zeigt, zu welchem Zeitpunkt und unter welchen Bedingungen die Ausgaben einer

Investition durch den entstandenen Nutzen ausgeglichen werden. Angestrebt wird die Minimierung des ökonomischen Risikos durch ein möglichst frühes Erreichen des Break Even.

Als Grundlage für die Sensitivitätsanalyse dient das oben aufgeführte Beispiel eines dreitägigen Projektmanagementseminars.

$$U = T \cdot N \cdot A \cdot d_t \cdot Sd_y - N \cdot K$$
$$U = 10 \cdot 12 \cdot 0{,}5 \cdot 0{,}3 \cdot 20.000 - 12 \cdot 3.000 = 324.000 \;€$$

Die folgende Tabelle zeigt jeweils drei Variationen der Parameter in der ersten Spalte. Die zweite Spalte zeigt die daraufhin in der Formel generierten Ergebnisse. In der dritten Spalte wird der Break Even ausgewiesen, d.h. es wird der Wert des Parameters ermittelt, bei dem der Nutzen in der Formel gleich Null wird. Wenn beispielsweise durch die fahrlässige Auswahl nur Teilnehmer Projektmanagementtraining besuchen, die im Durchschnitt nur noch ein Jahr (T=1) als Projektmanager arbeiten (statt wie im Beispiel oben T=10 Jahre), dann lautet das Ergebnis:

$$U = T \cdot N \cdot A \cdot d_t \cdot Sd_y - N \cdot K$$
$$U = 1 \cdot 12 \cdot 0{,}5 \cdot 0{,}3 \cdot 20.000 - 12 \cdot 3.000 = 0 \;€$$

Der variierte Parameter T=1; der Nutzen in Euro = 0, der Break-Even (Nutzen = 0 Euro) erfolgt in T=1.

Wird die Dauer des Nutzens dagegen mit fünf Jahren angesetzt (T=5, siehe erste Zeile der Tabelle), dann folgt daraus:

$$U = T \cdot N \cdot A \cdot d_t \cdot Sd_y - N \cdot K$$
$$U = 5 \cdot 12 \cdot 0{,}5 \cdot 0{,}3 \cdot 20.000 - 12 \cdot 3.000 = 144.000 \;€$$

Der variierte Parameter T=5; der Nutzen in Euro = 144.000, der Break-Even (Nutzen = 0 Euro) wird von dieser Variation nicht beeinflusst und bleibt verständlicherweise immer unverändert T=1.

Nach diesem Schema können alle Parameter der Formel variiert und in ihrer Wirkung untersucht werden.

Die Sensibilitätsanalyse zeigt, dass Variationen der Parameter T, A, d_t, und Sd_y das Nutzen-Ergebnis außerordentlich stark beeinflussen. Der einzige Faktor, dessen Ausprägung in der Formel wenig Einfluss auf das Ergebnis hat, sind die Kosten. Eine Variation der Seminarkosten von 1000 bis 4000 Euro bewirken lediglich eine geringe Änderung des Gesamtergebnisses (348.000 bis 312.000 €).

Sind alle Parameter der Weiterbildungsmaßnahme gut aufgestellt (T=10, A=0,5, Sd_y=20.000), d_t=0,3), dann wird der Break-Even erst bei Kosten von 30.000 € pro Teilnehmer erreicht!

Sensitivitätsanalyse

Beispiel: Nutzen = € 324.000

Variierter Parameter	Nutzen in Euro			Break even
T = 1; 5; 20 [Jahre]	0	144.000	684.000	T = 1
A = 10; 30; 80 [%]	36.000	180.000	540.000	A = 0,05
d_t = 0,1; 0,5; 0,8	84.000	564.000	924.000	d_t = 0,03
SD_y = 10; 30; 50 [T€]	144.000	504.000	864.000	Sd_y = 2.000
K = 1; 2; 4 [T€]	348.000	336.000	312.000	K = 30.000

Abb. 62: Sensitivitätsanalyse

$$U = T \cdot N \cdot A \cdot d_t \cdot Sd_y - N \cdot K$$
$$U = 10 \cdot 12 \cdot 0{,}5 \cdot 0{,}3 \cdot 20.000 - 12 \cdot 30.000 = 0 \text{ €}$$

Die Interpretation der Sensibilitätsanalyse geht folglich dahin, dass für den Gesamterfolg von Weiterbildungsmaßnahmen bzw. den Gesamtnutzen für Unternehmen die passende Auswahl der Teilnehmer (T; Sd_y), die richtigen Inhalte (A) und die Lern- und Transferraten (d_t) die entscheidenden Stellschrauben für die Weiterbildung sind und nicht die Kosten (K).

Geht man von dieser Erkenntnis zurück zum Anfang des Beitrags und betrachtet die gesamte Prozesskette von der Unternehmensstrategie und den bestehenden Kompetenzen der Mitarbeiter über die Bedarfsermittlung, Planung und Durchführung so wird erkennbar, wie die Formel und die erhobenen Parameter der Ausgangspunkt eines vollständigen Bildungscontrollings sein können. Dabei sind einige Hinweise zur Anwendung des hier umrissenen Ansatzes in der Praxis sinnvoll.

Hinweise und Empfehlungen zur Anwendung von Bildungscontrolling auf Unternehmenserfolgsebene

Aus Sicht der praktischen Erfahrungen mit der hier erläuterten Formel für das Controlling von Weiterbildungsmaßnahmen ist es nicht ratsam, die betriebswirtschaftliche Bewertung ausgedrückt in Euro „objektiv" beweisen zu wollen und das ökonomische Ergebnis in den Vordergrund zu rücken. Erfahrungsgemäß verstricken sich die Gesprächspartner dabei in fruchtlose Diskussionen um die Objektivierbarkeit, das Bewertungsproblem und das Zurechnungsproblem der Parameter der Formel, die letztlich nie über den Status plausibler Schätzgrößen hinauskommen (Witthaus 2000, S. 156-161). Dies ist im Rechnungswesen nicht außergewöhnlich, denn für Weiterbildungsmaßnahmen gilt prinzipiell das Gleiche wie für alle anderen Investitionen in Unternehmen: es wird in der aktuellen Periode investiert, um in Zukunft einen höheren Rückfluss an geldwertem Nutzen zu erzielen. Ob die höheren Rückflusse tatsächlich realisiert werden können, ist bei allen Investitionen unklar, denn die Entwicklung der Zukunft ist generell nicht vorhersehbar. Auch bei Investitionen in Maschinen steht nicht fest, ob die von der Maschine produzierten Produkte in Zukunft absetzbar sind oder durch technische Innovationen, kostengünstiger produzierende Konkurrenten, veränderte Kundenprioritäten usw. defizitär werden. Zudem werden in Unternehmen fortlaufend schwer objektivierbare Investitionen vorgenommen wie beispielsweise Ausgaben für Marketing, Abfindungen für vorzeitiges Ausscheiden von Mitarbeitern, Kunstgegenstände für die Eingangshalle u.ä. All diese Investitionen und ihre Rendite können sicherlich nicht objektiver erfasst werden als Maßnahmen zur Weiterbildung. Entscheidend für die Objektivität der Parameter von Bildungscontrolling sind somit die Voreinstellung und die Interessen der Beurteiler, ob Weiterbildung als wertvoller Beitrag für den Unternehmenserfolg angesehen wird oder nicht (Fehlau, E. 1998). Bei negativer Voreinstellung ist die hier vorgestellte Lösung sicher angreifbar, aber grundsätzlich werden die relevanten Parameter qualitativ hochwertiger Weiterbildung erfasst und in einen sinnvollen Zusammenhang gestellt.

Ein sinnvoller Umgang mit dem errechneten Nutzen von Weiterbildung ist, den in Euro ausgewiesenen Nutzen als Index zu benutzen und nicht endlos über die Objektivität der ökonomischen Rendite zu diskutieren. Ist das Ergebnis der Formel niedrig oder negativ, so ist sinnvoll, die einzelnen Parameter genauer zu untersuchen und als Hinweis für die Notwendigkeit einer genaueren Analyse zu verstehen. Anhand der genauen Untersuchung der hinter den Parametern stehenden Prozesse kann analysiert werden, warum die Weiterbildungsmaßnahme nicht den erwünschten Nutzen erbracht hat. Sind A, Sd_y und T zu niedrig, so waren die falschen Teilnehmer im Training und die Bedarfserfassung und die Auswahlverfahren müssen verbessert werden. Ist der Lernfaktor dt zu niedrig, so war die Durchführung des Trainings verbesserungswürdig (ggf. Methoden, Lernhilfen, Trainer, Umgebung verbessern). Die Kosten (K) können zu hoch gewesen sein, und obwohl dieser Faktor nach der Sensitivitätsanalyse wenig zur Veränderung des Nutzens beiträgt, ist es nicht akzeptabel, Geld leichtfertig und unnötig auszugeben. Auch die Anzahl der Teilnehmer kann zu niedrig sein, wodurch der Multiplikator für die positiven Effekte zu gering ausfällt, oder die Teilnehmerzahl ist zu hoch, was ggf. die Lerneffekte vermindert.

Bildungscontrolling nach dem hier vorgestellten Verfahren ermöglicht demnach ein zweistufiges Vorgehen: Durch die Formel kann auf einer ersten Stufe per Selbstauskunft der Teilnehmer ein bemerkenswert vollständiger Überblick mit wenig Aufwand erhoben werden. Falls das Ergebnis von den üblichen Erfahrungswerten abweicht, so kann als zweite Stufe eine genauere Analyse zielgerichtet vorgenommen werden. Auf diese Weise hält sich der Standard-Aufwand für Bildungscontrolling in Grenzen, er geht über die übliche Befragung nach dem Seminar und ggf. eine weitere Befragung einige Wochen/Monate später nicht hinaus. Das Bildungscontrolling ist somit effektiv, da die richtigen Informationen erhoben werden, und anderseits ist das Vorgehen effizient, da mit wenig Aufwand ein hervorragender Überblick ermöglicht wird.

Literatur

Fehlau, E., G. (1998): Im Rahmen des Messbaren? In: ManagerSeminare, April 98, S. 76-83.
Gülpen, B. (2003): Bildungsevaluation. In: Personal-Box, München, Neuwied, Köln, S. 1-21.
Gülpen, B. (1996): Evaluation betrieblicher Verhaltenstrainings, München, Mehring.
Schmidt, F. E./Hunter, J. E. (1982): Assessing the economic impact of personnel programs on workforce productivity. In: Personnel Psychologie, pp. 333-347.
Walden, G. (2000): Kosten-Nutzen-Controlling. In: Seeber, S./Krekel, E. M./ von Buer, J. (Hg.): Bildungscontrolling – Ansätze und kritische Diskussion zur Effizienzsteigerung von Bildungsarbeit, Frankfurt/M. u. a., S. 173-193.
Witthaus, U. (2000): Outcome-Controlling? In: Seeber, S./Krekel, E. M./ von Buer, J. (Hg.): Bildungscontrolling – Ansätze und kritische Diskussion zur Effizienzsteigerung von Bildungsarbeit, Frankfurt/M. u. a., S. 151-171.
Wittmann, W., W./Nübling, R./Schmidt, J. (2002): Evaluationsforschung und Programmevaluation im Gesundheitswesen, Zeitschrift für Evaluation 2002, 1, S. 39-60.

Strategische Personalvermögensentwicklung: Ein 2-Ebenen-Bildungscontrolling-Ansatz

Dr. Elmar Witten

Unter dem (zur Zeit wieder aktuellen) Begriff Bildungscontrolling wird von den meist nicht ökonomisch ausgebildeten Personalentwicklern in Unternehmen einseitig das zahlenbasierte Kontrollieren der betrieblichen Personalentwicklung nach Maßnahmendurchführung verstanden. Wahrscheinlich ist dieses gängige Verständnis auch einer der Gründe dafür, Bildungscontrolling-Konzepte und Tools eher zurückhaltend in Unternehmen anzuwenden.

Das Konzept „Strategische Personalvermögensentwicklung" setzt umfassender bei der konsequent an Unternehmenszielen ausgerichteten Planung, Steuerung und Kontrolle des (Personal-)Vermögens der Mitarbeiter an.

Der Ansatz des Personalvermögens unterscheidet sich von allen traditionellen (längst aber nicht etablierten) Bildungscontrolling-Sichtweisen grundlegend dadurch, dass das betrieblich beschäftigte Personal selber weder als Teil des Betriebsvermögens gesehen wird noch als Teil des Humankapitals. Nach dem Personalvermögenskonzept sind Menschen keine Vermögensbestandteile und auch kein Kapital, sondern der personale Produktionsfaktor etwas, über das die qua Arbeitsvertrag an ein Unternehmen gebundenen Mitarbeiter verfügen.

Personalwirtschaftlicher Ansatz

Der Personalvermögensansatz beinhaltet grundsätzlich alle personalwirtschaftlichen Handlungsfelder entlang der Prozesskette des Verbleibs von Mitarbeitern im Unternehmen:

- die Ermittlung des Bedarfs und Bestands an Personal(vermögen), wobei das Sammeln und Sichten von Informationen zur Bestandsermittlung als Personal(vermögens)controlling im engeren Sinne gesehen wird,

- die Beschaffung/Akquisition, Erhaltung, Erweiterung und Disposition von Personal(vermögen) und
- den Abbau von Personal(vermögen).

Personalvermögenscontrolling (im weiteren Sinne) plant, steuert und kontrolliert die Handlungsfelder dieser gesamten Prozesskette. Die Strategische Personalvermögensentwicklung ist der Teil des personalwirtschaftlichen Ansatzes Personalvermögenskonzept, der sich mit der betriebswirtschaftlich optimalen Erweiterung des Personal(vermögen)s befasst.

Können, Wollen und Dürfen der Mitarbeiter

Das dem Personalvermögenskonzept zu Grunde liegende betriebs- bzw. speziell personalwirtschaftliche Verständnis geht davon aus, dass betrieblich nicht Personen bewirtschaftet werden können. Die Unternehmen besitzen nicht Individuen, sie können aber das ihnen bereitgestellte individuelle Personalvermögen bewirtschaften. Das individuelle Personalvermögen setzt sich zusammen aus der Qualifikation des Menschen, verstanden als sein Wissen und Können, verbunden mit der jeweiligen Motivation, diese Qualifikation dem Unternehmen auch zur Verfügung zu stellen. Ansatzpunkte für die Steuerung der betrieblichen Personalvermögensentwicklung sind demnach sowohl die Qualifikationen als auch insbesondere die häufig konzeptionell als auch betrieblich vernachlässigten Motivationen.

Qualifikationen sind das, was häufig als (Handlungs-)Kompetenz bzw. deren einzelne Bausteine beschrieben wird: Z.B. Fach-, Methoden-, Sozial- und persönliche Kompetenz. Auf die (betriebswirtschaftlich) überflüssige Diskussion der Differenzierung von Qualifikation und Kompetenz wird zugunsten der Verwendung des Begriffes Qualifikation verzichtet. Mit Kompetenzen werden betrieblich die unternehmerischen Zuständigkeiten bzw. Ermöglichungen bezeichnet, also das was die Individuen dürfen. Motivationen bleiben nicht abstrakt, sondern meinen den betriebswirtschaftlich entscheidenden Erfolgsfaktor der Bereitschaft, das individuelle Wissen und Können dem Unternehmen auch zu geben.

Die Höhe des betrieblichen Personalvermögens, als Summe aller dem Unternehmen zur Verfügung gestellten individuellen Personalvermögen, wird natürlich nicht nur durch Qualifikationen und Motivationen, sondern auch und nicht unwesentlich durch die Kompetenzen, also das Dürfen beeinflusst. Dieses ergibt sich aus der Unternehmenskultur und -organisation, lässt sich aber insbesondere durch die Führung der Menschen beeinflussen. Letztlich und im Verständnis des Personalvermögenskonzeptes ist dies aber keine Personal(vermögens)entwicklungsaufgabe, sondern Management- bzw. Führungsaufgabe.

Personalvermögen statt Humankapital

Anders als die Personen selber ist das Personalvermögen (nicht nur begrifflich) Teil des Betriebsvermögens. Dieses stellt sich (für Ökonomen bekanntermaßen) auf der Sollseite der betrieblichen Bilanz dar. Erstaunlicherweise wird in Deutschland im Rahmen von Bildungscontrollingdebatten und insb. auch in Publikationen immer wieder und immer noch von der Steuerung des Humankapitals gesprochen. Das ist erklärbar aus der Übersetzung des im anglistischen Sprachraum üblichen Begriffs human capital, der den personalen Faktor aber üblicherweise auch als Vermögensbestandteil interpretiert. Aus betriebswirtschaftlicher Sicht wird mit Kapital in Vermögen investiert, was im Rahmen von „richtig" verstandenem Controlling (Planung, Steuerung und Kontrolle) der personellen Qualifikationen und Motivationen eigentlich nur einen Vermögensbegriff zulässt.

Die Betrachtung des Personalvermögens schafft demnach die betriebswirtschaftliche Basis für den immer wieder gerne (aus Imagegründen?) geäußerten Vorschlag, dass Unternehmen Mitarbeiter als Partner sehen und behandeln wollen. Nach dem Personalvermögenskonzept ist das Personal tatsächlich Wirtschaftspartner, was dem Unternehmen gegen das im Arbeitsvertrag geregelte Entgelt, ein Vermögen liefert, das dieses dringend zur Erreichung der betrieblichen Ziele benötigt. Mit derart verstandenen Lieferanten geht man üblicherweise so sorgsam und partnerschaftlich um wie mit wichtigen Kunden. Das macht emotionale bzw. primär werbetechnische Beschwörungen überflüssig.

Ziel- und Strategieorientierung der Personalvermögensentwicklung

Entsprechend seiner unternehmerischen Bedeutung wird vorgeschlagen, analog zu den anderen betrieblichen Funktionen wie Absatz, Produktion, Finanzierung etc. auch für das Controlling des Personalvermögens eine aus dem obersten betrieblichen Zielsystem abgeleitete Personalvermögensstrategie abzuleiten bzw. zu entwickeln. Ein Grund dafür, dass bei ähnlich schwieriger Bewertung der betrieblichen Effekte z.B. das betriebliche Marketing mittlerweile hier weniger unter Rechtfertigungsdruck zu stehen scheint als Maßnahmen zur Entwicklung des Personals, ist sicherlich die Tatsache, dass Marketing sich als betriebswirtschaftliche Profession entwickelt hat und Marketingabteilungen in Unternehmen personell (besser) als Personalabteilungen mit betriebswirtschaftlich fundiertem Personalvermögen ausgestattet sind.

Aus der Personalvermögensstrategie sind dann Ansätze zur Bildung von Personalvermögen ebenso abzuleiten wie zu dessen Sicherung oder Disposition. Als Maßnahme zur Personalvermögensbildung eignet sich z.B. grundsätzlich die (externe) Personalvermögensakquisition aber auch die Personalvermögensentwicklung. In der Literatur und der betrieblichen Praxis nicht feststellbare konstitutive Merkmale von Personalentwicklung (es gibt hunderte unterschiedlicher Definitionen!) sind entsprechend Personalvermögenskonzept eindeutig fixierbar: Es geht um

- die Erweiterung von Qualifikationen,
- um die Beeinflussung von Motivationen,
- um Maßnahmen, die am Individuum ansetzen,
- um die konsequente Orientierung am betrieblichen Zielsystem sowie grundsätzlich
- um methodenübergreifende Maßnahmen (nicht nur Seminare!).

Der Prozess strategischer Personalvermögensentwicklung

Der an den Unternehmenszielen ausgerichtete Prozess der Strategischen Personalvermögensentwicklung gestaltet sich analog dem auch in der Betriebspraxis üblichen Verständnis einer Prozesskette bzw. eines Zyklus entlang z.B. der Stufen:

- betriebliche Situationsanalyse,
- Ermittlung des Bedarfs an Personalvermögensbildung,
- Zieldefinition der erforderlichen Maßnahmen,
- Konzepterstellung,
- Durchführung der Maßnahmen,
- Erfolgskontrolle und –steuerung im Sinne einer primär ökonomischen Maßnahmenbewertung und der
- Transfersicherung im Sinne einer pädagogischen Prozesssteuerung.

Der betriebs- bzw. personalwirtschaftliche Erfolg von Maßnahmen ist dabei keinesfalls nur der monetär bewertbare „return", sondern ist wie der gesamte betriebsindividuelle Erfolg mehrdimensional. Erfolg als „Zielbündel" ist betriebsindividuell zu operationalisieren und beinhaltet z.B. monetäre (Unternehmens-)Ziele wie Gewinn oder Wachstum aber auch nicht unmittelbar monetäre Ziele wie Image, Mitarbeiterzufriedenheit etc.

Als fundierte Entscheidungsgrundlage für ein Erfolgscontrolling eignen sich dementsprechend nur wie folgt verstandene „gesamtheitliche" Ansätze:

- im Visier der Entwicklung sind sowohl individuelle Qualifikationen als auch Motivationen,
- mindestens bimental wird z.B. ein ökonomisches Konzept genutzt, das auch pädagogische Aspekte der Beeinflussung von Individuen über Personal(vermögens)entwicklung einbezieht (Stichwort: das vom individuellen Lernvermögen abhängige sog. „vollständige Lernen"),
- Controlling wird als Planung, Steuerung und Kontrolle des Prozesses der Personalvermögensentwicklung begriffen und

- neben der klassischen Bewertung der Effizienz von Maßnahmen wird insbesondere dem im Folgenden näher erläuterten Aspekt der Effektivität Bedeutung eingeräumt.

Fehlende Erfolgsbewertung von Bildung in der Praxis

Hauptgründe für die bisher nicht in Unternehmen umgesetzten Bildungscontrollingkonzepte sind: Die mangelnde Ökonomisierung des per se pädagogischen Weiterbildungsprozesses (falsch verstanden wäre dies die Forderung nach mehr Ökonomen in Personalabteilungen, richtig verstanden ist dies die Forderung nach mehr ökonomischer Fundierung der zu steuernden personalwirtschaftlichen Prozesse), der Widerspruch zwischen einem Anspruch an konzeptionell gesamtheitliche Ansätze vs. dem Anspruch an schnelle und vor allem wirtschaftliche Umsetzung und die fehlende Ziel- und Strategieorientierung betrieblicher (Bildungs-)Maßnahmen.

Als Folge ergibt sich ein festzustellendes betriebliches Weiterbildungsdefizit quantitativer und qualitativer Art: Quantitativ wird auch deswegen in Unternehmen zu wenig an Weiterbildung getan als es zur (betriebswirtschaftlich optimalen) Erreichung der betrieblichen Ziele nötig wäre, weil die fehlende absolute Bewertbarkeit von Maßnahmen eher zu zurückhaltendem Verhalten führt. Qualitativ wird unter anderem häufig wegen der fehlenden relativen Bewertbarkeit von Maßnahmen (neben z.B. der Intransparenz des Weiterbildungsmarktes) nicht „das Richtige" gemacht.

Die immer noch fehlende Erfolgsbewertung in der Praxis ist demnach erklärbar und gleichzeitig (Mit-)Verursacher eines feststellbaren Weiterbildungsdefizites.

Erfolgsbewertung auf 2 Ebenen: Effektivität und Effizienz

Ein falsches im Sinne von lediglich eindimensional gesehenes Verständnis von Controlling ist die reine Betrachtung der Wirtschaftlichkeit von Maßnahmen. Wirtschaftlich ist Bildung, wenn der Output (z.B. die gesamten in Euro gemessenen positiven Wirkungen) den in gleicher Maßeinheit bewerteten Input (z.B. die Kosten) übersteigt. Dieses Verhältnis von Input und Output wird ökonomisch als Effizienz bezeichnet.

Davon unbedingt zu unterscheiden ist die Effektivität genannte Wirksamkeit von Maßnahmen. Effektiv ist Bildung, wenn das mit der Maßnahme intendierte Ziel erreicht wird. Hier wird also die Relation des Outputs zu einem vorher gesteckten Ziel(bündel) betrachtet.

Effektivität und Effizienz sind die beiden zu betrachtenden und zu verknüpfenden Ebenen, wenn der Gesamterfolg von Bildungsmaßnahmen bewertet werden soll. Die notwendigerweise vorgeschaltete und eher strategische Sicht auf die

Wirksamkeit prüft, ob alternative Maßnahmen überhaupt in der Lage sind, vorher gesteckte Ziele zu erreichen. Hier wird die Frage beantwortet, ob die richtigen, im Sinne von zielerreichenden Dinge getan werden. Nur effektive Maßnahmen müssen anschließend zur Auswahl der bestmöglichen Alternative auf ihre Effizienz gecheckt werden. Hier wird die eher operative Frage, ob die (ausgewählten) Dinge auch richtig getan werden, beantwortet. Eine gesamtheitliche Sicht auf den Erfolg von Bildung muss klären, ob die grundsätzlich richtigen Dinge/Maßnahmen auch richtig gemacht werden.

Optimierung in der betrieblichen Praxis

Eine optimale, im Sinne von bestmögliche Bildungsmaßnahme ist grundsätzlich entsprechend einer der beiden Varianten des sogenannten ökonomischen Prinzips auszuwählen. Entweder ist nach dem Maximumprinzip mit gegebenen Mitteln der größtmögliche Erfolg anzupeilen. Oder es soll nach dem Minimumprinzip ein gewünschter Erfolg mit minimalem Einsatz (z.B. Kosten) erreicht werden. Häufig wird (insb. von Nichtökonomen) gefordert, mit minimalen Mitteln ein Maximum zu erreichen. Das ist nicht nur unökonomisch, sondern schlichtweg unmöglich, da nicht operational handhabbar.

Die in der Praxis der Personalentwicklungsabteilungen meist in Frage kommende Ausprägung des ökonomischen Prinzips ist die des Maximumprinzips. Mit einem vorgegebenen und oft sogar in der Höhe nicht einmal mit beeinflussbaren Bildungsbudget soll „das Beste" erreicht werden. Zur Optimierung muss dann dieses „Beste" aber zwecks Bewertbarkeit zunächst operationalisiert werden. Das setzt aber keinesfalls eine zwangsweise Monetarisierung der Wirkungen der Bildung voraus. Vielmehr werden Instrumente benötigt, um auch nicht-monetäre Zielsysteme bewertbar machen zu können.

Einbeziehung pädagogischer Aspekte

Ganz wesentlich hängen die positiven Wirkungen von Bildung auch vom Prozess des individuellen Lernens ab. Das mittlerweile seit Jahrzehnten in Unternehmen vorherrschende Modell zur Erfolgsbewertung nach Kirkpatrick macht diesen Einflussfaktor explizit deutlich: Als Schritt zwischen dem Zufriedenheitserfolg des Maßnahmenteilnehmers und dem Transfer- und dem Unternehmenserfolg ist der Lernerfolg mitverantwortlich dafür, dass Gelehrtes auch zu individueller Handlung und letztlich zur Veränderung der betrieblichen Ergebnisse führt. Der Lernerfolg wird determiniert zum einen durch das individuelle Lernvermögen, zum anderen durch das Gelingen des vollständigen Lernens. Größtmöglicher Umsetzungserfolg ist dann gewährleistet, wenn das gesamte Gelehrte über den Lernprozess in Erlerntes umgesetzt wird. Dieses vollständige Lernen wird beeinflusst dadurch, ob der Lernende grundsätzlich lernen kann und ob und in welchem Maße er das auch will. Qualifikation und Motivation sind also auch hier die Determinanten und der Lernprozess selbst muss effektiv und effizient sein.

Allerdings wird z.B. bei Führungstrainings der Lernaspekt weniger eine Rolle spielen (oder sogar gar keine) als bei der Vermittlung von Wissen und Fakten. Im Modell Kirkpatricks und bei stufenweisem Vorgehen kann dann der Lernerfolg übersprungen werden.

Einsatz vorhandener betrieblicher Instrumente

Entscheidend für die erfolgreiche Erfolgsbewertung insb. unter dem Aspekt der Wirtschaftlichkeit der Bildungscontrolling-Instrumente ist der effektive und effiziente Einsatz betriebsindividuell vorhandener Controlling-Tools auch für die Bewertung von Bildungsmaßnahmen.

So sollten etwa die betrieblich generell angewendeten Systematiken zur Kostenbewertung auch auf die Bewertung des Inputs bzw. der negativen Wirkungen von Bildung übertragen werden. Die betriebliche Kostenarten-, Kostenstellen- und Kostenträgerrechnung kann so zur Klärung folgender Fragen genutzt werden:

- Welche Kosten sind angefallen?
- An welcher betrieblichen Stelle (Bereich/Abteilung) sind sie angefallen?
- Durch welche Maßnahmen sind sie verursacht worden?

Das generelle „Killerargument" gegen die Einführung eines Bildungscontrollings ist die Vermutung, Kosten könnten relativ einfach „objektiv" bewertet werden, Nutzen/Erträge dagegen insb. wegen der komplexen Ursache-/Wirkungszusammenhänge überhaupt nicht sinnvoll. Aber auch die betriebliche Kostenbewertung ist immer (auch) subjektiv. So ist die Einbeziehung von Opportunitätskosten (z.B. Ausfallzeiten des Produktionsmitarbeiters für die Zeit der Weiterbildungsmaßnahme) in das betriebliche Kostenkalkül nicht zwingend vorzunehmen, sondern wird betriebsindividuell gemacht oder eben nicht. Auch Kosten sind keinesfalls objektiv, aber (immer bzw. meist) intersubjektiv nachvollziehbar.
Wieso sollten also nicht auch ähnliche Schemata auf die Bewertung von Nutzen/Erträgen angewandt werden?

Die Nutzwertanalyse

Die Frage der monetären Bewertung positiver Bildungswirkungen wie beispielsweise im Rahmen vorgeschlagener Formeln zur Nutzen- (bzw. besser: Ertrags-)Bewertung ist insb. bei der Effizienzbetrachtung wichtig. Wie beschrieben ist allerdings als strategische und vorgeschaltete Frage die der Effektivität zu klären. Hier bietet sich die Bewertung der Zielerreichung von Bildung durch das Instrument Nutzwertanalyse (NWA) an. Die NWA ist ein bislang und seit über 25 Jahren vor allem in produzierenden Betrieben eingesetztes Tool für die Entscheidungsfindung zur Auswahl alternativer

Produktionsmaschinen. Auch hier sind wie bei der Investition in Bildung zukünftige Erträge schwer bewertbar. Die NWA eignet sich vor allem wegen der einfachen Handhabbarkeit und wegen der intersubjektiv (auch und insb. von betrieblichen Controllern) nachvollziehbaren Bewertung.

Bei der NWA wird zunächst ein sog. Zielbaum erstellt. Ausgehend von dem mit der Bildungsmaßnahme zu erreichenden Bildungsziel, das aus dem obersten betrieblichen Zielsystem abgeleitet wird, wird eine Zielhierarchie aufgestellt. So kann im Fall eines produzierenden Unternehmens bspw. das Bildungsziel Steigerung der Produktivität einerseits über das Unterziel Schulung der Vorfertigungsstufe in der Produktion, andererseits über das Unterziel Schulung der Endfertigungsstufe in der Produktion erreicht werden. Für diese beiden exemplarischen „Nutzenstellen" (in Analogie der betrieblichen Kostenstellen) sind weitere Subziele z.B. die Erhöhung der sog. (Fach-, Sozial- etc.) Kompetenzen aber auch der Motivationen.

Die einzelnen Ziele werden gewichtet, einer Bewertung unterzogen und ergeben je Maßnahme über die Addition der Teilnutzwerte einer Zielhierarchiestufe einen Gesamtnutzwert. Dieser sagt nichts über die absolute Vorteilhaftigkeit einer Bildungsmaßnahme aus, ermöglicht aber eine intersubjektiv nachvollziehbare relative Bewertung und Entscheidungsvorbereitung für die Auswahl von Bildungsalternativen.

Die Gewichtung der einzelnen Ziele und Unterziele kann zur betrieblichen Umsetzung gemeinsam von allen betrieblich Beteiligten vorgenommen werden. So können z.B. der für Personalentwicklung Verantwortliche, der Betriebsrat, der Fach- bzw. Disziplinarvorgesetzte der zu Qualifizierenden und der Controller als „Bewertungsteam" gemeinsam die Entscheidung konzeptionell vorbereiten.

Eine pragmatische Handlungsempfehlung

Die immer wieder und immer noch zu beobachtende Suche nach neuen „innovativen" Bildungscontrolling-Instrumenten zur eindeutigen Klärung des Ursache-Wirkungs-Zusammenhangs bei Bildung erscheint ebenso wenig Erfolg versprechend wie zweckmäßig. Vorrangig wichtig erscheint dagegen die Bearbeitung der Frage der Effektivität von Bildung zu sein, die mit vorhandenen Tools ebenso wie alle anderen Fragen der Prozesskette der Bildung zu klären ist.

Wesentlich nicht nur für einen gesamtheitlichen Bildungscontrolling-Ansatz sondern auch für das betriebsinterne Marketing des Personalentwicklers ist die Einbeziehung auch der Sprache und der Sichtweise der betrieblichen Entscheider, die vor allem ökonomisch fundiert sind.

Die vom Personalentwickler zunächst zu klärende Frage ist, ob er alle Stufen des zu optimierenden Bildungsprozesses selber bearbeiten kann oder ob es effektiv und effizient ist, dafür die externe Unterstützung eines professionellen Dienstleisters in Anspruch zu nehmen.

Literatur

Ortner, G. E. (2004): Personalvermögen – Was Menschen können und wollen, Interview in leadership forum Juli 2004, S. 1-3

Ortner, G. E. und Thielmann-Holzmayer, C. (2002): Was ist (uns) unser Personal wert?, in: Klinkhammer, H. (Hrsg.): Personalstrategie – Personalmanagement als Business Partner, Neuwied und Kriftel, S. 220-244

Witten, E. (2004): Ansätze zur Optimierung der betrieblichen Personalvermögensbildung, Münster

Witten, E. und Godau, S. (2004): Strategische Personalvermögensentwicklung – Ein praktisches Beispiel der Anwendung des Personalvermögenskonzeptes, in: Das Personalvermögen 03/2004

Bildungscontrolling und theoriebasierte Evaluation zur Verbesserung von Bildungskonzepten

Jan Hense, Dr. Willy Christian Kriz

Aktuelle Trends in Bildungscontrolling und Evaluation

In der Diskussion um das Bildungscontrolling lässt sich in den vergangenen Jahren eine deutliche Weiterentwicklung der ursprünglichen Wurzeln und Ansätze beobachten. Waren frühe Konzepte noch stark dem Controllinggedanken im engeren, betriebswirtschaftlichen Sinne verpflichtet (Döring & Ritter-Mamczek, 1998; vgl. Horvath, 1992), so wird Bildungscontrolling heute meist umfassender als systematisches Bemühen um Qualität und Nutzen von betrieblichen Qualifizierungsmaßnahmen verstanden (Krekel & Seusing, 1999; Seeber, Krekel & Buer, 2000). Obwohl das Ziel der Kostenrationalität immer noch ein wesentliches Kernelement des Ansatzes ist, erheben modernere Varianten des Bildungscontrolling nicht mehr den Anspruch, Entscheidungen allein nach rein monetären Gesichtspunkten quantifizieren zu wollen (Seibt, 2004). Gleichzeitig wird darauf hingewiesen, dass bisher pädagogische Aspekte zu stark zugunsten ökonomischer Gesichtspunkte vernachlässigt worden sind (Pech, 2001).

Aktuelle Ansätze des Bildungscontrollings gehen daher eher von umfassenderen Steuerungsmodellen aus, welche die Vielzahl von Faktoren und Einflüssen berücksichtigen, die in Bildungsprozessen eine Rolle spielen. So hat Seeber (2000) ein Rahmenmodell des Bildungscontrollings vorgeschlagen, das es anhand der Teilkomponenten Bedarfs-, Ziel-, Input-, Prozess-, Output-, Transfer-, und Outcomecontrolling analysiert. Darin äußert sich die Betonung einer systemischen Sichtweise von Bildungsprozessen, in der ein wesentlicher Beitrag gesehen werden kann, den das neuere, umfassendere Verständnis von Bildungscontrolling in den Qualitätsdiskurs im Bildungswesen eingebracht hat. Bis zu einem gewissen Grad kann damit auch erklärt werden, warum die Diskussion um das Bildungscontrolling teils die Auseinandersetzung mit Fragen der Evaluation überlagert hat. Denn Evaluation wird bei uns traditionell mehr oder weniger mit

Erfolgskontrolle oder der Überprüfung von Wirkungen einer Bildungsmaßnahme gleichgesetzt (z.B. Bortz & Döring, 2002; Holling & Gediga, 1999) und fokussiert nach diesem „engen" Verständnis hauptsächlich die Output- oder Outcomekomponente von Bildungsprozessen.

Eine solche enge Sichtweise von Evaluation ignoriert jedoch neuere Entwicklungen in der internationalen und insbesondere nordamerikanischen Evaluationsliteratur, die im Prinzip bereits seit den 1970er Jahren das enge Verständnis von Evaluation hinter sich gelassen hat (Cronbach et al., 1982; Shadish, Cook & Leviton, 1991; Rossi, Lipsey & Freeman, 2004). Diese neueren Entwicklungen äußern sich einerseits darin, dass der Fokus von Evaluation über die reinen Wirkungen einer Maßnahme hinaus erweitert wurde, andererseits in einer zunehmenden Berücksichtigung des sozialen Kontexts, in dem Evaluation stattfindet und für den sie im Sinne einer sozialen Dienstleistung einen Nutzen erbringen soll. Trends, Ansätze und Teiltheorien der Evaluation, die dabei beispielhaft erwähnt werden können, sind etwa das CIPP-Modell der Evaluation von Stufflebeam (2003), die Evaluierbarkeitsanalyse von Wholey (1987), die Perspektive der nutzungsorientierten Evaluation von Patton (1997) oder die Integration von Verfahren der Ökonometrie und der Kosten-Nutzen-Analyse in das Methodenrepertoire der Evaluation (Campbell & Brown, 2005; Heckman, Hotz & Dabos, 1987; Levin, 1987).

Ein Ansatz, der im Kontext dieser Weiterentwicklung der Evaluationsforschung besondere Aufmerksamkeit und Verbreitung gefunden hat, ist der der *theoriebasierten Evaluation* (Bickman, 1987b; Chen & Rossi, 1983; Chen, 1990; Weiss, 1997). Er verlangt, dass die Gegenstände einer Evaluation, wie beispielsweise Bildungsmaßnahmen und -prozesse systemisch in Form von logischen Modellen betrachtet und analysiert werden, um davon ausgehend die Evaluation zu konzipieren und durchzuführen. In diesem Beitrag werden wir daher eine Einführung in den theoriebasierten Ansatz der Evaluation geben und seine Umsetzung am Beispiel der Evaluation des EU-Projekts Simgame verdeutlichen. Abschließend werden wir diskutieren, welchen Stellenwert der Ansatz im Kontext des Bildungscontrollings einnehmen kann.

Theoriebasierte Evaluation

Ansätze zur theoriebasierten Evaluation entstanden aus einer Kritik an der oben diskutierten engen Sichtweise von Evaluation heraus, die sich im Wesentlichen auf das Feststellen von Wirkungseffekten beschränkte (Hense, 2004). Da komplexe Prozesse, wie sie etwa beim Lernen in einer Bildungsmaßnahme stattfinden, dabei auf simple Input-Output-Mechanismen reduziert werden, wurden solche Evaluationen leicht despektierlich als „Black Box"-Evaluationen bezeichnet (Chen, 1990, S. 18). Gemeint ist damit, dass dabei auf Basis eines quantitativ-experimentellen Forschungsparadigmas vor allem die Wirkungen einer Maßnahme bei einer Versuchsgruppe im Vergleich zu einer Kontrollgruppe festgestellt werden soll (Campbell & Stanley, 1963; Cook & Campbell, 1979). Der Begriff Black Box bezieht sich dabei darauf, dass hier alleine die Zugehörigkeit zur Versuchs- oder Kontrollgruppe (Input) und die Wirkungen der Maßnahme (Output) berücksichtigt werden, moderierende Variablen aber, die einen wesentlichen Einfluss auf das Zustandekommen von Wirkungen nehmen, unberücksichtigt bleiben.

Für Evaluationszwecke, die alleine an einer Beurteilung der Qualität einer Maßnahme im Sinne der summativen Evaluation (Scriven, 1972, 2004) interessiert sind, können solche Black Box Evaluationen durchaus geeignet sein. Obwohl sie aber sehr genau Auskunft darüber geben können, *welche* Effekte und Wirkungen Bildungsmaßnahmen haben, bleiben sie aufgrund des Ausblendens von vermittelnden Variablen weitgehend blind dafür, *wie* und *warum* diese Effekte und Wirkungen zustande kommen. Da die Beantwortung dieser Fragen aber Möglichkeiten zur Verbesserung der evaluierten Bildungsmaßnahmen aufzeigen, sind sie die im Praxiskontext meist viel bedeutsameren (Cronbach, 1982; Cronbach et al., 1980).

Genau an diesem Schwachpunkt setzen theoriebasierte Evaluationsansätze an. Ihre Hauptthese ist die Prämisse, dass die Evaluation von Maßnahmenprogrammen, Projekten, Interventionen, Lernumgebungen oder Trainingsmaßnahmen von einem *logischen Modell*, einer „Theorie" des Evaluationsgegenstands ausgehen sollte. Ein solches logisches Modell repräsentiert die theoretischen Annahmen, die dem Design und der Durchführung einer Maßnahme implizit oder explizit zugrunde liegen (Rogers, 2000; Chen, 2005). Üblicherweise folgen logische Modelle, die in der theoriebasierten Evaluation auch theoretisches Modell oder Programmtheorie genannt werden, der Logik allgemeiner Systemmodelle und unterscheiden daher meist die Komponenten Input, Prozess/Action, Output und Outcome (z. B. Donaldson & Gooler, 2003). Im Idealfall enthalten sie nicht nur die jeweils relevanten Variablen, sondern zeigen auch deren Beziehungen untereinander in Form von Kausalannahmen an. Graphisch werden logische Modelle daher gewöhnlich ähnlich repräsentiert wie Pfaddiagramme oder wie Systemmodelle in der Systemdynamik.

Wie sieht nun die Praxis einer theoriebasierten Evaluation aus? Chen (2005) hat jüngst ein ausführliches Lehrbuch vorgelegt, das auf dem von ihm wesentlich mitgeprägten Ansatz aufbaut. Nützliche und praxisnahe Einführungen sind etwa die Publikationen der W.K. Kellogg Foundation (2004a; 2004b). Ein relativ pragmatisches und für den Zweck eines Überblicks gut geeignetes Vorgehen schlägt Reynolds (1998) vor. Sein hier leicht vereinfachter Ansatz sieht die folgenden Schritte bei einer theoriebasierten Evaluation vor:

1. *Entwicklung des logischen Modells* der evaluierten Maßnahme. Dabei kann sowohl theoretisches und empirisches Wissen, das in der jeweiligen Domäne des Evaluationsgegenstands relevant ist, herangezogen werden, als auch das implizite oder explizite Konzept, das die Entwickler oder Designer dem

Evaluationsgegenstand zugrunde gelegt haben. Bei der Evaluation eines Web Based Trainings (WBT) etwa wären sowohl die konzeptionellen Überlegungen der Entwickler des Trainings zu berücksichtigen als auch der Forschungsstand im Bereich des netzbasierten Lernens.
2. *Erfassen der Wirkungen.* Bei dem genannten Beispiel wären ganz im Sinne der klassischen Black Box Evaluation zunächst die primären Effekte bei den Nutzern des CBT festzustellen. Dies könnten etwa die im klassischen Modell von Kirkpatrick (1959) enthaltenen Faktoren Akzeptanz, Lernerfolg, Transfer und Outcome oder weitere Effekte sein. Dabei impliziert ist natürlich die Erfassung des Niveaus der entsprechenden Variablen vor der Teilnahme am WBT.
3. *Erfassen der vermittelnden Variablen und Rahmenbedingungen.* Hier kämen im Falle eines WBTs etwa Aspekte der didaktischen und medialen Gestaltung, der Kommunikation und Kooperation im WBT, der time-on-task, der organisationalen Rahmenbedingungen des Lernens etc. in Frage.
4. *Überprüfung der Kausalannahmen* des logischen Modells. Dazu können je nach Datenqualität, Stichprobengröße und Evaluationskontext korrelative und regressionsanalytische Verfahren, Pfadanalysen oder Strukturgleichungsmodelle herangezogen werden (Hennessy & Greenberg, 1999). Ziel ist es, jene Variablen zu identifizieren, die einen besonders großen Beitrag zum Erreichen der zuvor festgestellten Wirkungen leisten.
5. *Formative Nutzung der Ergebnisse.* Auf Basis des überprüften logischen Modells sollten nun Ansatzpunkte zu Optimierungen sichtbar werden. So könnten sich etwa bestimmte Faktoren im Lernprozess des WBTs, wie etwa die Qualität eines tutoriellen Feedbacks als „Knackpunkt" des WBTs erweisen, das bei einer Weiterentwicklung oder Implementierung besonders berücksichtigt werden muss.

Obwohl Grundideen und -konzepte der theoriebasierten Evaluation schon seit einiger Zeit in der Evaluationsliteratur zu finden sind (Fitz-Gibbon & Morris, 1975), hat der Ansatz erst seit den 1990er Jahren breite Akzeptanz in der Evaluationsforschung gefunden und ist inzwischen konzeptionelle Grundlage wichtiger Lehrbücher der Evaluation (Rossi et al., 2004; Weiss, 1998). Hauptverdienst der theoriebasierten Herangehensweise ist, wie oben dargestellt wurde, das Aufdecken möglicher Schwachpunkte und Verbesserungsmöglichkeiten. Daneben kann der Ansatz in einem konkreten Evaluationsprojekt noch weitere Funktionen erfüllen (Bickman, 1987a; Chen, 2005):

1. Bereits im Vorfeld der Evaluation kann die Auseinandersetzung mit den Fragen, die bei der Entwicklung eines logischen Modells relevant werden, zu einer Präzisierung und Fokussierung der Designphase beitragen. Auch wenn das Vorhandensein solcher konzeptionellen Vorüberlegungen nicht notwendige Voraussetzung einer theoriebasierten Evaluation sind, kann sie bei einem rechtzeitigen Einsetzen der Evaluation bereits die Entwicklung des Evaluationsgegenstands unterstützen.

2. Bei der Planung einer Evaluation können logische Modelle zur Fokussierung beitragen, indem sie die Identifikation und Auswahl jener Variablen erleichtern, die operationalisiert und beachtet werden müssen.
3. Vor allem wenn bei der Entwicklung der Programmtheorie kooperativ vorgegangen wird, kann die theoriebasierte Herangehensweise den Austausch- und Kommunikationsprozess mit den Programmverantwortlichen und -durchführenden unterstützen (Greene, 1988).

Im folgenden Abschnitt stellen wir die konkrete Umsetzung einer theoriebasierten Evaluation am Beispiel des Planspiels Simgame näher dar. Dazu wird kurz das Projekt, sein Evaluationskonzept und logisches Modell vorgestellt, sowie erste Ergebnisse der Evaluation und wie sie im Sinne des theoriebasierten Ansatzes zur Optimierung der Planspielentwicklung und seiner Implementation und seines Transfers genutzt worden sind.

Die Umsetzung einer theoriebasierter Evaluation im Rahmen des EU-Projekt Simgame

Bei Simgame handelt es sich um ein 2003 und 2004 durchgeführtes Leonardo-da-Vinci Programm der Europäischen Union, bei der zwei Varianten eines Unternehmensplanspiels für den Wirtschaftsunterricht an Sekundarstufen und für die Personalentwicklung von kleinen und mittelständischen Unternehmen entwickelt und in fünf Nationen evaluiert wurde (Kriz & Hense, 2004; Kriz, Hense & Puschert, 2004). Das Planspiel als Lernmethode stellt allgemein eine Hybridform von hochgradiger Komplexität dar, das sich einerseits von reinen Formen wie Simulation, Regelspiel, Rollenspiel, Schauspiel und Fallstudie unterscheidet, andererseits genau jene Formen in verschiedenen Kombinationsanteilen integriert. *Planspiel* wird hier verstanden als Simulation der Auswirkungen von Entscheidungen von Personen, die Rollen übernehmen und Interessen vertreten, wobei die Handlungsspielräume zum Ausagieren dieser Rollen wiederum spezifischen Regeln unterliegen.

Planspiele sind der Realität angenäherte Modelle, in denen aber immer Menschen als „Mitspieler" Rollen übernehmen und konkrete Entscheidungen treffen müssen, deren wirklichkeitsrelevante Aus- und Folgewirkungen dann wiederum geprüft werden. In einem klassischen Unternehmensplanspiel kommunizieren beispielsweise Teilnehmer in typischen Rollen (z.B. Führungskraft, Mitarbeiter, Kunde) und bewältigen mit simulierten Ressourcen (z.B. Zeit, Budget, Maschinen) komplexe authentische Aufgabenstellungen.

Bei der *statischen Version* von Simgame stehen die Spielteams nicht in Konkurrenz zueinander, alle haben gleiche Entscheidungsabläufe und Ergebnisse. Diese erste Version dient dem Kennenlernen der zentralen betriebsinternen Abläufe. Die zweite, *dynamische Version*, beinhaltet darüber hinaus die Möglichkeit, dass die Spielteams eigene Entscheidungen treffen können. Die Teams repräsentieren dabei verschiedene Unternehmen, die auf gemeinsamen

Märkten in Konkurrenz zueinander stehen. Dies führt letztlich auch zu unterschiedlichen Betriebsergebnissen (Spielerfolge) für die einzelnen Spielteams.

Entwicklung des logischen Modells von Simgame

Abbildung 63 zeigt das logische Grundmodell von „Simgame". Es basiert auf mehreren Quellen, darunter die aktuelle Planspielforschung (Faria, 2001; Wolfe, 1997; Kriz & Brandstätter, 2003), Ansätze des situierten Lernens (Brown, Collins & Duguid, 1989; Gruber, Law, Mandl & Renkl, 1995; Hense, Mandl, & Gräsel, 2001) – hier insbesondere das sog. „problemorientierte Lernen" (Mandl & Gerstenmaier, 2000) – sowie auf allgemeineren Modellen der Qualität von Unterricht und von Lernumgebungen (Ditton, 2000; 2002; Friedrich, Hron & Hesse, 2001).

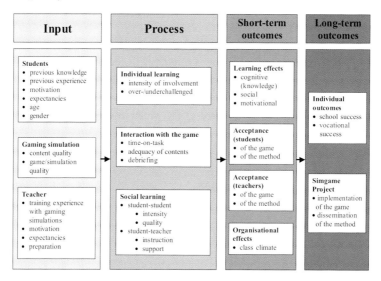

Abb. 63: Das logische Modell des Projekts Simgame

Die Abbildung zeigt dabei ein grobes Überblicksmodell; es sind im Detail noch verfeinerte und genauere Festlegungen und Analysen von einzelnen Wechselwirkungen zwischen Input,- Prozess- und Outcomevariablen notwendig, die hier nicht ausführlich diskutiert werden können. Lediglich exemplarisch seien einige Beispiele mit entsprechendem Theoriebezug aufgeführt:

Bei den Schüler-/Teilnehmervariablen (Input) wurde die Motivation als Variable aufgenommen, da diese lernpsychologisch als bedeutende Einflussgröße für Lernergebnisse von Maßnahmen gilt (vgl. z.B. Deci & Ryan, 1993). Weitere

Faktoren sind Geschlecht und Alter der Teilnehmer, denn diese konnten in empirischen Studien als wichtig für Lernmotivation, Selbstkonzept und Leistung nachgewiesen werden (Fend, 1997). Auch das Vorwissen kann theoretisch als Wirkfaktor angesehen werden, welches sich auf die Leistungserwartungen und das Selbstkonzept der eigenen Fähigkeiten auswirkt; gute Vorkenntnisse stärken das Selbstvertrauen und sind somit eine entsprechende Voraussetzung für erfolgreiches Lernen (Krapp, 1997). Als ein Beispiel für den Bereich der Prozessvariablen kann das QUAIT-Modell (Quality of Instruction, Appropriateness, Incentives, Time) von Slavin (1996) zentrale Faktoren beisteuern, nämlich die verfügbare Lernzeit (im logischen Modell „time on task") und die Angemessenheit des Schwierigkeitsgrades von Lerninhalten (im logischen Modell u.a. dargestellt und erfasst durch „adequacy of contents" und den Aspekt „over/underchallenged").

Alle Variablen eines logischen Modells sollten in dieser Weise auf Forschungsergebnisse und damit in Zusammenhang stehende Theoriekonzepte zurückgeführt werden können. Zusätzlich sollten alle im logischen Modell dargestellten Faktoren gemessen und aufgrund der abgeleiteten theoriebasierten Hypothesen in ihrem Zusammenwirken analysiert werden, was bei Simgame weitgehend realisiert werden konnte. Bei Simgame handelt es sich insofern auch um eine formative Evaluation, weil die Ergebnisse der Wirkungs- und Qualitätsanalyse der statischen Version im Designprozess genutzt wurden, um eine optimierte dynamische Version zu entwickeln.

Evaluationsdesign

Die Evaluationsinstrumente bestanden bei der statischen Version auf Lehrer/Trainerseite aus zwei Fragebögen, einer sollte von jedem Planspielleiter vor und der andere unmittelbar nach Simgame ausgefüllt werden. Auf Schüler/Teilnehmerseite entwickelten wir ebenfalls einen Fragebogen zur Vor- und Nachbefragung. Zusätzlich zu den Fragebögen wurde (gemeinsam mit Experten) ein Wissenstest konzipiert, der das für Simgame relevante Fachwissen erfassen sollte. Dieser Test wurde ebenfalls vor und nach Simgame zur Bearbeitung vorgelegt.

Bei der dynamischen Version wurden im Wesentlichen dieselben Instrumente verwendet, um die Vergleichbarkeit zu erhalten. Die dynamische Version der Simulation wurde 3-6 Monate nach der statischen Version von denselben Personen bearbeitet. Der Wissenstest vor der dynamischen Version kann somit als Gradmesser für einen Langzeiteffekt der statischen Version herangezogen werden. Um den Langzeiteffekt zu messen wurde zusätzlich nochmals im Fragebogen vor der dynamischen Version um eine Bewertung zentraler Aspekte der statischen Version gebeten (u.a. zur Erreichung der Lernziele). Hinzugenommen wurden auch einige abschließende Items zum direkten Vergleich zwischen statischer und dynamischer Version, die nach dem Einsatz der dynamischen Version bearbeitet wurden. Die Stichprobe bestand aus insgesamt 49 Planspielleitern und 642

Teilnehmern, die bei 37 Durchführungen teilnahmen. Zusätzlich wurde zu dieser Wirkungsanalyse eine Qualitätsanalyse mit Experten durchgeführt.

Zentrale Ergebnisse

Die Durchführung und Erprobung von Simgame (beide Versionen) kann insgesamt als Erfolg gewertet werden. In der Einschätzung von Lehrern/Trainern und den Teilnehmern wurden die *Lernziele* im fachlichen, sozialen und motivationalen Bereich erfüllt, fachliche Verbesserungen und positive motivationale Effekte konnten auch in der Langzeitmessung nachgewiesen werden. Beide Gruppen sind in ihrer *Akzeptanz* des Spiels weiterhin positiv gegenüber der Methode Planspiel eingestellt und halten diese in vielen Bereichen sogar für effektiver als „normalen" betriebswirtschaftlichen Unterricht. Durch die Ergebnisse des *Wissenstests* konnten diese eher subjektiven Einschätzungsdaten in wesentlichen Punkten objektiv bestätigt werden.

Die Fülle der möglichen Teilanalysen kann und soll hier nicht im Detail dargestellt werden (vgl. Kriz, Hense & Puschert, 2004). Stattdessen sei hier als ein Beispiel die Analyse des als Inputfaktor postulierten Einflusses der Erwartungshaltung der Trainer herausgegriffen, die u.a. aufgrund von *Untersuchungen* zum sog. Pygmalion-Effekt (Ludwig, 1998) als Faktor in das logische Modell einbezogen wurde. Damit lassen sich im Sinne einer sich selbst erfüllenden Prophezeiung tatsächlich messbare bessere Leistungen von Schülern erklären, die Lehrer mit vergleichsweise positiverer Erwartungshaltung haben. Im Vergleich zeigte sich, dass in Klassen, in denen die Lehrer eher negative Erwartungen und Voreinstellungen zu Simgame hatten,

- die Schüler einen wesentlich geringeren Leistungszuwachs im Wissenstest erzielten,
- die Schüler auch die Trainerqualität ihrer Lehrer bedeutend geringer einstufen,
- Lehrer und Schüler die inhaltlichen und sozialen Lerneffekte als viel geringer einschätzten.

Solche Teilergebnisse zeigen u.a. auch die Bedeutung der planspieldidaktischen Qualifizierung der durchführenden Lehrkräfte auf. Andere Analysen zeigten die wichtige Rolle des *Debriefing* (Nachbesprechung, Reflexion des Planspiels). Im Rahmen der Berichterstattung zur Evaluation führten uns diese Befunde zu der Empfehlung an den Projektträger, ein zielgruppenspezifisches Trainingsprogramm für Lehrkräfte zu entwickeln. Dieses Training, das inzwischen bereits in Vorbereitung ist, soll durch den Aufbau planspieldidaktischer Kompetenzen unter anderem Ängste und Vorurteile der Lehrer zur Anwendung von Planspielen bearbeiten.

Weiterhin zeigten unsere Befunde, dass die im Spiel erzielte *Motivation* das Interesse an Fachinhalten und längerfristig auch die fachliche Leistung positiv beeinflussen kann, wenn es gelingt in der Praxis und/oder anderen

Trainingsmaßnahmen an die Simgame-Erfahrung sinnvoll anzuknüpfen. Somit ist aber auch noch die Entwicklung weiterführender Lehr- und Transfermodule notwendig, welche die Planspielerfahrung mit einem umfassenderen Qualifikationskonzept vernetzen (u.a. Einbettung in das Ausbildungscurriculum). Weitere Analysen konnten z.b. nachweisen, bei welcher *Spieldauer* Simgame die größten Effekte bringt. Eine solche Kosten (z.B. Spieldauer) – Nutzen (z.B. Lerneffekt) – Analyse gibt dann eine differenzierte Auskunft, unter welchen Bedingungen sich eine Durchführung der Maßnahme tatsächlich lohnt. Daneben zeigten unsere Auswertungen die Bedeutung eines gut gestalteten *Handbuchs* und eines klaren *Spieldesigns* auf. Hier waren aus Sicht aller Gruppen (Experten, Leiter und Teilnehmer) noch Verbesserungen möglich, die für das Design der dynamischen Version genutzt wurden. Diese dynamische Variante schnitt im direkten Vergleich mit der statischen Version dann auch deutlich besser ab.

Die genannten beispielhaften Befunde wurden jeweils im Rahmen der Berichterstattung zur Evaluation, bei Projektmeetings und im direkten Kontakt an Projektverantwortliche und -durchführende zurückgemeldet. Mit Hilfe des übergeordneten Rahmenmodells (Abb. 63) konnten dabei die Einzelbefunde im Gesamtkontext des Projekts im Hinblick auf ihre praktische Relevanz interpretiert und Empfehlungen und Verbesserungshinweise diskutiert werden.

Zusammenfassung

Wichtige Grundgedanken der theoriebasierten Evaluation sind auch in der Diskussion von Ansätzen des Bildungscontrollings wiederzufinden. Spitzer (2004) etwa verwendet den Begriff „Kausalkette" für Zusammenhangsdiagramme, die im Kontext des Output- und Outcomecontrolling die Zusammenhänge von Lernergebnissen und Geschäftserfolg detailliert modellieren. Lehmann (2000) zeigt Notwendigkeit, Stellenwert und Anwendung theoretischer Modelle für das Bildungscontrolling allgemein und Inputcontrolling im engeren Sinne auf. In der theoriebasierten Evaluation steht auf Basis der bisherigen Diskussion inzwischen eine umfangreiche Methodik zur Verfügung, die bei der Entwicklung logischer Modelle genutzt werden können und für Zwecke des Bildungscontrollings adaptierbar sind.

Die anhand des Beispiels „Simgame" skizzierten Beispiele sollten zeigen, wie eine theoriebasierte Evaluation insbesondere in der formativen Phase eines Projekts zur Verbesserung von Bildungsmaßnahmen beitragen kann. Da eine solche Verbesserung letztlich das Ziel aller Bemühungen im Kontext des Bildungscontrollings ist, sehen wir in der theoriebasierten Herangehensweise einen wichtigen und vielversprechenden Impuls für konzeptionelle Weiterentwicklungen auf diesem Gebiet.

Literatur

Bickman, L. (1987). The functions of program theory. New directions for program evaluation, 33, 5-18.

Bickman, L. (Hrsg.) (1987). Using program theory in evaluation (New directions for program evaluation, Vol. 33). San Francisco: Jossey-Bass.

Bortz, J. & Döring, N. (2002). Forschungsmethoden und Evaluation für Human- und Sozialwissenschaftler. Berlin: Springer.

Brown, J. S., Collins, A. & Duguid, P. (1989). Situated cognition and the culture of learning. Educational Researcher, 18(1), 32-42.

Campbell, D. T. & Stanley, J. C. (1963). Experimental and quasi-experimental designs for research. Chicago: Rand-McNally.

Campbell, H. F. & Brown, R. P. C. (2005). A multiple account framework for cost-benefit analysis. Evaluation and Program Planning, 28, 23-32.

Chen, H. T. & Rossi, P. H. (1983). Evaluating with sense. The theory-driven approach. Evaluation Review, 7, 283-302.

Chen, H. T. (1990). Theory-driven evaluations. Newbury Park: Sage.

Chen, H. T. (2005). Practical program evaluation. Thousand Oaks: Sage.

Cook, T. D. & Campbell, D. T. (1979). Quasi-experimentation. Design and analysis issues for field settings. Chicago: Rand-McNally.

Cronbach, L. J. (1982). Designing evaluations of educational and social programs. San Francisco: Jossey-Bass.

Cronbach, L. J., Ambron, S. R., Dornbusch, S. M., Hess, R. D., Hornik, R. C., Phillips, D. C., Walker, D. F. & Weiner, S. S. (1980). Toward reform of program evaluation. San Francisco: Jossey-Bass.

Deci, L.E. & Ryan, R.M. (1993). Die Selbstbestimmungstheorie der Motivation und ihre Bedeutung für die Pädagogik. Zeitschrift für Pädagogik, 39, 1, 223-238.

Ditton, H. (2000). Qualitätskontrolle und Qualitätssicherung in Schule und Unterricht. Ein Überblick zum Stand der empirischen Forschung. In A. Helmke, W. Hornstein & E. Terhart (eds.), Zeitschrift für Pädagogik, 41. Beiheft (pp. 72-92). Weinheim: Beltz.

Ditton, H. (2002). Unterrichtsqualität. Konzeptionen, methodische Überlegungen und Perspektiven. Unterrichtswissenschaft, 197-212.

Döring, K. & Ritter-Mamczek, B. (1998). Professionelles Bildungscontrolling zwischen Anspruch und betrieblicher Wirklichkeit. In K. Döring & B. Ritter-Mamczek (Hrsg.), Die Praxis der Weiterbildung

Donaldson, S. I. & Gooler, L. E. (2003). Theory-driven evaluation in action: lessons from a $20 million statewide work and health initiative. Evaluation and Program Planning, 26, 355-366.

Faria, A. J. (2001). The changing nature of business simulation/gaming research: A brief history. Simulation & Gaming, 32, 97-110.

Fend, H. (1997). Der Umgang mit Schule in der Adoleszenz. Göttingen: Hogrefe.

Fitz-Gibbon, C. T. & Morris, L. L. (1975). Theory based evaluation. Evaluation Comment, 5(1), 1-4.

Friedrich, H. F., Hron, A. & Hesse, F. W. (2001). A framework for designing and evaluating virtual seminars. European Journal of Education, 36, 157-174.

Greene, J. G. (1988). Stakeholder participation and utilization in program evaluation. Evaluation Review, 12, 91-116.

Gruber, H., Law, L.-C., Mandl, H. & Renkl, A. (1995). Situated learning and transfer. In P. Reimann & H. Spada (Eds.), Learning in humans and machines: Towards an interdisciplinary learning science (pp. 168-188). Oxford: Pergamon Press.

Heckman, J. J., Hotz, J. V. & Dabos, M. (1987). Do we need experimental data to evaluate the impact of manpower training on earnings? Evaluation Review, 11, 395-427.

Hennessy, M. & Greenberg, J. (1999). Bringing it all together: Modeling intervention processes using structural equation modeling. American Journal of Evaluation, 20, 471-480.

Hense, J. (2004). Theory-oriented evaluation of gaming simulations – the case of Simgame. In: W.C. Kriz, & Th. Eberle, (Eds.), Bridging the Gap: Transforming Knowledge into Action through Gaming & Simulation (pp. 339-351). München: Sagsaga.

Hense, J., Mandl, H. & Gräsel, C. (2001). Problemorientiertes Lernen. Warum der Unterricht mit Neuen Medien mehr sein muss als Unterrichten mit neuen Medien. Computer und Unterricht, 11(4), 66-11.

Holling, H. & Gediga, G. (Hrsg.). (1999). Evaluationsforschung. Göttingen: Hogrefe.

Horvath, P. (1992). Controlling. München: Vahlen.

Kirkpatrick, D. (1959). Techniques for evaluating training programs. Part 1 - Reaction. Journal of the American Society of Training Directors, 13 (11), 3-9.

Krapp, A. (1997). Selbstkonzept und Leistung: Dynamik eines Zusammenspiels. In F.E. Weinert & A. Helmke(Hrsg.), Entwicklung im Grundschulalter (S. 325-339). Weinheim: Beltz.

Krekel, E. & Seusing, B. (Hrsg.). (1999). Bildungscontrolling. Ein Konzept zur Optimierung der betrieblichen Weiterbildungsarbeit. Bielefeld: Bertelsmann.

Kriz, W.C. & Brandstätter, E. (2003). Evaluation of a Training Program for Systems-Thinking and Teamwork-Skills with Gaming and Simulation. In: F. Percival, H. Godfrey, P. Laybourn & S. Murray (Eds.), The International Simulation and Gaming Research Yearbook. Volume 11. Interactive Learning through Gaming and Simulation (p. 243-247). Edinburgh University Press.

Kriz, W.C. & Hense, J. (2004). Evaluation of the EU-Project "Simgame" in business education. In: W.C. Kriz, & Th. Eberle, (Eds.), Bridging the Gap: Transforming Knowledge into Action through Gaming & Simulation (pp. 352-363). München: Sagsaga.

Kriz, W.C., Hense, J. & Puschert, M. (2004). Endbericht zur Evaluation des EU-Projektes „Simulation betriebswirtschaftlicher Entscheidungsprozese – Simgame".

Lehmann, R. H. (2000). Input-Controlling im Bildungsbereich. In S. Seeber, E. M. Krekel & J. van Buer (Hrsg.), Bildungscontrolling. Ansätze und kritische Diskussion zur Effizienz von Bildung (S. 71-86). Frankfurt a.M.: Lang.

Levin, H. M. (1987). Cost-benefit and cost-effectiveness analyses. New directions for program evaluation, 33, 83-99.

Ludwig, P.H. (1998). Pygmalioneffekt. In D.H. Rost (Hrsg.), Handwörterbuch Pädagogische Psychologie (S. 415-419). Weinheim: PVU.

Mandl, H. & Gerstenmaier, J. (2000). Die Kluft zwischen Wissen und Handeln. Göttingen: Hogrefe.

Patton, M. Q. (1997). Utilization-focused evaluation. The new century text. Thousand Oaks: Sage.

Pech, Ulrike. (2001). Bildungscontrolling. Deskription, Klassifikation, Identitäten und Disparitäten. Aachen: Shaker.

Reynolds, A. J. (1998). Confirmatory program evaluation: A method for strengthening causal inference. The American Journal of Evaluation, 19, 203-221.
Rogers, P. J. (2000). Causal models in program theory evaluation. New directions for evaluation, 87, 47-54.
Rossi, P., Lipsey, M. W. & Freeman, H. (2004). Evaluation. A systematic approach. Thousand Oaks: Sage.
Scriven, M. (1972). The methodology of evaluation. In C. H. Weiss (Hrsg.), Evaluating action programs: reading in social action and education (S. 123-136). Boston: Allyn and Bacon.
Scriven, M. (2004). Reflections. In M. C. Alkin (Hrsg.), Evaluation roots. Tracing theorists' views and influences (S. 183-195). Thousand Oaks, CA: Sage.
Seeber, S. (2000). Stand und Perspektiven von Bildungscontrolling. In S. Seeber, E. M. Krekel & J. van Buer (Hrsg.), Bildungscontrolling. Ansätze und kritische Diskussion zur Effizienz von Bildung (S. 19-50). Frankfurt a.M.: Lang.
Seeber, S., Krekel, E. M. & Buer, J. van (Hrsg.). (2000). Bildungscontrolling - Ansätze und kritische Diskussion zur Effizienz von Bildung. Frankfurt a.M.: Lang.
Seibt, D. (2004). Controlling von Kosten und Nutzen betrieblicher Bildungsmaßnahmen. In U.-D. Ehlers & P. Schenkel (Hrsg.), Bildungscontrolling im E-Learning. Grundlagen, Konzepte und Erfahrungen jenseits des ROI (S. 35-53). Berlin: Springer.
Shadish, W. R., Cook, T. D. & Leviton, L. C. (1991). Foundations of program evaluation. Theories of practice. Newbury Park: Sage.
Slavin, R.E. (1996). Education for all. Lisse: Swets & Zeitlinger.
Spitzer, D. R. (2004). Lerneffektivitätsmessung (LEM). Ein neuer Ansatz zur Messung und zum Management von Bildungsmaßnahmen um Geschäftsziele zu erreichen. In U.-D. Ehlers & P. Schenkel (Hrsg.), Bildungscontrolling im E-Learning. Grundlagen, Konzepte und Erfahrungen jenseits des ROI (S. 121-128). Berlin: Springer.
Stufflebeam, D. L. (2003). The CIPP model for evaluation. In T. Kellaghan & D. L. Stufflebeam (Hrsg.), International handbook of educational evaluation (S. 31-62). Dordrecht: Kluwer.
W. K. Kellogg Foundation. (2004). W.K. Kellogg Foundation evaluation handbook. Battle Creek, MI: W.K. Kellogg Foundation.
W. K. Kellogg Foundation. (2004). W.K. Kellogg Foundation logic model development guide. Battle Creek, MI: W.K. Kellogg Foundation.
Weiss, C. H. (1997). Theory-based evaluation: Past, present, and future. New Directions for Evaluation, 76, 41-56.
Weiss, C. H. (1998). Evaluation. Methods for studying programs and policies. Upper Saddle River, NJ: Prentice Hall.
Wholey, J., S. (1987). Evaluability assessment. Developing program theory. New directions for program evaluation, 33, 77-92.
Wolfe, J. (1997). The effectiveness of business games in strategic management course work. Simulation & Gaming, 28(4), 360-376.

Bildungscontrolling durch vergleichende Tests

Alfred Töpper

Der Bedarf an Weiterbildungsqualifizierung ist unbestritten. Unternehmen sind auf qualifiziertes Personal angewiesen, das lebensbegleitende Lernen gewinnt einen immer höheren Stellenwert. Die Anforderungen an alle Beteiligten von privaten Nachfragern über Unternehmen bis hin zu den Bildungsträgern steigen. Es werden zunehmend passgenaue und qualitativ hochwertige Produkte im Weiterbildungsbereich verlangt. Aber wie ist es tatsächlich mit der Qualität beschaffen und wie effizient werden die vorhandenen knappen Ressourcen eingesetzt? Das **Bildungscontrolling** ist ein Instrument zur Planung, Steuerung und Durchführung der Weiterbildung. Die Bildungsarbeit wird zwar unter pädagogischen Gesichtspunkten betrachtet, jedoch anhand ökonomischer Aspekte analysiert und bewertet. Es richtet sich an alle Phasen des Bildungsprozesses. Bei **vergleichenden Bildungstests** werden u.a. Angebotsinformationen, Beratung, Geschäftsbedingungen, Kundenkommunikation und Service, Qualität der Lerninfrastruktur, teilweise Evaluation der Bildungsprozesse und die Qualität des Lehrens untersucht.

Bei diesen Tests durch die Abteilung Weiterbildungstests der STIFTUNG WARENTEST steht der private Nachfrager im Fokus. Im Unterschied zum Bildungscontrolling spielen ökonomische Aspekte beim Bildungstest nur eine untergeordnete Rolle. Sie drücken sich lediglich im Preis für die Weiterbildungsdienstleistung aus. Es bleibt jedoch jedem privaten Nachfrager überlassen, ob ihm der Preis für die untersuchte und bewertete Weiterbildungsdienstleistung angemessen erscheint bzw. er bereit ist, den verlangten Preis zu zahlen. Dennoch sind Bildungstests und das Bildungscontrolling eng miteinander verzahnt. So ist beispielsweise eine zentrale Teilaufgabe des Bildungscontrollings die *Evaluierung des Qualifizierungserfolgs*. Diesem Ziel versucht man auch durch Bildungstests näher zu kommen. Bei Bildungstests werden Aspekte wie die Lerninfrastruktur oder die Qualität der Lehre unter der Annahme untersucht und bewertet, dass eine höhere Qualität des Produktes zu einer höheren Lernerfolgswahrscheinlichkeit führt. Das gelungene Lernen wird zentral durch den Lerner selbst und seine Motivation zum Lernen bestimmt. Eine höhere Produktqualität fördert jedoch den Prozess des gelungenen Lernens bzw. des Lernerfolgs. Damit ist der Zusammenhang zum Lern- und Qualifizierungserfolg offensichtlich. Hin und wieder werden aber auch bei Bildungstests Erfolgsmessungen realisiert. Bei der Messung des Qualifizierungserfolges werden allerdings üblicherweise nur der Zufriedenheitserfolg und wenn möglich (aber recht selten) der Lernerfolg gemessen. Verglichen mit dem 5-stufigen Modell der Erfolgsmessung (Zufriedenheitserfolg, Lernerfolg, Transfererfolg, Geschäfts-/Praxiserfolg und Investitionserfolg) in Anlehnung an Kirkpatrick (das 4-Stufen Modell nach Kirkpatrick wurde um die Stufe "Praxiserfolg" ergänzt, um insbesondere den Erfolg bei Organisationen in öffentlichen Verwaltungen zu messen, da sich hier der Erfolg nicht durch zusätzliche Erlöse oder einen höheren Gewinn bestimmen lässt. "Praxiserfolg" ist als konkreter und messbarer zusätzlicher Nutzen zu verstehen.).

So spielt beispielsweise der Investitionserfolg eines Unternehmens durch eine Weiterbildung der Mitarbeiter überhaupt keine Rolle. Vergleichende Tests bieten primär Hilfe und Orientierung für den privaten Nachfrager, damit der Weiterbildungsinteressierte seine strategischen Qualifizierungsziele langfristig plant und seine Ressourcen so effizient wie möglich einsetzt. Hierzu ist es nötig, das entsprechende Bewusstsein für die Notwendigkeit der eigenen Weiterbildungsplanung zu schaffen. Wer **Bildungscontrolling** betreibt, investiert zielgerichtet in das „Humankapital". Neben der Qualifizierung der Mitarbeiter wird ein langfristiges Bildungskonzept im Unternehmen implementiert. Im Unterschied zum Individuum erfolgt hier die Auswahl der Seminare in Abhängigkeit der **unternehmerischen Ziele**. Die Weiterbildung durch den Interessierten verfolgt die persönlichen Ziele, die aber wegen der notwenigen Verwertbarkeit im Arbeitsprozess sich nicht wesentlich von den unternehmerischen Zielen unterscheiden. Auch sind Ergebnisse vergleichender Tests aus Unternehmenssicht nutzbar, liefern sie doch Qualitätsinformationen und Entscheidungshilfen für die Anbieter-/Angebotsauswahl. Hieraus ist erkennbar, dass Bildungstests und Bildungscontrolling eng miteinander verzahnt sind bzw. sich befruchten und ergänzen können.

Bildungstests

Die Idee einer festen Institution für Bildungstests ist noch jung. So wurde Ende 1998 in einem Expertenpapier der Hans-Böckler-Stiftung über ein neues Leitbild des Bildungssystems ein Konzept für eine solche Testeinrichtung für Weiterbildungsangebote formuliert. Im März 2001 wurde eine Bündnisinitiative „Qualitätssicherung, Transparenz, Information und Beratung in der beruflichen Weiterbildung" vereinbart. Diese Initiative umfasst u.a.:

- Dokumentation, Entwicklung, Evaluation und Verbreitung von good-practice regionaler und branchenbezogener Qualitätsicherungsmodelle/-verfahren

- Informations- und Beratungsoffensive (qualitative Weiterentwicklung der Beratungsangebote unter Einbeziehung von Weiterbildungsdatenbanken)
- Weiterentwicklung der Weiterbildungsstatistik, Förderung der Weiterbildungsforschung
- breite Erprobung von "Weiterbildungstests".

Daneben existieren weitere Initiativen mit dem Ziel der höheren Transparenz und Verbesserung der Qualität der Angebote insbesondere durch vergleichende Bildungstests. Diese sollen u.a. die Qualitätssicherung in Unternehmen ergänzen und unterstützen, um die Qualität der Angebote für die Verbraucher bzw. Nachfrager zu sichern.

Für die Kunden der Bildungsanbieter gehören Informationen über die Qualität der Weiterbildung zu den wichtigsten Grundlagen bei Bildungsentscheidungen. Pluralität und Wettbewerb in der Weiterbildung erstrecken sich auch auf die Qualitätsvorstellungen und -ansprüche. Wie die Hersteller normaler Verbrauchsgüter müssen auch die Anbieter von Weiterbildung die Qualität ihrer Angebote deshalb laufend sichern und transparent machen.

Bedarf an Tests in der beruflichen Weiterbildung bzw. Erwachsenenbildung

Die Arbeitswelt stellt höhere Anforderungen als jemals zuvor an die Flexibilität und Lernbereitschaft der Arbeitnehmer. Das lebensbegleitende Lernen löst die traditionelle Abfolge „Schule, Ausbildung, Arbeitsleben" ab. Die Bildungssysteme müssen auf die Alterung der Gesellschaft reagieren. Auch wenn Lernprozesse künftig schon in den Kindertagesstätten beginnen sollen, sind von den Veränderungen vor allem die privaten Nachfrager von beruflicher Weiterbildung betroffen.

Viele Menschen müssen künftig - auch privat - mehr Zeit und Geld in Weiterbildung investieren. Das Bewusstsein der Verbraucher dafür ist derzeit nur schwach ausgeprägt.

Souveräne Entscheidungen der privaten Nachfrager setzen überschaubare Märkte voraus. Der Nachfrager sollte idealerweise wissen: Was ist auf dem Markt; in welchen Qualitäten ist das von mir gewünschte Produkt auf dem Markt und welches Preis-Leistungs-Verhältnis ist für meinen Bedarf angemessen. Die Angebotsqualität muss deshalb nicht nur laufend entwickelt, sondern auch gesichert, dokumentiert und durchschaubar gemacht werden. Diesen Anspruch lösen die Anbieter nur teilweise und zu zögerlich ein. Die bisherigen Schritte, die Qualität zu sichern und zu verbessern, reichen nicht aus.

Unternehmen sind auf qualifiziertes Personal angewiesen. Das Qualifikationsniveau der Mitarbeiter ist die Voraussetzung für Innovation und Fortschritt. In Anbetracht des steigenden Kostenbewusstseins kommt der Effizienz und dem Bildungscontrolling eine wachsende Bedeutung zu. Ein wichtiger Baustein des Controllings von Bildungsaktivitäten ist die Evaluierung des Qualifizierungserfolgs. Durch Tests werden häufiger der Zufriedenheitserfolg gemessen, andere Aspekte wie der Lernerfolg, Transfererfolg oder Investitionserfolg in der Regel nicht. Dennoch können vergleichende Bildungstests bestehende Systeme der Qualitätssicherung weiter entwickeln helfen und die Qualitätsdebatte erweitern und befruchten. In welchem Umfang dieses geschieht, lässt sich aufgrund der geringen Verbreitung und mangels Masse noch nicht abschließend beantworten. Eine öffentlichkeitswirksame Verbreitung der Testergebnisse schärft das Qualitätsbewusstsein vor allem der privaten Nachfragenden.

Machbarkeit von Bildungstests

Die methodische Anlage einer Dienstleistungsuntersuchung hängt von vielen Faktoren ab, insbesondere von den Untersuchungszielen und den Ausprägungen verschiedenster Merkmale wie Immaterialität, Regionalität, Variabilität, Komplexität und Individualität der Dienstleistung. Hinzu kommt das besondere Problem, dass das Ergebnis der Dienstleistung (des Bildungsprozesses) aus dem Zusammenwirken von Anbieter und Lernendem entsteht. Die Beeinflussung des Prozesses durch den Teilnehmer ist bei einer Bildungsdienstleistung besonders hoch. Verschiedenste Untersuchungen der STIFTUNG WARENTEST haben gezeigt, dass es möglich ist,

- Anbieter und Angebote vergleichend zu untersuchen und
- Kriterien für eine qualitätsorientierte Auswahl zu entwickeln.

Eine Machbarkeitsstudie „Bildungstests" der STIFTUNG WARENTEST aus dem Jahr 2001 (gefördert vom Bundesministerium für Bildung und Forschung sowie aus Mitteln des Europäischen Sozialfonds (ESF) (Förderkennzeichen: W 1197.00)) kommt zu folgenden Ergebnissen:

- Bildungstests sind machbar;
- Bildungstests und deren Institutionalisierung stoßen bei den Akteuren mehrheitlich auf Zustimmung;
- Bildungstests stellen eine wichtige Ergänzung zu anderen Systemen der Qualitätssicherung dar.

Wirkungen von Bildungstests

Die Verbreitung der Untersuchungsergebnisse hat nachweisbar zu einer Ergebniswirkung geführt. Bildungstests finden generell hohes Interesse / haben breite Wirkung in der Öffentlichkeit und lösen vielfältige Nutzeneffekte aus:

- Sie erleichtern den Nachfragern eine zielgenaue Suche nach einem Angebot und die Einschätzung seines Preis-Leistungs-Verhältnisses und erhöhen somit die Mündigkeit der Verbraucherinnen und Verbraucher.
- Sie erhöhen den Wettbewerb und können durch Einhaltung der durch Tests gesetzten Standards auch die Wettbewerbsfähigkeit steigern.
- Sie bieten getesteten Anbietern von Weiterbildung die Möglichkeit, Ergebnisse zu vermarkten und zur kontinuierlichen Verbesserung ihres Angebotes zu nutzen.
- Sie bieten auch nicht getesteten Anbietern durch Veröffentlichung und Diskussion der Verfahren Informationen zur Verbesserung ihrer Produkte.
- Sie unterstützen die Bemühungen der Bundesanstalt für Arbeit (BA) um die Steigerung der Effizienz der Weiterbildungsberatung und -förderung.
- Sie geben u.U. Anregungen für die Gesetzgebung.
- Die Ergebnisse sind auch für Unternehmen im Rahmen der betrieblichen Weiterbildung hilfreich.
- Sie nutzen bei der Analyse von Qualitätssicherungssystemen, der fortlaufenden Ermittlung von Weiterbildungsbedarfen, der Verbreitung neuer Bildungsformen und der Entwicklung von Forschungsfragen.

In der Machbarkeitsstudie wird auch auf die mögliche Rolle der STIFTUNG WARENTEST bei der Institutionalisierung von Bildungstests eingegangen. Die Stiftung hat durch ihre Arbeit und die journalistisch ansprechende Darstellung der Ergebnisse in ihren Publikationen ein kritisches und aufgeklärtes Verbraucherbewusstsein geschaffen. Jeder dritte Kunde orientiert sich bei wichtigen Kaufentscheidungen an den Testnoten der Stiftung und übt damit Druck auf den Markt aus.

Zwei Drittel der noch nie getesteten Anbieter berücksichtigen die Prüfkriterien in der Konzeption ihres Angebotes und der Qualitätssicherung. Dies hat eine Befragung der Stiftung ergeben. Rund 90 Prozent der Händler, Produzenten und Dienstleistungsbetriebe sind demnach der Meinung, dass die Testveröffentlichungen Nutzen für ihr Unternehmen haben.

In welchem Umfang die angesprochenen Nutzeneffekte tatsächlich zum Tragen kommen wird die Zeit zeigen müssen. Hierfür liegen noch zu wenige Daten vor. Die bisher gemachten Erfahrungen der STIFTUNG WARENTEST sind auf andere Themenfelder nur ansatzweise übertragbar. Zusammenfassend lässt sich sagen: **Bildungstests lohnen!**

Abteilung Weiterbildungstests

Aufgrund der jahrzehntelangen Testerfahrungen der STIFTUNG WARENTEST im Dienstleistungsbereich allgemein und im Bildungsbereich speziell,

- ihrer Unabhängigkeit und Neutralität,
- der Transparenz sowohl hinsichtlich der Organisation als auch der Arbeitsverfahren bzw. Untersuchungen und
- der Akzeptanz bei den Nachfragern und Anbietern

wurde eine vom Bundesministerium für Bildung und Forschung und vom Europäischen Sozialfonds geförderte Abteilung Weiterbildungstests der STIFTUNG WARENTEST aufgebaut, um jährlich bis zu 20 Weiterbildungstests zu realisieren.

Potentiell getestet werden alle Bereiche, die für einen privaten Nachfrager zugänglich sind und Zeit und / oder Geld kosten. Dieses betrifft u.a. folgende Themenfelder:

- SGB III
- Informationssysteme / Datenbanken
- Beratungen
- klassische Weiterbildungskurse
- E-Learning (CBTs, WBTs, online-Kurse mit Präsenzveranstaltungen)

Verfahren und Vorgehensweise

Um eine Dienstleistung beurteilen zu können, erstellen die Tester ein Konzept. Darin sind die Planung sowie Methoden zur Messung und Bewertung enthalten. Die Untersuchungsplanung setzt Vorarbeiten und Recherchen voraus. Hierzu gehört, die Anbieter- und Marktsituation sowie die konkrete Verbrauchererfahrungen zu recherchieren und eine geeignete Marktauswahl zu treffen. Sie erfolgt nach objektiven Gesichtspunkten wie beispielsweise Marktbedeutung, technische Merkmale, Preisklasse oder Lernform bei Bildungstests. Zu jeder Untersuchung wird ein Untersuchungsprogramm erstellt. Es gliedert sich in der Regel wie folgt:

I. Marktsituation und Verbraucherproblem erkennen
II. Untersuchungsproblem
    1. Festlegen des Untersuchungsgegenstandes
    2. Ziele der Untersuchung definieren
III. Untersuchungsmethodik
    1. Befragen von Lesern und Verbrauchern
    2. Befragen von Anbietern
    3. Teilnehmende Beobachtung
    4. Weitere Verfahren (Expertengespräche, Inhaltsanalysen)

IV. Bewerten und Darstellen der Ergebnisse.
  1. Um die Untersuchungsziele zu erreichen, setzt die Stiftung die unterschiedlichsten methodischen Instrumente ein. Sie nutzt anerkannte Methoden der Sozialforschung wie
     - Erfassen und Bewerten von Verbrauchererwartungen
     - und -erfahrungen
     - Befragen von Anbietern
     - Analysieren von Inhalten
     - Beobachten, offen
     - Beobachten, verdeckt durch Testinspektoren,

die als „normale" Kunden beziehungsweise Teilnehmer ein Angebot prüfen.

Geprüft werden:

- die Qualität der fachlichen Inhalte, der didaktischen Vermittlung, der Lernumgebung, des Services, der Information, der Beratung und der Vertragsgestaltung
- auf Basis umfangreicher Markt-, Bedarfs- und Konzeptionsanalysen
- nach Kriterien und Gewichtungen, die für jede Untersuchung eigens entwickelt und in Expertengesprächen mit Verbrauchervertretern, neutralen Experten und Anbietervertretern beraten werden

u.a. mittels verdeckter Teilnahme und offener Hospitation, Begehungen, Teilnehmer- und Anbieterbefragungen sowie bei E-Learning (EL)-, Nutzerprüfungen und technischer Tests.

Es gilt, in Abhängigkeit vom Untersuchungsziel die geeigneten Instrumente und die für die Untersuchung wichtigen zu messenden Indikatoren zu bestimmen. Die gemessenen Indikatoren sind für die Beurteilung der Dienstleistungsqualität zu gewichten und zu bewerten. Eine allgemeine Beurteilung des Weiterbildungsmarktes ist angesichts einer immer feiner ausdifferenzierten Palette von Angebotstypen nicht angemessen.

Das konkrete Vorgehen anhand zweier Beispiele

Das beschriebene grundsätzliche Vorgehen soll im Folgenden anhand der beiden Untersuchungsbeispiele „Projektmanagement" und „trägerneutrale Beratung" konkretisiert werden und den Evaluationsansatz der Stiftung verdeutlichen. Auf Ausführungen zu den jeweiligen Ausgangssituationen, den Marktstrukturen und den Verbraucherproblemen wird allerdings verzichtet. Auch können die Projekte nur in sehr komprimierter Form dargestellt werden. Bezüglich der Ergebnisdarstellungen sei auf die Veröffentlichungen in *test* 4/2004 (trägerneutrale Beratung) und *FINANZtest* 6/2004 (Projektmanagement) verwiesen.

Beratung

Das Beratungsprojekt hatte zum Ziel, die inhaltliche Qualität von „trägerunabhängigen" Beratungen bei verschiedenen Anbietergruppen anhand verschiedener Beratungsmodelle zu prüfen. Die Untersuchung war bundesweit angelegt. Die Beratungsgespräche wurden von August bis November 2003 realisiert. Es wurden folgende Anbietergruppen identifiziert und berücksichtigt: Beratungsstellen der Arbeitsämter, Beratungsstellen der Industrie- und Handelskammern, Beratungsstellen der Handwerkskammern, Frauenberatungsstellen, kommunale Weiterbildungsberatungsstellen, Volkshochschulen (soweit sie eine allgemeine unabhängige Beratung anbieten), Sonstige. Grundlage der Beratungsgespräche waren unterschiedliche Beratungsmodelle (*Beratungsmodelle Wiedereinstieg* (Wiedereinstieg nach Elternzeit, Wiedereinstieg nach Arbeitslosigkeit), *Beratungsmodelle Bedrohung durch Arbeitslosigkeit* (Studienabbrecher/-in (ohne berufsqualifizierenden Abschluss), Anpassungsfortbildung); *Beratungsmodell Aufstiegsorientierung* (Aufstieg durch Weiterbildung)). Pro Anbietergruppe und Modell wurden mindestens sieben Beratungsgespräche geführt. Insgesamt ergaben sich 78 Beratungsgespräche. Hierzu wurden Tester/innen hinsichtlich der durchzuführenden Beratungsgespräche ausführlich geschult. Die Ergebnisse der Beratungsgespräche wurden im unmittelbaren Anschluss an das Gespräch mittels eines teilstandardisierten Fragebogens dokumentiert. Die erfassten Merkmale dienten der Analyse des Beratungsfalles, der Bewertung und möglicher redaktionell verwertbarer Erkenntnisse. Bewertungsrelevante Merkmale waren:

Zugang zur Weiterbildungsberatung

- Vereinbarung eines Beratungstermins und ggf. dabei aufgetretene Probleme
- Dauer zwischen erstem Kontaktversuch und Termin
- Schwierigkeiten beim Zugang zum Beratungstermin (Hindernisse, Wartezeit, Einhaltung von Absprachen)

Strukturelle Aspekte

- Ort der Beratung
- Dauer der Beratung
- Angemessenheit von Ort und Dauer der Beratung
- (Umgang mit) Störungen während der Beratung
- „Beratungsklima"

Prozessuale - methodische / inhaltliche Aspekte

- Quantität und Qualität der erteilten Informationen zu Weiterbildungsmaßnahmen
- angesprochene Qualitätskriterien für Weiterbildungsmaßnahmen
- Informationen über Verwertbarkeit der Weiterbildung

- Erbitten und Erfassung persönlicher Angaben des Ratsuchenden
- Eingehen auf persönliche Rahmenbedingungen des Ratsuchenden
- kommunikative Fähigkeiten des Beraters (Aufmerksamkeit, Verständlichkeit, Engagement, Einfühlungsvermögen, Kompetenz)
- Beeinflussung durch den Berater
- Zusammenfassung der Gesprächsergebnisse
- Aufzeigen von Perspektiven und Alternativen
- Hilfestellung bei der Beschaffung fehlender Informationen
- Angemessenheit und Qualität der überreichten Informationsmaterialien
- (Fundiertheit der) Informationserteilung zu Finanzierungs- und Fördermöglichkeiten
- Informationen zum Bildungsgutschein

Ergebnisbezogene Aspekte

- Eingehen auf Anliegen und Fragen des Ratsuchenden
- Grad der Klärung des Anliegens (Entscheidungshilfe)
- Klarheit über weitere Schritte und Orientierungshilfe
- Verbesserung des Informationsstands durch die Beratung
- Stärkung von Motivation und Eigeninitiative

Sich aus den Beratungsgesprächen ergebende Sonderfälle werden gemäß der Gesprächsverläufe individuell betrachtet und bewertet. Basis für modellbezogene Bewertung der Anbietergruppen waren diese Erhebungsprotokolle. Nach der Feldphase erfolgt eine gemeinsame Auswerteveranstaltung mit den Testern, um einen ersten Gesamteindruck der Feldphase und der besonderen Vorkommnisse zu gewinnen. Die Auswertung der Fragebogen erfolgt unter Einbeziehung und engem Austausch der Testpersonen.

Die oben benannten und anhand unterschiedlichster Items gemessenen Merkmale wurden aus Verständlichkeitsgründen neu geordnet und in folgende Urteile zusammengefasst (Gewichtungen in Prozent):

Vereinbarung Gespräch   15%
Rahmenbedingung Gespräch   15%
Inhalt Gespräch   70%
- Angebote Weiterbildungsstrategie
- Gesprächsführung
- Zusatzinformationen
- Finanzierungsberatung
- Individueller Nutzen

Die Ergebnisse waren relativ schlecht (kommunale Beratungsstruktur ungleich verteilt, häufig keine Beratungsmöglichkeit vorhanden, Beratungsqualität (insbesondere bei den Arbeitsagenturen) unzureichend, Arbeitsagenturen erfüllen ihren gesetzlichen Auftrag nicht) und haben zu einer aktuellen

Grundsatzdiskussion einer möglichen Neuordnung der Beratungsstrukturen und der weiteren Professionalisierung von Beratung beigetragen.

Seminare Projektmanagement

Diese Untersuchung hatte zum Ziel, die Qualität von Intensivseminaren zum Projektmanagement zu prüfen und zu bewerten. Im Fokus standen dabei offene Grundlagenseminare, die sich schwerpunktmäßig mit dem Themenkomplex „Methoden, Techniken und Instrumente der Projektplanung und -steuerung" befassten und als Zielgruppe aktive Projektleiter und Mitarbeiter mit angehender Projektverantwortung ansprachen. Auf Basis einer bundesweiten Marktübersicht wurden die Seminare ausgewählt, die in einem vorgegebenen Zeitfenster mindestens dreimal stattfanden. Die Prüfung der Seminare erfolgte durch verdeckte Teilnahme von Testpersonen, die in ihrem beruflichen Profil der Charakteristik der in den Seminarankündigungen genannten Zielgruppe entsprachen.

Die Testpersonen wurden vor ihren Einsätzen hinsichtlich ihrer Aufgaben als teilnehmende Beobachter geschult. Zur Beurteilung der Kurse wurden sie mit einem teilstandardisierten Erhebungsbogen ausgestattet, indem die bereits genannten Kategorien „konzeptionelle Kursorganisation", „Fachinhalte", „didaktische Durchführung", „Rahmenbedingungen" und „Service der Anbieter" abgefragt wurden. Als ergänzendes Erhebungsinstrument wurden von den Testern Unterrichtsprotokolle zum täglichen Seminargeschehen angefertigt. In telefonischen Reflexionsgesprächen und einer Auswertungsveranstaltung wurden schließlich diese schriftlichen Dokumente verifiziert und eventuell auftretende Fragen geklärt. Die AGB und die Kundeninformationen zu den Seminaren sind weiterhin durch Fachexperten analysiert und begutachtet worden. Die Überprüfung der Kursdurchführung erfolgte mittels protokollarischer Dokumentation und anhand eines teilstandardisierten Fragebogens. Folgende Bereiche wurden in diesem Kontext schwerpunktmäßig erfasst:

1. Konzeptionelle Kursorganisation
2. Fachlich-inhaltliche Qualität (u.a. Fachlichkeit, Zweckmäßigkeit, Handhabung von Begleitmaterialien
3. Didaktische Durchführung (Erfasst wurden die didaktische Durchführung auf der Basis der allgemeinen Gestaltung der aktuellen Lernumgebung vor Ort, der Einbindung der Teilnehmer in den Lehr-Lern-Prozess, des Vermittlungsgeschicks

Darüber hinaus wurden die Rahmenbedingungen (allgemeine und Kundenservice) mittels teilstandardisiertem Fragebogen erhoben und später bewertet. Hierbei flossen folgende Aspekte ein:

1. *Allgemeine Rahmenbedingungen* (räumliche Bedingungen, Eigenschaften des Seminarraums, sonstige Räumlichkeiten), soziale Bedingungen (Gruppengröße, Teilnehmerkonstellation, Betreuungsfaktor), zeitliche Bedingungen (Angemessenheit der Seminardauer, Pünktlichkeit)
2. *Allgemeine Serviceleistungen* (Kundenbetreuung, Kontaktmöglichkeiten, Administration)

Weitere Untersuchungsbausteine waren die Kundeninformation bestehend aus den Webseiten und den Print-Informationsmaterialien, die einer Inhaltsanalyse unterzogen wurden und die rechtliche Begutachtung der Allgemeinen Geschäftsbedingungen bzw. der geschlossenen Verträge.

Die drei besuchten Kurse pro Anbieter wurden urteilsmäßig zusammengefasst. Es wird ein FINANZtest-Qualitätsurteil mit folgenden Untergruppen und folgender prozentualer Gewichtung vergeben:

- Qualität des Kurskonzeptes   30%
- Fachlich-inhaltliche Qualität   30%
- Qualität der Kursorganisation   20%
- Qualität der Kundeninformationen 15%
- Qualität der Vertragsbedingungen 5%

Das Projektergebnis lässt sich knapp zusammenfassen: Gute Konzepte und Inhalte, aber Mängel in Organisation und Service.

Die beiden Beispiele geben einen kleinen ersten Eindruck in die Vorgehensweise bei den Bildungstests.

Erfahrungen der Abteilung Weiterbildungstests

Wir testen in allen beruflich relevanten Bereichen, die hohe Nachfrage, großen Informationsbedarf oder spezifische Risiken aufweisen. Letzteres ist beispielsweise bei einer Existenzgründung gegeben. Hier haben wir Existenzgründungsberatungen und Seminare untersucht. Mittlerweile wurden Untersuchungen zu verschiedensten Themen wie Existenzgründungsseminare, Existenzgründungsberatung, Weiterbildungs-datenbanken, Netzwerkadministrator (Lehrgänge), Wirtschaftsenglisch (Lernsoftware), Office (Lernsoftware), Projektmanagement, Web-Authoring, trägerneutrale Beratung, Online-Testverfahren veröffentlicht. Aufgrund der vielfältigen Erfahrungen mit unterschiedlichsten Angeboten hat die STIFTUNG WARENTEST auch Check-listen/Leitfäden[7] entwickelt, um bei der Entscheidungsfindung für eine geeignete Weiterbildung zu unterstützen.

---

[7] Siehe auch: http://www.stiftung-warentest.de/online/bildung_soziales/weiterbildung/infodok/1238528.html und

Die Veröffentlichungen und Ergebnisse der STIFTUNG WARENTEST erzielten bei den Medien, den Akteuren und den Nachfragern hohe Aufmerksamkeit. Nach einer Veröffentlichung erfolgte häufig ein intensiver Inhaltsaustausch mit Vertretern der Wissenschaft und Anbietervertretern/-verbänden. Manchmal werden, zwar themenspezifisch, aber anbieterunabhängig systematische Defizite erkennbar. Die sich daraus ergebenden Erkenntnisse sind auch für Unternehmen nutzbar und können Unterstützung und Entscheidungshilfe bei der Suche nach für ihre Mitarbeiter geeigneten Weiterbildungsanbietern und -angeboten geben. Positiv getestete Weiterbildungsanbieter nutzen die Testergebnisse meist durch entsprechende Werbung, andere zur Verbesserung ihres Angebotes. Flächendeckende Untersuchungen sind fast nie möglich, da es sich häufig um atomistische Marktstrukturen handelt.

Veränderte Anforderungen an die Beteiligten

Sämtliche handelnde Akteure (Arbeitnehmer, Unternehmen, Bildungsanbieter, Nachfrager) stehen vor neuen Herausforderungen. Der private Nachfrager übernimmt mehr Weiterbildungsverantwortung, die Produktanforderungen an den Bildungsanbieter unterliegen einem starken Wandel, deren Qualitätsanforderungen steigen erheblich, die Unternehmen sind gefordert gemeinsam mit den Mitarbeitern passgenaue Weiterbildung möglichst effizient zu realisieren. Tests der Stiftung Warentest, die wachsende Bedeutung des Bildungscontrollings, die aktuelle Entwicklung ausgelöst durch die Anerkennungs- und Zulassungsverordnung - Weiterbildung - AZWV (u.a. Zertifizierung von Trägern und Maßnahmen), die Entwicklung in der Normung in der Weiterbildung sind untrügliche Zeichen dieses Prozesses.

Fazit

Das deutsche Bildungswesen braucht dringend vergleichende Bildungstests als Element der Qualitätssicherung. Bildungstests sorgen für Transparenz der Märkte und heben die Qualität der Angebote. Sie erweitern und befruchten die Qualitätsdebatte und lösen positive Impulse zur Entwicklung höherer Qualität aus. Die öffentlichkeitswirksame Verbreitung der Testergebnisse schärft zudem das Bewusstsein vor allem der privaten Nachfragenden für Qualität. Zugleich stärken vergleichende Bildungstests die Rechte des Verbrauchers. Damit sind diese Tests angewandter Verbraucherschutz und Wettbewerbsförderung gleichermaßen und leisten einen wichtigen Teil auch im Zusammenhang mit dem Bildungscontrolling.

---

http://www.stiftung-warentest.de/online/bildung_soziales/weiterbildung/infodok/1238534.html

Literatur

Beratung, in: test 4/2004, Stiftung Warentest
Kirkpatrick, D. L.: Evaluating Trainig Programs. San Franscisco 1998, hier referiert nach Hasewinkel, Volker / Piehl, Claudia / Krekel, Elisabeth M.: Bildungsakademie der Bankgesellschaft Berlin (BIAK), in: Krekel, Elisabeth M., Bardeleben, Richard von, u.a.: Controlling in der betrieblichen Weiterbildung im europäischen Vergleich. Bielefeld 2001 (BIBB, Berichte zur beruflichen Bildung, Heft 250), S. 123-133.
Kirkpatrick, D. L. (1994). Evaluating Training Programs: The Four Levels. San Francisco, CA: Berrett-Koehler.
Konfliktmanagement, in: FINANZtest 6/2004, Stiftung Warentest
Machbarkeitsstudie Bildungstests, Dezember 2001, Töpper, Alfred, Stiftung Warentest, Gefördert vom Bildungsministerium für Bildung und Forschung sowie aus Mitteln des Europäischen Sozialfonds (ESF), Förderkennzeichen: W 1197.00

Spielräume und Hemmnisse des Lernens im Arbeitsprozess

Dr. Heike Bernard und Debora Bigalk

Dehnbostel, Molzberger und Overwien (2003) liegen aus 110 Betrieben Aussagen zu Lernen und Weiterbildung vor. 93% der Befragten gaben dabei an, dass bei ihnen betriebliches Wissen informell in der Arbeit angeeignet wird, 90% schätzen die Kommunikation am Arbeitsplatz als sehr wichtig für das Lernen ein. Diese Aussagen veranschaulichen deutlich, dass beim Lernen in und bei der Arbeit der Organisation des Arbeitsplatzes eine zentrale Rolle zukommt - und dies erfolgt unabhängig von Abteilung und Status. Seminare und Schulungen alleine genügen somit nicht mehr um den Herausforderungen des Arbeitsplatzes gerecht zu werden, sondern müssen durch eine lernunterstützende Organisationsentwicklung ergänzt werden. Dabei drängen sich die Fragen auf, wie eine lernförderliche Arbeitsumgebung gestaltet werden muss, damit sie tatsächlich die Kompetenzen der einzelnen Mitarbeiter fördert und erweitert, ob und wie die potenziell vorhandenen Gestaltungsspielräume durch die jeweilige Technologie am Arbeitsplatz eingeschränkt werden und wo in den Betrieben die Bereiche sind, in denen besonderer Handlungsbedarf liegt.

Das Projekt Lernförderlichkeitsindex

Das Projekt *Lernförderlichkeitsindex* an der Universität Kassel hat sich die Beantwortung dieser Fragen zur Aufgabe gemacht und ein Verfahren entwickelt, das die Lernmöglichkeiten Arbeitsplätzen erfasst und bewertet (Frieling, Bernard, Bigalk & Müller, 2001).

Dieses neue Instrument, das *Lernförderlichkeitsinventar (LFI)*, basiert auf der Überlegung, dass lern- und kompetenzförderliche Arbeitssysteme ganzheitliche Tätigkeiten umfassen müssen und nur dann permanente Lernprozesse von den Mitarbeitern gefordert werden, wenn die Arbeitsaufgabe neben der Ausführung sowohl Planung und Vorbereitung als auch Kontrollieren und Organisieren beinhaltet (Leontjew, 1977; Hacker, 1986). Bei dem LFI handelt es sich um eine halbstandardisierte Beobachtung mit Interviewanteilen, die direkt am Arbeitsplatz stattfindet und ca. 45 Minuten in Anspruch nimmt. Mit dem Verfahren werden mehr als 100 Kriterien des Arbeitsplatzes unabhängig von der Qualifikation und den Kompetenzen des jeweiligen Stelleninhabers bewertet. Die folgenden sieben Dimensionen, aus denen sich ein Profil der Lernförderlichkeit ergibt, werden detailliert analysiert:

- Selbstständigkeit bei der Arbeit,
- Partizipationsmöglichkeiten der Mitarbeiter,
- Komplexität und
- Variabilität der Tätigkeit und Aufgaben,
- Kommunikation und Kooperation mit Kollegen, Vorgesetzten etc.,
- Formen, Häufigkeit und Intensität von Rückmeldungen sowie
- vorhandene Information am Arbeitsplatz.

Die Analyse der Arbeitsplätze erfolgt ohne Unterbrechung des Produktionsprozesses und die Mitarbeiter können während der Beobachtung mit ihrer Tätigkeit fortfahren. Im Rahmen des Projektes wurde das LFI in 60 mittelständischen Unternehmen aus der Verpackungsmittel- und Automobilzulieferbranche sowie einzelnen weiteren Unternehmen der metallverarbeitenden Industrie untersucht. Der Datenpool umfasst insgesamt 1718 Arbeitsplätze, davon 1258 aus der Produktion. Neben der Untersuchung der Arbeitsplätze erfolgte eine Befragung der Mitarbeiter hinsichtlich ihrer Kompetenz, ihrer Einschätzung der Lernmöglichkeiten, der Bindung an das Unternehmen und der besuchten Weiterbildungsmaßnahmen im Betrieb.

Darüber hinaus wurden ergänzende Fragebögen eingesetzt und Interviews durchgeführt um Unternehmenskennzahlen, Arbeitsorganisation sowie Führungsstile der direkten Vorgesetzten zu erfassen.

Technologiebestimmte Arbeitsorganisation – Irrglaube oder Fakt?

„Unternehmen haben Gestaltungsspielräume hinsichtlich der lernförderlichen Arbeitsplatzgestaltung. Diese Freiheitsgrade werden jedoch in unterschiedlichem Ausmaß ausgeschöpft und durch die vorhandene Technologie eingeschränkt".

So lautet eine der Hypothesen des Projektes. Um diese Annahme zu überprüfen wurde die Verpackungsmittelbranche, in der die technologische Ausrichtung verhältnismäßig homogen ist, als Stichprobe ausgewählt und die untersuchten Betriebe in einem Benchmark gegenübergestellt. Die Ergebnisse in Abbildung 1 veranschaulichen exemplarisch am Beispiel der Faltschachtel-Industrie die Realisierung von Merkmalen der Lernförderlichkeit (Feedback, Information,

Kommunikation, Partizipation etc.) in 18 Betrieben. Die Werte des ersten und des letzten Rangplatzes weichen ca. 40% positiv bzw. negativ vom Mittelwert ab. Ähnlich große Spannweiten ergeben sich für die beiden anderen Branchensegmente Flexibles und Becher sowie für die Automobilzuliefer-Industrie. Dies macht deutlich, dass selbst bei Branchensegmenten mit nahezu gleichen Technologien die Arbeitsgestaltung und -organisation von Betrieb zu Betrieb deutlich voneinander abweichen.

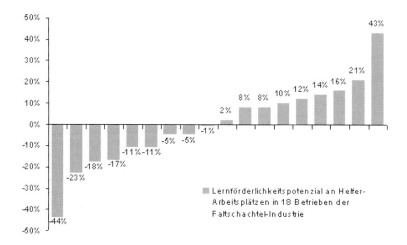

Abb. 64: *Lernmöglichkeiten an einfachen gewerblichen Arbeitsplätzen (Anlerntätigkeiten) aus 18 Betrieben der Faltschachtel-Industrie; Prozentuale Abweichungen vom Mittelwert*

Diese Bandbreite ergibt sich nicht nur für die gemittelten Werte der einzelnen Lernförderlichkeits-Merkmale, sondern auch für die Einzelanalysen der sieben Kriterien sowie unabhängig vom Qualifikationsniveau für die unterschiedlichen Tätigkeitsgruppen (Maschinenführer, Drucker und Helfer). Besonders beeindruckend sind dabei die Abweichungen in der Arbeitsorganisation der gering qualifizierten Mitarbeiter. Obwohl diese Beschäftigten nur wenig in formale Bildungsbedarfsanalysen und Weiterbildungskonzepte eingebunden sind, verfügen sie dennoch aufgrund ihrer häufig langjährigen Tätigkeit im Unternehmen über Erfahrungen und Know-how, das wichtig für den Produktionsprozess ist und ganz besonders für Veränderungsmaßnahmen genutzt werden sollte. Darum ist es gerade für diese Beschäftigtengruppe besonders wichtig, dass Strukturen geschaffen werden, die die Weitergabe und den Ausbau von Wissen und Können ermöglichen.

In der nachfolgenden Abbildung sind die Ausprägungen der Kriterien für die Lernförderlichkeit an 234 Arbeitsplätzen aus acht Betrieben der Automobilzuliefer-Industrie abgebildet. Für die unterschiedlichen Lernförderlichkeits-Merkmale wird deutlich, dass die Kriterien Komplexität und Variabilität in vergleichbaren Tätigkeitsgruppen in allen Betrieben ähnlich ausgeprägt sind, während die Möglichkeiten zur Kommunikation/ Kooperation, zum selbstständigen Arbeiten, zur Partizipation, zum Feedback und zur Information stark voneinander abweichen. Dabei zeigt sich, dass sieben Lernförderlichkeits-Merkmale, unabhängig von ihrem absoluten Ausprägungsniveau, in den acht untersuchten Betrieben vergleichbare Verlaufsprofile aufweisen. Während die Möglichkeiten für die Entgegennahme und das Abgeben von Feedback grundsätzlich hoch ausgeprägt sind, ergeben sich in sieben der acht dargestellten Betriebe für das Kriterium „Partizipation" die geringsten Werte. D.h. die Gestaltungspotenziale, die in der Beteiligung von Mitarbeitern an Planungs- und Entscheidungsprozessen liegen, wurden von den Betrieben der Stichprobe bislang noch nicht ausreichend ausgeschöpft. Selbst wenn das Feedback in einigen der Betriebe z.B. durch regelmäßige Teambesprechungen formal geregelt ist, wurden diese wenig erfolgreich in der Produktion etabliert. So zeigen die Ergebnisse der Managementbefragung, dass in 32% der Betriebe flächendeckend Zielvereinbarungen gemeinsam mit den Mitarbeitern festgelegt werden. Es sind aber lediglich 7% der Mitarbeiter an den analysierten Arbeitsplätzen darin eingebunden.

Da diese Kurvenverläufe auch für andere Positionen, z.B. für die Arbeitsplätze von Facharbeitern charakteristisch sind, gilt diese Aussage nicht nur für die Tätigkeitsgruppe der Werker, sondern kann auf viele andere Arbeitsplätze ausgedehnt werden. Die Tatsache, dass die Möglichkeiten zur Partizipation der Mitarbeiter in den Unternehmen wenig genutzt werden, überrascht vor dem Hintergrund bekannter positiver Zusammenhänge zwischen Partizipation und Motivation, Arbeitszufriedenheit sowie Leistung (z.B. Hunter, Schmidt & Jackson, 1982; Klein, Wesson, Hollenbeck & Alge, 1999).

Häufig liegt eine wesentliche Ursache für geringe Ausprägungen der „weichen Faktoren", wie Information, Feedback, Selbstständigkeit und Partizipation weniger in den unzureichenden Handlungsspielräumen als in dem Führungsstil der Vorgesetzten begründet. Die Durchführung von Teambesprechungen, die Weitergabe von Feedback und Informationen oder die Übertragung zusätzlicher Aufgaben liegen häufig in dem Ermessensspielraum der Führungskräfte, die – gemessen an ihren Handlungsweisen - diese häufig jedoch nicht als Führungsaufgabe definieren. In der Studie konnte nachgewiesen werden, dass sich die Anzahl der autoritären Vorgesetzten und der Führungskräfte mit kooperativem Führungsstil die Waage halten. Mitarbeiter mit einem kooperativen Vorgesetzten weisen in der vorliegenden Untersuchung ein höheres Maß an Zufriedenheit auf und schätzen gleichzeitig ihren Entscheidungsspielraum höher ein. Würden mehr der Vorgesetzten kooperativ handeln, wäre eine weitaus günstigere Basis für die

Durchsetzung und Akzeptanz von Konzepten und Maßnahmen geschaffen, die von Personal- und Organisationsentwicklern initiiert werden.

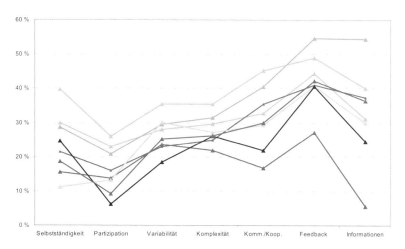

Abb. 65: Lernförderlichkeit an Arbeitsplätzen von Werkern in der Automobilzulieferindustrie nach Betrieben (8 Betriebe, 234 Arbeitsplätze)

Diese Ergebnisse unterstreichen, dass Maßnahmen zur lernförderlichen Organisationsentwicklung nur dann auf Arbeitsplatzebene erfolgreich sind, wenn eine Multi-Nukleus-Strategie gewählt wird. Top-down-Konzepte, mit denen sich die direkt Betroffenen nicht identifizieren können und ohne die Integration der direkten Vorgesetzten werden langfristig scheitern. Dies trifft insbesondere auf soziale Faktoren des Arbeitsplatzes und weniger auf die Gestaltung der Variabilität, d. h. der Aufgabenvielfalt und des Tätigkeitswechsels sowie der Komplexität zu.

Sind Mitarbeiter an lernförderlichen Arbeitsplätzen kompetenter?

Die Relevanz des Lernens am Arbeitsplatz ist bei Weiterbildnern und Personalentwicklern unbestritten. Bislang fehlt aber der Nachweis, ob und wie stark die lernförderliche Arbeitsplatzgestaltung tatsächlich die Kompetenzen und die Zufriedenheit der Mitarbeiter beeinflusst.

Um hier mögliche Zusammenhänge nachzuweisen erhielten alle Mitarbeiter, deren Arbeitsplätze analysiert wurden, einen Fragebogen, in dem ihre Einstellungen und Kompetenzen abgefragt wurden. Insgesamt liegen Angaben von 840 Beschäftigten aus der Automobilzuliefer- und Verpackungsmittelbranche vor. Einen ersten Hinweis auf das Vertrauen in Vorgesetzte bzw. die

Unternehmensleitung und auf die Zufriedenheit liefern die Rücklaufquoten aus den beiden Branchen. Diese belaufen sich bei der Verpackungsmittelindustrie auf durchschnittliche 54% (687 von 1.258 ausgegebenen Fragebogen) und auf 39% bei den Automobilzulieferern (153 von 404), d. h. insgesamt auf mittlere Quoten. Die Streubreite zwischen den Betrieben mit Rücklaufquoten von 21% bis 100% ist allerdings erheblich.

Bei den in Abbildung 66 dargestellten Ergebnissen wird wiederum die Bedeutung der sozialen Komponenten der Arbeitsplatzgestaltung für die Zufriedenheit der Mitarbeiter betont. So stehen die Einstellungen zum Arbeitsplatz in engem Zusammenhang mit den Möglichkeiten zur Selbstständigkeit, Partizipation, Kommunikation, Kooperation und den gegebenen Rückmeldungen und Informationen. Auch die Bindung an das Unternehmen wird durch Gelegenheiten zu Mitsprache, zu Kommunikation/ Kooperation und durch die Verfügbarkeit von Information beeinflusst.

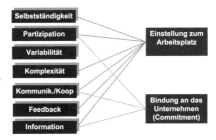

Abb. 66: Zusammenhang der Kriterien der Lernförderlichkeit mit der Einstellung zum Arbeitsplatz und der Bindung an das Unternehmen

Die Analyse des Zusammenhangs zwischen den Lernmöglichkeiten am Arbeitsplatz und den Kompetenzfacetten der Mitarbeiter zeigt, dass positive Zusammenhänge aller Lernförderlichkeits-Dimensionen mit der Fach- und Methodenkompetenz bestehen (Abb. 67).

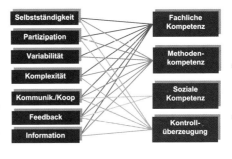

Abb. 67: Zusammenhang zwischen den sieben Lernförderlichkeits-Merkmalen und den unterschiedlichen Kompetenzfacetten der Mitarbeiter sowie deren Kontrollüberzeugung

Auch die Kontrollüberzeugung der Mitarbeiter, d.h. ihre subjektive Einschätzung ob und wie viel sie im Unternehmen bewirken können, wird deutlich durch die sieben Dimensionen beeinflusst. Dies kann in der Folge bedeuten, dass Unternehmen, deren Beschäftigte der Meinung sind, aufgrund formaler Strukturen nur über wenig Einflussmöglichkeiten zu verfügen auch nur eingeschränkt vom Know-how und der Erfahrungen ihrer Mitarbeiter profitieren.

Weniger deutliche Zusammenhänge der Lernförderlichkeits-Merkmale zeigen sich mit der sozialen Kompetenz. Allerdings ist es auch hier so, dass das Feedback sowie die Kommunikation und Kooperation Einfluss nehmen – zwei Aspekte, die wiederum durch das Führungsverhalten des direkten Vorgesetzten beeinflusst werden können.

Zusammenfassung

Resümierend kann somit festgehalten werden, dass die Nutzung von Spielräumen zur lernförderlichen Gestaltung von Arbeitsplätzen in den Betrieben stärker voneinander abweicht als zunächst vermutet. Technologische Bedingungen bestimmen dabei zwar zu einem gewissen Grad die Komplexität und Variabilität der Tätigkeit, haben aber wenig Einfluss auf die zwischenmenschlichen Faktoren der Arbeitsorganisation, wie z. B. Feedback, Information, Kommunikation, Partizipation etc.

Die größten Potenziale für Verbesserungen bei den sieben Lernförderlichkeits-Merkmalen liegen in allen untersuchten Betrieben und über alle Arbeitsplatztypen hinweg in der Gestaltung der Partizipationsmöglichkeiten. Gerade diesem Kriterium kommt bei der Analyse des Zusammenhangs zu den Einstellungen und Kompetenzen der Mitarbeiter eine zentrale Rolle zu und es darf darum nicht vernachlässigt werden.

Wie wichtig allerdings neben der Partizipation auch die Berücksichtigung aller anderen „weichen" Aspekte für die Zufriedenheit der Beschäftigten und deren selbsteingeschätzte Kompetenz ist, konnte ebenfalls nachgewiesen werden. Häufig ist es jedoch so, dass Maßnahmen im Management zwar geplant und umgesetzt werden, sich aber nicht langfristig auf Mitarbeiterebene etablieren.

Bei der Gestaltung lernförderlicher Strukturen ist es darum besonders wichtig, die direkten Vorgesetzten bereits in den Planungsprozess zu integrieren, um über eine Identifikation mit den umzusetzenden Maßnahmen den Erfolg lernförderlicher Konzepte auch langfristig zu sichern. Kontinuierliche und umfassende Schulungen der Führungskräfte als flankierende Maßnahmen zur Organisationsentwicklung sind hierfür unabdingbare Voraussetzungen. Denn – und dies konnte ebenfalls in der Studie nachgewiesen werden – Betriebe, die über ein hohes Maß an

Lernförderlichkeit an ihren Arbeitsplätzen verfügen sind langfristig auch die erfolgreicheren (Bernard, Bigalk & Müller, 2004)!

Ausblick

Vor dem Hintergrund der überaus positiven Resonanz bei den 60 beteiligten Unternehmen wurde das Projekt ab 2005 um zwei Jahre verlängert. Dabei wird in mindestens vier Betrieben mit den Ergebnissen der durchgeführten Analysen weitergearbeitet und es werden konkrete Gestaltungsmaßnahmen zur Erhöhung der Lernmöglichkeiten im Arbeitsprozess umgesetzt.

Auch hier wird dem Lernförderlichkeitsinventar eine zentrale Rolle zukommen. Zum einen werden in den einzelnen Unternehmen basierend auf den bereits vorliegenden Ergebnissen die Bereiche identifiziert, in denen besonderer Handlungsbedarf besteht. Zum anderen werden aus den im LFI abgefragten Lernförderlichkeitsmerkmalen Selbstständigkeit, Partizipation, Komplexität, Variabilität, Kommunikation/ Kooperation, Feedback und Information die Aspekte herausgefiltert, die Optimierungsmöglichkeiten aufweisen und besonders relevant für das Unternehmen sind. Bei einigen Unternehmen, die sich an der Projektverlängerung beteiligen, sind bereits organisatorische Veränderungen im Gang oder konkret geplant wie z.B. Gruppenarbeit, Six Sigma, KVP oder auch die Entwicklung ganzheitlicher Produktionssysteme. Hier wird das LFI als flankierendes Diagnoseinstrument eingesetzt. Der Focus liegt somit hier nicht mehr auf der Identifizierung von Handlungsfeldern, sondern auf der Dokumentation und Begleitung von Organisations-Entwicklungsprozessen.

Bislang hat sich das LFI sowohl methodisch als auch in seiner Handhabung bewährt. Ziel ist es darum, Personal- und Organisationsentwicklern den Einsatz des Verfahrens ohne Unterstützung des Projektteams vor Ort zu ermöglichen. Zu diesem Zweck liegt bereits eine erste EDV-gestütze Version des Verfahrens vor, die in den nächsten zwei Jahren optimiert wird.

Literatur

Bernard, H., Bigalk, D. & Müller, R.F. (2004). Lernen am Arbeitsplatz – positiv für Unternehmenserfolg. Neue Verpackung 10/04, S. 160-162.
Dehnbostel, P., Molzberger, G. & Overwien, B. (2003). Informelles Lernen in modernen Arbeitsprozessen. Berlin: BBJ Verlag.
Frieling, E., Bernard, H., Müller, R.F. & Bigalk, D. (2001). Lernförderliche Arbeitsplätze – eine Frage der Unternehmensflexibilität?! In Arbeitsgemeinschaft betriebliche Weiterbildungsforschung (Hrsg.), Berufliche Kompetenzentwicklung in formellen und informellen Strukturen (S. 109-140). Berlin: ESM Satz und Grafik
Hacker, W. (1986). Arbeitspsychologie. Psychologische Regulation von Arbeitstätigkeiten. Bern: Huber.
Hunter, J. E., Schmidt, F. L. & Jackson, G. B. (1982). Meta-analysis: cumulating research findings across studies. London: SAGE.

Klein, H. J., Wesson, M. J., Hollenbeck, J. R. & Alge, B. J. (1999). Goal commitment and the goal setting process: Conceptual clarification and empirical synthesis. Journal of Applied Psychology, 84, 885-896.

Leontjew, A.N. (1977). Tätigkeit, Bewußtsein, Persönlichkeit. Stuttgart: Klett.

Die Einführung von Transfercontrolling bei der KKH

Katja Dietrichkeit

„Es gibt nur eins, das auf Dauer teurer ist als Bildung: keine Bildung."

John F. Kennedy

Diesem Zitat stimmen wir von der Personalentwicklung der KKH - der viertgrößten bundesweiten Krankenkasse - zu. Um die Aussage sachlich zu untermauern, hat die Kaufmännische einen Weg gewählt, der an dieser Stelle erläutert wird.

Allein im Jahr 2004 arbeitete die Personalentwicklung der KKH in Verhaltensseminaren mit über 1.000 Teilnehmern zusammen. Für die Kaufmännische entstehen durch die Seminare Kosten unter anderem für Gehälter der internen Trainer, seminarbedingte Abwesenheit der Mitarbeiter von ihrem Arbeitsplatz, Raummiete, Reise und Unterbringung. Diese Investitionen sind für das Unternehmen nur dann sinnvoll, wenn aus den Seminaren Veränderungsimpulse zur Optimierung der Arbeit resultieren und diese von den Teilnehmern in die Praxis umgesetzt werden.

Im Folgenden beschreiben wir den Prozess, den die Personalentwicklung der KKH entwickelt hat, um den Nutzen von Weiterbildung zu untersuchen.

Ziel des Prozesses

Ziel unseres Prozesses ist es, die Nachhaltigkeit und Wirksamkeit eines Seminars zu sichern und einen Nachweis hinsichtlich der Effizienz zu erbringen.

Wir sprechen von „Transfercontrolling", da wir die Messung und Maximierung des Lerntransfers aus Seminaren als Ansatzpunkt gewählt haben.

Transfercontrolling prüft und misst also, inwieweit Mitarbeiter Seminarwissen im Arbeitsalltag ein- und umsetzen können.

Durch den Nachweis des Nutzens der Seminare für den Arbeitsalltag der Teilnehmer soll verdeutlicht werden, dass sich die Investition in Bildung für das Unternehmen lohnt.

Auch bislang schon bekam die Personalentwicklung Rückmeldungen über den Praxisnutzen der Seminare. Diese Komponente haben wir jetzt so systematisiert und erweitert, dass wir den Erfolgsgrad der Seminare besser einschätzen können.

Für das Transfercontrolling haben wir einen Prozess entwickelt, der gerade ins Unternehmen eingeführt wird. Dieser umfasst alle Maßnahmen vor, während und nach einem Seminar, durch die sich die Teilnehmer neue Lerninhalte aneignen, Veränderungen einüben und die vermittelten Inhalte zielgerichtet umsetzen.

Der Besuch eines Seminars lohnt sich, wenn im Anschluss daran eine Verbesserung im Arbeitsalltag der Teilnehmer erfolgt. An einem der drei Eckpunkte Kosten, Zeit und Qualität muss es zu einer positiven Veränderung kommen. Entweder kosten Arbeitsprozesse weniger oder die Mitarbeiter benötigen für ihre Aufgaben weniger Zeit oder steigern durch neue Verhaltensstrategien die Qualität ihrer Arbeit.

Diesen Transfer kann man auf verschiedene Arten messen:

- Einschätzung der Mitarbeiter
- Einschätzung der Führungskräfte
- Einschätzung von Kollegen
- Einschätzung der Trainer
- Einschätzung der Kunden
- objektive Kriterien, z.B. Arbeitsleistung

Die Verwendung objektiver Kriterien ist bei Verhaltensseminaren sehr schwierig, so dass wir uns im ersten Schritt auf subjektive Urteile stützen. Wir ziehen die Einschätzungen der Mitarbeiter und der Führungskräfte heran, um den Nutzen zu beurteilen.

Ansatzpunkte des Prozesses

Für einen erfolgreichen Transferprozess sind drei Aspekte wichtig:

1. **Bedarfsermittlung:**
   Es existiert ein Bedarf, der im Vorfeld der Bildungsmaßnahme ermittelt wird.

2. **Praxisorientierung:**
Das Seminar ist bedarfs- und praxisorientiert sein. Das heißt die Mitarbeiter entwickeln Ideen für den Arbeitsalltag.
3. **Umsetzung:**
Die Mitarbeiter müssen nach dem Seminar den eigentlichen Transfer erbringen, d.h. diese Ideen umsetzen.

Der Prozess zum Transfercontrolling setzt an diesen drei Aspekten an. Die Umsetzung wird bei der Beschreibung des Prozesses erläutert.

Ein erfolgreicher Transfer hängt jedoch nicht nur von den Teilnehmern und Trainern ab, sondern findet im Zusammenspiel aller Beteiligten statt. Vor allem die Führungskräfte spielen eine wichtige Rolle und können den Transfer fördern oder hemmen. Daher werden die Führungskräfte in den Transferprozess eingebunden.

Gründe für die Einbindung der Führungskräfte

Die Führungskräfte sind die direkten Personalentwickler vor Ort und damit für die Förderung der Mitarbeiter verantwortlich. In dieser Aufgabe unterstützt die Abteilung Personalentwicklung die Führungskräfte z.B. durch Beratungen, Seminare und Coaching. Durch die Einbindung der Führungskräfte wird das Seminar Bestandteil eines Entwicklungsprozesses. Mittels gemeinsamer Analyse im Vorfeld der Weiterbildung kommen die Mitarbeiter mit konkreten, bedarfsorientierten Zielen zum Seminar. Im Anschluss daran ist eine Begleitung durch die Führungskräfte notwendig, um einen hohen Lerntransfer zu erzielen. Die Führungskräfte sollen beobachten, Rückmeldung geben, neue Ziele vereinbaren, ...

Das Verhalten ändert sich natürlich nicht sofort nach dem Seminar. Die Mitarbeiter müssen am Ball bleiben, haben „Rückfälle"... Die Personalentwicklung ist in diesen Fällen nicht vor Ort, um die Mitarbeiter zu begleiten. Deshalb benötigen wir die Unterstützung der Führungskräfte.

Voranalyse zur Einbindung der Führungskräfte

Im Rahmen einer Voranalyse ermittelten wir, inwiefern im Vorfeld und im Nachgang eines Seminars bereits Gespräche zwischen Führungskräften und Mitarbeitern stattfinden. Dazu befragten wir eine Stichprobe von etwa zehn Prozent der Seminarteilnehmer des Jahres 2004.

Die Befragung ergab folgendes Bild: Im Vorfeld der Maßnahme fanden bei 40 Prozent der Seminarteilnehmer keine Vorgespräche mit ihren Führungskräften statt. 60 Prozent der Führungskräfte führten Vorgespräche mit ihren Mitarbeitern. Betrachtet man die gesamte Stichprobe, wurde vor dem Seminar über die in der nachfolgenden Tabelle dargestellten Inhalte gesprochen.

Inhalt der Vorgespräche (Mehrfachnennungen möglich)	Prozent
Organisatorisches	8%
Ziele des Mitarbeiters	40%
Erwartungen der Führungskraft	13%
sonstige Themen	17%

Abb. 68: Inhalt der Vorgespräche zwischen Führungskräften und Mitarbeitern

Bei Zusammenfassung der Fälle ohne Vorgespräch und mit dem Inhalt "Organisatorisches" zeigt sich, dass für fast die Hälfte der Seminarteilnehmer keine zielorientierten Vorgespräche stattfanden. Die Qualität der Nachgespräche verteilt sich wie in Abb. 69 dargestellt. Im Anschluss an das Seminar gaben fast zwei Drittel der Führungskräfte keinen Anstoß in Richtung Transfer. Die Umsetzung in die Praxis thematisierten 38 Prozent der Führungskräfte, wovon 8 Prozent konkrete Vereinbarungen trafen.

Qualität der Nachgespräche	Prozent
kein Nachgespräch	16%
Nachgespräch darüber, wie das Seminar gefallen hat	46%
ausführliches Nachgespräch über Inhalte und Umsetzung in die Praxis	30%
ausführliches Nachgespräch über Inhalte und Umsetzung in die Praxis, zusätzlich wurden Vereinbarungen getroffen	8%

Abb. 69: Qualität der Nachgespräche zwischen Führungskräften und Mitarbeitern

Die Ergebnisse der Vorstudie bestätigten unsere Vermutung, dass die Führungskräfte die Vor- und Nachbereitung von Seminaren bisher nicht als ihre Aufgabe gesehen haben. Die Einbindung der Führungskräfte ist unseres Erachtens bereits ein erster Schritt zur Transferförderung. Deshalb beziehen wir die Führungskräfte in unserem Prozess künftig bewusst in allen Phasen mit ein.

Prozess für das Transfercontrolling

Der Prozess für das Transfercontrolling unterteilt sich zeitlich in drei Phasen. Diese korrespondieren mit den drei Ansatzpunkten des Prozesses wie in Abb. 70 dargestellt.

Zeitpunkt	Inhalt der Phase
Phase 1: vor dem Seminar	Bedarfsermittlung
Phase 2: während des Seminars	Praxisorientierung
Phase 3: nach dem Seminar	Umsetzung / Transfer

Abb. 70: Zeitpunkt und Inhalt der Phasen für das Transfercontrolling

Im Folgenden werden die drei Phasen inhaltlich beschrieben.

Phase 1: Vor dem Seminar

Der Transfergedanke steht schon bei der Bedarfsanalyse im Mittelpunkt. Es geht um die Klärung der Frage, ob die Anmeldung zum angedachten Seminar sinnvoll und zielgerichtet ist.

Grundsätzlich erfolgt die Anmeldung für das Seminar über die Führungskräfte. Es gibt dabei zwei unterschiedliche Wege:

a) **auf Initiative des Mitarbeiters**
   Es ist wichtig, dass die Führungskraft konkret hinterfragt, was der Mitarbeiter mit dem Besuch des Seminars für seine Tätigkeit erreichen will.

b) **auf Initiative der Führungskraft**
   Der Bedarf aus Sicht der Führungskraft ist im Gespräch mit dem Mitarbeiter so zu formulieren, dass der Mitarbeiter erkennt, in welchem Verhaltensbereich die Führungskraft ein Entwicklungspotenzial sieht.

Kommen Führungskraft und Mitarbeiter zum Ergebnis, dass eine Seminarteilnahme sinnvoll ist, meldet die Führungskraft den Mitarbeiter an.

Eingangsbestätigung und Erwartungsabfrage

Die Führungskräfte erhalten von der Personalentwicklung mit der Anmeldebestätigung eine Erwartungsabfrage für die Mitarbeiter, die aus folgenden drei Fragen besteht:

- Aus welchen Gründen melden Sie sich für das Seminar an?

- Für welche Tätigkeiten oder Situationen soll eine Veränderung / Verbesserung eintreten? Bitte benennen Sie Problemfelder oder beschreiben Sie konkrete Beispiele.
- Welche Ziele verfolgen Sie mit dem Seminar?

Die Führungskräfte formulieren gemeinsam mit den Mitarbeitern konkret den Bedarf für das Seminar und teilen ihn der Personalentwicklung mit.

Auswertung der Erwartungsabfrage

Die Personalentwicklung leitet die Erwartungen an den jeweiligen Trainer weiter. Die Auswertung der Erwartungen ermöglicht eine Optimierung der Seminarinhalte.

Die Erwartungsabfrage hat weitere Vorteile:

- Die Trainer bereiten sich gezielter auf die Anliegen der Mitarbeiter vor und richten das Seminarkonzept noch stärker daran aus.
- Die Mitarbeiter kommen mit einem konkreten Bedarf in die Maßnahme und suchen nach Lösungen für den Arbeitsalltag.
- Kann der Bedarf durch die Trainingsinhalte nicht gedeckt werden, stimmen die Trainer im Vorfeld mit den Führungskräften ab, ob Alternativen bereit stehen. Diese Abweichung von Bedarf und Inhalt der Maßnahme wird somit nicht erst im Seminar deutlich, wenn bereits Kosten entstanden sind.

Nachdem die Trainer die Erwartungen ausgewertet haben, stellen sie die Seminargruppe zusammen. Sobald der Teilnehmerkreis feststeht, lädt die Personalentwicklung zum Seminar ein.

Phase 2: Während des Seminars

Die Phase 2 umfasst das Seminar selbst und die unmittelbare Auswertung im Anschluss. Für die praxisorientierte Durchführung des Seminars sind die Trainer verantwortlich. Dabei gehen sie auf die Erwartungen und Bedürfnisse der Teilnehmer ein, vermitteln Inhalte, schaffen Möglichkeiten zur Reflexion und zum Einüben neuer Verhaltensweisen und Gelegenheit zum Erfahrungsaustausch.

Seminarbeurteilung

Zum Abschluss des Seminars füllen die Teilnehmer den Seminar-Rückblickbogen aus (Abbildungen 69). Darin bewerten sie erstens das Seminar, zweitens die

Organisation und drittens den Trainer. Dazu steht eine fünfstufige Skala von „1 = stimme gar nicht zu" bis „5 = stimme voll zu" zur Verfügung.

Bei der Beurteilung des Seminars und des Trainers spielt der Praxisbezug eine große Rolle. So erfragen wir, inwiefern der Praxisbezug durch den Trainer hergestellt wurde und inwiefern die Mitarbeiter im Seminar Ideen für die Praxis entwickelt haben.

Die Seminarbeurteilung setzen wir bereits seit Januar 2004 in der in Abbildung 71 und 72 dargestellten Form ein. Durch die Ausfüllung direkt im Seminar erreichen wir eine Rücklaufquote von 100 Prozent. Die fakultative Angabe des Namens erfolgt durch über 95 Prozent der Teilnehmer.

Auswertung der Seminarbeurteilungen

Die Trainer werten die Seminarbeurteilungen aus und nutzen die Informationen, um das Seminar zu optimieren. Für unser internes Qualitätsmanagement haben wir einen Schwellenwert festgelegt, ab dem eine genaue Überprüfung erfolgt. Auf diese Weise erfolgt eine kontinuierliche Optimierung der Seminare.

Anschließend erfolgt in der Personalentwicklung ein zentrales Controlling. Dort laufen alle Seminarbeurteilungen elektronisch auf. Aus den Ergebnissen ergeben sich Konsequenzen für das Seminarangebot.

Bedeutung der Seminarbeurteilungen

Der Seminar-Rückblickbogen erfragt die Zufriedenheit der Teilnehmer mit dem Seminar. Die Zufriedenheit erlaubt zwar keine Aussage darüber, was in der Praxis umgesetzt wird, ist jedoch ein Indikator für die Bereitschaft, im Anschluss an das Seminar Inhalte in die Praxis umzusetzen. Ist ein Teilnehmer unzufrieden mit dem Trainer, der Organisation oder den Seminarinhalten, wird er vermutlich das vermittelte Wissen nicht annehmen und nicht in sein Verhaltensrepertoire integrieren.

Insgesamt ist die Seminarbeurteilung nur ein Baustein im Prozess, jedoch ein unerlässlicher, da auch die Praxisorientierung des Seminars bewertet wird. Wenn die Mitarbeiter während des Seminars Ideen für die Umsetzung in die Praxis entwickelt haben, sind wichtige Grundlagen für den Transfer gelegt.

Ob sich im Anschluss an das Seminar tatsächlich etwas im Arbeitsalltag der Mitarbeiter verändert, kann von den Trainern nur noch bedingt beeinflusst werden.

Seminar-Rückblick

Bezeichnung des Seminars:

Zeitraum (von... bis...):

Trainer/in:

Bewertungs-skala:	stimme gar nicht zu		stimme teilweise zu		stimme voll zu
	1	2	3	4	5

1. Bewertung des Seminars

	stimme gar nicht zu		stimme teilweise zu		stimme voll zu
1. Meine Erwartungen an das Seminar wurden voll erfüllt.	1	2	3	4	5
2. Das Seminar war sehr gut strukturiert.	1	2	3	4	5
3. Die Inhalte dieses Seminars waren für meine tägliche/zukünftige Arbeit wertvoll.	1	2	3	4	5
4. Ich konnte den Bezug zwischen dem Gelernten und der praktischen Arbeit herstellen.	1	2	3	4	5
5. Das Seminar hat mir Möglichkeit zur Selbstreflexion eröffnet und Optimierungswege aufgezeigt.	1	2	3	4	5
6. Ich hatte ausreichend Gelegenheit zum Üben des Gelernten.	1	2	3	4	5
7. Ich hatte ausreichend Möglichkeit zum Gedankenaustausch mit anderen Teilnehmern.	1	2	3	4	5
8. Ich habe im Seminar Ideen entwickelt, wie ich die Inhalte in die Praxis umsetzen kann.	1	2	3	4	5
9. Die ausgeteilten Arbeitsunterlagen eignen sich zur Wiederholung und Vertiefung des Gelernten.	1	2	3	4	5

2. Bewertung der Organisation

	stimme gar nicht zu		stimme teilweise zu		stimme voll zu
1. Das Seminar entsprach den Ankündigungen.	1	2	3	4	5
2. Der Ablauf der Veranstaltung war sehr gut organisiert.	1	2	3	4	5
3. Die Rahmenbedingungen (Unterbringung, Verpflegung, Seminarräume etc.) waren sehr gut.	1	2	3	4	5
4. Mit dem zeitlichen Ablauf war ich voll zufrieden.	1	2	3	4	5

Abb. 71: Seminarbeurteilung - Seite 1/2

1. Bewertung des Trainers / der Trainerin

KKH
Die Kaufmännische

		stimme gar nicht zu		stimme teilweise zu		stimme voll zu
1.	Der/die Trainer/in war fachlich kompetent.	1	2	3	4	5
2.	Der/die Trainer/in war in der Lage, die Inhalte gut zu vermitteln und sie anschaulich darzustellen.	1	2	3	4	5
3.	Der/die Trainer/in kombinierte die Inhalte mit der Praxis der Teilnehmer/innen.	1	2	3	4	5
4.	Der/die Trainer/in gestaltete den Ablauf abwechslungsreich und förderte die aktive Mitarbeit.	1	2	3	4	5

2. Eigene Anregungen, Ideen, Änderungsvorschläge...

Was hat Ihnen gut gefallen?

Was sollte Ihrer Meinung nach geändert werden, um die Zielsetzung des Seminars noch besser zu erreichen?

Was möchten Sie uns sonst noch sagen?

Name: _____

Herzlichen Dank für Ihre Rückmeldung sagt Ihre Personalentwicklung.

Abb. 72: Seminarbeurteilung - Seite 2/2

Phase 3: Nach dem Seminar

Nach dem Seminar beginnt die eigentliche Transferphase. Der Besuch des Seminars hat sich dann gelohnt, wenn die Veränderungsideen aus dem Seminar von den Mitarbeitern im Arbeitsalltag umgesetzt werden.

Wir haben den Prozess so konzipiert, dass die häufigsten Transferbarrieren berücksichtigt werden. Dazu gehören (nach Pawlowsky & Bäumer, 1996):

- fehlende Nachbereitung der Veranstaltungen
- fehlende Zeit zur Umsetzung der Inhalte
- mangelnde Kommunikationsmöglichkeiten der Weiterbildungsinhalte nach einer Veranstaltung
- zu hohe Erwartungshaltung
- mangelnde Vorbereitung
- mangelnde Relevanz der Inhalte für die tägliche Arbeit
- Seminare gelten als Kurzurlaub

Um den Lerntransfer zu fördern und zu messen, ist - wie bereits erwähnt - neben dem Engagement der Mitarbeiter und der Personalentwicklung die Begleitung durch die Führungskräfte erforderlich.

Im Anschluss an das Seminar begleiten die Führungskräfte den Transfer in den Arbeitsalltag. Der Prozess sieht hierzu mindestens zwei Gespräche vor: (1) das **Umsetzungsgespräch** und (2) das **Transfergespräch**.

Diese für den Transfer wichtigen Gespräche im Anschluss an das Seminar sind Bestandteil des Prozesses. Zur Unterstützung stellen wir den Führungskräften Gesprächsleitfäden zur Verfügung.

Ziele dieser Gespräche sind:

– Rückmeldungen über das Training
– Rückschlüsse auf die Verwertbarkeit der Inhalte
– Informationsmanagement festlegen
– Transfermaßnahmen vorbereiten bzw. initiieren

In einer Testphase arbeiteten einige Führungskräfte mit den Gesprächsleitfäden. Die Führungskräfte schätzten die Leitfäden als hilfreich für die Begleitung der Mitarbeiter ein. Auch die Qualität der geführten Gespräche beurteilten die Führungskräfte als positiv und wirkungsvoll, damit Inhalte tatsächlich umgesetzt werden. Diese Einschätzung bestätigte unsere Entscheidung für die Einbindung der Führungskräfte in den Transferprozess.

Umsetzungsgespräch

Die Führungskräfte sprechen unmittelbar im Anschluss an das Seminar mit den Mitarbeitern. Dieses Gespräch signalisiert, dass der Besuch eines Seminars kein Selbstzweck ist, sondern auf Veränderungen im Arbeitsalltag abzielt. Für das Umsetzungsgespräch greifen die Führungskräfte auf den Leitfaden und die vor dem Seminar gemeinsam mit den Mitarbeitern formulierten Erwartungen zurück.

Ziel dieses Gespräches ist es, mit den Mitarbeitern zu analysieren, was diese aus dem Seminar mitgebracht haben, was sie konkret umsetzen wollen und welche Unterstützung sie dabei brauchen. Die Führungskräfte können die Mitarbeiter mit diesen Informationen besser begleiten und ihnen Feedback geben.

Die Führungskräfte dokumentieren die Ergebnisse des Gespräches als Anknüpfungspunkt für spätere Gespräche, z.B. das Transfergespräch.

Transfergespräch

Die Einschätzung der praktischen Umsetzung kann erst in einigem Abstand zur Maßnahme erfolgen. Die Teilnehmer müssen zunächst die Möglichkeit haben, das Gelernte in der Praxis anzuwenden. Hier halten wir einen Zeitraum von acht Wochen für ausreichend.

Nach dieser Zeit thematisieren Mitarbeiter und Führungskräfte im Transfergespräch die bisherigen Erfahrungen mit der Umsetzung. Die Führungskräfte erhalten so wichtige Informationen für die Begleitung der Mitarbeiter.

Der Transfer-Fragebogen

Den Nutzen des Seminars ermitteln wir anhand eines Transfer-Fragebogens. Diesen Bogen sendet die Personalentwicklung etwa zehn bis zwölf Wochen nach dem Seminar sowohl an die Führungskräfte als auch an die Teilnehmer. Abbildungen 73 bis 75 zeigen den Transfer-Fragebogen für Mitarbeiter.

Im Transfer-Fragebogen erfragen wir Informationen über die Vor- und Nachbereitung des Seminars und die Einschätzung des Nutzens. Dazu kombinieren wir offene Fragen mit geschlossenen Mehrfach-Auswahlfragen. Dadurch erhalten wir eine Mischung aus qualitativen und quantitativen Informationen. Für die Formulierung der Mehrfach-Auswahlfragen orientierten wir uns an den Seminarzielen. Hier können die Mitarbeiter ankreuzen, welche Begriffe auf sie zutreffen und damit individuelle Veränderungen deutlich machen.

Um die Einbindung der Führungskräfte zu evaluieren, erfragen wir den Eindruck von der Vor- und Nachbereitungsphase.

Anhand der Beurteilung des Nutzens optimieren wir unsere Seminare.

Transfer-Fragebogen für Seminar-Teilnehmer/innen — KKH Die Kaufmännische

Seminartitel: _____

Seminartermin: _____

Name: _____

Vorbereitung des Seminars
- Im Vorfeld der Maßnahme habe ich mit meiner Führungskraft über das Seminar gesprochen.

  ☐ ja   ☐ nein

  Wenn, ja, was stand im Mittelpunkt dieser Gespräche?
  (Hier können Sie mehrere Antworten ankreuzen.)

  ☐ die Anfahrt, der Zeitpunkt, die Regelung meiner Vertretung
  ☐ meine Ziele für die Maßnahme
  ☐ die Erwartungen meiner Führungskraft an mich

  ☐ etwas anderes, nämlich _____

Nutzen des Seminars
- Welche Inhalte oder Erfahrungen aus dem Seminar haben sich bei der Anwendung am Arbeitsplatz als besonders wirkungsvoll erwiesen?

- Wie hoch schätzen Sie insgesamt daraus den Nutzen für Ihren Arbeitsalltag ein?

  ☐ sehr groß   ☐ groß   ☐ weniger groß   ☐ gar kein Nutzen

- Seit dem Seminar erledige ich bestimmte Aufgaben am Arbeitsplatz...
  (Hier können Sie mehrere Antworten ankreuzen.)

  ☐ schneller / effizienter.   ☐ strukturierter.
  ☐ mit noch mehr Hintergrundwissen.   ☐ überlegter / bewusster.
  ☐ für die KundInnen noch zufriedenstellender.   ☐ souveräner / sicherer.
  ☐ ruhiger / gelassener.
  ☐ unverändert.   ☐ _____

Abb. 73: Transfer-Fragebogen - Seite 1/3

KKH
Die Kaufmännische

- Woran machen Sie das fest?
  (Bitte beschreiben Sie kurz eine Situation / Aufgabe / Vorgehensweise.)

- Wo lagen möglicherweise Schwierigkeiten und Probleme bei der Umsetzung in die Praxis? (Hier können Sie mehrere Antworten ankreuzen.)

  ☐ Es gab für mich keine neuen Impulse, da ich die Inhalte bereits anwende.

  ☐ Ich hatte noch keine Gelegenheit, die Inhalte umzusetzen, weil
  _____

  ☐ An meinen KollegInnen und/oder MitarbeiterInnen vor Ort, weil
  _____

  ☐ An meiner Führungskraft, weil
  _____

  ☐ An mir selbst, weil
  _____

  ☐ An _____ .

- Welche Inhalte oder Erfahrungen aus dem Seminar haben sich bei der Anwendung am Arbeitsplatz als nicht wirkungsvoll erwiesen? Woran machen Sie das fest?

Abb. 74: Transfer-Fragebogen - Seite 2/3

KKH
Die Kaufmännische

Nachbereitung des Seminars

- Inwieweit haben Sie nach dem Seminarbesuch mit Ihrer Führungskraft über das Erlernte und dessen Umsetzung im Arbeitsbereich gesprochen?

  ☐ gar nicht
  ☐ kurz darüber, wie mir das Seminar gefallen hat
  ☐ ausführlich über die Inhalte und die Umsetzung in die Praxis
  ☐ ausführlich über die Inhalte und die Umsetzung in die Praxis, darüber hinaus haben wir konkrete Vereinbarungen getroffen

---

Was möchten Sie Ihrer Personalentwicklung / HV 45 noch mitteilen?

Herzlichen Dank für Ihre Rückmeldung.

Abb. 75: Transfer-Fragebogen - Seite 3/3

Einführung des Prozesses

Für jede der drei Phasen haben wir Instrumente zur Auswertung entwickelt, die eine gezielte Steuerung in der Personalentwicklung ermöglichen. Abb. 76 fasst den gesamten Prozess noch einmal zusammen.

Zeitpunkt	Inhalt der Phase	Gespräche zwischen Führungskraft und Mitarbeiter	Auswertung in der Personalentwicklung
Phase 1	Bedarfsermittlung	Zielgespräch Erwartungsabfrage	Erwartungsabfrage
Phase 2	Praxisorientierung		Seminarbeurteilung
Phase 3	Umsetzung	Umsetzungsgespräch Transfergespräch	Transfer-Fragebogen

Abb. 76: Zeitpunkt, Inhalt, Beteiligte und Instrumente zum Transfercontrolling

Der Prozess wurde abgestimmt und wird im Jahr 2005 eingeführt. Zur Implementierung haben wir den Prozess geteilt. Die Phasen 1 und 2 haben wir bundesweit mit dem Seminarprogramm 2005 eingeführt.

Mit der Phase 3 nach dem Seminar beginnen wir in 2005 in einer Pilotregion. Dafür wählten wir einen Bereich aus, in dem hinreichend Seminaranmeldungen aus verschiedenen Organisationseinheiten vorliegen.

Diese Pilotphase begleiten wir intensiv und evaluieren den Prozess. So können wir vor der bundesweiten Einführung die Erfahrungen der beteiligten Mitarbeiter und Führungskräfte in den Prozess integrieren. Zudem ermöglicht uns dieses Vorgehen, Vergleiche zwischen den Regionen mit intensiver Begleitung durch die Führungskräfte und den Gebieten ohne Transferbegleitung zu ziehen.

Für die Führungskräfte kommt es durch die erforderlichen Gespräche zu einem zusätzlichen Zeitaufwand. Damit die Führungskräfte den Prozess akzeptieren und umsetzen, ist es erforderlich, dass ihnen der Nutzen dieser Begleitung deutlich wird.

Die Personalentwicklung der KKH plant, dass 2006 der Prozess in allen Regionen umgesetzt ist.

Das Referenzmodell der PAS 1032-1 für das Bildungscontrolling in der Praxis

Christian Stracke, Sinje J. Teschler, Dr. Jan M. Pawlowski

Der Artikel beschreibt das Potential und die Anwendung des DIN-Referenzmodells für Qualitätsmanagement und Qualitätssicherung (PAS 1032-1) für den Bereich Bildungscontrolling. Es wird gezeigt, wie sich das DIN-Referenzprozessmodell für verschiedene Arten des Bildungscontrollings eignet. Insbesondere kann es für die Beschreibung der Phasen und Prozesse im Bildungscontrolling genutzt werden und eine Unterstützung bei der Auswahl von Methoden, Kriterien und Indikatoren bieten. Dabei werden die Aufgaben sowohl des operativen als auch des strategischen Bildungscontrolling durch die PAS 1032-1 abgedeckt. Exemplarisch wird anhand des Prozesses der Lernaktivitäten die konkrete Nutzung des Referenzprozessmodells für das Bildungscontrolling beschrieben.

In diesem Artikel wird gezeigt, wie das Referenzmodell PAS 1032-1 für das Bildungscontrolling genutzt werden kann. Dazu wird zunächst das Controlling von Bildung untersucht und die Notwendigkeit einer prozessorientierten Sichtweise begründet. Anschließend wird die PAS 1032-1 näher erläutert, die mit den enthaltenen Qualitätskriterien und dem Referenzprozessmodell eine Verbindung von Produkt- und Prozessorientierung darstellt. Im Folgenden werden Anwendbarkeit und Nutzen für das Bildungscontrolling untersucht. Dazu werden die relevanten Bildungscontrollingarten durch die PAS 1032-1 abgebildet und exemplarisch für einen Prozess die Anpassung an die organisationsspezifische Situation vorgenommen. Abschließend werden die einzelnen Unterstützungsfunktionen der PAS 1032-1 für das Bildungscontrolling im Überblick aufgeführt.

Das Controlling von Bildung

Controlling ist einer der vier klassischen Managementprozesse, die in jeder Organisation theoretisch unterschieden werden können. Dabei dient das

Controlling insbesondere der Überprüfung und Steuerung der übrigen drei Managementprozesse der Analyse, der Planung und der Umsetzung (vgl. Bruhn 2004). Das Controlling selbst umfasst also ebenso Prozesse der Analyse, der Planung und der Umsetzung.

Gerade im Bereich der Aus- und Weiterbildung gibt es noch kein etabliertes und allgemein anerkanntes Bildungscontrollingsystem, das auch in das generelle organisationsweite Controlling eingebunden und integriert ist. Eine besondere Herausforderung stellt der Gegenstand für das Controlling in der Aus- und Weiterbildung dar. Bei der Planung, Messung, Bewertung und Steuerung von Bildungsprozessen und Bildungsangeboten liegen keine Produkte vor, was das Bildungscontrolling erheblich erschwert. Die Aus- und Weiterbildung ist ein komplexes Geflecht zwischen angebotenen bzw. benötigten Lernszenarien und den eigentlichen Lernaktivitäten, deren Effizienz und Effektivität nur in einem ständigen Wechselspiel zwischen Planung und Kontrolle erfasst werden kann (vgl. Seibt 2004).

Aufgabe von Bildungscontrolling ist die kurz-, mittel- und langfristige Informationsstreuung in Bildungsprozessen sowie die Planung und Steuerung von Bildungsprozessen (vgl. Pawlowski/ Teschler 2004). Somit kann zwischen dem operativen Bildungscontrolling, das in der Regel Kontrollaufgaben *ex-post* wahrnimmt, und dem strategischen Bildungscontrolling, das idealtypisch Planungs- und Steuerungsaufgaben *ex-ante* übernimmt, unterschieden werden (vgl. Decker 1995 und Ehlers/ Schenkel 2004). Besondere Schwierigkeiten bereitet die genaue Bestimmung von aussagekräftigen Kriterien, Kennzahlen und Indikatoren, um den Wettbewerbsfaktor Weiterbildung zu messen und zu beziffern (vgl. Seibt 2004 und Weiss 2000). Nach Seeber (2000) lässt sich ein "Bildungsproduktionsmodell" in die drei Phasen Vorfeld, Lernfeld und Funktionsfeld einteilen. Zum Vorfeld zählen das Bedarfs- und das Zielcontrolling. Im Lernfeld lassen sich Input-, Prozess- und Output-Controlling differenzieren. Zum Funktionsfeld gehören das Transfer- und das Outcome-Controlling. Alle drei Phasen unterliegen dem Kosten-Nutzen-Controlling zur Überprüfung und Optimierung der Ressourcenallokation des Gesamtprozesses (vgl. Seeber 2000, 35ff sowie Seibt 2004 für eine ähnliche Phaseneinteilung).

Für ein umfassendes Bildungscontrolling, das alle Aspekte der Aus- und Weiterbildung berücksichtigt, muss daher eine prozessorientierte Sichtweise zu Grunde gelegt werden, die alle Bildungsprozesse berücksichtigt und zugleich in das übergreifende Qualitätsmanagement integriert ist. Prozessorientiertes Bildungscontrolling beschränkt sich nicht auf die nachträgliche Evaluation von Bildungsprodukten und -angeboten, sondern führt zur strategischen Steuerung auch die Analyse, Bestimmung und Überprüfung der einzusetzenden Methoden, Kriterien, Kennzahlen und Indikatoren durch. Im Folgenden wird nun die PAS 1032-1 vorgestellt, die für das operative wie das strategische Bildungscontrolling gleichermaßen genutzt werden kann. Mit ihrem generischen DIN-

Referenzprozessmodell erlaubt sie eine Beschreibung der Prozesse des Bildungscontrolling und des übergreifenden Qualitätsmanagements.

PAS 1032-1: Referenzmodell für Qualitätsmanagement und Qualitätssicherung

Der Titel der Publicly Available Specification (PAS) 1032-1 lautet vollständig "Aus- und Weiterbildung unter besonderer Berücksichtigung von e-Learning — Referenzmodell für Qualitätsmanagement und Qualitätssicherung — Planung, Entwicklung, Durchführung und Evaluation von Bildungsprozessen und Bildungsangeboten" (DIN 2004).

Die PAS 1032-1 wurde in der Entwicklungsbegleitenden Normung (EBN) entwickelt, in einer Arbeitsgruppe des DIN Deutsches Institut für Normung e.V., die sich aus Expertinnen und Experten sowohl von e-Learning-Anbietern als auch von e-Learning-Anwendern zusammensetzte.[8] Im Konsensverfahren erstellten sie diese Spezifikation für die Aus- und Weiterbildung insgesamt. Die PAS 1032-1 befasst sich mit dem Qualitätsmanagement und der Qualitätssicherung für alle Aktivitäten und Prozesse in der Aus- und Weiterbildung. Dabei berücksichtigt sie alle vier Phasen der Planung, Entwicklung, Durchführung und Evaluation von Bildungsprozessen und Bildungsangeboten. Sie beinhaltet einerseits das DIN-Referenzprozessmodell für die Aus- und Weiterbildung und andererseits die Qualitätskriterien für e-Learning-Produkte.

Die Qualitätskriterien

Neben dem DIN-Referenzprozessmodell für die Aus- und Weiterbildung enthält die PAS 1032-1 eine umfassende Sammlung von Qualitätskriterien für e-Learning-Angebote. Nach Abzug der Redundanzen verblieben 693 Qualitätskriterien, die thematisch gruppiert wurden. Die erste Kategorie bilden alle 213 Kriterien der ISO 9241, die sich mit den Aspekten der Softwareergonomie befasst. Die übrigen sieben Kategorien umfassen: Rahmenbedingungen, Technische Aspekte, Datenspeicherung und -verarbeitung, Funktionalitäten, Theoretische Aspekte, Kodierung der Information sowie Formate und Gestaltung. Im Unterschied zu den rein bewertenden Kriterien der ISO 9241 finden sich in den übrigen sieben Kategorien auch beschreibende Kriterien. Anwender können diese umfangreiche Auflistung von Qualitätskriterien nutzen, um ihre eigenen und für sie relevanten Kriterien auszuwählen und zu definieren. Das so entstandene individuelle Kriterienprofil kann zusätzlich auch mit einer Priorisierung versehen werden.

Die möglichen Anwendungsbereiche von Kriterienprofilen liegen im Vergleich und dem Einkauf von e-Learning-Produkten, im Einsatz bei Zertifizierungs-

---

[8] Die PAS 1032-1 ist online verfügbar unter: <http://www.din.de>.

verfahren anhand von Qualitätsstandards und in der Evaluation von Bildungsangeboten. Somit liefern die Qualitätskriterien eine Ausgangsbasis für die Entwicklung von individuellen Kriterienprofilen als Instrument für das eigene Bildungscontrolling. Eine weiterreichende Unterstützung für die Einführung, Implementierung und generelle Durchführung eines eigenen Bildungscontrollingsystems bietet das DIN-Referenzprozessmodell, das nun im Folgenden erläutert wird.

Das DIN-Referenzprozessmodell

Das DIN-Referenzprozessmodell ist für die Beschreibung der Bildungsprozesse in der Aus- und Weiterbildung entwickelt worden. Die Zielsetzung war Bereitstellung eines allgemein akzeptierten, harmonisierten Prozessmodells, mit dem bestehende prozessorientierte Qualitätsansätze dargestellt und integriert werden können. Dabei sind relevante Prozesse für das Qualitätsmanagement und die Qualitätssicherung in der Aus- und Weiterbildung abgebildet. Damit werden alle Prozesse bei der Planung, Entwicklung, Durchführung und Evaluation von Bildungsprozessen und Bildungsangeboten sowohl auf Seiten der Anwender als auch auf Seiten der (externen und internen) Anbieter erfasst. Das DIN-Referenzprozessmodell besteht dazu aus zwei Elementen:

1. Das Beschreibungsmodell
2. Das Prozessmodell

Das Beschreibungsmodell

Das Beschreibungsmodell dient zur eindeutigen und vergleichbaren Beschreibung von Qualitätsansätzen. Es setzt sich aus den Beschreibungskategorien zusammen, die als einzelne Elemente die Qualitätsansätze in strukturierter Form beschreiben. Grundsätzlich sind alle Beschreibungskategorien anzuwenden, kann eine Kategorie nicht spezifiziert werden, sollte dies begründet werden. Mit dem Beschreibungsmodell wird neben dem Vergleich auch die individuelle Entwicklung eines einzelnen Qualitätsansatzes erleichtert. Die Abbildung 75 erläutert mittels einer Beschreibung und einem Beispiel alle Elemente, die als Beschreibungskategorien im Prozessmodell angewandt werden. Dieses Beschreibungsmodell ermöglicht nun die standardisierte Beschreibung von Qualitätsansätzen unter Bezugnahme auf das Prozessmodell.

Das Prozessmodell

Das Prozessmodell gliedert sich in sieben Prozesskategorien, die wiederum in einzelne Prozesse unterteilt werden. Damit werden alle Aspekte bei der Planung, Entwicklung, Durchführung und Evaluation von Bildungsprozessen und Bildungs angeboten abgedeckt. Wichtig ist die Beachtung der zeitlichen Unabhängigkeit der

Prozesse und der Prozesskategorien untereinander. Die Prozesse können parallel erfolgen und auch wiederholt in einem gesamten Bildungsprozess auftreten.

Element	Beschreibung	Beispiel
Identifikator (ID)	Eindeutige alphanumerische Bezeichnung des Prozesses	"ABCD1234"
(Prozess-) Kategorie	Benennung der übergeordneten Prozesskategorie	"Anforderungsermittlung" "Konzeption"
Prozess	Kurzbezeichnung für den Prozess	"Initiierung"
Beschreibung	Kurze Beschreibung des Prozesses	"Ermittlung der Rahmenbedingungen für die Entwicklung des Bildungsangebots"
Beziehung	Darstellung von sachlogischen und/ oder zeitlichen Beziehungen zu anderen Prozessen und/ oder Prozesskategorien	"2.4; 5.1"
Teilprozesse, Aspekte	Benennung möglicher Unterteilungen des Prozesses oder besonders zu beachtende Aspekte	− "Beschreibung" − "Methoden"
Ziel	Beschreibung und Begründung der Zielsetzung eines Prozesses	"Auswahl einer oder mehrerer didaktischer Konzepte im Kurs „Buchhaltung""
Methoden	Beschreibung und Begründung der innerhalb des Prozesses eingesetzten Methoden: − Vorgehensweise, nach der ein Prozess bearbeitet wird − Ggf. Nennung eingesetzter Richtlinien und Verfahrensanweisungen	− "Bedarfsanalyse nach ABC-Analyse" − "Usability-Prüfung nach Nielsen" − "Software-Entwicklung nach Jackson" − "Auswahl nach Methodenhandbuch ABC"
Ergebnis	Erwartete Ergebnisse oder Teilergebnisse des Prozesses	− "Spezifikation der Lernmethode und der Rolle des Lehrenden" − "Dokumente, die erstellt und bearbeitet werden"
Aktor	Benennung von Personen, Gruppen oder Institutionen, die im Rahmen des Prozesses handeln und das Ergebnis beeinflussen	"Projektmanager", "Tutoren", "Lernende"
Bewertung / Kriterien	− Bewertung des Prozesses und Kriterien für die Ergebnisse oder Teilergebnisse − Bezug zum Kriterienbereich Produktqualität	− "Kennzahlensystematik AB123 nach Handbuch XYZ" − "Vgl. Kapitel 6: Kriterienbereich 2"
Verweisungen	Nennung von Standards (Normen, Standards, Spezifikationen, Richtlinien, usw.), auf die Bezug genommen wird; Beschreibung des Einsatzes; ggf. Begründung, warum im Referenzmodell aufgeführte Verweisungen nicht genutzt werden.	"ISO 9241", "LOM"

Abb. 77: Das Beschreibungsmodell der PAS 1032-1

Zudem ist das Modell um weitere organisationsspezifische Subprozesse erweiterbar. Die Anwendung des Prozessmodells wird im Anschluss an diese tabellarische Übersicht des Prozessmodells der PAS 1032-1 (DIN 2004) thematisiert.

ID	Prozesskategorie	ID	Prozess	Beschreibung
1	Anforderungs-ermittlung	1.1	Initiierung	Initiierung eines Bildungsprojektes durch Identifikation und Beschreibung von Bildungsbedarf und Bildungsbedürfnis
		1.2	Identifikation der Stakeholder	Identifikation, Beschreibung und Bewertung der Stakeholder und ihrer Interessen
		1.3	Zieldefinition	Identifikation, Beschreibung und Bewertung der Ziele der relevanten Stakeholder
		1.4	Bedarfsanalyse	Spezifikation, Beschreibung und Bewertung des Bildungsbedarfs und der Ziele des Bildungsprojektes
2	Rahmen-bedingungen	2.1	Analyse des externen Kontextes	Identifikation, Beschreibung und Bewertung des externen Kontextes der Bildungsprozesse
		2.2	Analyse der personellen Ressourcen	Identifikation und Beschreibung der Rollen, der Kompetenzen und der Verfügbarkeit von Aktoren
		2.3	Analyse der Zielgruppe	Definition und Beschreibung der Zielgruppe und der Lernerprofile
		2.4	Analyse des organisationalen und institutionellen Kontextes	Identifikation und Beschreibung des organisationalen und institutionellen Kontextes
		2.5	Terminplanung und Budgetplanung	Identifikation und Beschreibung der zeitlichen, finanziellen und vertraglichen Rahmenbedingungen
		2.6	Analyse der Ausstattung	Identifikation und Beschreibung der räumlichen und technischen Rahmenbedingungen
3	Konzeption	3.1	Lernziele	Definition und Begründung der Lernziele und des Kompetenzmodells
		3.2	Inhaltliche Konzeption	Konzeption der Lerninhalte
		3.3	Didaktik/ Methodik	Didaktisches Gesamtkonzept, Curriculum und Lernszenarien; Didaktische Modelle und Konzepte

ID	Prozesskategorie	ID	Prozess	Beschreibung
		3.4	Rollen und Aktivitäten	Definition der relevanten Rollen und Aktivitäten im Lernszenario
		3.5	Organisatorische Konzeption	Konzeption der organisatorischen Rahmenbedingungen
		3.6	Technische Konzeption	Konzeption der technischen Umsetzung
		3.7	Konzeption des Medien- und Interaktionsdesigns	Definition des Medien- und des Interaktionsdesigns
		3.8	Konzeption des Medieneinsatzes	Auswahl der einzusetzenden Medien
		3.9	Konzeption der Kommunikations-möglichkeiten und -formen	Auswahl und Beschreibung der einzusetzenden Kommunikationsformen und Interaktionsmöglichkeiten
		3.10	Konzeption der Tests und Prüfungen	Festlegung der Testformate und des Testverfahrens
		3.11	Konzeption der Wartung und Pflege	Konzeption der Pflege und Aktualisierung der Lernressourcen
4	Produktion	4.1	Inhaltliche Realisation	Realisation der Lerninhalte
		4.2	Designumsetzung	Umsetzung des Medien- und Interaktionsdesigns
		4.3	Medienrealisation	Produktion der einzusetzenden Medien und medialen Ressourcen
		4.4	Technische Realisation	Umsetzung der technischen Konzeption
		4.5.	Wartung und Pflege	Pflege und Aktualisierung der Lernressourcen
5	Einführung	5.1	Test der Lernressourcen	Überprüfung und Validierung der Lernressourcen
		5.2	Anpassung der Lernressourcen	Sicherstellung der Angemessenheit und Nachvollziehbarkeit der Anpassungen hinsichtlich Funktionalität, Gestaltung und Dokumentation
		5.3	Freigabe der Lernressourcen	Ablauf der Bereitstellung und Freigabe von Lernressourcen
		5.4	Organisation des Betriebs und der Nutzung	Schaffung der organisatorischen Voraussetzungen anhand der Anforderungen für die Nutzung des Bildungsangebots

ID	Prozesskategorie	ID	Prozess	Beschreibung
		5.5	Einrichtung der technischen Infrastruktur	Schaffung der technischen Voraussetzungen anhand der Anforderungen für die Nutzung des Bildungsangebots
6	Durchführung	6.1	Administration	Bereitstellung der Administration und der begleitenden Maßnahmen
		6.2	Aktivitäten	Lern-, Unterstützungs- und Transferaktivitäten
		6.3	Überprüfung von Kompetenzniveaus	Aktivitäten zur Feststellung und Bescheinigung von Kompetenzniveaus
7	Evaluation	7.1	Planung	Parameter, Kriterien, Instrumente und Methoden sowie der organisatorischen Rahmenbedingungen zur Durchführung einer Evaluation
		7.2	Durchführung	Umsetzung des Evaluationsplans
		7.3	Auswertung	Auswertung der ermittelten Messdaten
		7.4	Optimierung	Verbesserung von Produkten und Prozessen

Abb. 78: Das Prozessmodell der PAS 1032-1

Alle Prozesskategorien und Prozesse des Prozessmodells sollten mit Hilfe des Beschreibungsmodells spezifiziert werden, so dass eine vollständige Dokumentation des Qualitätsmanagements entsteht.

Integration und Anwendungsgebiete der PAS 1032-1

Den größten Raum in der PAS 1032-1 nimmt die Integration des Beschreibungsmodells und des Prozessmodells ein. Die Darlegung aller Prozesse des Prozessmodells anhand der Kategorien des Beschreibungsmodells erfolgt unter mehreren Prämissen:

Das DIN-Referenzprozessmodell setzt als offener Orientierungsrahmen die Notwendigkeit der Anpassung auf einen organisationsspezifischen Kontext voraus, wozu folgende Schritte eingehalten werden müssen:

1. Beschreibung von Abhängigkeiten: Die Prozesskategorien und die einzelnen Prozesse sind nicht in einer zeitlichen Abfolge angeordnet, vielmehr werden in der Praxis viele Prozesse (auch aus unterschiedlichen Kategorien) zeitgleich und mehrfach durchlaufen. In einem ersten Schritt sollten diese Abhängigkeiten beschrieben werden.

2. Indirekte Beschreibung der Inhalte: Alle Angaben zu den Kategorien Methoden, Aktor, Bewertung/ Kriterien, Verweisungen und Beziehung sind in der PAS 1032-1 ohne inhaltliche Vorgaben allgemein gehalten bzw. nur als Beispiele aufgeführt, was an der kursiven Schriftart ablesbar ist. Daher besteht der wichtigste Anpassungsschritt in der Entwicklung bzw. Auswahl von Qualitätszielen, Methoden und Messverfahren.
3. Beschreibung der Prozesse: Die sieben Prozesskategorien sind als Basis anzusehen und müssen dann organisationsspezifisch angepasst werden. Die Prozesse sind jeweils an die organisationsspezifische Situation anzupassen, dies bedeutet, dass die Prozesse und Subprozesse ausgewählt werden und ggf. zusätzliche Subprozesse eingefügt werden.
4. Vollständigkeit für alle Beschreibungskategorien: Um ein vollständiges Qualitätsmanagement zu entwickeln, ist es offensichtlich, dass alle Beschreibungskategorien bei der Spezifizierung der einzelnen Prozesse vollständig beschrieben werden oder es muss begründet werden, warum eine Spezifizierung nicht möglich ist.

Um die Integration von Beschreibungsmodell und Prozessmodell näher zu verdeutlichen, folgt ein Beispiel für die konkrete Spezifizierung eines einzelnen Prozesses, nämlich der Zieldefinition, aus dem DIN-Referenzprozessmodell der PAS 1032-1 (siehe Abbildung 77 auf der nächsten Seite).

Die PAS 1032-1 wird derzeit in mehreren Organisationen von kleinen e-Learning-Anbietern über mittelständische Bildungsträger bis hin zu weltweiten Konzernen eingeführt und in der Praxis erprobt. Der Fachbericht zur PAS 1032-1 beschreibt mehrere dieser Beispiele und bietet darüber hinaus einen Einblick in die Entstehung, in weitere Anwendungsszenarien und Implementierungshilfen (vgl. DIN 2005).

Der entscheidende Vorteil der PAS 1032-1 besteht darin, ein standardisiertes Vorgehen bei der Einführung und Umsetzung von Qualitätsmanagement und Qualitätssicherung in der Aus- und Weiterbildung zu unterstützen. Die PAS 1032-1 stellt dazu einen Orientierungsrahmen für folgende Arten der Unterstützung bereit:

1. Bedarfsanalyse und der Anforderungsermittlung
2. Identifizierung und Auswahl der organisationsinternen Prozesse bei der Planung, Entwicklung, Durchführung und Evaluation von Bildungsprozessen und Bildungsangeboten
3. Definition und Darlegung dieser organisationsinternen Prozesse

ID	Kategorie	Prozess	Beschreibung	Beziehung
1.3	Anforderungs-ermittlung	Zieldefinition	Identifikation, Beschreibung und Bewertung der Ziele der relevanten Stakeholder	1.1; 1.2; 7.3

Teilprozesse Aspekte	Strategische Ziele der relevanten Stakeholder
	Taktische Ziele der relevanten Stakeholder
	Operative Ziele der relevanten Stakeholder
Ziel	Identifikation, Beschreibung und Bewertung der Ziele der relevanten Stakeholder
	Umsetzung in ein Qualitätssystem nach ISO 9000
Methoden	Befragung, Interview, Umfrage, Workshop, Dokumentenanalyse, Assessment
Ergebnis	Dokumentation und Bewertung der Ziele der relevanten Stakeholder
	Operationalisierbare, konsistente Zielsetzungen zur Qualitätsmessung nach ISO 9000
Aktor	Projektträger, Projektleitung, Projektinitiatoren, Bildungsverantwortliche, Bildungsexperten, Nutzer
Bewertung / Kriterien	Grad der Zielerreichung
Verweisungen	ISO 9000, ANSI/PMI 99-001-2000, Abschnitt 3

Abb. 79: Beschreibung des Prozess Zieldefinition *in der PAS 1032-1*

4. Umstrukturierung und Reorganisation der bisherigen organisationsinternen Prozesse anhand dieser Definitionen
5. Dokumentation dieser organisationsinternen Prozesse während der Umsetzung und Durchführung
6. Überprüfung dieser organisationsinternen Prozesse und Vergleich zwischen Darlegung und Dokumentation
7. Etablierung und Umsetzung von prozessorientierter Evaluation und Bildungscontrolling in der Aus- und Weiterbildung

Zudem bietet das DIN-Referenzprozessmodell auch Zukunftssicherheit und internationale Anschlussfähigkeit: Als deutscher Input in das internationale Standardardisierungsgremium ISO/ IEC JTC1 SC36[9] werden die sieben Prozesskategorien als generisches Prozessmodell demnächst als ISO 19796-1 der erste international anerkannte Standard für Qualitätsmanagement im e-Learning.

---

[9] ISO/IEC JTC1 SC36 steht für: "International Organization for Standardization (ISO)/ International Electrotechnical Commission (IEC) Joint Technical Committee 1 (JTC1) - Information Technology - Subcommittee 36 (SC36) - Information Technology for Learning, Education, and Training (ITLET)"; zum Standardisierungsgremium SC36 und dessen Working Group 5 "Quality Assurance and Decriptive Frameworks" vgl. <http://jtc1sc36.org>.

PAS 1032-1 – Einsatzmöglichkeit in der Praxis

Im Folgenden wird gezeigt, wie sich das Referenzmodell der PAS 1032-1 für Bildungscontrollingprozesse einsetzen lässt.

Das Referenzmodell muss auf den jeweiligen Kontext angepasst werden. Um eine solche Anpassung auf den Bereich Bildungscontrolling vorzunehmen, erfolgt zunächst eine Zuordnung und exemplarische Beschreibung von Komponenten des Bildungscontrollings im Bildungsprozess zu den Prozesskategorien des Referenzmodells. Im Bildungscontrolling lassen sich analog zur Wertschöpfungskette betrieblicher Produktionsprozesse auch Bildungsprozesse modellieren, klassifiziert zum Beispiel in Vorfeld, Lernfeld und Funktionsfeld (siehe auch Einführung zum Bildungscontrolling).

Um eine sukzessive Implementierung vornehmen zu können, werden die Phasen und Komponenten des "Bildungsproduktionsmodells" auf die Prozesskategorien der PAS 1032-1 abgebildet (vgl. nachstehende Abb.)

Bildungscontrolling-Komponenten	Prozesskategorien PAS 1032-1
Kosten-Nutzen-Controlling	Durchführung zur Überprüfung der Wirtschaftlichkeit der Ressourcenallokation: Abbildung erfolgt in allen Prozesskategorien (ID 1-7)
	Vorfeld
Bedarfs-Controlling	Anforderungsermittlung (ID 1)
Ziel-Controlling	Anforderungsermittlung (ID 1), Zieldefinition (ID 1.3), Rahmenbedingungen (ID 2)
	Lernfeld
Input-Controlling	Rahmenbedingungen (ID 2), Analyse der personellen Ressourcen (ID 2.2), Konzeption (ID 3)
Prozess-Controlling	alle Prozesskategorien (ID 1-7)
Output-Controlling	Überprüfung von Kompetenzniveaus (ID 6.3)
	Funktionsfeld
Transfer-Controlling	Überprüfung von Kompetenzniveaus (ID 6.3), Auswertung (ID 7.3)
Outcome-Controlling	Evaluation (ID 7)

Abb. 80: Abbildung der Bildungscontrolling-Komponenten auf die Prozesskategorien

1. Das *Bedarfs-Controlling*, in dem Bedürfnisse und Defizite analysiert werden, findet sich in der Prozesskategorie *Anforderungsermittlung* wieder.
2. Im *Ziel-Controlling* lassen sich einzelne Ziele und gesamte Zielsysteme beschreiben, die permanent zu überprüfen, deren unternehmerischen Zielobjekte daran auszurichten und bei Bedarf neu zu formulieren sind. Dies entspricht zum einen dem Gedanken der *Anforderungsermittlung* –

insbesondere des Prozesses Zieldefinition (ID 1.3) – lässt sich aber auch in den Kontext der *Rahmenbedingungen* einordnen.
3. Im *Input-Controlling* erfolgt die Analyse des Inputs von Bildungsprozessen (sowohl materiell als auch immateriell) auf Basis einer systematischen Erhebung von Informationen der für ein Bildungsprogramm zur Verfügung stehenden Ressourcen. Solche Informationen lassen sich in den *Rahmenbedingungen* – insbesondere ID 2.2 (Analyse der personellen Ressourcen) sowie in der *Konzeption* eines Bildungsangebots finden. Unter Konzeption kann in diesem Zusammenhang auch die (Vor-)Auswahl eines bestehenden Bildungsprogramms ausgelegt werden.
4. Aufgabe des *Prozess-Controlling* ist die Realisation der geplanten Bildungs- und Qualifikationsmaßnahmen. Es geht darum, wie die zur Verfügung stehenden Ressourcen eingesetzt werden bzw. die Evaluation der Bildungsprozesse durchgeführt werden kann. Dieser Aspekt lässt sich in der PAS in allen Prozesskategorien der PAS 1032-1 wieder finden, wie beispielsweise in der *Durchführung* (und Nutzung eines Bildungsangebots). Die systematische Untersuchung eines Bildungsangebots ist Gegenstand der *Evaluation*.
5. Die Messung und Dokumentation des Lernerfolgs im *Output-Controlling* kann in dem Referenzmodell in der Prozesskategorie *Durchführung*, in dem Prozess 6.3 (Überprüfung von Kompetenzniveaus) erfolgen. Die Dokumentation einer systematischen Untersuchung der Verwendbarkeit und Güte einer Bildungs- und Qualifikationsmaßnahme ist hier Ziel.
6. Aufgabe des *Transfer-Controlling* ist die Überprüfung, ob das Gelernte im Funktionsfeld angewendet wird. Die Prozesskategorien ermöglichen hier auch an zwei Stellen eine derartige Erfassung: zum einen können die Kompetenzniveaus (ID 6.3 – Kategorie *Durchführung*) überprüft werden, zum anderen lassen sich bestimmte Messdaten im Bereich der *Evaluation* auswerten (ID 7.3: Auswertung).
7. Ähnlich wie im Output-Controlling lassen sich auch Evaluationen des *Outcome-Controlling* in der siebten Prozesskategorie *Evaluation* festlegen. Der Fokus wird hier jedoch auf die Überprüfung und Messung von indirekten Wirkungen gelegt, wie beispielsweise die vertikale und horizontale Mobilität des Mitarbeiters im Unternehmen.

Wird bei bestimmten Bildungsangeboten auf den Einsatz von e-Learning zurückgegriffen, so spielt die Prozesskategorie *Einführung* eine wichtige Rolle für das Bildungscontrolling. Hier kann beschrieben werden, wie die Einführung von Lernressourcen in die Betriebsumgebung stattfindet. Insbesondere ist hier die Freigabe der Lernressourcen (ID 5.3), die Organisation des Betriebs (5.4.) und die Einrichtung der technischen Infrastruktur (5.5) zu beachten.

Die Prozesskategorie *Produktion* des Referenzmodells ist für die Beschreibung des Bildungscontrollingprozesses relevant, wenn auf externe Anbieter von Bildungs- und Qualifikationsmaßnahmen zurückgegriffen wird. Da keine Vollständigkeitspflicht bei der Implementierung der PAS 1032-1 besteht, kann in einer solchen konkreten Situation auf diese Prozesskategorie gänzlich verzichtet werden. Werden für die Bildungsmaßnahmen interne Ressourcen für die Entwicklung von e-Learning-Kursen eingesetzt, so gewinnen die Prozesskategorien *Konzeption*, *Produktion* und *Einführung* wiederum an Bedeutung.

Da dem *Kosten-Nutzen-Controlling* insofern eine Sonderstellung eingeräumt wird, als dass es zur Überprüfung der Wirtschaftlichkeit der Ressourcenallokation in allen zuvor benannten Phasen bzw. Prozessen wirksam wird, kann es in jeder der Prozesskategorien abgebildet werden, da für jeden Prozess eine solche Analyse durchgeführt werden kann. Die gesamte Bewertung lässt sich in der Prozesskategorie *Evaluation*, mit dem Ziel, eine fundierte Aussage über Nutzen und Effizienz zu erhalten sowie die Transparenz der eingesetzten Mittel herzustellen, zusammenführen.

Nach der oben beschriebenen Anpassung und Auswahl der relevanten Prozesskategorien erfolgt die konkrete Implementierung der situationsspezifischen Prozesse. Dazu findet das Beschreibungsmodell auf die jeweiligen Prozesskategorien und Prozesse Anwendung. Beispielsweise ist die Messung und Bewertung der Lernaktivitäten eine zentrale Fragestellung im Bildungscontrolling.

Es ist damit gezeigt worden, dass sich die PAS 1032-1 als Leitfaden eignet, um verschiedene Bildungscontrollingarten in ein Gesamtmodell einzubinden.

Praxisbeispiel

In einem ersten Schritt ist gezeigt worden, dass die PAS auch in dem Bereich Bildungscontrolling angewendet und als Leitfaden eingesetzt werden kann. Wie die Implementierung in der Praxis erfolgen kann, wird an dem nachfolgenden Beispiel des Prozess-Controlling gezeigt: der Einsatz der zur Verfügung stehenden Ressourcen, die in einem Unternehmen für die Durchführung einer konkreten Bildungsmaßnahme zur Verfügung stehen, sollen untersucht werden.

Dieser Prozess ist dem Bereich Prozess-Controlling zuzuordnen und lässt sich mit der Kategorie *Durchführung* einer Bildungsmaßnahme – insbesondere mit dem Prozess *Aktivitäten* (ID 6.2) – beschrieben. Dazu müssen in einem nächsten Schritt die jeweiligen Elemente wie folgt spezifiziert werden:

1. ID: Der Prozess wird hier eindeutig alphanumerisch mit 6.2 identifiziert
2. (Prozess-)Kategorie: Die übergeordnete Prozesskategorie ist die Durchführung
3. Prozess: Der Prozessname ist hier mit Aktivitäten in dem Referenzmodell vorgegeben.
4. Beschreibung: Es wird näher festgelegt, dass der hier beschriebene Prozess die Lern-, Unterstützungs- und Transferaktivitäten untersucht.

5. Beziehung: In diesem Zusammenhang sind für das Prozess-Controlling die Prozesse *1.4* (Bedarfsanalyse), *2.2* (Analyse der personellen Ressourcen) sowie *6.3* (Überprüfung von Kompetenzniveaus) von Bedeutung. Durch die Bedarfsanalyse und die Analyse der personellen Ressourcen sind konkrete Teilnehmer einer konkreten Bildungsmaßnahme zugeordnet worden. Daraus können sich beispielsweise verschiedene Kostensätze ergeben und auch die zu erwartenden und zu überprüfenden Kompetenzniveaus können verschiedene monetäre Auswirkungen zeigen.
6. Teilaspekte: Die für den Prozess relevanten Teilaspekte sind hier *Lernaktivitäten*, insbesondere zeitliche Inanspruchnahme der Teilnehmer wie *Vor- und Nachbereitungszeit*.
7. Ziel: Von besonderer Relevanz ist die Definition der Ziele, die mit der Durchführung des Prozesses erreicht werden sollen. Unter den spezifischen Aspekten des Bildungscontrollings ist die Messung und Bewertung ein zentrales Moment, so dass hier eine transparente Darstellung der Kosten im Vordergrund stehen soll, die zur möglichst genauen Abschätzung von Kosten und Personalaufwand beitragen kann. Ein konkretes Ziel wäre hier die Messung der Ausfallkosten.
8. Methoden: Das Element Methoden bekommt bei der Anwendung auf den Bereich des Bildungscontrolling eine besondere Bedeutung. Die in der Spezifikation dargestellten Methoden stellen exemplarisch einzusetzende Methoden und Instrumente für den jeweiligen Prozess im Allgemeinen dar. Für das Bildungscontrolling sind die konkreten Instrumente entscheidend, aus denen dann ausgewählt werden muss. Ein Überblick über spezifische Instrumente und ihre Zielsetzung wie beispielsweise Ausfallkostensätze, Bildungsrenditen oder spezifische Kennzahlen findet sich bei Pawlowski/ Teschler (2004). In Abstimmung mit dem hier gewählten Ziel kann der Ausfallkostensatz ausgewählt werden, der sich insbesondere auf die personellen Ressourcen bezieht. Mit dem Kostensatz lassen sich Arbeitsausfallkosten ermitteln, die durch die Teilnahme an einer Fortbildungsmaßnahme entstehen. Der Ausfallkostensatz je Stunde lässt sich berechnen, indem die Summe aus Jahresentgelt und Sozialkosten durch das Produkt aus den durchschnittlichen Jahresarbeitstagen und der täglichen Arbeitszeit dividiert wird.
9. Ergebnis: Die Ermittlung der monetären *Ausfallkosten* der personellen Ressourcen. Dazu kann eine Übersicht über die Lernaktivitäten erstellt werden.
10. Aktor: Das sind hier die Teilnehmer der Bildungsmaßnahme sowie der Dozent selbst, sofern dieser intern durch das Unternehmen gestellt wird und insbesondere der Bildungscontroller selber.
11. Kriterien: Es sind zunächst Kriterien bzw. Indikatoren festzulegen, auf Basis derer eine Überprüfung der Zielerreichung durchgeführt und eine Bewertung des Prozesses vorgenommen werden kann. Die im Anhang der PAS aufgeführten Kriterien lassen sich nur bedingt in den Bereich des Bildungscontrollings übertragen und müssen situationsspezifisch formuliert werden. In dem konkreten Beispiel hat das Bildungscontrolling die Auflage, zu überprüfen, dass nicht mehr als 2 % der Personalkosten für Ausfallkosten ausgegeben werden.

12. Das Unternehmen hat für das Bildungscontrolling Leitlinien entworfen, die auch für den Prozess Aktivitäten einzuhalten sind.

Die nachstehende Abbildung gibt einen Überblick über den beschriebenen Prozess der Aktivitäten in der Prozesskategorie Durchführung:

ID	Kategorie	Prozess	Beschreibung	Beziehung
6.2	Durchführung	Aktivitäten	Lern-, Unterstützungs- und Transferaktivitäten	1.4; 2.2, 6.1

Teilprozesse Aspekte	Lernaktivitäten
	Vor- / Nachbereitungszeit
Ziel	transparente Darstellung und Identifizierung von Kosten / Personalaufwand
Methoden	Kostenanalysen, Ausfallkostenanalyse
Ergebnis	transparente Kostenübersicht; Übersicht der Lernaktivitäten
Aktor	Interner Bildungsanbieter, Teilnehmer der Bildungsveranstaltung, Bildungscontroller
Bewertung / Kriterien	Ausfallkosten < 2% der Personalkosten
Verweisungen	interne Richtlinien für das Bildungscontrolling

Abb. 81: Exemplarische Spezifizierung des Prozess Aktivitäten

Bewertung des Einsatzes

Der entscheidende Vorteil der PAS 1032-1 besteht darin, ein standardisiertes Vorgehen bei der Einführung und Umsetzung von Qualitätsmanagement und Qualitätssicherung in der Aus- und Weiterbildung zu unterstützen. Hier wurde gezeigt, dass das Prozessreferenzmodell auch für ein vollständig integriertes Bildungscontrolling für alle relevanten Prozesse eingesetzt werden kann. Die PAS 1032-1 stellt dazu einen Orientierungsrahmen für folgende Arten der Unterstützung bereit und bietet insbesondere für einzelne Prozesse des Bildungscontrolling folgende Vorteile:

Im Allgemeinen können organisationsinterne Prozesse bei der Planung, Messung, Steuerung und Evaluation von Bildungs- bzw. Controllingprozessen identifiziert und beschrieben werden. Dabei wird eine Umstrukturierung und Reorganisation der bisherigen organisationsinternen Prozesse anhand der im Referenzmodell aufgeführten Definitionen unterstützt, Ebenso kann eine ausführliche Dokumentation dieser Prozesse während der Umsetzung und Durchführung vorgenommen werden.

Im Speziellen unterstützt die Prozessbeschreibung beispielsweise das Bedarfs- und Prozess-Controlling durch die Planung und Durchführung der Bedarfsanalyse und der Anforderungsermittlung. Fokus im Output-Controlling ist die Messung und Dokumentation des Lernerfolgs. Insbesondere wird hier durch die Elemente *Ziel* und *Bewertung / Kriterien* eine systematische Grundlage geschaffen, die Messung festzulegen und damit transparent und nachvollziehbar zu gestalten

Die PAS 1032-1 stellt zusammenfassend also einen Orientierungsrahmen für folgende Arten der Unterstützung bereit:

1. Unterstützung des Bedarfs- und Prozess-Controlling durch die Planung und Durchführung der Bedarfsanalyse und der Anforderungsermittlung.
2. Identifizierung und Auswahl der organisationsinternen Prozesse bei der Planung, Messung, Steuerung und Evaluation von Bildungs- bzw. Controllingprozessen.
3. Definition und Darlegung dieser organisationsinternen Prozesse
4. Umstrukturierung und Reorganisation der bisherigen organisationsinternen Prozesse anhand dieser Definitionen
5. Dokumentation dieser organisationsinternen Prozesse während der Umsetzung und Durchführung
6. Überprüfung dieser organisationsinternen Prozesse und Vergleich zwischen Darlegung und Dokumentation
7. Etablierung und Umsetzung von prozessorientierter Evaluation und Bildungscontrolling in der Aus- und Weiterbildung

Somit unterstützt die PAS 1032-1 das Bildungscontrolling als Leitfaden und Orientierungshilfe, aber auch zur Unterstützung der Implementierung.

Fazit / Ausblick

Mit der PAS 1032-1 liegt eine Spezifikation vor, die in vielfacher Hinsicht Unterstützung bei der Einführung und Umsetzung eines übergreifenden Qualitätsmanagements leistet. Die Fragestellung des vorliegenden Beitrags lautete, ob die PAS 1032-1 auch für das Bildungscontrolling anwendbar und nutzbar ist. Es konnte nachgewiesen werden, dass sich das DIN-Referenzprozessmodell der PAS 1032-1 eignet, alle Prozesse des Bildungscontrollings abzubilden. Damit ist ein offener Orientierungsrahmen gegeben, der auf die organisationsspezifische Situation angepasst werden kann und durch sein strukturiertes Beschreibungsmodell die vollständige Beschreibung aller Bildungscontrollingprozesse erleichtert. Zusätzlich wurde exemplarisch anhand des Prozesses *Aktivitäten* die Anwendung und Adaption des DIN-Referenzprozessmodells für das Bildungscontrolling vorgenommen. Bei der abschließenden Bewertung konnten vielfältige Vorteile identifiziert werden, speziell eignet sich die prozessorientierte Sichtweise der PAS 1032-1 insbesondere dazu, sowohl operatives als auch strategisches Bildungscontrolling zu unterstützen.

Zukünftig gilt es, durch die Entwicklung von Profilen, Vorgehensmodellen und Leitfäden die Anwendung und Adaptation des DIN-Referenzprozessmodells auf unterschiedliche Branchen und Anwendungssituationen voranzubringen. Eine besondere Herausforderungen liegt in der adäquaten Bereitstellung und Auswahl von relevanten Methoden, Instrumenten, Kriterien und Kennzahlen,. Hier konnte anhand der exemplarischen Anwendung das allgemeine Vorgehen aufgezeigt werden, mit dem die PAS 1032-1 für das Bildungscontrolling genutzt werden und eine umfassende strukturierte Hilfe bieten kann.

Literatur

Bruhn, M. (2004): Qualitätsmanagement für Dienstleistungen. Grundlagen, Konzepte, Methoden; Springer: Berlin, Heidelberg, New York.

Decker, F. (1995): Bildungsmanagement für eine neue Praxis. Lernprozesse erfolgreich gestalten, pädagogisch und betriebswirtschaftlich führen, budgetieren und finanzieren; AOL-Verlag: Lichtenau.

DIN Deutsches Institut für Normung e. V. (Hg.) (2004): PAS 1032-1: Aus- und Weiterbildung unter besonderer Berücksichtigung von e-Learning — Referenzmodell für Qualitätsmanagement und Qualitätssicherung — Planung, Entwicklung, Durchführung und Evaluation von Bildungsprozessen und Bildungsangeboten; Beuth: Berlin.

DIN Deutsches Institut für Normung e.V. (Hg.) (2005): e-Learning. Qualitätssicherung und Qualitätsmanagement im e-Learning; Beuth: Berlin 2005 (im Druck).

Ehlers, U.D. / Schenkel, P. (2005): "Bildungscontrolling im E-Learning. Eine Einführung", in: Ehlers, Ulf-Daniel/ Schenkel, Peter (Hg): Bildungscontrolling im E-Learning - Erfolgreiche Strategien und Erfahrungen jenseits des ROI; Springer: Berlin, 1-13.

Pawlowski, J. M. / Teschler, S. J. (2005): "Qualitätsmanagement und Bildungscontrolling", in: Ehlers, Ulf-Daniel/ Schenkel, Peter (Hg): Bildungscontrolling im E-Learning - Erfolgreiche Strategien und Erfahrungen jenseits des ROI; Springer: Berlin, 175-186.

Seeber, S. (2000): "Stand und Perspektiven von Bildungscontrolling", in: Seeber, Susan/ Krekel, Elisabeth M./ Buer, Jürgen van (Hg.): Bildungscontrolling: Ansätze und kritische Diskussion zur Effizienzsteigerung von Bildungsarbeit; Peter Lang: Frankfurt/Main, 19-50.

Seibt, D. (2005): "Controlling von Kosten und Nutzen betrieblicher Bildungsmaßnahmen", in: Ehlers, Ulf-Daniel/ Schenkel, Peter (Hg): Bildungscontrolling im E-Learning - Erfolgreiche Strategien und Erfahrungen jenseits des ROI; Springer: Berlin, 35-53.

Weiss, R. (2000): Wettbewerbsfaktor Weiterbildung - Ergebnisse der Weiterbildungserhebung der Wirtschaft; Deutscher Instituts-Verlag: Köln.

Bildungscontrolling bei der Nordland Papier GmbH

Wiebke Albers

Die Zeiten haben sich geändert: Hauptaufgabe der Personalarbeit liegt nicht mehr in der möglichst günstigen Beschaffung von Ressourcen, sondern vielmehr in der maximalen Nutzung und Entwicklung der Mitarbeiter. Die Folge ist oftmals ein Anstieg der Personalentwicklungskosten, dem häufig kein qualifizierbarer Nutzen gegenübersteht. Bildungsnutzen kann durch Bildungscontrolling gemessen und gesteuert werden. Bildungscontrolling gilt schon seit Mitte der 90er Jahre als geeignetes Verfahren, um Effizienz und Effektivität in der betrieblichen Weiterbildung nachzuweisen. Viele Unternehmensvertreter kennen den theoretischen Hintergrund von Bildungscontrolling, scheitern aber an der Implementierung. In den meisten Unternehmen ist die Abfrage der Teilnehmerzufriedenheit nach der Rückkehr aus dem Seminar ein Bestandteil im Weiterbildungsprozess, doch zur weiteren Vorgehensweise fehlen sowohl personelle wie auch zeitliche Ressourcen. Die Nordland Papier GmbH investiert jährlich stark in die Weiterbildung und Personalentwicklung ihrer Mitarbeiter. Seit ca. zwei Jahren wird verstärkt an der Implementierung der verschiedenen Ebenen des Bildungscontrollings gearbeitet. In den nachstehenden Ausführungen sind diese einzelnen Ebenen aufgelistet.

Bildungsbedarfsermittlung

Der Bildungsbedarf ergibt sich zum einen aus den jährlichen Entwicklungsgesprächen und zum anderen aus der jährlich durchgeführten Weiterbildungsbudgetplanung.

Entwicklungsgespräche

Einmal jährlich finden im Rahmen des PPR's (Personal Performance Review) die Entwicklungsgespräche mit ca. 200 zu beurteilenden Personen statt. Zum Teil werden die Ergebnisse der Gespräche mit Hilfe einer Software archiviert und sind stets abrufbar. Die restlichen Gespräche werden schriftlich in einem Formblatt festgehalten. In diesen Gesprächen sind die Soll-Anforderungen an die Mitarbeiter mit dem Ist-Zustand zu vergleichen. Der sich daraus ergebende Entwicklungsbedarf wird schriftlich fixiert und an die Personalabteilung geleitet. Zusammen mit den Vorgesetzten werden aus den ermittelten Bedürfnissen Maßnahmen abgestimmt und für die beurteilten Personen geplant. Der Soll-Ist-Vergleich kann zudem mithilfe der Software über ein Profile Matchup ermittelt werden. Hier werden die eingegebenen Ist-Zustände mit den Soll-Anforderungen an das job profile verglichen. Die gap's werden von der Software angezeigt und mögliche Maßnahmen zum Abbau der Abweichung ermittelt.

Weiterbildungsbudgetplanung

Die Budgetplanung findet jährlich im September für das darauf folgende Jahr statt. Jeder Abteilungsleiter plant für die jeweilige Kostenstelle die Bildungsmaßnahmen für das kommende Jahr. Diese Planung erfolgt stark bedarfsorientiert. Die Verteilung der Bildungsmaßnahmen nach dem "Gießkannenprinzip" wurde durch die Sensibilisierung der Vorgesetzten abgebaut. Die Abteilungsleiter planen gemeinsam mit den Weiterbildungsverantwortlichen der Personalabteilung die Bildungsmaßnahmen. Dazu erhalten sie ein Formblatt, in dem sie die Maßnahmen eintragen. Die Kosten werden gemeinsam mit den Weiterbildungsanbietern und der Personalabteilung ermittelt. Die Planung wird dabei zwischen internen und externen Maßnahmen unterschieden. Unter internen Weiterbildungsmaßnahmen werden dabei alle Maßnahmen verstanden, die speziell für das Unternehmen organisiert werden. Nordland Papier entwickelt gemeinsam mit den Weiterbildungsanbietern ein speziell auf die Bedürfnisse zugeschnittenes Seminar. Die Maßnahmen finden entweder in den Räumlichkeiten des Unternehmens oder in einer nahen Bildungsstätte statt. Externe Weiterbildungsmaßnahmen sind so genannte "offene" Seminare, die durch Ausschreibungen seitens der Anbieter publik gemacht werden. Diese finden außerhalb von Nordland Papier statt. Zudem wird bei der Planung zwischen verschiedenen Kostenarten unterschieden. Es gibt folgende Weiterbildungskostenarten bei Nordland Papier:

6 000 000:	Kosten, die speziell für Auszubildende anfallen, wie z. B. die Ausbildungskosten für die Papiermacher-Auszubildenden im Papierzentrum in Gernsbach
6 000 680:	Interne Bewirtungskosten für Schulungen
6 001 000:	Externe Schulungskosten (Teilnahmegebühr, Unterbringung des Teilnehmers etc.)
6 003 000:	Reisekosten für Schulungen
6 005 000:	Kosten für Schulungsmaterialien
6 006 800:	Interne Schulungskosten (Honorar für Referenten, Unterbringung, etc.)

In der Budgetplanung werden verschiedene Kostenarten zusammengefasst. Das Formblatt für diese Planung sieht wie folgt aus:

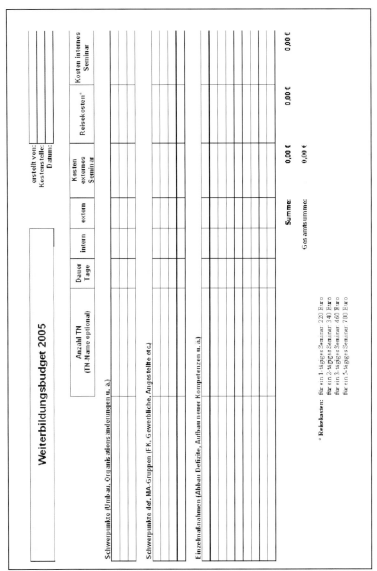

Abb. 82: Template Budgetplanung

Die gesamte Planung wird im Abschluss an die Geschäftsleitung zur Freigabe gegeben und anschließend an das Controlling weitergeleitet.

Die einzelnen Weiterbildungsmaßnahmen werden auf einer Vormerkliste hinterlegt. Die Maßnahmen, die im Budget geplant wurden, werden seitens der Personalabteilung organisiert, und die Teilnehmer werden über Termine, Schulungsorte etc. informiert. Die Anmeldung der Teilnehmer erfolgt stets über die Vorgesetzten. Im Laufe des Weiterbildungsjahres wird kontinuierlich auf die Einhaltung des Budgets geachtet.

Kostencontrolling

Wie bereits im obigen Abschnitt erläutert, werden alle Weiterbildungskosten kostenstellenspezifisch geplant. Alle Kosten, die aufgrund einer Weiterbildungsmaßnahme entstehen, werden auf Kostenarten verteilt und den Kostenstellen zugeordnet. Durch diese Zuordnung bleibt es nachvollziehbar, welche Kosten zu welchen Maßnahmen und letztendlich für welchen Mitarbeiter entstanden sind.

Es werden bei den Maßnahmen alle Kosten hinterlegt, die durch Belege nachweisbar sind. Kosten wie Lohnausfallkosten werden in internen Statistiken hinterlegt. Dazu wurde ein Lohndurchschnittsatz ermittelt. Durch diesen Satz können die Lohnausfallkosten der Teilnehmer, aber auch der Mitarbeiter, die als Referenten fungiert haben, nachgewiesen werden.

Die Kosten für die einzelnen Weiterbildungsmaßnahmen sind nicht zuletzt durch die Budgetplanung bereits im Vorfeld bekannt. Dieses ist sehr wichtig, um das Committment der Vorgesetzten für die Weiterbildung zu verstärken. Sie können einschätzen, wie die Weiterbildungsmaßnahmen kostenmäßig anfallen.

Im den vergangenen Jahren stand die Nordland Papier GmbH speziell bei internen Weiterbildungsmaßnahmen vor dem Problem, dass häufig kurzfristig die Teilnehmer von den Seminaren abgesprungen oder erst gar nicht zum Kursbeginn erschienen sind.

Daraufhin wurde vor eineinhalb Jahren die Richtlinie zur "Kostenweiterbelastung trotz Nichtteilnahme" eingeführt. Diese beinhaltet, dass bei einer Teilnahmestornierung unter vier Wochen vor Seminarbeginn, die Kosten weiterhin der Kostenstelle belastet werden.

Ausnahmen der Regelungen treten in Kraft, falls ein Mitarbeiter von der Warteliste nachrückt oder der Teilnehmer für Ersatz sorgt. Die kurzfristigen Absagen haben durch diese Regelung stark abgenommen.

Transfersicherung

Die Transfersicherung bei Nordland Papier gliedert sich in drei Abschnitte: Transfersicherung vor, direkt nach und drei Monate nach der Maßnahme. Folgender Ablauf findet statt:

1. Abschnitt:

Vier Wochen vor Schulungsbeginn erhalten die Teilnehmer einen Fragebogen zur Transfervorbereitung. Dieser wird mit Hilfe einer Datenbank per Mail verschickt. Der Teilnehmer kann mit einfachem Mausklick und relativ wenig Zeitaufwand den Bogen ausfüllen. Dieser wird in der Datenbank gesammelt und ist seitens der Personalabteilung stets verfüg- und auswertbar. In diesem Fragebogen wird der Teilnehmer nach seinen Erwartungen und Zielen an die Maßnahme gefragt. In einer weiteren Frage beantwortet er, ob er mit seinem Vorgesetzten über diese gesprochen hat. Für Anmerkungen seitens des Teilnehmers und des Vorgesetzten steht entsprechender Platz zur Verfügung.

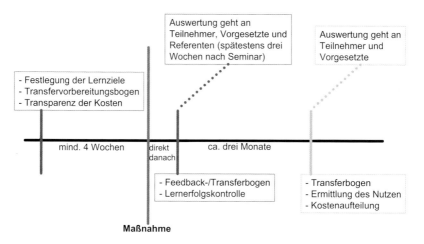

Abb. 83: Schematische Prozessdarstellung

Der Vorgesetzte erhält gleichzeitig die Information, dass der Mitarbeiter einen solchen Fragebogen bekommen hat und wird darauf hingewiesen, mit dem Mitarbeiter über die Erwartungen und Ziele an die Maßnahme zu sprechen. Auch vom Mitarbeiter wird im Fragebogen erwartet, mit dem Vorgesetzten über die Schulung zu sprechen.

Eine Auswertung dieser Fragebögen erhält der Referent, um sich noch optimaler auf die Erwartungen und Ziele der Teilnehmer an die Schulung einstellen zu können. Die Lernziele werden vom Referenten in Zusammenarbeit mit der Personalabteilung festgelegt und formuliert.

2. Abschnitt:

Am Tag der Rückkehr des Teilnehmers nach dem Seminar an seinen Arbeitsplatz, erhält der Teilnehmer einen Fragebogen. Auch hier wird der Vorgesetzte darüber informiert, dass der Bogen verschickt wurde. Wieder werden sowohl Teilnehmer als auch Vorgesetzte auf die Notwendigkeit des Rückkehrgesprächs hingewiesen. Der Fragebogen direkt nach der Maßnahme enthält Fragen zu:

- Erwartungserfüllung
- Dauer der Maßnahme
- Teilnehmerniveau
- Teilnehmerzahl
- Lernziele
- Teilnehmerunterlagen
- Referent
- Praxisbezug
- Transferhindernisse
- Unterstützung des Vorgesetzten bei der Umsetzung der Inhalte
- Gesamtbeurteilung
- Weiterempfehlung

Auch hier muss der Teilnehmer die Frage beantworten, ob ein Rückkehrgespräch mit dem Vorgesetzten stattgefunden hat. Wieder steht Platz für Anmerkungen und Kommentare zur Verfügung.

Die Auswertung dieses Fragebogens wird an den Teilnehmer, dessen Vorgesetzte sowie an den Referenten verteilt. Die Personalabteilung analysiert das Feedback und leitet gegebenenfalls Maßnahmen ein, um die Schulung auch noch im Nachhinein zu optimieren. Dies können folgende Maßnahmen sein:

- Abbau von Transferhindernissen in Zusammenarbeit mit den Vorgesetzten
- Gespräch mit dem Referenten über die Seminarinhalte
- Optimierung der Teilnehmergruppe für Folgeseminare
- Organisation von Follow-up-Maßnahmen oder Coachings

3. Abschnitt:

Bei überfachlichen Seminaren erhält der Teilnehmer drei Monate nach der Maßnahme erneut einen Fragebogen. Wiederum wird der Vorgesetzte informiert. Der Teilnehmer wird zum rückblickenden Gesamtnutzen inkl. Beurteilung der einzelnen Lerninhalte befragt. Zudem können Hindernisse bei der Umsetzung des Erlernten sowie die Notwendigkeit von Folgemaßnahmen hinterlegt werden.

Die zu beurteilenden Lerninhalte sind identisch mit denen aus dem Fragebogen direkt nach der Maßnahme. Da die Teilnehmer häufig motiviert und "voller Tatendrang" von Weiterbildungsmaßnahmen an den Arbeitsplatz zurückkehren, ist eine solche Beurteilung unumgänglich. Die Teilnehmer sind wieder dem Arbeitsalltag "verfallen" und es ist erst jetzt ersichtlich, wie erfolgreich die Maßnahme war. Die Beurteilung dieses Fragebogens wird mit der Beurteilung des Bogens direkt nach der Maßnahme verglichen. Besonders wichtig ist in diesem Zusammenhang die Frage nach Umsetzungshindernissen sowie nach der Notwendigkeit von Folgemaßnahmen. Die Auswertung wird wieder an die Teilnehmer, dessen Vorgesetzten und den Referenten verteilt. Hier greift wieder die Personalabteilung ein und ermittelt gemeinsam mit den Vorgesetzten und dem Referenten die weitere Vorgehensweise.

Einführung der Transfersicherung bei Nordland Papier

Da keine Erfahrungen in der Transfersicherung vorlagen und der Arbeitsaufwand für diese nicht absehbar war, wurde die Transfersicherung zunächst in einer Pilotabteilung eingeführt und getestet. In dieser Abteilung waren sowohl Angestellte als auch gewerbliche Mitarbeiter tätig.

Nach einer 16-monatigen Testphase wurde die Transfersicherung anschließend auf das gesamte Unternehmen ausgeweitet.

Lernerfolgskontrollen

Ergänzend zu der Transfersicherung werden bei fachlichen Seminaren Lernerfolgskontrollen durchgeführt. Diese Lernerfolgskontrollen werden gemeinsam mit den Referenten erstellt. Es handelt sich hierbei um Multiple-Choice-, Lückentests oder sonstige Kontrollen.

Die Lernerfolgskontrolle wird zu Beginn der Weiterbildungsmaßnahme an die Teilnehmer ausgeteilt. Diese füllen die Tests aus und geben diesen ohne Überprüfung zurück. Kurz vor Ende der Schulung wird der gleiche Test erneut an die Teilnehmer ausgeteilt und wieder ausgefüllt. Dabei können Auswertungen, wie in Abbildung 82 gezeigt, entstehen.

Die Auswertungen werden nun daraufhin analysiert, in wie weit die Teilnehmer- bzw. Zielgruppe für die nächste Maßnahme mit diesen Inhalten optimiert werden muss, d. h. es wird überprüft, warum einige Teilnehmer einen sehr hohen, andere nur einen sehr geringen Lernerfolg haben. Waren die Teilnehmer über- oder unterfordert? Verfügten Sie bereits über die notwendigen Kenntnisse?

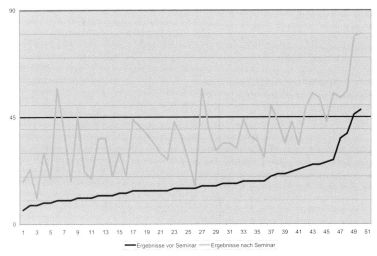

Abb. 84: Auswertungsdarstellung von Nordland Papier

Kennzahlencontrolling

Es werden zwei verschiedene Berichte in regelmäßigen Abständen erstellt. Zum einen der Monatsbericht und zum anderen der Quartalsbericht.
Im Monatsbericht werden folgende Kennzahlen ermittelt:

- Anzahl der Veranstaltungen (intern/extern)
- Anzahl der Teilnehmer (intern/extern)
- Anzahl der Teilnehmer (Fachgebiet der Maßnahme)
- Beteiligungsquote (Prozentualer Anteil der geschulten Mitarbeiter)
- Anzahl der Seminartage (intern/extern)
- Kosten je Veranstaltung (intern/extern)
- Kosten je Teilnehmer (intern/extern)
- Kosten je Teilnehmertag (intern/extern)
- Kosten je Mitarbeiter (intern/extern)

Im Quartalsbericht werden die Schulungsmaßnahmen auf die Unternehmensziele zugeordnet. Die Maßnahmen bei Nordland Papier werden sowohl bedarfs- als auch zielgerecht ausgewählt. Dazu folgendes Beispiel:

Ziel:	Reduzierung der meldepflichtigen Arbeits- und Wegeunfälle
Maßnahmen:	• Fahrsicherheit für PKW • Sicherheitsgerichtetes Anschlagen von Lasten • Arbeitssicherheit für Sicherheitsbeauftragte • Alkohol- und Suchtprävention

Abb. 85: Bedarfs- und Zielzuordnung der Maßnahmen bei Nordland Papier

In diesem Bericht wird eine Übersicht erstellt, welche Maßnahmen welche Ziele unterstützt haben. Der Bericht wird dabei auf die einzelnen Geschäftsleitungsbereiche aufgeteilt.

Learning Scorecard: Bildungscontrolling für zukunftsweisende Lernarchitekturen

Erwin Ihm, Dr. Jörg Sander, Dr. Andreas Närmann

Zukünftige Anforderungen an die Weiterbildung

Radikale Veränderungen der Rahmenbedingungen in Unternehmen beeinflussen das Bildungsmanagement nachhaltig. War es in den vergangenen Jahren stark nach innen gerichtet und von Kostensenkungen dominiert, besticht es jetzt durch den Blick nach vorn: Das Bildungsmanagement trägt dem gestiegenen Innovationsbedarf bei gleich bleibendem Kostendruck Rechnung.

Bildungs- und Personalverantwortliche hinterfragen daher zwangsläufig ihre Weiterbildungsstrukturen und setzen sich mit einer Umorientierung von einem „katalogbasierten" zu einem flexiblen Bildungsmanagement auseinander. Dabei berücksichtigen sie individuelle Anforderungen der Mitarbeiter und passen den Bildungsbedarf den strategischen Zielen des Unternehmens an.

Die neue zentrale Position der Mitarbeiter erfordert eine flexible und personalisierte Weiterbildung. Schließlich sind sie als wesentliches „Kapital" mindestens ebenso bedeutsam wie traditionelle Produktionsfaktoren, z.B. Maschinen und Anlagen. Der "wahre" Wert von Unternehmen misst sich nicht mehr nur an materiellen Unternehmensbestandteilen wie Gebäuden, Anlagen oder Ausrüstungen, sondern zunehmend auch an immateriellen Vermögenswerten, den "Intellectual Assets". Deren Aufbau setzt eine unterstützende betriebliche Weiterbildung und damit die Einführung zukunftsweisender Lernarchitekturen voraus.

In Zukunft wird es darauf ankommen, Mitarbeiter schnell, gezielt und zum Zeitpunkt des Bedarfes in Aufgaben einzuarbeiten und deren Qualifizierungsniveau dauerhaft sicher zu stellen.

Weiterhin gilt es, die Weiterbildung inhaltlich und organisatorisch in das gesamte Human-Resources (HR)- Framework zu integrieren.

Ziel ist es, Ergebnismessung, Fähigkeiten, Kompetenzen und HR-Kernprozesse inhaltlich aufeinander abzustimmen. Auf diese Weise integrierte HR-Arbeit kann einen signifikanten Beitrag zum Wert des Unternehmens liefern.

Veränderungen des Produkt- und Wettbewerbsumfeldes bringen auch veränderte Anforderungen an die Qualifizierung mit sich. Im Rahmen eines von der Telekom Business Academy initiierten Firmennetzwerks „Lernarchitektur" mit Weiterbildungsexperten großer deutscher Unternehmen wurden signifikante Trends und deren Folgen für die Weiterbildung herausgearbeitet.

Eine generelle Schlussfolgerung hieraus ist, dass sich Mitarbeiter zukünftig schneller, gezielter und zum Zeitpunkt des Bedarfes für Aufgaben qualifizieren bzw. in diese einarbeiten müssen.

Trend	Folgen für die Qualifizierung
Mehrwert durch Serviceorientierung und Dienstleistung	• Qualifizierte und motivierte Mitarbeiter sind die Grundlage für Mehrwert • Notwendigkeit integrierter, aufeinander abgestimmter HR-Systeme: Recruiting & Stellenbesetzung, Qualifizierung, Karrierepfade, Vergütung & Benefits
Schnellere Produktzyklen, steigende Produktkomplexität	• Mitarbeiter müssen öfter und schneller neue Inhalte lernen • Gelerntes wird auf Return on Investment (ROI) geprüft: Trainingseffekte müssen nachweisbar sein und Gelerntes aktiv eingefordert werden • Wandel vom Spezialisten weg hin zur breiteren Basiskompetenz: konzeptionelles und lösungsorientiertes Können vermitteln, „Lernen lernen" • Qualität der Teamarbeit fördern, d.h. verbesserte Kommunikation, Teamgeist: „alle für einen – einer für alle"
Kürzere Verweildauer der Mitarbeiter auf Positionen	• spezifisch auf den Mitarbeiter ausgerichtete, kurze, zeitnahe Bildungssequenzen; schnelle Basisqualifizierung • Mehr problembezogenes, „akutes" Lernen z.B. informell durch Kollegen oder formell durch Coaches

Abb. 86: Trends und Folgen für Qualifizierung

Eine Folge der genannten Trends und Entwicklungen ist, dass Anforderungen an Mitarbeiter und Weiterbildungsverantwortliche im Unternehmen sich verändern:

Der Mitarbeiter selbst soll in der Lage sein, sich schnell in neue Aufgaben- und Themengebiete einarbeiten zu können. Dafür braucht er eine breitere Basiskompetenz, höhere Flexibilität für neue Anforderungen und eine verbesserte Lern- und Sozialkompetenz.

Für die Führungskraft wird Lernen zur Chefsache: Fördern, fordern, motivieren zum Lernen und nachhalten der arbeitsrelevanten Ergebnisse der Qualifizierung gehören zu den zukünftigen Kernaufgaben, um die Wertschöpfung im Unternehmen sicher zu stellen.

Das Lern-Management, die für die Organisation des Lernens zuständige Organisationseinheit, wird das Lernangebot stärker modularisieren. Weiterhin wird das informelle Lernen, welches nach internen Studien mehr als 80% des gesamten Lernens ausmacht, stärker gefördert und unterstützt. Schließlich geht es auch darum, die Anerkennung des Lernens als Wertschöpfungsfaktor im Unternehmen sicher zu stellen.

Die Unternehmensführung steht in der Verantwortung, die Weiterentwicklung der Lernarchitektur zu betreiben und für deren Integration in die übrigen HR-Prozesse zu sorgen, also dem Bereichsdenken entgegen zu wirken.

Eine diesen Anforderungen gerecht werdende Lernarchitektur gliedert sich in fünf Bausteine, deren Inhalte hier exemplarisch aufgeführt werden:

1. **Mitarbeiter befähigen**: Breitere Basis-, Lern und Sozialkompetenz. Fähigkeit, das eigene Lernen bewusst zu planen und zu steuern.
2. **Methoden weiterentwickeln**: Modulare, kurze, bedarfsgerechte Einheiten. Regelmäßiges persönliches Kurz-Coaching am Arbeitsplatz. Stärkere Verknüpfung der Trainingsinhalte mit der täglichen Arbeitspraxis.
3. **Führungssysteme anpassen**: Qualifizierung der Mitarbeiter als Kern-Führungsaufgabe. Vereinbarungen über Kompetenzziele statt des Besuches von Seminaren. Kompetenz-Ziele und Planung auch auf der Ebene der von der Führungskraft betreuten Organisationseinheit.
4. **Infrastruktur ausbauen**: Im Intranet zugängliche Lerninhalte. Stabiles und einfach zu bedienendes Learning Management System. Intranet optimiert für die schnelle Auffindbarkeit von Informationen.
5. **Ergebnisse messen**: Individuelles Controlling der Maßnahmen (Evaluation) und Controlling auf der Ebene des Unternehmens (Bildungscontrolling). Fokus der Evaluation auf Nutzen für die Praxis und Umsetzung in die Praxis.

Die genannten Bausteine sind in eine Lernkultur/Unternehmenskultur eingebettet, welche Lernen und kontinuierliche Entwicklung der Mitarbeiterkompetenzen als selbstverständliche Elemente praktiziert.

Die bisher diskutierten Ansätze zur Architektur des Lernens in zukunftsorientierten Unternehmen wurden in einem Modell zusammengefasst.

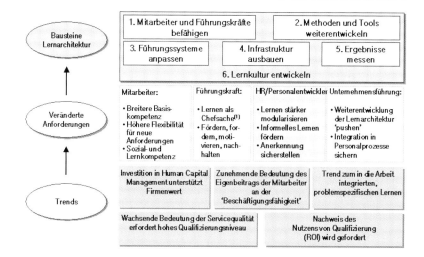

Abb. 87: Lernarchitektur - Trends, veränderte Anforderungen und Bausteine

Bildungscontrolling mit der Learning Scorecard

„Ergebnisse messen" ist einer der zentralen Bausteine einer Lernarchitektur und umfasst sowohl das individuelles Controlling der Maßnahmen (Evaluation) als auch das Controlling auf der Ebene des Unternehmens (Bildungscontrolling).

Die Frage nach dem Wertschöpfungsbeitrag der Personalentwicklung spielt dabei eine immer größere Rolle. Die Bildungsverantwortlichen werden verstärkt mit Fragen hinsichtlich des Beitrages der Weiterbildung zum Erfolg des Unternehmens konfrontiert. Typische Fragen mit denen die Verantwortlichen aus der Personalentwicklung konfrontiert werden (und die sie schon lange nicht mehr hören können), sind:

- „Wozu braucht unser Unternehmen so viel Weiterbildung?"
- „Was kostet die Weiterbildung?"
- „Welchen Nutzen hat die Weiterbildung?"
- „Welche Weiterbildungsmaßnahmen sind für unser Unternehmen wichtig?"
- „Wie lassen sich Bildungskosten einsparen?"
- „Welchen Wertschöpfungsbeitrag leistet die Personalentwicklung?"

Hier taucht für die Personalverantwortlichen ein ernstes Problem auf: Häufig beschränkt sich das Bildungscontrolling auf das „Kontrollieren" und damit auf eine – häufig umfassende und mit viel Aufwand getriebene - Ansammlung von Kennzahlen zur betrieblichen Weiterbildung, z.B. Schulungsumfang pro

Mitarbeiter oder Gesamtkosten für die Weiterbildung. Diese Kennzahlen sorgen für eine gewisse Orientierung und können damit die Grundlage für eine Benchmark-Analyse sein. Der Aussagegehalt ist jedoch gering, denn es werden weder Informationen über das Können und Wissen der Mitarbeiter geliefert noch über den Beitrag der Weiterbildung zum Geschäftserfolg des Unternehmens. Grade für die aktuellen Diskussionen um den Wertschöpfungsbeitrag der Personalentwicklung greifen diese Kennzahlen viel zu kurz.

Die Learning Scorecard (LSC) hat deshalb einen tiefergehenden Ansatz: Sie beinhaltet nicht nur die Entwicklung einer ausgeklügelten Sammlung von Kennzahlen, sondern widmet zudem den Wirkungszusammenhängen innerhalb und zwischen einzelnen Wertetreibern große Aufmerksamkeit. Ziel ist es, eine Sammlung von wenigen Erfolgsfaktoren zu entwickeln, die eine möglichst geschlossene Wirkungskette darstellen und die damit Ansatzpunkte für die Steuerung und Erfolgskontrolle bei der Umsetzung der Unternehmensstrategie aus Sicht der Personalentwicklung bilden. Diese Erfolgsfaktoren werden gemessen.

Die Learning Scorecard ist somit auch eine strategie-orientierte Methode zur Bewertung der Weiterbildungsaktivitäten im Unternehmen, mit der sogar die Ermittlung des Return on Invest (ROI) ermöglicht wird. Bildungscontrolling im Sinne der Learning Scorecard ist ein planungsorientiertes Instrument, mit dem die betriebliche Weiterbildung sowohl ziel- wie auch ergebnisorientiert gestaltet und gesteuert wird. Zielorientiert heißt, dass die Weiterbildung mit der Strategie eines Unternehmens verzahnt wird; ergebnisorientiert bedeutet, dass die betriebswirtschaftliche Ausprägung im Sinne von Renditeüberlegungen neben der pädagogisch-psychologischen Dimension ein größeres Gewicht erhält.

Die Learning Scorecard basiert auf dem erfolgreichen Konzept der Balanced Scorecard (BSC) von Kaplan und Norton. Bei der Learning Scorecard wird das Bildungsmanagement bzw. die Personalentwicklung als eigener Analysebereich betrachtet und damit als strategierelevanter Bereich im Unternehmen positioniert. Das ist ein wesentlicher Unterschied zu vielen Ansätzen, bei denen die Personalentwicklung nur als ein kleines Rädchen im Getriebe der Gesamtstrategie auftaucht. Der Wertschöpfungsbeitrag der Personalentwicklung wird transparent.

Die Konzeption der Learning Scorecard

Die Learning Scorecard unterstützt die Ausarbeitung und Umsetzung des betrieblichen Bildungsmanagements mit dem Ziel, das Bildungsmanagement zukunftsweisend zu gestalten um ein möglichst ganzheitliches, auf das Unternehmen abgestimmtes, Konzept anbieten zu können. Die LSC ist eine Methode für eine effektive und effiziente Gestaltung des Bildungsmanagements und der Bewertung des wirtschaftlichen Nutzens. Abzugrenzen ist Bildungscontrolling von der evaluatorischen Erfolgskontrolle, die sich auf den pädagogischen Erfolg einzelner Qualifizierungsmaßnahmen konzentriert.

In Anlehnung an die Balanced Scorecard gliedert sich die Learning Scorecard in vier Werteebenen (Kunden-, Finanz-, Prozess- und Ressourcenperspektive), denen die Vision der Personalentwicklung / des Bildungsmanagements vorangestellt wird. In der konkreten Ausgestaltung unterscheiden sich Learning Scorecard und Balanced Scorecard jedoch maßgeblich:

- Zunächst geht es um die Klärung der **Vision** des Unternehmens hinsichtlich des Bildungsmanagement. Ist das Lernen selbst- oder bedarfsgesteuert? Steht im Mittelpunkt die Geschäfts- oder die Personalentwicklung? Wird eine Spezialisierung oder eine Generalisierung der Mitarbeiterqualifikation angestrebt? Hat Performanceorientierung oder die Vision eines „Lernenden Unternehmens", hat formelles oder informelles Lernen Vorrang?
- Die **Kundenperspektive** ist das Herzstück der Bildungsmanagement- und E-Learning-Strategie. Lernende werden als Kunden betrachtet. Ihre Anforderung an ein Lernangebot wird ebenso analysiert wie ihre individuelle Performance in punkto Weiterbildung. Ist die betriebliche Weiterbildung als Profit-Center organisiert? Fallen darunter auch externe Kunden, die Bildungsmaßnahmen am Markt nachfragen? Welches sind die wichtigen Zielgruppen für E-Learning im Unternehmen? Wo bietet sich ein E-Learning / Blended Learning etc. überhaupt an? Welche kulturellen Aspekte zur Nutzung von E-Learning sind zu berücksichtigen? Öffnet sich die Zielgruppe grundsätzlich dem Lernen mit elektronischen Medien?
- Die Messlatte in der **Finanzstrategie** liegt hoch und heißt Wirtschaftlichkeit. Die Finanzperspektive hinterfragt: Bringen die Bildungsmanagement-Strategien den erwarteten wirtschaftlichen Erfolg? Welche Budgetvorgaben gelten für das Unternehmen im Rahmen der Bildungsmanagement- bzw. der E-Learning-Strategie? Wurden vereinbarte Budgetvorgaben eingehalten? Wie lauten die Effizienzkriterien? Wer trägt die Verantwortung?
- Die **Prozessperspektive** bildet die Kernprozesse hinsichtlich Bildungsmanagement bzw. E-Learning ab. Welches sind die Kernprozesse in Unternehmen, z.B. Kundenbetreuung, Contenterstellung bzw. Einkauf, Skillmanagement, Veranstaltungsmanagement oder Genehmigungsworkflows?
- Die **Ressourcenperspektive** ist schließlich die Basis der Strategie, das Fundament sämtlicher Weiterbildungsaktivitäten. Zu den Ressourcen gehören die IT-Infrastruktur mit Lernmanagement-System, der Content sowie die Mitarbeiter im Bildungsmanagement. Welche Ressourcen (Mitarbeiter, Content, Technik) werden für eine erfolgreiche E-Learning-Strategie benötigt? Wie kann die Integration mit dem Wissensmanagement erfolgen?

Das zentrale Element der Learning Scorecard sind die Ursache-Wirkungsbeziehungen: Auf jeder Werteebene werden die erfolgskritischen Strategieelemente (sogenannte Wertetreiber) ermittelt. Diese Wertetreiber stehen in einer Ursache-Wirkungsbeziehung. So entsteht ein Beziehungsgeflecht. Die Wertetreiber werden für jedes Unternehmen individuell festgelegt und divergieren stark. Gleiches gilt für das Beziehungsgeflecht. Wichtig ist zum Beispiel, ob Bildungsmanagement als Cost Center oder Profit Center betrieben wird. Ist

Bildungsmanagement als ein Cost Center organisiert, so ist die Kundenstrategie die ausschlaggebende Strategie, bei einem Profit Center die Finanzstrategie.

Jedem Wertetreiber werden aus der Learning Scorecard klare Ziele mit eindeutigen Kennzahlen zugeordnet. Dabei ist es wichtig, sich auf wenige erhebbare Kenngrößen zu beschränken (ca. 20 Kennzahlen für alle Werteebenen).

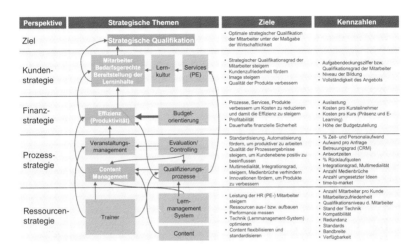

Abb. 88: Beispiel für Ziele und Kennzahlen der Learning Scorecard

Die Praxis der Learning Scorecard

Eine wichtige Kennzahl der Kundenperspektive im Zusammenhang mit E-Learning ist z.B. der Konversionsgrad, der angibt, wie hoch der Anteil von E-Learning Maßnahmen (z.B. CBT, WBT, Virtual Classroom) im Verhältnis zu allen Bildungsmaßnahmen im Unternehmen ist. Kennzahlen können auch qualitativ sein. So kann E-Learning wesentlich zur Neugestaltung der Lernkultur des Unternehmens beitragen. Diese Änderung kann dann z.B. dadurch quantifiziert werden, wie viele Mitarbeiter sich nach der Einführung eines Lernmanagement-Systems über dieses zu Kursen angemeldet haben und wie viele den traditionellen Weg gegangen sind. Natürlich kann die Änderung der Lernkultur auch über Mitarbeiterbefragungen erfasst werden.
Weitere Beispiele für Kennzahlen:

- Kennzahlen der **Kundenperspektive** sind zum Beispiel Kundenzufriedenheit, Kursauslastung und Nutzungsquote, Anteil Veranstaltungen mit elektronischen Elementen (Konversionsgrad), Art und Vollständigkeit des Bildungsangebotes,

Kundentreue oder Image der Weiterbildung im Unternehmen, Lernerfolgsquoten.

- Die **Finanzperspektive** der Learning Scorecard enthält klassische finanzielle Kennzahlen wie Umsatz, Gewinn, Kapitalrendite, Return on Investment, Umsatzwachstum oder Produktivität des Unternehmens und ist vor allem wichtig, wenn das Bildungsmanagement als Profit-Center geführt wird.
- Die Kennzahlen der **Prozessperspektive** lauten zum Beispiel Personalaufwand für Bildungsmanagement bzw. administrative Prozesse, Dauer und Kosten der Schulungsmaßnahmen, Einsparungen durch Ablösung von Altsystemen, Weiterbildungs- und Lernzeiten pro Mitarbeiter/Gesamtunternehmen, Standardisierungsgrad der Bildungsmanagement-Prozesse, Antwortzeiten auf Anfragen oder Rücklaufquoten.
- Als Kennzahlen der **Ressourcenperspektive** sind u.a. Betriebskosten, Kosten für den Content und dessen Aktualisierung sowie Verfügbarkeit und Reichweite der Maßnahmen zu nennen.

Für die ausgewählten Kennzahlen wird eine Scorecard (die eigentliche Learning Scorecard) mit einer genauen Beschreibung erstellt. Wichtig ist es, Wertebereiche festzulegen, in denen die Kennzahl liegen sollte. Ist die Kenngröße nicht mehr im Toleranzbereich, muss die Ursache der Abweichungen untersucht werden, um Gegenmaßnahmen ergreifen zu können. Ansonsten besteht die Gefahr, dass über die Ursache-Wirkungs-Beziehungen die gesamte Bildungsmanagement-Strategie ins Wanken gerät.

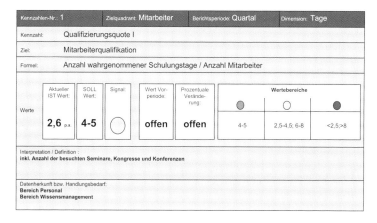

Abb. 89: Beispiel einer Learning Scorecard

Die Learning Scorecard ermöglicht die systematische und strukturierte Formulierung der Bildungsmanagement-Strategie. Alle Aktivitäten werden an der effizienten und effektiven Umsetzung vorgegebener strategischer Ziele konsequent ausgerichtet. Die Kenntnis erfolgskritischer Hebel und

Hebelwirkungen kommt – sofern erforderlich – schnellen Gegensteuerungsmaßnahmen zugunsten eines kontinuierlichen Verbesserungsprozesses zugute. Nicht zuletzt ist die Learning Scorecard ein kennzahlenorientiertes Monitoringinstrument der Bildungsmanagement-Strategie.

In der Learning Scorecard sind eine Reihe wirtschaftlich relevanter Kennzahlen enthalten (z.B. Konversionsgrad, Prozesskosten, Ersatz von Altsystemen, Erreichbarkeiten, Lizenzkosten, Implementierungskosten), die es ermöglichen, mit der Learning Scorecard die Wirtschaftlichkeit der beschriebenen Bildungsmanagement-Strategie in einem Business Case zu bestimmen. Werden verschiedene Szenarien für eine Bildungsmanagement-Strategie entwickelt, so können diese hinsichtlich ihrer Wirtschaftlichkeit miteinander verglichen werden.

Zusammenfassung

Lernarchitekturen stellen einen Eckpfeiler für die Zukunftsfähigkeit von Unternehmen dar. Die Learning Scorecard ist dabei eines der zentralen Elemente, da mit ihr die systematische Planung und Steuerung ermöglicht wird.
Das Besondere an der Learning Scorecard ist:

- Die LSC behandelt sowohl quantitative als auch qualitative Aspekte und ist deshalb besonders gut in den „weichen" Unternehmensbereichen wie der Personalentwicklung einsetzbar, wenn es um „Wissen" und „Können" der Mitarbeiter geht.
- Mit der LSC wird neben der Qualifizierung der Mitarbeiter ein langfristiges Bildungskonzept im Unternehmen implementiert, d.h. die Auswahl der Qualifizierungsmaßnahmen orientiert sich an unternehmerischen Zielen.
- Im Rahmen der Erstellung der LSC findet ein sehr intensiver Diskussionsprozess statt, der erforderliche Akzeptanz für die weitere Umsetzung der Bildungsmanagement- und E-Learning-Strategie schafft.
- Die LSC schafft Klarheit über Ziele und Strategie. Mit der Learning Scorecard werden Bildungsprojekte und E-Learning Projekte von Anfang an strategisch fokussiert und erhalten klare Ziele, die alle management-relevanten Aspekte berücksichtigen.
- Die LSC zeigt die für E-Learning gesamtorganisatorisch wichtigen Bereiche und deckt Fehler der Zusammenarbeit auf, z.B. mit dem Content-Provider oder dem IT-Service.
- Die LSC ist ein Instrument zum übergreifenden Monitoring und Reporting der Zielerreichung der Weiterbildungs-Strategie.

Praxisbericht Vodafone D2:
Die konsequente Ausrichtung der Personalentwicklung als kundenorientierte Business Unit

Dr. Bernd Juckel

„Bildungscontrolling" vom Kopf auf die Füße stellen

In Zeiten eines verschärften Wettbewerbs, der keine heiligen Kühe mehr kennt und alles, aber auch wirklich alles auf den Prüfstand stellt, stehen natürlich auch - und vielleicht sogar besonders - weiche Themen wie Personalentwicklung, Training, Weiterbildung im Fokus der Diskussion. Dass die Verantwortlichen sich damit auseinandersetzen und sich Fragen nach der Sinnhaftigkeit ihres Tuns stellen, ist löblich. Die Antwort scheint gefunden und lautet: Bildungscontrolling. Mir drängt sich allerdings manchmal der Eindruck auf, als ginge es primär darum, Gründe zu finden, unangreifbare, weil zahlenmäßig belegte Argumente zu erhalten, weiter so zu machen wie bisher. Bildungscontrolling also als Waffe in der Auseinandersetzung mit denen, die (scheinbar?) Bewährtes in Frage stellen und Budgets kürzen wollen.

Diese Haltung ist mir zu defensiv, ich möchte die Diskussion offensiv führen mit einem marketing- und vertriebsorientierten Ansatz:

1. Wer sind die Kunden der Personalentwicklung?
2. Was sind die Produkte, die bei diesen Kunden einen Bedarf decken?
3. Welcher Mehrwert wird mit den Produkten erzielt?
4. Werden die Produkte kostenoptimal bereitgestellt?

Ich behaupte, wenn diese Fragen befriedigend beantwortet werden können, ist die rein rechnerische Seite des Bildungscontrollings von nachrangiger Bedeutung. In diesem Sinne verstanden, heißt Bildungscontrolling dann, als erstes die Frage nach der eigenen Daseinsberechtigung zu klären und sich auf ein mehrwertschaffendes Produktportfolio zu fokussieren. Das aber ist gemeint mit: Ausrichtung der

Personalentwicklung als Business Unit. Man könnte auch sagen: unternehmerische Ausrichtung. Nichts anderes macht übrigens ein am Markt agierendes Unternehmen auch: Anbieten von Produkten, für die es Kunden gibt, und das zu wettbewerbsfähigen Preisen. Gerade in Krisenzeiten sind die rigorose Überprüfung und Anpassung des Portfolios sowie konsequentes Kostenmanagement überlebensentscheidend. Im Vorteil ist, wer sich rechtzeitig, d.h. in eher prosperierenden Zeiten fit gemacht hat. Warum sollten Bildungsabteilungen dies nicht ebenso tun?

Im Folgenden möchte ich diese Herangehensweise an praktischen Beispielen erläutern und vertiefen. Damit die Beispiele besser verständlich werden, sollen zunächst einige Fakten über Vodafone D2 und die Personalentwicklungsarbeit dargestellt werden.

Personalentwicklung bei Vodafone D2

Vodafone D2 hat ca. 9.300 Mitarbeiter als sogenannte FTEs (Full Time Equivalent, Stand Dezember 2004). Rechnet man jedoch Teilzeitkräfte, die im Vertrieb und in den Call Centern durchaus verbreitet sind, nach Köpfen, ergeben sich in Summe etwa 11.000 Mitarbeiter, die Adressat von Personalentwicklungsmaßnahmen sind. Die Personalentwicklung ist zentralisiert und deckt alle Themen ab, angefangen von technischem Training über Vertriebstraining, Call Center-Training bis zu Teamentwicklungs-Workshops. Alle Maßnahmen werden verrechnet, hierfür steht den Fachbereichen ein Budget zur Verfügung. Sie sind jedoch angewiesen, Leistungen ausschließlich über die bzw. bei der zentralen Personalentwicklung einzukaufen. Dort liegt die Verantwortung für das komplette Trainingsbudget der Vodafone D2 GmbH.

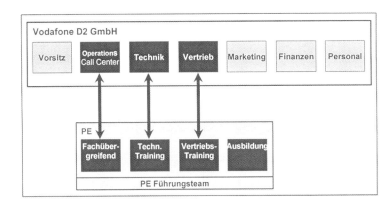

Abb. 90: Hauptkunden der Personalentwicklung

Der Output der Personalentwicklung betrug z.B. im Geschäftsjahr April 2003 bis März 2004 etwa 63.000 Teilnehmertage (1 Seminar à 2 Tage mit 12 Teilnehmern ergibt 2 x 12 = 24 Teilnehmertage.) Dies entspricht durchschnittlich 237 Mitarbeitern, die an jedem Arbeitstag an Trainingsmaßnahmen teilnehmen. Der überwiegende Anteil der Trainings ist outgesourcet, wird also durch externe Trainer durchgeführt. Die fest angestellten PE-Mitarbeiter sind für die „Trainingsprodukte" verantwortlich, d.h. für Grobkonzept, Einkauf und Qualitätssicherung.

Klären der Kundenbeziehung

Wenn man die Frage nach den Kunden der Personalentwicklung etwas überspitzt, gibt es 2 Extreme, auf die man häufig stößt: Extrem 1 stellt die Teilnehmer an Veranstaltungen in den Mittelpunkt und richtet alle Anstrengungen darauf, diese zufrieden zu stellen. Das andere Extrem besteht darin, dass alle Initiativen von der Geschäftsführung oder dem Vorstand ausgehen. („Unser Vorstand will das so…") Nun ist es sicher richtig, beide – Vorstand wie Seminarteilnehmer – in die Überlegungen einzubeziehen. Dennoch reicht diese Betrachtung nicht für die Klärung der Kundenbeziehung.

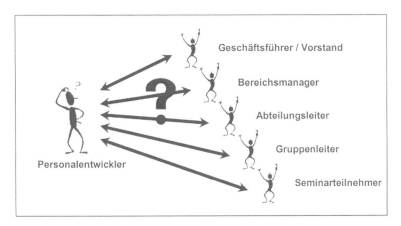

Abb. 91: Klärung der Kundenbeziehung

Bei Vodafone D2 zum Beispiel wird nur ein kleiner Teil aller Seminarveranstaltungen als offenes Angebot ohne festen Auftraggeber entwickelt und bereitgestellt. Zu diesen angebotsorientierten Themen zählen z. B. „Zeitmanagement", „Präsentationstechniken" etc. Der überwiegende Teil jedoch (ca. 70 – 80%) hat einen klaren Auftraggeber, mit dem Ziele, Inhalte, Dauer etc. abgestimmt werden.

Einige Bespiele für Auftraggeber:

- Leiter des IT-Projekts „Releasewechsel SAP" (neue Anforderungen für mehrere Hundert Mitarbeiter)
- Vertriebsmanager, der seinen Vertriebsweg neu ausrichtet mit entsprechenden Veränderungen für die Vertriebsmannschaft
- Abteilungsleiter, der die Produktivität seiner Mitarbeiter durch klare Strukturen und Prozesse erhöhen will

Es ist klar, dass in allen diesen Fällen der Auftraggeber der Kunde der Personalentwicklung ist. Wie kommt nun das Kundenverhältnis zustande? Im Grunde genommen ähnlich wie auf dem freien Markt. Ist der Dienstleister „Personalentwicklung" bekannt und besteht ein Beziehungsnetzwerk, wird der Kunde sich mit seiner Anforderung an ihm bekannte Personen wenden. Damit dies jedoch erst passieren kann, ist die Ausrichtung als Business Unit erforderlich: Die Mitarbeiter der Personalentwicklung müssen wissen, dass sie nicht Dinge als Selbstzweck erledigen, sondern (internen) Kunden eine Dienstleistung erbringen. Diese Philosophie muss aber auch den Fachbereichen gegenüber deutlich geworden sein.

Um die Brücke zum Bildungscontrolling zu schlagen: Die Ausrichtung der Aktivitäten an Kunden und ihren Bedürfnissen ist der erste Schritt zum Bildungscontrolling. Aktivitäten, für die es keine Kunden gibt, sind überflüssig. Bei Aktivitäten, für die es Kunden gibt, kann und muss geklärt werden, ob sie Mehrwert erzeugen.

Beispiel gefällig? Oft äußern Teilnehmer in Seminaren den Wunsch, das Thema in einem Aufbauseminar zu vertiefen (Rhetorik 2, ggfs. auch Rhetorik 3). Oft sind später allerdings die Chefs der Teilnehmer nicht bereit, diese auf Folgeveranstaltungen zu schicken, so dass die kritische Masse nicht zustande kommt. Einfache Lösung: Seminar aus dem Angebot streichen. (Damit tun sich Personalentwickler allerdings oft schwer, da das Thema „doch eigentlich so wichtig ist")

Bereitstellung bedarfsgerechter Produkte

Die Frage: „Wer ist der Kunde?" oder „Gibt es überhaupt einen Kunden für mein Produkt?" ist ein hilfreicher erster Check in der Produktentwicklung. Je genauer diese Frage mit (zunächst potenziellen) Kunden geklärt wird, umso größer ist die Chance, etwas zu liefern, das einen wirklichen Bedarf deckt und damit einen Nutzen für das Unternehmen hat. (Dem liegt natürlich die Annahme zugrunde, dass auch unser Kunde mit seinen Aktivitäten und Zielen etwas tut, was dem Unternehmen nützt.)

Hier sei jedoch vor einer möglichen Falle gewarnt: Der Kunde ist in seinem Fachgebiet der Profi und verantwortlich für seine Zielerreichung. Er ist nicht der

Profi für Personalentwicklung. Es reicht also nicht, ihn zu fragen, was er gern hätte, sondern es geht darum, mit ihm gemeinsam zu klären, welchen Beitrag zu seinen Zielen er sich von der Personalentwicklung verspricht. Daraus die richtigen Produkte abzuleiten und den Kunden zu überzeugen, dass diese Produkte ihn am besten in seinen Zielen unterstützen, ist Aufgabe der Profis für Personalentwicklung. Dies setzt natürlich, nebenbei bemerkt, gute Analyse- und Beratungsfähigkeiten voraus.

Wir sind hier übrigens in der gleichen Situation wie der externe Berater, von dem geradezu erwartet wird, dass er nicht nur Wünsche abfragt, sondern eigenes Knowhow für eine optimale Gesamtlösung einbringt.

Zwei Beispiele mögen das Einbringen des spezifischen PE-Knowhows illustrieren:

- Beispiel 1: IT-Projektleiter für SAP-Releasewechsel: Aus der Sorge heraus, dass es zu Handling-Fehlern kommen könnte, wünscht die Projektleitung möglichst viele und lange Schulungen. Eine genaue Analyse unter Einbeziehung der später zu schulenden Fachbereiche ergibt, dass eine Kombination aus kurzer web-basierter Grundlagenschulung und aufgabenzentriertem Praxistraining zielführender ist und nebenbei die Trainingstage, damit auch der schulungsbedingte Arbeitsausfall um mehr als 50% gesenkt werden.
- Beispiel 2: Abteilungsleiter fordert ein Kommunikationstraining für seine Abteilung an: Bei der Auftragsklärung wird schnell klar, dass es Unklarheiten über Rollen und Verantwortlichkeiten und daraus resultierend Konflikte in der Abteilung gibt. Daraufhin wird – abweichend vom ursprünglichen Kundenwunsch - ein Teamentwicklungs-Workshop geplant und im Anschluss ein Follow-up, um die Umsetzung vereinbarter Maßnahmen zu überprüfen.

In beiden Beispielen ist die Verbindung zum Bildungscontrolling evident: Die Zielsetzung des Kunden wurde geklärt und daraus abgeleitet bedarfsgerechte Lösungen mit dem Kunden abgestimmt. Diese Lösungen haben einen klaren Beitrag zur Zielerreichung geleistet.

Mehrwert und Kundennutzen im Fokus

Etwa jeder 4. Trainingstag wird bei Vodafone D2 für das Training der Vertriebsmitarbeiter genutzt. Insbesondere neue Produkte wie z. B. das Portal Vodafone live! werden dabei vermittelt. Konzeption und Ablauf der Trainings werden in Projektteams, bestehend aus Marketing, Vertrieb und Personalentwicklung, erarbeitet.

Aus dieser Zusammenarbeit haben wir gelernt: Die Kernfrage seitens der Vertriebsverantwortlichen lautet stets: Was hat der Kunde davon? Was ist der

Nutzen der Produkte für den Kunden? In teilweise zähen, aber fruchtbaren Auseinandersetzungen mit den oft eher technologisch orientierten Marketingvertretern werden die Features der Produkte in Vorteile und Nutzen für den Kunden „übersetzt". Rigoros werden dabei Produktmerkmale, die dem Kunden keinen für ihn nachvollziehbaren Nutzen bieten, herausgefiltert. Aus einer produkt- und technikzentrierten Vorgehensweise entsteht so eine kundenzentrierte Vorgehensweise. Im Ergebnis bedeutet das: bessere Verkaufserfolge, schnellere Markterschließung.

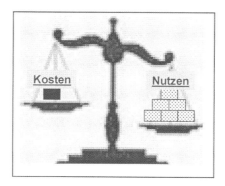

Abb. 92: Nutzen im Vordergrund

Wir haben in der Personalentwicklung gelernt, dass diese Vorgehensweise erfolgreich ist. Auch für die eigenen Produkte ist es hilfreich zu fragen, was der (interne) Kunde davon hat statt die Merkmale zu betonen oder das Produkt aus sich selbst heraus zu begründen.

Dies soll kurz an dem oben bereits erwähnten SAP-Beispiel erläutert werden. Auftraggeber für die Personalentwicklung ist zwar der IT-Bereich, der für das Projekt verantwortlich zeichnet. Von den Schulungsmaßnahmen betroffen sind jedoch in erster Linie die Fachbereiche, die SAP als Anwender einsetzen.

Was sind die Erwartungen des Managements an die SAP-Trainings? Zunächst einmal natürlich, dass ihre Mitarbeiter fit sind in der Anwendung des neuen Releases und eine produktive, fehlerfreie Arbeit sicher gestellt ist. Das bedeutet praxisgerechtes Training mit hohen Lernerfolgen. Andererseits bedeutet Training immer auch Arbeitsausfall und Störung der betrieblichen Abläufe. Hier sind die Erwartungen die, dass diese Beeinträchtigungen so gering wie möglich sind und möglichst wenig Ausfall durch Reiseaufwand entsteht, also die Schulungen standortnah stattfinden.

An diesem Beispiel lässt sich sehr schön der Unterschied aufzeigen. Die herkömmliche „schulungsorientierte" Herangehensweise stellt das Training als solches in den Mittelpunkt und wird Wünsche nach kurzen Trainingszeiten eher als Behinderung empfinden, die eine optimale Schulung erschweren. Eine als Business Unit ausgerichtete Personalentwicklung klärt und orientiert sich an den Erwartungen ihrer Kunden und strebt bei der Lösung den bestmöglichen Kompromiss aller Anforderungen an. (In diesem Beispiel ist die Kundenbeziehung mehrschichtig, da Auftraggeber und zu schulende Fachbereiche nicht identisch sind. Die Interessenlage ist durchaus unterschiedlich, und die Personalentwicklung tritt als Mittler zwischen den verschiedenen „Stakeholdern" auf.)

Um klar zu machen, dass der Nutzen für den Kunden nicht das Produkt selbst ist, soll der Unterschied an einigen weiteren Beispielen herausgestellt werden.

Beispiel „Traineeprogramm für neue Call Center-Mitarbeiter"

In Deutschland sind an mehreren Standorten knapp 2.000 Mitarbeiter im Call Center der Vodafone D2 GmbH beschäftigt. Ihre Aufgabe ist es, Kunden und Interessenten alle Fragen rund um das Thema Mobilfunk zu beantworten, angefangen von der Bedienung des Handy über Tarifinformationen, Fragen zu bestimmten Diensten bis hin zu Rechnungsunklarheiten.

Von den Mitarbeitern wird eine ganze Menge verlangt: Sie müssen sich mit den Produkten des Unternehmens auskennen, verschiedene Anwendungsprogramme beherrschen und – besonders wichtig – freundlich, entgegenkommend, aber auch zielgerichtet Kundengespräche führen, natürlich auch mit schwierigen oder manchmal verärgerten Kunden. In der Regel sind solche derart qualifizierten Mitarbeiter nicht fertig auf dem Arbeitsmarkt zu bekommen.

Daher gibt es ein einführendes Traineeprogramm, mit dem alle neuen Mitarbeiter auf ihre Aufgabe vorbereitet werden. Nach 4 Wochen führt der neue Mitarbeiter erste Kundentelefonate mit Patenunterstützung, nach 8 Wochen eigenständig.

Was ist der Nutzen dieses Traineeprogramms für den Kunden, in diesem Fall das Call Center-Management? Durch das Traineeprogramm wird eine hohe Servicequalität und damit eine hohe Kundenbindung sichergestellt. (Die Kundenbindung wird übrigens auch monetär bewertet, indem Annahmen über den Einfluss der monatlich gemessenen Zufriedenheit der Kunden mit der Servicequalität auf die Kündigungsquote getroffen werden.) Ein weiterer Aspekt ist aber die Ausbildungsdauer. Durch Verkürzung der Ausbildungsdauer wird die Erreichbarkeit für den Kunden – eine ganz entscheidende Kenngröße für das Management – verbessert.

> **Herausforderung**
> > CallCenter-Mitarbeiter brauchen umfassendes KnowHow und Fähigkeiten im Telefonkontakt mit dem Kunden
> > „Fertige" Bewerber vom Markt gibt es nicht
>
> **Lösung**
> > Eigenes Traineeprogramm für neue Mitarbeiter:
> > So lange wie nötig, so kurz wie möglich!
>
> **Nutzen**
> > Sicherstellen einer hohen Servicequalität und damit Kundenbindung
> > Sicherstellen der Erreichbarkeit
> > selbstständige Telefonie nach 9 Wochen

Abb. 93: Praxisbeispiel CallCenter - Traineeprogramm für Neueinsteiger

Ähnlich wie im SAP-Beispiel ist also für den Kunden ein optimaler Kompromiss aus Qualität und Zeit entscheidend.

Beispiel „Einführung des Portals Vodafone live!"

Der Mobilfunkmarkt befindet sich im Wandel. Waren die 90-er Jahre geprägt durch rasantes Wachstum aus Erhöhung der Kundenzahl (von 2 Mio. Kunden in 1996 über 6 Mio. auf knapp 20 Mio. in 2000), so ergibt sich eine Abflachung dieser Kurve im neuen Jahrtausend, bedingt durch eine Sättigung des Marktes. Da gleichzeitig die Preise sinken und auch künftig sich tendenziell nach unten bewegen werden, ist ein künftiges Umsatzwachstum vorrangig durch neue Produkte, und hier besonders im Datenbereich, zu erwarten. Dementsprechend konzentrieren sich alle Mobilfunkbetreiber darauf, neue Angebote für den Kunden zu entwickeln und auf den Markt zu bringen.

Ein entscheidender Schritt für Vodafone war die Einführung des Portals Vodafone live! im Oktober 2002. Erstmalig wurden Dienste wie MMS, Download von Handy-Spielen, email und weitere, die vorher für den Kunden je nach Handy-Hersteller ganz unterschiedlich aufzurufen und zu bedienen waren (was eine große Hemmschwelle für die Nutzung darstellte), unter einer einheitlichen Oberfläche zusammengefasst und in der Bedienung vereinheitlicht.

Dieses Projekt war eines der ersten wirklich globalen Projekte im weltweiten Vodafone-Verbund. Zur Markteinführung des Portals wurde in Kooperation mit dem Hersteller Sharp ein Mobiltelefon speziell für Vodafone entwickelt. In allen Landesgesellschaften, also auch Deutschland, wurden Projektteams gebildet, die für eine reibungslose und erfolgreiche Markteinführung sorgen sollten. Eines der

Teilprojekte befasste sich mit der Schulung der eigenen Vertriebsmannschaft und der des Fachhandels. In einem Zeitraum von 10 Wochen wurden 200 Trainings durchgeführt und 2.400 Verkäufer geschult.

Was hat das Ganze nun mit Bildungscontrolling zu tun? Die Einführung des Portals hatte für Vodafone eine strategische Bedeutung und stand daher im Fokus des Top Managements der Vodafone Group. Der Beitrag aller Teilprojekte zur Einführung bestand darin, die aktive Markterschließung sicherzustellen. Der Kundennutzen der Schulungen bestand folglich darin, in kurzer Zeit die Gewinnung von möglichst vielen Kunden zu ermöglichen durch Sicherheit der Verkäufer im Umgang mit dem Portal und Überzeugungskraft im Kundengespräch. Gemessen an dieser Zielsetzung, war das Projekt höchst erfolgreich, da die angestrebte Zahl von 100.000 Vodafone live!-Kunden bis Ende 2002 erreicht wurde.

Für das verantwortliche Management bei Vodafone D2 waren 2 Fragen entscheidend:

- Sind die Verkäufer optimal für den Verkauf vorbereitet?
- Erfolgen die Schulungen rechtzeitig und mit hoher Schlagzahl, so dass eine ausreichend große Anzahl Verkäufer zeitnah zur Einführung fit ist?

Alle anderen Fragen, selbst die, ob die Schulungen mehr oder weniger kosten, waren von untergeordneter Priorität. Das ist aus Sicht der Verantwortlichen auch klar. Bei einer Investition von etlichen Millionen Euro wird der Beitrag zur Zielerreichung in den Vordergrund gestellt und nicht eine Einsparmöglichkeit im Promillebereich.

Dieses Beispiel unterstreicht: Orientiert die Personalentwicklung sich strategisch und konzentriert sich auf nutzenbringende und mehrwertschaffende Aktivitäten bzw. Produkte, dann bedeutet auch Bildungscontrolling: Fokussierung auf die Prüfung, ob der Mehrwert tatsächlich erzeugt wird, statt nachträglicher buchhalterischer „Rechtfertigung" von Standardleistungen.

Beispiel „Teamentwicklung"

In den Anfangsjahren des Unternehmens (Anfang und Mitte der 90-er Jahre) war aus Sicht vieler Fachbereiche die Hauptdienstleistung der Personalentwicklung die Bereitstellung von Seminaren zu verschiedensten Themen. Durch kundenorientiertere Strukturen (Etablierung von Zielgruppenbetreuern, d.h. feste Ansprechpartner für die Fachbereiche) und daraus folgend intensiveren Kontakten steht verstärkt die Lösung spezifischer Aufgabenstellungen im Vordergrund.

Diese Aufgabenstellungen lassen sich unter dem Begriff „Teamentwicklung" zusammenfassen. Konkret kann es gehen um Erarbeitung neuer Strukturen oder

Abläufe in einer Abteilung, Aufarbeitung von Konflikten in einem Team, Schaffung eines gemeinsamen Verständnisses, z. B. bei Vorgesetztenwechsel o. ä. Die gemeinsame Klammer bei allen diesen unterschiedlichen Themenstellungen (natürlich können auch mehrere Ziele gleichzeitig verfolgt werden) ist, dass ein Team, das im Arbeitsalltag zusammen arbeitet, workshopmäßig zusammen kommt und gemeinsam die Aufgabenstellung mit Hilfe eines externen Trainers, Beraters, Moderators bearbeitet.

Was ist in diesen Fällen der Nutzen, den die Führungskraft, die als Auftraggeber fungiert, sich davon verspricht? Auch hier muss man wieder den Workshop selbst und den angestrebten Nutzen auseinander halten. Dass die Beteiligten sich näher kommen, besser kennen lernen o. ä., ist atmosphärisch wünschenswert und angenehm. Der eigentliche Nutzen liegt aber darin, dass durch die Teamentwicklung die Leistung des Teams beeinflusst wird. Das kann sein: höhere Qualität der Ergebnisse, kürzere Bearbeitungszeiten oder höherer Output des Teams.

Im Sinne des Bildungscontrollings ist wichtig, diesen Nutzen im Vorfeld sauber herauszuarbeiten. Ich erinnere mich an ein Beispiel, in dem eine Abteilungsleiterin eine solche Teamentwicklung durchführen wollte, die Genehmigung durch ihren Chef aber nicht erhielt, der das Ganze für eine reine Sozialmaßnahme hielt, die eigentlich nur Geld koste und 2 Tage unerledigte Arbeit bedeute. Erst als in einem weiteren Gespräch zwischen Personalentwickler und Abteilungsleiterin herausgearbeitet wurde, was die Erwartung an das Teamergebnis war – nämlich durch effizientere und dadurch verkürzte Bearbeitung der Vorgänge eine Erhöhung der Gesamtleistung ohne weiteren Personalzuwachs -, zeigte sich der Hauptabteilungsleiter überzeugt und investierte den erforderlichen Betrag in die Maßnahme.

Personalentwicklung – ein strategisches Investment

Alle drei Beispiele aus der Praxis heraus zeigen, dass Kunden bereit sind, in Produkte und Lösungen der Personalentwicklung zu investieren, wenn sie vom Beitrag zu ihrer Zielerreichung überzeugt sind und damit einen Nutzen aus den Produkten erkennen. Auch hier sei noch einmal der Vergleich zum Vertrieb gezogen: Der gute Verkäufer argumentiert über den Kundennutzen und kann somit den Preis wesentlich leichter darstellen. (Nach Aussage erfahrener Verkaufstrainer lässt sich über eine überzeugende Nutzenargumentation ein bis zu 30% höherer Preis darstellen.)

Auf die Personalentwicklung übertragen bedeutet das, zuerst über den Kundennutzen (d.h. Nutzen aus Sicht des Kunden, nicht der Personalentwicklung!) zu gehen und nicht in die Falle der vorrangig kostenorientierten (und damit gezwungenermaßen defensiven) Diskussion zu tappen.

Weiter oben hatte ich erläutert, dass die Personalentwicklung offensiv und im unternehmerischen Sinne das eigene Portfolio hinterfragen und um Produkte und Leistungen, die keinen oder nur geringen Kundennutzen bringen, bereinigen sollte. Das Gleiche gilt für die Kostenseite. Bei den mehrwertschaffenden Produkten ist es gleichermaßen entscheidend, dass die Personalentwicklung selbst ein straffes Kostenmanagement an den Tag legt und sich die Diskussion nicht von außen aufzwingen lässt. Dazu einige Anmerkungen im folgenden Teil.

Die Kosten im Griff halten

Bei der Kostenbetrachtung ist es wichtig, nicht nur die direkten Kosten zu betrachten, die durch Entwicklung und Lieferung der Trainingsleistung entstehen, sondern auch die indirekten in Form von Reisekosten und Arbeitsausfall. Gerade letztere sind oft höher als die direkten Kosten und können leicht 60% oder mehr der Gesamtkosten ausmachen. Das bedeutet: Kosten für Customizing können sinnvoll sein, wenn dadurch Trainingszeit und Arbeitsausfall reduziert werden.

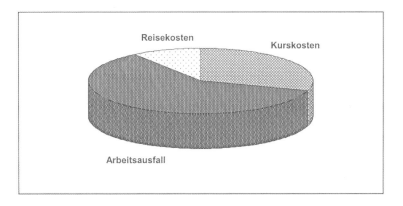

Abb. 94: Gesamtkosten von Trainingsmaßnahmen

Dies ist oft bei technischen und IT-Themen der Fall. (Interner und/oder externer) Analyse- und Konzeptionsaufwand, durch den aus einem 3-Tage-Standardkurs eines Anbieters zielgruppenspezifische 1- oder 2-Tage-Veranstaltungen werden, zahlt sich unterm Strich oft aus.

Make or buy

Eine weitere Frage ist, was man selbst macht und was man einkauft. Dem liegen zum einen grundsätzliche Überlegungen zugrunde (z. B. will man eine eigene Trainermannschaft aufbauen, will man eigene Räume unterhalten etc.). Zum anderen kann diese Frage aber auch fallweise entschieden werden, z. B. bei größeren Trainingsprojekten.

Es gibt fast nichts, was man nicht durch spezialisierte Anbieter einkaufen kann, angefangen von administrativen Tätigkeiten bis zur Generalunternehmerschaft großer Trainingsprojekte. Entscheidend sind zum einen strategische Überlegungen (will man bestimmtes Knowhow im eigenen Hause vorrätig halten) sowie Kostenanalysen. Mancher Verantwortliche ist höchst überrascht, wenn er z. B. die Auslastung seiner Ressourcen (Trainer, Räume, Equipment,...) pro Monat und den daraus resultierenden Preis pro Trainingsleistung sieht.

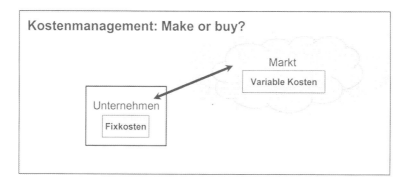

Abb. 95: Fixe und variable Kosten

Bei Vodafone D2 sieht die grundsätzliche Aufteilung zwischen „Make or Buy" so aus:

- „Make": Produktverantwortung (Grobkonzept, Einkauf, Steuerung), Seminarorganisation, eigene Vertriebstrainer nur für neue (Unternehmens-) Produkte, eigene Trainingsräume für ca. 20% aller Trainingsaktivitäten
- „Buy": Erstellung von Feinkonzepten, Durchführung von Trainings; Trainingsräume für ca. 80% der Trainingsaktivitäten und Trainings-Hardware (z. B. Telekommunikationsequipment) werden dabei gemietet oder von den Trainingslieferanten gestellt.

Mehr Leistung bei geringeren Kosten

Was im produzierenden Bereich gang und gebe ist, eignet sich auch gut für den Bildungsbereich. Hier nur einige praxisbewährte Ansätze zur Kostenoptimierung:

- Portfolio bereinigen (Dies ist besonders für das offene Angebot relevant.): Welche Angebote bringen den höchsten Nutzen, werden am häufigsten nachgefragt? Welche Angebote dagegen finden keine vernünftige Resonanz?
- Günstiger einkaufen: Wettbewerb zwischen Anbietern, Kontingente bilden, weniger Lieferanten, dafür Mengenrabatte

- Hohe Seminarauslastung: 5 Seminare mit 12 Teilnehmern statt 6 mit 10 oder 10 mit 6 (Die angestrebte Teilnehmerzahl hängt natürlich vom Thema ab.)
- Nebenleistungen überprüfen: Kosten für Hotelübernachtungen, Hotelnebenkosten, Reisekosten der Trainer etc.

Wenn die richtigen Produkte identifiziert sind, geht es darum, sie so kostengünstig wie möglich zu erbringen.

Qualität sichern und Nutzen überprüfen

Die dritte Säule im Bildungscontrolling bei Vodafone D2 bildet die Qualitätssicherung. Neben dem Standardinstrument der Teilnehmerbefragung sind die wesentlichen Elemente hierbei:

- Klare Auftragsklärung: Bedingt durch die kundenzentrierte Vorgehensweise, ist eine genaue Auftragsklärung notwendig. Am Ende der Auftragsklärung wird das Ergebnis in einem standardisierten Projektauftrag schriftlich festgehalten, der dem Kunden und dem Personalentwickler als gemeinsame Basis dient.
- Formale Projektabnahme: Ähnlich wie bei IT-Projekten erfolgt am Projektende eine formale Abnahme. Der Kunde bescheinigt darin, dass die angestrebten Projektziele erreicht wurden, oder es werden Nachbesserungen vereinbart.
- Lernzielkontrollen: In welcher Form sie erhoben werden, wird bereits bei der Entwicklung von Trainingsmaßnahmen festgelegt.
- Beobachter in Seminaren: Speziell bei Verkaufsseminaren werden häufig erfahrene Führungskräfte als Beobachter und Qualitäts-Kontrolleure eingesetzt, die entweder dem Trainer unmittelbar Feedback geben oder Hinweise zur Optimierung der Seminare an die Personalentwicklung liefern.
- Auswertung vorhandener Unternehmensinformationen: Hier werden z. B. die Entwicklung der Verkaufszahlen trainierter Produkte herangezogen, Kunden-Feedback zur wahrgenommenen Beratungsqualität etc. Auch wenn in diesen Fällen weitere Faktoren (z. B. Werbung, Produktqualität usw.) die Ergebnisse beeinflussen, können sie dennoch einen wichtigen Input darstellen und Folgeaktivitäten auslösen.

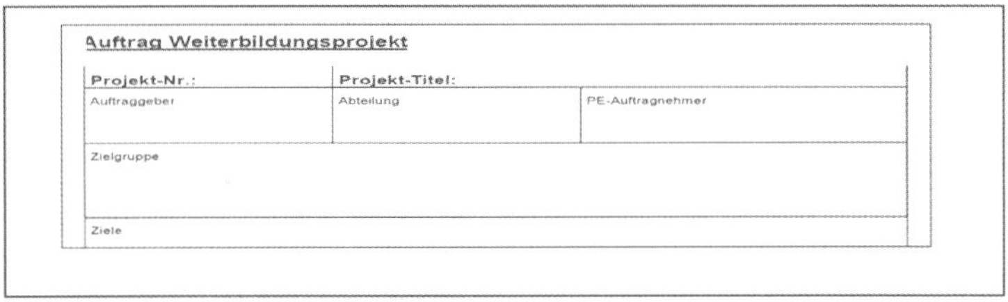
Auftrag Weiterbildungsprojekt

Projekt-Nr.:	Projekt-Titel:	
Auftraggeber	Abteilung	PE-Auftragnehmer
Zielgruppe		
Ziele		

Abb. 96: Standardisierter Projektauftrag (Ausschnitt)

Schlussbemerkung

Dem oben beschriebenen Ansatz liegen mittlerweile mehr als 14 Jahre Erfahrung bei Vodafone D2 zugrunde. Diese Jahre waren und sind geprägt von einer hohen Dynamik und tiefgreifenden Veränderungen. Stürmisches Wachstum in den Anfangsjahren wurde abgelöst durch Phasen der Konsolidierung und verschärftes Kostenmanagement. Die Personalentwicklung ist gut damit gefahren, frühzeitig und proaktiv Trends zu erkennen, sich daraufhin auszurichten und notwendige Anpassungen selbst vorzunehmen. Bildungscontrolling so verstanden, ist dann nichts anderes als unternehmerisches Handeln, angewandt auf die Bildungsarbeit.

Der Stellenwert von Bildungsmanagement und -controlling in mittelständischen Unternehmen

Sandra Godau

Bildungsmanagement und Bildungscontrolling sind Begriffe, die in der Personalentwicklung seit vielen Jahren immer wieder in den Fokus rücken und diskutiert werden. Aber immer noch scheint die Umsetzung in zahlreichen, vor allem mittelständischen Unternehmen in den Kinderschuhen zu stecken.

Obwohl die Notwendigkeit und Bedeutung eines gezielten Bildungsmanagements und -controllings Personalern und Personalentwicklern bewusst ist, bleiben Maßnahmen zur Umsetzung meist reine Absichtserklärungen. Oft geben sich Unternehmen mit Eindrücken aus Fachgesprächen und Benchmarks zufrieden, die besagen, dass andere Unternehmen auch noch am Anfang stehen.

Welchen Nutzen konsequent umgesetztes Bildungsmanagement hat, wie das Thema derzeit in mittelständischen Unternehmen gesehen und angegangen wird und welche Entwicklungen sich in Zukunft abzeichnen, soll folgender Beitrag beleuchten.

Das Verständnis des Gesamtprozesses ist wichtig!

Kein Unternehmen, egal ob Kleinst- oder Großunternehmen, kann ohne qualifiziertes Personal langfristig am Markt bestehen. Dabei sind betriebliche Weiterbildung und daraus folgend strategisches Bildungsmanagement die einzige Möglichkeit, auch morgen noch wettbewerbsfähig bzw. der Konkurrenz einen Schritt voraus zu sein.

Die Erkenntnis, dass nicht nur die Qualifikationen sondern vor allem auch die Motivationen der Mitarbeiter dabei in den Fokus der Personalentwicklung rücken müssen, ist viel zu selten bewusst. Es reicht nicht aus, wenn die Mitarbeiter die geforderten Fähig- und Fertigkeiten besitzen, sie müssen auch bereit sein und über die Rahmenbedingungen verfügen, dieses Know-how dem Unternehmen zur Verfügung zu stellen. Hier geht es also nicht nur um die rein fachliche Kompetenzsteigerung, sondern um eine umfassendere Betrachtung des betrieblichen Personalvermögens. Gezieltes Bildungsmanagement oder besser Strategische Personalvermögensentwicklung (siehe auch den Beitrag von Witten in diesem Band) muss sich den Qualifikationen und Motivationen der Mitarbeiter in einem gesamtheitlichen Prozess widmen. Hinzu kommt die Notwendigkeit, den Prozess an den strategischen Unternehmenszielen auszurichten. Nur dann stimmt die Zielrichtung der initiierten Prozesse und Investitionen in betriebliche Bildungsprozesse machen für die Unternehmen Sinn und können zu dem erwarteten Return on Investment führen.

Folglich verbirgt sich hinter dem Begriff Bildungsmanagement und auch hinter dem Begriff Bildungscontrolling nie nur eine Einzelmaßnahme sondern immer ein komplexer Prozess. Ein Prozess der **Planung**, **Steuerung** und **Kontrolle** betrieblicher Weiterbildung abgeleitet aus den strategischen Unternehmenszielen. Aber was genau muss geplant und gesteuert werden und was bedeutet in diesem Zusammenhang Kontrolle? Wieso sollen Unternehmen und vor allem mittelständische Unternehmen sich überhaupt mit diesem komplexen Thema auseinandersetzen, was ist der Nutzen?

Die wohl schwerwiegendsten Nutzenargumente für Bildungsmanagement lauten:

- Das Weiterbildungsbudget wird nachweislich effektiv (zielgerichtet) und effizient (wirtschaftlich) eingesetzt.
- Die initiierten Weiterbildungsmaßnahmen entsprechen dem tatsächlichen Bedarf und orientieren sich nicht nur am vorhandenen Angebot.
- Das Unternehmen stellt das Vorhandensein zukunftsstarken Personalvermögens und damit seinen Fortbestand sicher.

Der rote Faden zur Implementierung

Grundlage für die Implementierung eines gesamtheitlichen Bildungsmanagements ist die Orientierung an dem folgenden idealtypischen Ablauf. Er ist der rote Faden an dem es sich gilt, mit allen angedachten Maßnahmen zu orientieren. Dabei haben gerade mittelständische Unternehmen keine Kapazitäten die erwarten lassen, alle Stufen mit gleicher Intensität anzugehen, was aber auch gar nicht notwendig ist. Wichtig für den Anfang ist, Schwerpunkte zu setzen und mit deren Umsetzung zu beginnen.

Im Folgenden wird der klassische Bildungsmanagementprozess noch einmal in Kürze beschrieben (vgl. Abb. 97).

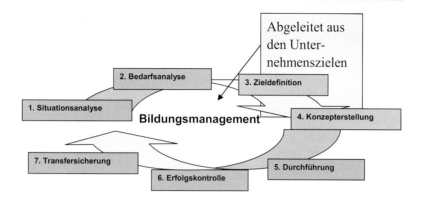

Abb. 97: Klassischer Bildungsmanagementprozess

Zu Beginn gibt eine Situationsanalyse Auskunft darüber, wie betriebliche Bildungsprozesse bisher organisiert und begleitet wurden und welche Auswirkungen strategische Unternehmensziele auf die Personalentwicklung haben (müssen).

Basierend darauf ist die genaue Ermittlung des tatsächlichen Qualifizierungsbedarfs möglich. Notwendig in diesem Zusammenhang ist die Ermittlung normativer Anforderungsprofile der vorhandenen Stellen. Unabhängig von den Mitarbeitern muss definiert sein, welche fachlichen, methodischen und sozialen Kompetenzen den Stelleninhaber auszeichnen müssen. Nur so kann durch einen Soll-Ist Abgleich eine Aussage über das Gap und somit die zu initiierenden Maßnahmen zur Entwicklung des Personalvermögens, also der Qualifikationen und Motivationen, getroffen werden.

Im Weiteren müssen Ziele z.B. im Rahmen von Zielvereinbarungen definiert und Konzepte im Sinne von Effektivität und Effizienz sorgfältig entwickelt und durchgeführt werden.

Dem Bereich der Erfolgkontrolle und -steuerung kommt im Bildungsmanagement neben der gezielten Bedarfsanalyse die wichtigste Bedeutung zu. Neben der Messung des Zufriedenheits- und Lernerfolgs gilt es, ganz besonders den Blick auf die Transferkontrolle zu richten. D.h. nicht nur war der Mitarbeiter mit der Qualifizierungsmaßnahme zufrieden und hat er die Inhalte verstanden und internalisiert, sondern setzt er das Gelernte auch tatsächlich in seiner täglichen Arbeit um. Das eigentliche Ziel betrieblicher Weiterbildung ist, dass Verhalten im Sinne des Unternehmens verändert und in den Arbeitsalltag umgesetzt wird, wobei dann die Beibehaltung dieser Veränderung aktiv durch transfersichernde Maßnahmen seitens des Unternehmens unterstützt werden muss.

Die Implementierung von Bildungsmanagement bzw. Bildungscontrolling ist ein ausgesprochen kommunikationsintensiver Prozess, der es notwendig macht, alle Beteiligten angefangen von der Geschäftsführung, über die Führungskräfte, den Betriebsrat bis hin zu den einzelnen Mitarbeitern rechtzeitig und kontinuierlich mit einzubeziehen. Nur so kann die tatsächliche Umsetzung gewährleistet werden.

Situation in mittelständischen Unternehmen

Die Situation der Personalentwicklung in mittelständischen Unternehmen unterscheidet sich grundlegend von der in Großunternehmen. Während Großunternehmen oft auf eine höhere Anzahl von Mitarbeitern in der reinen Personalentwicklung zurückgreifen können, ist die Koordination der Personalentwicklung in mittelständischen Unternehmen oft eine Zusatzaufgabe der Personalabteilung. Was nicht bedeutet, dass Großunternehmen Bildungsmanagementkonzepte implementiert hätten, die keiner Optimierung und Ergänzung mehr bedürften, im Gegenteil auch sie stehen häufig vor großen Herausforderungen.

Das zeigt sich schon alleine durch den hohen Andrang bei Kongressen und Foren zum Thema Bildungscontrolling, die seit einigen Jahren wieder vermehrt und oft parallel zu fachrelevanten Messen angeboten werden.

Personalentwickler und Personaler aller Branchen und Unternehmensgrößen sind auf der Suche nach praktikablen Instrumenten und Konzepten. Vor allem, weil sich der Druck, den Return on Investment betrieblicher Bildungsprozesse gegenüber der Geschäftsführung transparent zu machen, erhöht hat.

Aber auch im Rahmen der Zertifizierung nach DIN EN ISO 9001 2000 muss eine Organisation

„a) die notwendigen Fähigkeiten des Personals, das die Produktqualität beeinflussende Tätigkeiten ausübt, ermitteln, b) zur Deckung dieses Bedarfs für Schulung sorgen oder andere Maßnahmen ergreifen, c) die Wirksamkeit der ergriffenen Maßnahmen beurteilen, d) sicherstellen, dass ihr Personal sich der Bedeutung und Wichtigkeit seiner Tätigkeit bewusst ist und weiß, wie es zur Erreichung der Qualitätsziele beiträgt, und e) geeignete Aufzeichnungen zu Ausbildung, Schulung, Fertigkeiten und Erfahrung führen." (DIN EN ISO 9001, Dezember 2000, S. 22f).

Mit anderen Worten ist gezieltes Bildungsmanagement die notwendige Voraussetzung, um diese Anforderungen zu erfüllen und betrifft somit den Großteil aller Unternehmen.

Bildungsmanagement im Mittelstand

Aufgrund der Situation, dass sich Unternehmen weg von der angebots- hin zur bedarfsorientierten Weiterbildung orientieren, lag es im Interesse der TÜV-Akademie Rheinland, als einer der führenden technischen Akademien, zu erfahren, wie Unternehmen ihre Personalentwicklung organisiert haben und welche Stufen des Bildungsmanagements in der Umsetzung sind bzw. an welchen Stellen es Schwierigkeiten gibt, um basierend darauf ein erweitertes Dienstleistungsangebot offerieren zu können. Eine schriftliche Befragung sollte Auskunft zum Stellenwert von Bildungsmanagement vor allem in mittelständischen Unternehmen geben, den Ist-Stand transparent machen und Anhaltspunkte bezüglich zukünftiger Entwicklungen geben.

Befragt wurden branchenübergreifend Personalleiter und Geschäftsführer mittelständischer Unternehmen. Die wichtigsten Ergebnisse der 80 Rückmeldungen und der Erfahrung aus vielen persönlichen Gesprächen in mittelständischen Unternehmen lautet wie folgt:

- Fast ausnahmslos wird von den Unternehmen bestätigt, dass Bildungsmanagement, verstanden als Prozess der Planung, Steuerung und Kontrolle betrieblicher Weiterbildung, unverzichtbar ist. Trotzdem wird das Dilemma deutlich, dass einerseits die Notwendigkeit erkannt aber andererseits die Umsetzung aus vielerlei Gründen stockt. Ein Grund hierfür ist, dass der Nachweis des Return on Investments betrieblicher Weiterbildung häufig nicht transparent genug ist und somit die Dringlichkeit, das Themengebiet Personalentwicklung zu puschen in den Hintergrund rückt. Mit anderen Worten fehlt es hier also an geeigneten Konzepten, die anschauliche Ergebnisse liefern.
- Eine Bedarfsanalyse steht in den meisten Unternehmen im Fokus, beschränkt sich allerdings häufig auf die jährliche Durchführung von Mitarbeitergesprächen. Die Entwicklung normativer Anforderungsprofile, die weit größeren Inhalts sind als reine Stellenbeschreibungen, ist kaum verbreitet, obwohl nur dadurch der tatsächliche Bedarf auf einzelne Mitarbeiter runtergebrochen werden kann.
- Erfolgssteuerung und -kontrolle ist ein großes Thema, sie spiegelt sich jedoch häufig nur in der Zufriedenheitsmessungen wider. Dennoch ist man um die Entwicklung und Implementierung von Konzepten zur Transfermessung bemüht. Hier kristallisieren sich ganz klar Unterschiede in der Form heraus, dass einige Unternehmen bereits konkrete Maßnahmen etablieren, andere sich der Entwicklung geeigneter Maßnahmen zur Transferkontrolle aber noch gar nicht bzw. nicht im ausreichenden Maße gewidmet haben.
- Die Problematik, warum Bildungsmanagement gerade in mittelständischen Unternehmen zum Großteil noch einen untergeordneten Stellenwert hat, liegt vor allem am Kapazitätsmangel in der Personalentwicklung und demzufolge darin, dass für das Unternehmen passende, leicht umsetzbare Konzepte und Instrumente fehlen.

- Fast durchgängig stimmen die Unternehmen der Aussage zu, dass trotz aller Wirtschaftlichkeitsbetrachtungen die Effektivität, also die Gewähr, dass definierte Ziele tatsächlich erreicht werden, oberste Priorität hat. Eine Perspektive, die viel zu selten professionell eingenommen wird (z.B. mittels Nutzwertanalyse, siehe dazu auch den Beitrag von Witten in diesem Band).

Mittelständische Unternehmen haben erkannt, dass vor allem die Stufen der Bedarfsanalyse und Erfolgkontrolle die entscheidenden Stellschrauben sind, um die Qualität und den Nutzen für das Unternehmen zu erhöhen und setzen hier an. Leider ist diese Umsetzung und die gleichzeitige Orientierung an dem beschriebenen „roten Faden" noch nicht konsequent genug.

Bildungsmanagement-Optimierung im Mittelstand

Eine Empfehlung insbesondere an mittelständische Unternehmen ist, in einem ersten Schritt Zeit in fundierte konzeptionelle Überlegungen zu investieren. Bereits bestehende Abläufe müssen überdacht werden und entlang des „roten Fadens" für gezieltes Bildungsmanagement in einen kurz-, mittel- und langfristigen Projektplan eingearbeitet werden. So ist Schritt für Schritt die Optimierung betrieblicher Bildungsprozesse, die Nachjustierung einzelner Abläufe bis hin zu einem gesamtheitlichen Bildungsmanagementprozess möglich, der zum eigenen Unternehmen passt.

Darüber hinaus werden und sollten mittelständische Unternehmen zukünftig verstärkt Kooperationen mit Bildungsanbietern eingehen, um nicht unnötig eigene Ressourcen in die Entwicklung und Implementierung von Bildungsmanagementprozessen zu investieren. Vielmehr werden mittelständische Unternehmen zukünftig das vorhandene Know-how von Bildungsanbietern in diesem Themenfeld nutzen und somit flexibler agieren können. Ein Grund, warum bisher noch wenige solcher Outsourcingprojekte umgesetzt und in die Öffentlichkeit gedrungen sind, liegt sicherlich an der Tatsache, dass derzeit bei Unternehmen noch die Befürchtung besteht, das Outsourcen von Bildungsmanagement sei zu komplex und erlaubt zu tiefen Einblick in Unternehmensinterna. Dass die Komplexität der Prozesse höher ist, als bei der Auslagerung administrativer HR-Prozesse ist sicherlich unbestritten, dennoch zeigen gerade folgende Nutzenargumente, dass dieser Weg häufig der Effizientere sein wird:

- Die bei mittelständischen Unternehmen im Qualifizierungsbereich nicht vorhandenen Infrastrukturen können Bildungsanbieter uneingeschränkt zur Verfügung stellen.
- Bildungsanbieter können projektweise einbezogen werden, womit auch ein befürchtetes Abhängigkeitsverhältnis vermieden würde. D.h. ein erster Schritt muss kein komplettes Outsourcing sein.

- Die Produktionskosten zur Erarbeitung von Konzepten und Tools sind aufgrund des vorhandenen Know-hows bei Bildungsanbietern geringer als in mittelständischen Unternehmen, hier können mittelständische Unternehmen profitieren.
- Es wird nur leistungsorientiert bezahlt, d.h. bei Krankheit und Urlaub gibt es keine Lohnfortzahlung und somit keine unnötigen Kosten für das Unternehmen.
- In arbeitsintensiven Zeiten können Bildungsanbieter Ressourcen schnell zur Verfügung stellen und in arbeitsschwachen ebenso schnell wieder abziehen.
- Ein Bildungsanbieter hat einen fundierten Marktüberblick, d.h. gleichzeitig, dass Trends und aktuelle Informationen schnell eingearbeitet werden können und keiner zeitintensiven Recherche bedürfen.
- Die aus der Erfahrung eines Bildungsanbieters resultierende Standardisierung bestimmter Leistungen bewirkt weniger Fehler und Kosten.

Mittelständische Unternehmen, die die Chancen einer (Teil-)Auslagerung ihrer Bildungsmanagementprozesse angehen wollen, sollten im Vorfeld mehrere Angebote einholen und Kontakte zu Bildungsanbietern knüpfen. Es gilt abzuwägen, welcher Bildungsanbieter die eigenen Unternehmensbedürfnisse bestmöglich und professionell decken kann, unter Berücksichtigung eines möglichst geringen logistischen Aufwands und Schnittstellenverlustes bei der Umsetzung.

Vor allem für kleine und mittelständische Unternehmen gilt es in diesem Zusammenhang zu beachten, dass seitens Bund und Länder Projekte im Bereich Bildungsmanagement durch Fördermittel Unterstützung finden können. Ein derzeit aktuelles Beispiel ist die Potenzialberatung des Landes NRW. Bereits mehr als 6000 Unternehmen haben in den letzten zwei Jahren von diesem Förderinstrument profitiert und sich auch durch die Einführung strategischer Personalentwicklung und Bildungscontrolling den Markterfordernissen offensiv gestellt. Dabei zeigen von der G.I.B. – Gesellschaft für innovative Beschäftigungsförderung erhobene Daten deutlich, dass die beteiligten Unternehmen durch Maßnahmen zur modernen Personal- und Organisationsentwicklung ihre Wettbewerbsfähigkeit sichern und erhöhen konnten. (Details dazu finden Sie unter www.gib.nrw.de) Es ist diesen Unternehmen nachweislich möglich, erheblich flexibler auf die veränderten Markterfordernisse zu reagieren.

Fazit

Besonders mittelständische Unternehmen sollten nicht länger warten, das Thema Personalentwicklung und gezieltes Bildungsmanagement zur „Chefsache" zu machen. Aufgrund der Strukturen in mittelständischen Unternehmen wird gerade hier der Erfolg strategischen Bildungsmanagements schnell sichtbar werden, schneller, als das in Großunternehmen schon allein aufgrund ihrer Komplexität und Größe möglich ist. Zu empfehlen ist unbedingt die Steuerung top down, denn steht die Geschäftsführung nicht hinter den zu initiierenden Maßnahmen hat das negative Auswirkungen auf den Umsetzungsprozess, da entsprechende Unterstützung und notwendiger Druck fehlen.

Wird die Implementierung strategischen Bildungsmanagements von der Geschäftsführung forciert und alle beteiligten Funktionsgruppen, angefangen bei den Führungskräften über den Betriebsrat bis hin zu den Mitarbeitern frühzeitig mit eingebunden, sind die Weichen gestellt, ein Personalvermögen zu sichern und aufzubauen, das die Zukunftsfähigkeit des Unternehmens gewährleistet.

Ein Mangel an Kapazität und passenden Konzepten und Instrumenten darf nicht dazu führen, dass die Umsetzung des Bildungsmanagements und -controllings in den Hintergrund gerät.

Aus dieser Not heraus wird der Trend in vielen Unternehmen dahingehen, zumindest Teile der Personalentwicklung an externe Partner auszulagern, ähnlich wie das Auslagern vor allem administrativer Prozesse im HR-Bereich schon seit längerem üblich ist. Der Vorteil liegt darin, dass Bildungsmanagement in kürzerer Zeit professioneller angegangen werden kann und gerade mittelständische Unternehmen ihre gesamte Kraft auf ihre Kernkompetenz richten können.

Literatur

Einsiedler, Breuer, Hollstegge, Janusch (2003), „Organisation der Personalentwicklung", (2. Aufl.), Luchterhand, München.
Geuenich, B. (2004) „Leitfaden für die Praxis – Weiterbilden nach dem TÜV-Modell", in: personal manager – Zeitschrift für Human Resources, Mai/2004.
G.I.B. – Gesellschaft für innovative Beschäftigungsförderung (Hrsg.) (2004), „Ergebnisse der Befragung der Unternehmen, die bis Ende September 2004 eine Potenzialberatung genutzt haben.", Bottrop.
Lang, K. (2000), „Bildungscontrolling: Personalentwicklung effizient planen, steuern und kontrollieren", Linde, Wien.
Reischmann, J. (2003), „Weiterbildungsevaluation", Luchterhand, Neuwied.
Witten, E. (2004) „Ansätze zur Optimierung der betrieblichen Personalvermögensbildung", Münster.

Bildungscontrolling im öffentlichen Dienst

Dr. Reimund Scheuermann

Im deutschen öffentlichen Dienst sind nach den letzten bekannten Zahlen 4,76 Mio Personen[10] beschäftigt. Würde man diese Zahl einem einzigen Arbeitgeber zuordnen können, ergäbe sich mit Abstand der größte Arbeitgeber mit einem riesigen Personalbestand. Der öffentliche Dienst ist jedoch wie die private Wirtschaft auch weder nach dem Status der Beschäftigten – Beamte, Angestellte, Arbeiter-, noch nach der Zahl der „Dienstherren" ein monolithischer Block, sondern unterteilt sich in eine schwer überschaubare Anzahl selbständiger Arbeitgeber.

Allein die Unterscheidung aufgrund unseres föderal gegliederten Staatsaufbaus in Bund, 16 Länder und ca.12.500 Kommunen zeigt eine schwer überschaubare Vielfalt an Dienstgebern, die sich in zahlreiche Fachverwaltungen verzweigen. Nach dem Ressortprinzip sind sie zudem bei den verschiedenen Dienstgebern untereinander selbständig und von einander unabhängig. Hinzu kommen die zahlreichen Einrichtungen des sog. mittelbaren öffentlichen Dienstes. Diese Vielfalt setzt sich beinahe selbstverständlich fort in der Personalpolitik und damit auch in den großen Komplexen von Ausbildung, Weiterbildung und Personalführung. Es ist daher so gut wie unmöglich, zutreffende Aussagen über Bildungscontrolling und „dem" öffentlichen Dienst zu machen.

Einleitung

Eine Auseinandersetzung mit dem Begriff des Bildungscontrollings scheint mir hier entbehrlich. Ich lege die Begriffsbestimmung zugrunde, die mir am griffigsten erscheint, nämlich:

> *„Bildungscontrolling soll als ein ganzheitlich-integratives Instrument der Unternehmensführung den erreichten und/oder erwarteten*

---

[10] Vgl. Pressemitteilung des statistischen Bundesamtes v. 4. Februar 2004.

Bildungsnutzen in Relation zu den vorgegebenen Bildungszielen und eingesetzten Ressourcen evaluieren. Das Bildungsgeschehen soll mit den Unternehmens- und Mitarbeiterzielen verbunden warden."

Becker, 1993, 1999

Bei dieser Begrifflichkeit finden sich doch eine Reihe sowohl von Gemeinsamkeiten innerhalb der öffentlichen Dienstgebern und innerhalb der verschiedenen Arten der Beschäftigten als auch bei den Gemeinsamkeiten mit Problemen von Bildungscontrolling in privaten Wirtschaftszweigen. Lässt man die Wirtschaftsbetriebe der öffentlichen Hand bei Seite, sofern sie zu den Produktionsbetrieben gerechnet werden müssen, unterscheidet sich Bildungscontrolling im öffentlichen Dienst nicht von Bildungscontrolling in Dienstleistungsbetrieben. In beiden Bereichen stellt sich das sehr schwer zu lösende Problem der Messbarkeit von Bildungsinvestitionen, im öffentlichen Dienst wegen seiner Besonderheiten sogar schärfer als in der privaten Wirtschaft.

Besonderheiten des öffentlichen Dienstes

Hoheitliche Tätigkeit

Der öffentliche Dienst ist nicht nur Dienstleistungsbetrieb, sondern zu einem großen Teil mit Hunderttausenden[11] Beschäftigten Träger hoheitlicher Gewalt, dem der Einzelne nicht als „Kunde", sondern als „Bürger" gegenüber steht. Am Beispiel der Polizei wird das am deutlichsten: niemand spricht davon, die Polizei habe Kunden, es sei denn im übertragenen, mehr spaßigen Sinn, denn die Polizei befasst sich mit dem mit Pflichten versehenen und mit Rechten ausgestatteten Bürger. Dasselbe gilt für die Justiz, die Finanzverwaltung, die Ordnungsverwaltung, (wo sich aber Eingriffs- und Leistungsverwaltung mischen, z.B. Bau- und Wohnungswesen, Verkehr, Umweltschutz), ja sogar für die Schule, wo die Versetzungsentscheidung am Schuljahresende keineswegs eine Bildungsdienstleistung ist, sondern eine anfechtbare Verwaltungsentscheidung.

In diesen Bereichen sind nicht nur, aber vorzugsweise Beamte beschäftigt, wie es das Grundgesetz in seinem berühmten Art. 33 als Regelfall[12] vorsieht. Hier kommt nun die zweite Besonderheit des öffentlichen Dienstes ins Spiel, nämlich der vielen Beschäftigten verliehene Beamtenstatus.

---

[11] Nach der letzten verfügbaren Personalstatistik (30.06.2003) waren bei der Polizei (einschließlich des Bundesgrenzschutzes) etwa 300.000, in der Finanzverwaltung ca. 257.000, in der Justiz ca. 190.000 Personen beschäftigt.

[12] Art. 33 Absatz 4: Die Ausübung hoheitsrechtlicher Befugnisse ist als ständige Aufgabe in der Regel Angehörigen des öffentlichen Dienstes zu übertragen, die in einem öffentlich-rechtlichen Dienst- und Treueverhältnis stehen.

Beamtenstatus

Die in der Öffentlichkeit vorherrschende Meinung, die Beamten seien die größte Gruppe der Beschäftigten im öffentlichen Dienst, ist unzutreffend. Etwa 39 % (einschließlich der Soldaten) der Staatsbediensteten sind Beamtinnen und Beamte, 48% Angestellte, 13 % Arbeiter.[13]

Für unseren Zusammenhang sind die Beamtinnen und Beamten jedoch die wichtigste Gruppe. Denn der Beamtenstatus unterscheidet sich bekanntlich grundlegend von privaten Arbeitsverhältnissen. Das wichtigste Unterscheidungsmerkmal ist die Anstellung auf Lebenszeit, ein von vielen den Beamten geneidetes Privileg, dessen staatstheoretische Berechtigung sich indes allein aus den Eigeninteressen der Dienstherren an unparteiischer Amtsführung ohne Furcht der Beamten vor persönlichen ökonomischen Konsequenzen (Entlassung) ergibt.[14]

Aus der Verpflichtung zu unparteiischer Amtsführung und dem Lebenszeitprinzip ergeben sich für unseren Zusammenhang wichtige Folgerungen für das Bildungsverhalten der Beamten und ihrer Dienstherren (einschließlich des Controllings) und - noch bedeutsamer - für Personalentwicklung und Personalführung im öffentlichen Dienst.

Bildung im öffentlichen Dienst

Ausbildung

Als Bürger mit Anspruch auf unparteiische Amtsführung darf man erwarten, dass jeder Beamte die Grundlagen für seine Amtsführung professionell beherrscht. Die Einhaltung dieser an sich selbstverständlichen Forderung, die ja spiegelbildlich die Rechte und Pflichten des Bürgers wiedergibt, ist durch die Beamtenausbildung mit ihren relativ strengen Anforderungen in Theorie und Praxis (entsprechender Bildungsabschluss mit Vorbereitungsdienst und Probezeit unterschiedlicher Länge) gewährleistet. Insbesondere Fachhochschul- und Universitätsausbildung des sog. gehobenen und höheren Dienstes[15] mit anschließendem Referendariat sind hier hervorzuheben. Unbestritten liegen die Bildungsanforderungen im

---

[13] Der Status des Arbeiters wird nach den Tarifvereinbarungen zur Modernisierung des öffentlichen Dienstes vom 9.02.2005 aufgegeben.
[14] Vgl. z.B. §§ 36 ff. des Beamtenrechtsrahmengesetzes, §§ 52 ff. des Bundesbeamtengesetzes und §§ 55 des Landesbeamtengesetzes NRW
[15] diesen Laufbahngruppen gehören 68% der Beamten an (letzte Erhebung des Statistischen Bundesamtes vom 30.6.2000), vgl. (FN nächste S.) http://www.bmi.bund.de/cln_006/nn_189134/sid_B4265244C42D410F04C2C0074F582E06/nsc_true/Internet/Content/Common/Bilder/Themen/Oeffentlicher__Dienst/Datenund Fakten/oeffentlicher__Dienst_3_1___20Laufbahngruppen.html

öffentlichen Dienst im Durchschnitt über denjenigen in der privaten Wirtschaft. Soweit ersichtlich, gelingt es dem öffentlichen Dienst, seinen Bedarf an hochqualifiziertem Nachwuchs zu decken.

Keine förmliche Evaluierung der Einstellungspolitik

Eine ausdrückliche Evaluierung der Einstellungspolitik, gar ein förmliches Controllingverfahren, gibt es indessen nicht, so dass sich fragt, wie denn die öffentliche Verwaltung feststellt, ob die eingestellten Bewerber den Anforderungen genügen.

Auch hier unterscheidet sich der öffentliche Dienst grundlegend von der privaten Wirtschaft insofern, als für die Berufung in das Beamtenverhältnis im Grundgesetz und in den Beamtengesetzen die Voraussetzungen formalisiert festgelegt sind. Diese Voraussetzung sind aus teilweise jahrhundertealten Erfahrungen mit der Erfüllung von Staatsaufgaben formuliert, sind zeitlich relativ zur jeweiligen Staatsauffassung, bedürfen also der Anpassung und lassen aufgrund ihrer flexiblen Formulierung die notwendige praktische Handhabung zu. Diese Flexibilität ergibt sich nicht zuletzt wegen des bloß formalen Bezugs auf die Bildungsgänge an Schulen und Hochschulen. Auf diese Bildungsgänge nimmt der Staat als Verantwortlicher für das Bildungswesen, nur in den Fällen der „staatsnahen" Berufe als Dienstgeber (z.B. über Staatsexamina), Einfluss.

Im Zusammenhang mit den Bildungsgängen an Schulen und Hochschulen lässt sich ganz gut beurteilen, ob die Qualität des eingestellten Nachwuchses den Anforderungen genügt. Selbstverständlich gibt es auch im öffentlichen Dienst Fehlgriffe bei der Einstellung, aber die Absolventen von Schulen und Hochschulen, unter denen sich die öffentliche Hand die Besten auswählen kann, beweisen tagtäglich, dass unsere Verwaltung (auch im internationalen Vergleich) im Ganzen recht gut funktioniert. Die Zufriedenheit der Bürger mit der Bürokratie ist hier der eigentliche Maßstab. Zwar häufen sich die Klagen über zuviel Bürokratie, und Bürokratieabbau ist eines der noch nicht erreichten Ziele der Regierung. Hier geht es jedoch nicht um das Maß an Bürokratie mit ihren zahllosen Vorschriften, die von den rechtssetzenden Körperschaften erlassen werden, sondern um die sinn- und zweckgerichtete Anwendung dieser Vorschriften. Soweit ersichtlich halten sich hier die Klagen in Grenzen, wenngleich der Bürger dazu neigt, die Anwender der Vorschriften für die Zahl und den Inhalt der Vorschriften verantwortlich zu machen.

Kein Bildungscontrolling der Einstellungspolitik

Bei der Ausbildung innerhalb des öffentlichen Dienstes und für den öffentlichen Dienst lässt sich ein formales Bildungscontrolling nicht feststellen, weder werden von den Arbeitgebern noch von den Ausbildungsstätten (z.B. Fachhochschulen für öffentliche Verwaltung oder von den ausbildenden Fakultäten der Universitäten oder technischen Hochschulen) durch formales Controlling Erfolg und Nutzen der

Einstellungspolitik nachvollziehbar festgestellt. Immerhin könnte man die jährlich veröffentlichten Ergebnisse der Staatsexamina (vgl. z. B. die Ausbildungsstatistik des Bundesministeriums der Justiz) und sonstigen Examensstatistiken als Vorstufe für ein Bildungscontrolling betrachten, wenngleich sie nichts darüber aussagen, in welchen Bereichen die Absolventen ihre Berufstätigkeit aufgenommen haben.

Fortbildung

Die Kenntnis der Qualifikationsstruktur des Personals nach Fachrichtungen gehört zweifellos zu den Grunddaten, die unerlässlich sind für die Steuerung des (Verwaltungs-)Betriebes in der Hinführung auf den erwarteten Erfolg. Gleichwohl ist diese fachliche Qualifikationsstruktur nicht vorrangiges Ziel von Bildungscontrolling, aber dessen Basis. Bildungscontrolling konzentriert sich vielmehr auf eine erfolgsorientierte Steuerung der betrieblichen Bildungsarbeit auf der Basis der Erstausbildung. Hier hat es traditionell seinen Hauptschwerpunkt, vor allem wohl deshalb, weil besonders die Kosten für Fort- und Weiterbildung (nicht jedoch für die Erstausbildung) bei den Arbeitgebern anfallen. Bildungscontrolling muss den gesamten Prozess der Weiterbildung in den Blick nehmen, beginnend mit der Bedarfsermittlung über die Planung und Teilnehmergewinnung (hierbei ist der Einfluss der Personalvertretungen oft hilfreich), bis hin zur Feststellung der Lernergebnisse und der Kosten-Nutzen-Analyse.

Elemente von Bildungscontrolling

In der innerbehördlichen Bildungsarbeit dient Bildungscontrolling als entscheidendes Instrument bei der Beantwortung der „Wozu-Frage". Wie in der Wirtschaft stellt sich im öffentlichen Dienst die Frage nach dem Verhältnis von Kosten und Nutzen, wobei die Frage nach dem Nutzen ganz anders gestellt werden muß als in der Wirtschaft. Soweit ersichtlich stellt sie sich im öffentlichen Dienst hinsichtlich Zufriedenheit, Lernerfolg und Transfererfolg in gleicher Weise wie in den Unternehmen der privaten Wirtschaft. Die Frage nach dem „Fortbildungsnutzen" für das System „Staat/öffentlicher Dienst" zielt jedoch in eine andere Richtung als in der Wirtschaft, und zwar unabhängig davon, ob die Verwaltung hoheitlich oder nur „leistend" tätig wird.

Ziele der Fortbildung

Beide Bereiche sind stark verrechtlicht, in beiden Bereichen sind Beamte auf Lebenszeit tätig. Der Beamte aber trägt für die Rechtmäßigkeit seiner dienstlichen Handlungen die volle persönliche Verantwortung[16]. Betrachtet man die

---

[16] § 38 Beamtenrechtsrahmengesetz

Entwicklung der letzten Jahrzehnte mit dem Siegeszug der Informations- und Kommunikationstechnologie, den Auswirkungen der Globalisierung, den zahllosen großen Rechtsänderungen (z.B. die neu entstandenen Rechtsgebiete des Datenschutzes, des Umweltrechts, derzeit die Umgestaltung der sozialen Sicherungssysteme), schließlich der nicht überschaubaren Zahl von mehr oder weniger bedeutenden Detailveränderungen in Hunderten von Gesetzen, dann wird schnell klar, dass der Fortbildungsbedarf enorm gestiegen ist. Denn nur die frisch von den Schulen und Hochschulen eingestellten Absolventen bringen aus ihrer Ausbildung das neueste aktuelle Wissen mit. Den länger im Dienst befindlichen Mitarbeiterinnen und Mitarbeitern bleibt keine andere Wahl als sich am Arbeitsplatz lebenslang selbst auf dem Laufenden zu halten. Der öffentliche Dienst ist ein Paradebeispiel für „lebenslanges Lernen", meistens in Form der sog. „arbeitsintegrierten Lernformen" am Arbeitsplatz, denn wer lebenslang angestellt ist, muss sich lebenslang anpassen.

Pflicht zur Fortbildung

Das Beamtenrecht des Bundes und der Länder hat daher alle Beamten verpflichtet, „an Maßnahmen der dienstlichen Fortbildung teilzunehmen, die der Erhaltung und Verbesserung der Befähigung für ihren Dienstposten oder für gleichbewertete Tätigkeiten dienen". ... „Im Übrigen sind die Beamtinnen und Beamten verpflichtet, sich durch eigene Fortbildung über die Anforderungen ihrer Laufbahn unterrichtet zu halten, auch soweit dies der Anpassung an erhöhte und veränderte Anforderungen dient."[17] Mit diesen rechtlichen Vorgaben sind - letztlich als Folge des Lebenszeitprinzips - Ziele der Fortbildung vom Gesetz- und Verordnungsgeber vorgeschrieben, allerdings nur in Bezug auf den Beamten als Individuum. Dahinter steht jedoch das Idealbild des Rechts- und Sozialstaates, der seine Ziele über Rechtssetzung nur erreicht, wenn ihnen qualifizierte Beamte (und Richter) durch professionelle Rechtsanwendung dazu verhelfen.

Ziel von Fortbildung im öffentlichen Dienst nach den Vorstellungen des Gesetzgebers ist also der durch eigene oder externe Fortbildung auf der Höhe der Zeit für sein Aufgabengebiet befähigte Beamte einerseits, andererseits ein öffentlicher Dienst, der den Rechtsansprüchen der Bürgerinnen und Bürger, aber auch seinen (des Staates) eigenen, das Gemeinwesen steuernden Eingriffen Geltung verschafft. Bildungscontrolling ist ein Mittel, die Erreichung dieser Ziele festzustellen.

Die obersten Dienstbehörden in Bund und Ländern, aber auch die Verbände und Gewerkschaften, haben zahlreiche zentral geführte Fortbildungseinrichtungen eingerichtet, die speziell auf die Fachbedürfnisse ausgerichtete

---

[17] Inhaltsgleich in den Laufbahnvorschriften des Bundes und der Länder; hier zitiert § 42 der Laufbahnverordnung des Bundes

Fortbildungsveranstaltungen anbieten.[18] In praktisch allen diesen Einrichtungen sind Elemente des Bildungscontrollings, nämlich

- Ausrichtung der Veranstaltungen an den rechtlich vorgegebenen Zielen,
- Bedarfsermittlung zusammen mit den Fachbehörden,
- Teilnehmerbefragungen,
- Kostenermittlung etabliert.

Leistungsverwaltung

Auch bei der Frage des Beitrags betrieblicher Weiterbildung zum „Unternehmenserfolg" steht der öffentliche Dienst insofern in einer Reihe mit den Dienstleistungsbetrieben der privaten Wirtschaft als er nicht-hoheitliche Leistungen für seine Bürgerkunden erbringt. Dieser staatliche Leistungsbereich hat in den letzten Jahrzehnten kontinuierlich zugenommen und steht heute bei den Leistungserwartungen von Wirtschaft und Gesellschaft gegenüber dem öffentlichen Dienst im Vordergrund. Wie in der Wirtschaft ist auch im öffentlichen Dienst die Frage des Fortbildungsnutzens[19] in das Blickfeld geraten und wie dort wird mit den denselben Methoden versucht, den Erfolg zu messen. Hier wie dort wird auf Teilnehmerbefragung zurückgegriffen, hier wie dort ist man bemüht, sich Rechenschaft über Kosten sowie Lern- und Transfererfolg zu geben.

Marktrelevanz

Im Gegensatz zur privaten Wirtschaft steht dem öffentlichen Dienst das Messinstrument „Erfolg am Markt" bzw. „Return of Investment" nicht zur Verfügung. Abgesehen davon, dass die Leistungen der Verwaltung im Regelfall keine marktgängigen Dienstleistungen darstellen, sind die Bürgerkunden wegen der rechtlich vorgeschriebenen örtlichen Zuständigkeiten auch nicht in der Lage, sich den „Anbieter" frei auszuwählen. Trotz dieser Monopolstellung orientieren sich moderne Verwaltungen bei der Erbringung ihrer Dienstleistungen an dem Ziel „optimale Kundenzufriedenheit" und richten ihre Weiterbildungsarbeit danach aus.

---

[18] Für den Bund „Bundesakademie für öffentliche Verwaltung im Bundesministerium des Innern" in Brühl mit ca. 11.000 Teilnehmern pro Jahr (http://www.bakoev.bund.de/E2W-BAkoeV/internet.nsf/directframe/home?OpenDocument); für Nordrhein-Westfalen: Akademie Mont Cenis-Fortbildungsakademie des Innenministeriums NRW (http://www.fortbildungsakademie.nrw.de/de/index.php) mit ca. 12.000 Teilnehmern; die Länder haben teils ressorteigene zentrale Fortbildungseinrichtungen.

[19] Die Ausgaben der öffentlichen Hand für Weiterbildung beliefen sich 1999 auf rd. 4,9 Mrd. DM und dürften heute sicherlich nicht wesentlich darunter liegen (vgl. Bundesministerium für Bildung und Forschung, Berufsbildungsbericht 1999, Übersicht 57, S. 118; http://www.bmbf.de/pub/bbb1999.pdf).

Betrachtet man die verschiedenen Elemente von Bildungscontrolling, so zeigt sich, dass die großen Fortbildungseinrichtungen des Bundes und der Länder nach ihrem Selbstverständnis als Partner der Bildung nachfragenden Behörden mit ihrem Sachverstand bei der Bedarfsfeststellung, der Auswahl der Trainer und der Seminarbewertung, weniger bei den Fragen des Transfererfolges und des Gesamtnutzens, zur Verfügung stehen. In einigen Ländern entstehen Netzwerke, die als Forum für Informationen, für Erfahrungsaustausch und für mögliche Kooperationen dienen[20]. Schon seit langem etabliert sind die Treffen der Aus- und Fortbildungsreferenten des Bundes und der Länder; bei den Zusammenkünften werden allgemein interessierende Fragen der Fortbildung besprochen und ggf. in engeren Arbeitskreisen weiter aufbereitet. So war das Thema Bildungscontrolling Gegenstand einer der letzten Tagungen und wird derzeit schärfer in den Blick genommen.

Fehlendes Instrumentarium

Die Einstellung zum Bildungscontrolling ist bei den Fortbildungseinrichtungen hoch entwickelt, aber ähnlich wie in der Wirtschaft fehlt ein allgemein akzeptiertes, leicht zu handhabendes Instrumentarium. Das reine Finanzcontrolling ist allzu leicht nur statisch oder gar rückwärts gewandt. Dies gilt insbesondere für die wichtige Führungsfortbildung. In manchen Bereichen des öffentlichen Dienstes ist die Teilnahme an einer solchen Fortbildung formale und notwendige Voraussetzung für die Übernahme von Führungsfunktionen. Den sachlich richtigen Inhalt verantworten die Fortbildungseinrichtungen, für den Transfererfolg und den Fortbildungsnutzen sind die entsendenden Behörden allein verantwortlich, wobei sie sich häufig allein gelassen fühlen.

Hoheitliche Tätigkeit

Im Bereich der hoheitlichen Tätigkeit (Polizei, Steuer, etc.) gelten andere, schärfere Gesetzmäßigkeiten, die im Bereich Fortbildung aber gleichwohl ein Bildungscontrolling nicht verhindern. Gerade hier lässt sich - leichter als bei der Leistungsverwaltung - mit Hilfe der Methoden des Bildungscontrollings der Erfolg von fachlicher Weiterbildung feststellen.

Kennzahlen

Der in diesem Bereich übliche Status des Beamten auf Lebenszeit mit der Verpflichtung zur Fortbildung lässt in Verbindung mit den regelmäßig bestehenden Rechtsmitteln gegen behördliche Verfügungen Schlüsse auf die Notwendigkeit und die Wirksamkeit von Fortbildung zu, wenn beispielsweise eine Relation zu den eingelegten Rechtsmitteln hergestellt wird. Zum Beispiel sind nach Schätzungen von Fachleuten angeblich bis zu 1/3 der Steuerbescheide fehlerhaft. Diese hohe Fehlerquote müsste sich durch Fortbildung vermindern und

---

[20] http://www.brandenburg.de/sixcms/detail.php?id=155051&_siteid=1

durch Kennzahlen sichtbar machen lassen. Dass damit die Zufriedenheit der Bürger mit der (Steuer-)Verwaltung wächst und sich das Image der Verwaltung verbessert, ist offenkundig und wäre als Beispiel für den Nutzen von Fortbildung von großer Aussagekraft.

Image der Verwaltung als Maßstab

Gerade im hoheitlichen Bereich, in dem noch weniger als bei der Leistungsverwaltung „Marktgegebenheiten" zu herrschen pflegen, könnte das Image der Verwaltung als ein Maßstab für den Systemnutzen von Fortbildung im öffentlichen Dienst dienen. Nun weiß jeder, dass das Image der Verwaltung und mit ihr des öffentlichen Dienstes fast ein volatiles Gut ist, flüchtig und oft nicht nachvollziehbar. Wenn man aber die politischen Umwälzungen seit 1989 betrachtet, stellt man fest, dass jedenfalls in Deutschland im politischen Bereich große Zufriedenheit darüber herrschte, dass man auf einen funktionsfähigen öffentlichen Dienst zurückgreifen konnte. Obwohl sich niemand in West oder Ost auf die deutsche Einheit vorbereiten konnte, hat der fachlich auf der Höhe der Zeit befindliche öffentliche Dienst bei aller Kritik im einzelnen seinen wesentlichen Anteil an dem Vollzug der Einheit. Aus- und Fortbildung haben einen nicht zu unterschätzenden Anteil daran. In Normalzeiten freilich pflegen sich die nicht so sichtbaren guten Eigenschaften des öffentlichen Dienstes wieder zu verstecken und den eher „bürokratischen" Zügen Platz machen. Durch gezielte Fortbildung lässt sich jedoch hier manches verbessern. Die Herbeiführung größerer Transparenz im Weiterbildungsbereich durch Kennzahlensysteme und die Entwicklung praxistauglicher Instrumente zur Bestimmung des Nutzens betrieblicher Weiterbildung dürfte eine der großen Herausforderungen in der Praxis der Weiterbildung generell, aber auch und gerade im öffentlichen Dienst sein. Allerdings dürfte es Grenzen der Messbarkeit geben, die man hinnehmen muß, denn insbesondere der Nutzen für den Bürger und den Staat ist mit finanziellen Maßstäben praktisch nicht messbar[21].

Konzepte und Ansätze im offentlichen Dienst

Konzepte zur Personalentwicklung im öffentlichen Dienst sind in Bund und Ländern in unterschiedlich starker Detaillierung erarbeitet worden.[22] Personalentwicklung ist aber als Thema in dem großen Reformbereich „Verwaltungsmodernisierung" allgemein auf der Tagesordnung. Die Verknüpfung mit "Bildungscontrolling" wird nirgends ausdrücklich thematisiert. Häufig sind Konzepte zur Personalentwicklung Gegenstand von Betriebsvereinbarungen mit

---

[21] Ein Vergleich mit der Meteorologie liegt nahe: Die Niederschläge sind meßbar, die Auswirkungen auf Flora und Fauna nur sichtbar.
[22] Grober Überblick unter http://library.fes.de/fulltext/stabsabteilung/00927toc.htm ; http://www.bva.bund.de/aufgaben/win/beitraege/00075/index.html#top

der Personalvertretung. Es ist leider nicht möglich, einen auch nur annähernden Überblick über die Konzepte zu geben. Beispielhaft sollen daher am Konzept des Bundes die wichtigsten Aspekte herausgearbeitet werden. Festzuhalten ist zunächst, dass alle Bundesministerien nach dem Beschluss des Staatssekretärsausschusses „Moderner Staat – Moderne Verwaltung!" v. 29.1.2001 Personentwicklungskonzepte erstellt haben und praktisieren.

Fortbildung - Instrument von PE

Der Bund begreift Personalentwicklung als gezielte Förderung und Entwicklung der Beschäftigten nach den Notwendigkeiten eines effizienten und effektiven Verwaltungshandelns. Mit dieser sehr abstrakten Begriffsbestimmung ist aber noch nicht viel gewonnen. Demgegenüber definiert das Bundesministerium des Innern (BMI) für seinen Ressortbereich „PE umfasst alle systematisch gestalteten Prozesse, die es ermöglichen, das Leistungs- und Lernpotenzial von Mitarbeiterinnen und Mitarbeitern zu erkennen und zu erhalten und in Abstimmung mit dem Verwaltungsbedarf verwendungs- und entwicklungsbezogen zu fördern." Dabei spielt die dienstliche Fortbildung eine zentrale Rolle. Fortbildung wird als „Einführungsfortbildung" für neue Mitarbeiter, als „Anpassungsfortbildung" zur Vertiefung des Fachwissens, als „Förderungs- und Führungsfortbildung" zum Erwerb von Schlüsselqualifikationen für Führungsfunktionen genau definiert und instrumentalisiert. Jeder Fortbildungsbedarf wird jährlich im Voraus sorgfältig ermittelt und situativ fortgeschrieben.

Bedarfsermittlung

Methoden der Bedarfsermittlung, in denen Fortbildungswünsche der Mitarbeiterinnen und Mitarbeiter unter einander und mit den Verwaltungsbedürfnissen abgeglichen werden, haben sich weitgehend durchgesetzt (vgl. auch das „Projekt Personalentwicklung" des Innenministeriums des Landes Nordrhein-Westfalen) und werden im Zusammenwirken mit den Personalvertretungen, denen bei der Auswahl der Teilnehmer ein förmliches Mitbestimmungsrecht zusteht[23], weitgehend konfliktfrei praktiziert. Das Verfahren hat sich bewährt.

Transfererfolg

Im BMI wird außerdem jede Schulungsmaßnahme durch nachfolgende Bewertung des Transfererfolgs einer fortlaufenden Qualitätssicherung unterzogen.[24] Diese vorbildliche Umsetzung eines der ganz wichtigen Elemente des

---

[23] § 76 Abs. 2 Nr.1 Bundespersonalvertretungsgesetz
[24] Personalentwicklungskonzept für das Bundesministerium des Innern, S. 44 http://www.staat-modern.de/Anlage/original_548477/Personalentwicklungskonzept-fuer-das-Bundesministerium-des-Innern.pdf

Bildungscontrollings scheint sich jedoch noch nicht allgemein durchgesetzt zu haben. In den Leitfäden zu strukturierten Mitarbeitergesprächen tauchen diese Begriffe jedenfalls nicht mehr auf.[25] Auch in dem an sich guten Fortbildungskonzept des Bundesgesundheitsministeriums kommt die Umsetzung von Ergebnissen von Fortbildungsveranstaltungen in die Praxis nicht vor. Wie es scheint, vertrauen die obersten Bundesbehörden im Allgemeinen darauf, dass es mit der Teilnahme an einer Fortbildungsveranstaltung getan ist. Soweit es sich dabei um Vertrauen in die Qualität des Fortbildungsangebots der Bundesakademie für öffentliche Verwaltung handelt, ist dies sicher gerechtfertigt. Mitarbeiterinnen und Mitarbeiter aber, die hochgestimmt und voller guter Vorsätze von einer guten Fortbildungsveranstaltung an ihren Arbeitsplatz zurückkehren, brauchen die Gewissheit, dass ihre Vorgesetzten und die Personalseite an dem Transfererfolg interessiert sind.

Gelegentlich wird die Teilnahme an „besonders gearteten Fortbildungsveranstaltungen" als (m.E. fragliches) Mittel der Anerkennung für herausragende Leistungen empfohlen.[26]

Zusammenfassung

Fasst man das Ergebnis dieses kurzen Überblicks thesenartig zusammen, so bleibt festzuhalten:

1. Der öffentliche Dienst unterscheidet sich in der praktischen Handhabung von Methoden des Bildungscontrollings im Ganzen nicht von der privaten Wirtschaft.
2. In weiten Teilen des öffentlichen Dienstes werden Elemente des Bildungscontrollings praktiziert.
3. Dem öffentlichen Dienst sind die Ziele für Fortbildung rechtlich vorgegeben, damit hat auch das Bildungscontrolling ein Ziel.
4. Auch der öffentliche Dienst steht vor dem m.E. sehr schwer lösbaren Problem der Messbarkeit des Nutzens von Fortbildung.
5. Alle obersten Bundesbehörden haben ausgefeilte Personalentwicklungskonzepte, in
6. denen der dienstlichen Fortbildung eine herausgehobene Rolle zukommt.
7. Bildungscontrolling als Instrument von Personalentwicklung wird erst ansatzweise angewandt.

---

[25] vgl. z. B. BMI-Leitfaden zum Mitarbeitergespräch http://www.staat-modern.de/static/archiv/projekte/beschreib/Daten/leitfaden_magespr_bmi.pdf ; vgl. auch die Übersicht unter http://www.staat-modern.de/static/archiv/projekte/beschreib/pb142a.htm

[26] Bundesministerium für Bildung und Forschung, Personalentwicklungskonzept - Anerkennung motiviert-http://www.staat-modern.de/static/archiv/projekte/beschreib/Daten/pek_bmbf_anerkennung.pdf

Autorenverzeichnis

Wiebke Albers
Geboren am 09.08.1980. Studium an der Berufsakademie mit Abschlussarbeit zum Thema "Bildungscontrolling". Bei der Nordland Papier GmbH im Rahmen der Weiterbildung für das Bildungscontrolling zuständig.

Nordland Papier GmbH
Nordlandallee 1
26892 Dörpen
Tel: 04963/401-1558
Fax: 04963/401-96-1558
E-Mail: wiebke.albers@upm-kymmene.com

Dr. Heike Bernard
Dipl.-Psych., geb. 1969, ist wissenschaftliche Assistentin am Institut für Arbeitswissenschaft der Universität Kassel. 1988-1994 Studium der Psychologie an der Friedrich-Alexander-Universität Erlangen-Nürnberg. Arbeits- und Forschungsschwerpunkte sind Personal- und Organisationsentwicklung, insbesondere Unternehmensflexibilität, Kompetenzentwicklung und Weiterbildung, Lernförderlichkeit von Arbeitsplätzen sowie Arbeitsorganisation.

Adresse:
Institut für Arbeitswissenschaft
Universität Gh Kassel
Heinrich-Plett-Str. 40
34109 Kassel.
E-mail: bernard@ifa.uni-kassel.de

Debora Bigalk
Dipl. Psych., geb. 1968, Studium der Phonetik und Slawistik an der Universität Kiel. Studium der Psychologie in Trier und Göttingen, seit 1999 wissenschaftliche Mitarbeiterin am Institut für Arbeitswissenschaft der Universität Kassel, seit 2000

im Projekt „Entwicklung eines Lernförderlichkeitsindexes". Arbeits- und Forschungsschwerpunkte: Organisations- und Personalentwicklung, im Besonderen Kompetenzentwicklung, Lernförderlichkeit, Arbeitsanalysen.
Adresse: Institut für Arbeitswissenschaft, Universität Gh Kassel, Heinrich-Plett-Str. 40, 34109 Kassel.
E-mail: bigalk@ifa.uni-kassel.de

Dr. Stephan Buchhester,
geb. 1974, studierte Psychologie, Rechtswissenschaften und Sport in Greifswald bevor er 2003 zum Thema:"Bildungscontrolling" promovierte. Neben seiner Lehr- und Forschungstätigkeit in Deutschland und Österreich war er seit 1999 Berater und Projektleiter für verschiedene Industrie- und Dienstleitungsunternehmen. Derzeit ist er Personalentwickler der Autovision GmbH und Lehrbeauftragter der Universität Linz.

Autovision GmbH
Personalentwicklung
Dr. Stephan Buchhester
Major- Hirst- Str. 11
38442 Wolfsburg
E-mail: stephan.buchhester@wolfsburg-ag.com

OStR Walter Brückner
Geschäftsstellenleiter,
RKW Berlin GmbH
Im Haus der Deutschen Wirtschaft
Breite Straße 29
Tel.: (030) 203 084 300
Fax: (030) 203 084 304
E-mail: walter.brueckner@rkwberlin.de

Dr. Tobias Büser
Horst-Schmidt-Ring 63,
63303 Dreieich (Büro),
Tel.: 06103/371224,
E-mail: Tobias.Bueser@flowmanagementconcept.de

Dr. Thomas Eberle
Bildungsforscher am Zentrum für Lehrerbildung und Fachdidaktik der Universität Passau, http://www.uni-passau.de/zlf/, Outdoor-Trainer, Vorstandsmitglied der SAGSAGA (Swiss Austrian German Simulation and Gaming Association, www.sagsaga.org) Member of ISAGA Steering Committee (International Simulation and Gaming Association, www.isaga.info).
E-mail: office@thomas-eberle.de
www.thomas-eberle.de;

Katja Dietrichkeit
geboren 1972, Versicherungskauffrau, Kommunikationswirtin Diplom-Psychologin, Studienschwerpunkt Arbeit- und Organisationspsychologie seit 2002 Personalentwicklerin bei der KKH, Schwerpunkte: Training, Coaching, Beratung, Bildungscontrolling

KKH - Die Kaufmännische
Katja Dietrichkeit
Hauptverwaltung
Karl-Wiechert-Allee 61
30625 Hannover

Tel.: 05 11.28 02-45 14
Fax: 05 11.28 02-45 99
E-mail: Katja.Dietrichkeit@kkh.de

Prof. Dr. Joachim Freimuth
Jg. 1951
Studium der Betriebs- und Volkswirtschaftslehre und der Pädagogik
Mehrjährige Linien- und Managementerfahrungen in Personalwesen, Personalberatung und Organisationsentwicklung. Professor an der Hochschule Bremen und Berater

Tannenbergstraße 17
28832 Achim
E-Mail: Joachim.Freimth@t-online.de

Dr. Gabriele Girke
Projektleiterin
RKW Berlin GmbH
Im Haus der Deutschen Wirtschaft
Breite Straße 29

Tel.: (030) 203 084 301
Fax: (030) 203 084 304
E-mail: gabriele.girke@rkwberlin.de

Sandra Godau
geb. 1975, Diplom-Pädagogin mit den Schwerpunkten Erwachsenenbildung und pädagogische Beratung, Universität Düsseldorf. Seit 2000 bei der TÜV-Akademie Rheinland GmbH in Köln. Zunächst als Produktmanagerin im Seminarbereich, derzeit als Projektleiterin Bildungsmanagement für die Etablierung effektiver und effizienter Bildungsprozesse in Unternehmen zuständig.

TÜV-Akademie Rheinland GmbH
Dipl.-Päd. Sandra Godau

Projektleiterin Bildungsmanagement
Am Grauen Stein
51105 Köln
Tel.: 02 21/8 06-1848
E-mail: Sandra.Godau@de.tuv.com

Dr. Barbara Gülpen
Horst-Schmidt-Ring 63,
63303 Dreieich (Büro),
Tel.: 06103/371224,
E-mail: Barbara.Guelpen@flowmanagementconcept.de

Mario Gust
Dipl.-Betriebswirt, Dipl.-Psychologe, Personalberatung und evaluierte Managementseminare. Workshops und Managementkongresse auf der Basis aktueller wissenschaftlich gegründeter Inhalte. Fachbuchautor. Vorstandsmitglied der SAGSAGA (Swiss Austrian German Simulation and Gaming Association, www.sagsaga.org). Öffentlichkeitsarbeit für das Deutsche Netzwerk Wirtschaftsethik (DNWE)
R.-Breitscheid-Str. 69a,
14532 Kleinmachnow bei Berlin,
Tel. 033203/72531,
E-mail: MGust.abf@t-online.de

Prof. Dr. med. E. Heinen
dok-IN GmbH,
Nürnberg,
Karolinenstr. 1,
Tel.: 0911 23 60 290
http://www.mobiTED.de,
E-mail: edgar.heinen@mobi.ted.de,

Jan Hense
Ludwig Maximilians Universität München,
Department Psychologie
Leopoldstr. 13
80802 München
+49 (89) 2180-3257 (Tel.), +49 (89) 2180-99-3257 (Fax)
E-mail: hense@emp.paed.uni-muenchen.de.

Erwin Ihm
Leiter Corporate Learning der Telekom Business Academy der Deutschen Telekom
E-mail: erwin.ihm@telekom.de

Dr. Bernd Juckel

Alter: 54 Jahre
Berufserfahrung: 1990 Eintritt als "Pionier" in das frisch gegründete Unternehmen Mannesmann Mobilfunk GmbH (jetzt Vodafone D2), Aufbau und Leitung der Hauptabteilung. Davor 14 Jahre Erfahrung in unterschiedlichen Unternehmen im Bereich Training und Information, überwiegend in Kundenprojekten

Vodafone D2 GmbH
Leiter der Hauptabteilung Personalentwicklung

Dr. Simone Kauffeld

geb. 1968. 1989-1995 Studium der Psychologie und Betriebswirtschaftslehre in Marburg. Eineinhalbjährige Tätigkeit als Junior Consultant in einem Organisationsentwicklungsprojekt in der Automobilindustrie. Seit 1996 wissenschaftliche Mitarbeiterin am Institut für Arbeitswissenschaft der Universität Kassel. Promotion 1999. Arbeits- und Forschungsschwerpunkte: Kompetenzdiagnose und -entwicklung, Evaluation, Lernen im Arbeitsprozess, Lerntransfer, Teamdiagnose und –entwicklung, Problemlösen in Gruppen, Industrielle Gruppenarbeit, Flexibilisierungsstrategien, Unternehmensgründung und –entwicklung, Innovationsklima, Berater-Kllienten-Interaktionen

Institut für Arbeitswissenschaft,
Universität Kassel,
Heinrich-Plett-Str. 40,
34109 Kassel
E-Mail: kauffeld@ifa.uni-kassel.de

Prof. Dr. Herbert J. Kellner,
Carlsbad, Kalifornien, ist Gründer und Präsident von ITD International und der United States Online University. Er lehrte an so renomierten Universitäten wie Pepperdine und New York University.
www.itd-international.com
E-mail: herbert.kellner@itd-international.com

Hans-Diedrich Kreft
E-mail: dkreft@visionpatents.com,
www.humatics.de

Dr. Willy Christian Kriz
Ludwig Maximilians Universität München
Department Psychologie
Leopoldstr. 13
80802 München
+49 (89) 2180-5162 (Tel.), +49 (89) 2180-5123(Fax)
E-mail: wkriz@edupsy.uni-muenchen.de

Dr. Andreas Närmann
ist Bildungsmanagement-Berater bei Detecon International
E-mail: andreas.naermann@detecon.com

Prof. Dr. Michael Nagy
ist Vorstandsvorsitzender der SRH Learnlife AG und Professor für Qualitätsmanagement und Controlling an der SRH Fachhochschule in Heidelberg. Die SRH Learnlife AG gehört zu den vier größten privaten Unternehmen der beruflichen Qualifizierung in Deutschland. Sie deckt mit drei privaten staatlich anerkannten Fachhochschulen, etwa 30 Fachschulen und 25 IHK-Ausbildungsgängen das gesamte Spektrum der beruflichen Erstqualifizierung ab. Mehr als 5.000 Kunden führen parallel solche Studien- und Ausbildungsgänge in ganz Deutschland durch.

E-mail: info@srh-learnlife.de,
www.srh.de

Dr. Jan M. Pawlowski
Universität Duisburg-Essen (Campus Essen),
E-mail: jan.pawlowski@icb.uni-essen.de

Dr. Michaela Reißfelder-Zessin
geboren 1961 in Stuttgart, Promotion 2001 an der LMU bei Prof. Mandl zum Thema „Nutzerorientierte Evaluation von Online-Lernen" einer Qualitäts- und Wirkungsanalyse des Testfeldes Extranet im Vertrieb einer Versicherung, seit 2004 Referentin im Personalbereich Weiterbildung der Generali Versicherung AG.
E-mail: michaela@reissfelder-zessin.de

Prof. Dr. Sabine Remdisch
Sabine Remdisch, geboren 1969, ist Professorin für Evaluation & Organisation am Fachbereich Wirtschaftspsychologie der Universität Lüneburg, von März 2002 bis März 2003 war sie Dekanin des Fachbereichs. Seit März 2003 ist sie Vizepräsidentin und verantwortlich für die Bereiche Forschung & Transfer.
Sie leitet das Forschungsinstitut für Evaluation und Qualitätsentwicklung sowie das wissenschaftliche Beratungsinstitut Evalue-consult GmbH. Ihre Arbeits- und Forschungsschwerpunkte sind Evaluation und Feedbacksysteme, Organisationsdiagnose und -entwicklung, Managementdiagnostik und -entwicklung sowie Coaching. Sie war zwei Jahre als Gastforscherin an der University of Amsterdam tätig. In mehreren großen Unternehmen arbeitet sie als Consultant und Begleitforscherin, insbesondere ist sie für die Automobilindustrie tätig.

Universität Lüneburg
Wilschenbrucher Weg 84
21335 Lüneburg

remdisch@uni-lueneburg.de

Dr. Jörg Sander
ist Bildungsmanagement-Berater bei Detecon International
E-mail: joerg.sander@detecon.com

Dr. Reimund Scheuermann
Ministerialdirigent a.D. Nach den jur. Staatsprüfungen wissenschaftlicher Assistent am Institut für Wirtschaftsverwaltungsrecht der Universität Münster. Promotion zum Dr. jur. Danach im Bundesministerium für Bildung und Forschung (und Rechtsvorgängern) als Referent und Referatsleiter (Personal in der Forschung; Justitiariat; Weiterbildung, Bildungsurlaub; Organisation) 1982 - 1989 Leiter des Personalreferates; seit 1989 Leiter verschiedener Unterabteilungen ("Verwaltung"; "Haushalt und Controlling"; "Hochschulpolitik;). 1.10.2004 Ausscheiden aus dem aktiven Dienst (sog. Ruhestand).
e-Mail: dr.scheuermann@vr-web.de

Daniela Söhner
ist geschäftsführende Gesellschafterin von Daniela Söhner und Kollegen – Ideas for Systems. Die Beratungs- und Entwicklungsgesellschaft unterstützt und begleitet Unternehmen - speziell solche mit Segmenten des Bildungs-, Sozial- und Gesundheitssektor, sowie ausbildungsorientierte mittelständische Industrieunternehmen. Im Mittelpunkt stehen dabei Lösungen zu Einführung und Entwicklung von (Qualitäts-) Managementsystemen, zu Organisations- und Personalentwicklung, zur Unternehmenskommunikation und Strategie- und Zielplanung. Alle Mitarbeiterinnen und Mitarbeiter sind erfahrene Praktiker aus den von ihnen vertretenen Kompetenzbereichen. Sie beraten in Feldern, die sie aus langjähriger Praxis selbst beherrschen. Ideas for Systems entwickelte das oben beschriebene Ausbildungsassessment und wendete es in Unternehmen unterschiedlicher Branchen erfolgreich an.

Ideas for Systems
Julius-Leber-Str. 25
D-69214 Eppelheim
Fon: +49 06221 755978
Fax: +49 06221 755979
E-mail: daniela.soehner@ideas-for-systems.de

Christian Stracke M.A.
Universität Duisburg-Essen (Campus Essen),
E-mail: christian.stracke@icb.uni-essen.de

Dipl-Kff. Sinje J. Teschler
Universität Duisburg-Essen (Campus Essen),
E-mail: sinje.teschler@icb.uni-essen.de

Dipl.-Math. Alfred Töpper
STIFTUNG WARENTEST, Berlin, geboren am 17.12.1953 in Bremen. Studium der Mathematik, Schwerpunkt Statistik an der Universität Bremen. Nach dem Studium etwa ein Jahr als Mathematiker bei einer Lebensversicherung, anschließend zwei Jahre als wissenschaftlicher Mitarbeiter an der Universität Bremen im Forschungsbereich Statistik. Seit 1985 bei der STIFTUNG WARENTEST tätig. Seit 2001 arbeitet er in der neuen Abteilung Weiterbildungstests der STIFTUNG WARENTEST.
E:mail: a.toepper@stiftung-warentest.de

Prof. Dr. Reinhold Weiß
Jahrgang 1952; Studium der Volks- und Betriebswirtschaftslehre, Wirtschafts- und Berufspädagogik an der Universität zu Köln; stellvertretender Leiter des Wissenschaftsbereichs Bildungspolitik und Arbeitsmarktpolitik im Institut der deutschen Wirtschaft Köln, Honorarprofessor an der Universität Duisburg-Essen.

Dr. Elmar Witten
leitet seit 1999 das Seminargeschäft der TÜV-Akademie Rheinland GmbH. Er war zuvor Projektleiter beim Institute for International Research und hat anschließend als Leiter der Managerakademie den Veranstaltungsbereich des Ueberreuter-Verlages in Deutschland aufgebaut. Dr. Elmar Witten hat Volkswirtschaft in Münster studiert und berufsbegleitend am personalwirtschaftlichen Lehrstuhl von Prof. Ortner promoviert. Er hat einen Lehrauftrag für Bildungsmanagement an der RWTH Aachen.

TÜV-Akademie Rheinland GmbH
Dr. Elmar Witten
Leiter Produktmanagement
Am Grauen Stein
51105 Köln
Tel.: 02 21 / 8 06 – 24 71
E-mail: Elmar.Witten@de.tuv.com

Index

A

Akzeptanz 141
Akzeptanzforschung 111
Architektur des Lernens 313
Ausbildungsassessment 168
Ausbildungsprozess 170
Aushandlungsprozess 49, 190
Auswertung 142

B

Basel II 162
Bedarfs-Controlling 293
bedarfsgeregelten Bildungskreislauf 101
behavioristischen Theorie 22
beruflichen Erstausbildung 162
Beschreibungsmodell 286
betriebliche Ausbildung 161
Bildungsassesssment 163
Bildungsdienstleister 175
Bildungskostencontrolling 96
Bildungsökonomie 31
Bildungsproduktionsmodell 284
Bildungstests 243, 244
Bindung an das Unternehmen 98
Bindungsarten 98
Break Even 216
Budgetplanung 302

C

CIPP-Modell 232
Commitment 98
computerunterstützten
  Lernumgebungen 110
Critical Incident Technik 192

D

Datensammlung 142

E

Effektivität 33
Effizienz 34
Effizienzsteigerung 196
Eigen- und Fremdwahrnehmung 190
Einbindung der Führungskräfte 269
Einstellung der Mitarbeiter 200
Einstellung des Vorgesetzten 104
Einstellungen des Vorgesetzten 200
Employability 17
Empowerment 104
Entwicklungsgespräche 301
Erfahrungslernen 148
Erfolg von
  Weiterbildungsmaßnahmen 216
Erfolgantizipation 98
Erfolgsantizipation 104
Erfolgsbewertung 225
erfolgsorientierte Kennziffern 68
erfolgsorientierten Kennzahlen des
  Controllings 67
Erfolgsprognose 196
Erfolgswahrnehmung 100
ergebnisbezogene Evaluation 203
Ergebnisevaluation 150
Erstellung von Fragebögen 142

Erwartungsabfrage 271
Evaluation von Trainings 155
Evaluationsdesign 118
Evaluationsforschung 150
Evaluierbarkeitsanalyse 232
Evaluierung des
   Qualifizierungserfolgs 243
Externalisierung von Erträgen 48
Extrinsisches Feedback 21

F

Feedback 17, 190, 263
Feedback- und Lernfähigkeit 188
Feedbackinterverntionstheorie 26
Feedbackprozesse 18
Feedbackvermittlung 19
Finanzperspektive 318
Finanzstrategie 316
Förderung der Mitarbeiter 269
Formel für den Erfolg von
   Weiterbildungsmaßnahmen 216
Fragetechnik 192

G

Gap- oder Kompetenzanalyse 77
Geldwert für eine Leistungsdifferenz 215
Grid-Interviews 58

H

Handlungstheorie 25
Humatics 62, 125
Hürden in
   Transformationsprozessen 202

I

Input-Controlling 294
Instrumente des Risikomanagement .. 162
intellektuelle Vermögenswerte 125
interne Kunden 324
Interpretation von Rollen 188
Intranets 109
Intrinsisches Feedback 21
Involvement 98
Optimierungsprozess von Lernsystemen
   119

K

Kennzahlen 41
Kennzahlencontrolling 308
Kerneigenschaften 60
Kernkompetenzen 60
Kernprodukte 60
kompetenzförderliche Arbeitssysteme
   257
Kompetenzkonzepte 82
Kompetenzmatrix 57
Kompetenzportfolio 62
Kompetenz-Reflexions-Inventar 60
konstruktivistisches
   Evaluationsmodell 117
Kontrollüberzeugung 97, 263
Kooperation und Kommunikation 190
Korrektur 69
Kostenbewertung 227
Kostencontrolling 304
Kosten-Nutzen-Analyse 232
Kosten-Nutzen-Rechnungen 141
kritischen Erfolgsfaktoren 57
Kundenorientierung 82
Kundenperspektive 317
kundenzentrierte Vorgehensweise 326
kybernetischen Steuerungsmodells 97

L

Learning Scorecard 315
Learning-on-the-job 112
lebenslanges Lernen 17
Lern- und Handlungstheorien 22
Lerneffizienz 110
Lernerfolg 39, 54, 144, 212, 226
Lernerfolgskontrollen 307
lernförderliche Arbeitsumgebung 257
Lernförderliches Feedback 29
Lernförderlichkeitsindex 257
Lernförderlichkeitsinventar 257
Lernkultur 313
Lerntransfer 145, 203
Lerntransfer-System-Inventar 205

M

M.E.N.T.A.L.-Test 199
Machbarkeitsstudie „Bildungstests". 246
marktorientierten Weiterbildung 83

Maßnahmen zur lernförderlichen Organisationsentwicklung............ 261
Maßnahmeplanung................................. 69
Metakompetenzen des Lernens 57
mittelständische Unternehmen 335
mobilen Abfragesystemen................. 141
Modelllernen.. 23
moderaten Konstruktivismus............. 112
Motivierendes Feedback 28
Multimedia.. 111
multiperspektivischen Feedbackverfahrens..................... 189

N

Nachgespräche 270
netzbasierte Lernumgebungen.......... 112
Neuen Medien................................... 109
Nutzen von Weiterbildungsmaßnahmen 213
Nutzenberechnung.............................. 68
Nutzenrechnung 211
Nutzensteigerung der Weiterbildungen 105
nutzerorientiertes Evaluationsmodell 118
nutzungsorientierten Evaluation....... 232
Nutzwertanalyse................................ 227
Nutzwert-Berechnungen..................... 46

O

öffentlicher Dienst............................ 343
Online-Lernerfahrungen................... 119
operablen Wissenseigenschaften...... 126
operanter Konditionierung 22
operationale Indikatoren..................... 82
operativen Bildungscontrolling........ 284
Opportunitätskosten 46
organisatorischen Rollen 188
Outcome-Controlling 294
Outdoor-Trainings............................ 147
Output-Controlling........................... 294

P

PAS 1032-1 283
Performanz.. 34
Personalbeurteilung.......................... 187
Personalklausuren 63, 64
Personalvermögenscontrolling 222

Personalvermögenskonzept.............. 222
Praxiserfolg 244
proaktive Ressourcensteuerung 105
proaktiven Bildungscontrollings....... 200
Produktivitätsgewinne 31
Prozess zum Transfercontrolling...... 269
Prozess-Controlling.......................... 294
Prozessevaluation 150
Prozessmodell................................... 286
Prozessperspektive 316, 318

Q

Qualitätsmanagementsystem 177

R

reaktive Kostenkontrolle.................. 104
Regulationsinstrumentes mit "ex-ante-Ausrichtung" 97
Relevanz 33
Repertory Grid.................................... 57
Ressourcenperspektive 316, 318
Resultatsorientiertes Bildungscontrolling.................. 55, 65
Return on Investment 45, 68
Return-on-Investment........................ 73
ROI-Berechnungen............................ 73
Rückmeldungen................................ 190

S

selbstgesteuertem Lernen 111
selbstregulierende Bildungsprozesse .. 98
Selbstwirksamkeitserwartungen 149
Seminarbeurteilung.......................... 272
Sensitivitätsanalysen........................ 216
Short Feedback 144
soziale Lerntheorie 23
Sprache der Kompetenzen................. 57
Stiftung Warentest 243
Strategische Personalvermögensentwicklung... 221
strategischen Bildungscontrolling 284
Strategisches Wissensmanagement..... 58
Survey-Feedback 187
Systematik der Erfolgsmessung......... 39

T

Tiefeninterviews 57
Trainingserfolg....................................151
Transfer74, 100, 102, 203, 212, 226, 268
Transfercontrolling 267, 268
Transfer-Controlling 294
Transferebene 198
Transfererfolg 39, 54, 121
Transferförderung 270
Transfer-Fragebogen 277
Transfergespräch 277
Transferliteratur 204
Transferprobleme 204
Transferprozess 268
Transfersicherung 305
Transformationsprozessen 201

U

Umsetzungsgespräch..........................277
Unternehmensanalyse 57
Unternehmenserfolg............39, 212, 226
Unternehmenszielen.............................41

V

Value-in-Focus.....................................90
Value-of-Investment-System 74, 76
Verbesserung von
  Bildungskonzepten 69
Vergleichsmaßstab...............................38
Verhaltensanforderungen....................96
Verhaltensebene 198

virtuelle Lernzentren 109
Vision.. 316
VOI 77
Voranalyse 269

W

Wertekurve... 83
Wertinnovationen............................... 90
wettbewerbsrelevante Ergebnisse....... 99
Wirksamkeit von Trainingsmaßnahmen
  203
Wirkung auf Selbstkonzept 149
Wirkungsanalyse 120
Wirtschaftlichkeit 213
Wirtschaftlichkeitsanalyse................ 211
wissensbasierte Wertschöpfung........ 176
Wissensfunktion 125
Wissensstrukturen 129
Workshopkonzept 82

Z

Zielbildung durch strategisches
  Wissensmanagement..................... 56
Ziel-Controlling................................ 293
Zielvereinbarung 63, 99
Zielworkshops.................................... 63
Zufriedenheit 54, 145
Zufriedenheit der Teilnehmer..... 39, 212
Zufriedenheitserfolg 226
Zukunftsfähigkeit von Aus- und
  Weiterbildung 161
zukunftsweisender Lernarchitekturen311

Weitere aktuelle Management-Themen bei USP Publishing:

Neu 2005:

Seebacher
Methodenberatung
224 Seiten, Hardcover
ISBN 3-937461-24-8

Seebacher / Klaus
**Handbuch
Führungskräfte-Entwicklung**
2004
500 Seiten, Hardcover
ISBN 3-937461-04-3

Gust / Seebacher
Innovative Workshop-Konzepte
2005
350 Seiten, Hardcover
ISBN 3-937461-03-5

Erhältlich im Verlag oder Ihrer Buchhandlung.